U0165936

思想的・睿智的・獨見的

經典名著文庫

學術評議

丘為君　吳惠林　宋鎮照　林玉体　邱燮友

洪漢鼎　孫效智　秦夢群　高明士　高宣揚

張光宇　張炳陽　陳秀蓉　陳思賢　陳清秀

陳鼓應　曾永義　黃光國　黃光雄　黃昆輝

黃政傑　楊維哲　葉海煙　葉國良　廖達琪

劉滄龍　黎建球　盧美貴　薛化元　謝宗林

簡成熙　顏厥安（以姓氏筆畫排序）

策劃　楊榮川

五南圖書出版公司 印行

經典名著文庫

學術評議者簡介（依姓氏筆畫排序）

- 丘為君　美國俄亥俄州立大學歷史研究所博士
- 吳惠林　美國芝加哥大學經濟系訪問研究、臺灣大學經濟系博士
- 宋鎮照　美國佛羅里達大學社會學博士
- 林玉体　美國愛荷華大學哲學博士
- 邱燮友　國立臺灣師範大學國文研究所文學碩士
- 洪漢鼎　德國杜塞爾多夫大學榮譽博士
- 孫效智　德國慕尼黑哲學院哲學博士
- 秦夢群　美國麥迪遜威斯康辛大學博士
- 高明士　日本東京大學歷史學博士
- 高宣揚　巴黎第一大學哲學系博士
- 張光宇　美國加州大學柏克萊校區語言學博士
- 張炳陽　國立臺灣大學哲學研究所博士
- 陳秀蓉　國立臺灣大學理學院心理學研究所臨床心理學組博士
- 陳思賢　美國約翰霍普金斯大學政治學博士
- 陳清秀　美國喬治城大學訪問研究、臺灣大學法學博士
- 陳鼓應　國立臺灣大學哲學研究所
- 曾永義　國家文學博士、中央研究院院士
- 黃光國　美國夏威夷大學社會心理學博士
- 黃光雄　國家教育學博士
- 黃昆輝　美國北科羅拉多州立大學博士
- 黃政傑　美國麥迪遜威斯康辛大學博士
- 楊維哲　美國普林斯頓大學數學博士
- 葉海煙　私立輔仁大學哲學研究所博士
- 葉國良　國立臺灣大學中文所博士
- 廖達琪　美國密西根大學政治學博士
- 劉滄龍　德國柏林洪堡大學哲學博士
- 黎建球　私立輔仁大學哲學研究所博士
- 盧美貴　國立臺灣師範大學教育學博士
- 薛化元　國立臺灣大學歷史學系博士
- 謝宗林　美國聖路易華盛頓大學經濟研究所博士候選人
- 簡成熙　國立高雄師範大學教育研究所博士
- 顏厥安　德國慕尼黑大學法學博士

經典名著文庫107

制度經濟學（上）
Institutional Economics

約翰・羅傑斯・康芒斯 著
（John Rogers Commons）
趙秋巖 譯
李華夏 審定

經 典 永 恆‧名 著 常 在

五十週年的獻禮‧「經典名著文庫」出版緣起

總策劃 楊榮川

　　五南，五十年了。半個世紀，人生旅程的一大半，我們走過來了。不敢說有多大成就，至少沒有凋零。

　　五南忝為學術出版的一員，在大專教材、學術專著、知識讀本出版已逾壹萬參仟種之後，面對著當今圖書界媚俗的追逐、淺碟化的內容以及碎片化的資訊圖景當中，我們思索著：邁向百年的未來歷程裡，我們能為知識界、文化學術界做些什麼？在速食文化的生態下，有什麼值得讓人雋永品味的？

　　歷代經典‧當今名著，經過時間的洗禮，千錘百鍊，流傳至今，光芒耀人；不僅使我們能領悟前人的智慧，同時也增深加廣我們思考的深度與視野。十九世紀唯意志論開創者叔本華，在其〈論閱讀和書籍〉文中指出：「對任何時代所謂的暢銷書要持謹慎的態度。」他覺得讀書應該精挑細選，把時間用來閱讀那些「古今中外的偉大人物的著作」，閱讀那些「站在人類之巔的著作及享受不朽聲譽的人們的作品」。閱讀就要「讀原著」，是他的體悟。他甚至認為，閱讀經典原著，勝過於親炙教誨。他說：

　　　「一個人的著作是這個人的思想菁華。所以，儘管

一個人具有偉大的思想能力，但閱讀這個人的著作
總會比與這個人的交往獲得更多的內容。就最重要
的方面而言，閱讀這些著作的確可以取代，甚至遠
遠超過與這個人的近身交往。」

為什麼？原因正在於這些著作正是他思想的完整呈現，是他所
有的思考、研究和學習的結果；而與這個人的交往卻是片斷
的、支離的、隨機的。何況，想與之交談，如今時空，只能徒
呼負負，空留神往而已。

　　三十歲就當芝加哥大學校長、四十六歲榮任名譽校長的赫
欽斯（Robert M. Hutchins, 1899-1977），是力倡人文教育的
大師。「教育要教真理」，是其名言，強調「經典就是人文教
育最佳的方式」。他認為：

「西方學術思想傳遞下來的永恆學識，即那些不因
時代變遷而有所減損其價值的古代經典及現代名
著，乃是真正的文化菁華所在。」

這些經典在一定程度上代表西方文明發展的軌跡，故而他為
大學擬訂了從柏拉圖的《理想國》，以至愛因斯坦的《相對
論》，構成著名的「大學百本經典名著課程」。成為大學通識
教育課程的典範。

　　歷代經典‧當今名著，超越了時空，價值永恆。五南跟業
界一樣，過去已偶有引進，但都未系統化的完整舖陳。我們決
心投入巨資，有計畫的系統梳選，成立「經典名著文庫」，希

望收入古今中外思想性的、充滿睿智與獨見的經典、名著，包括：

- 歷經千百年的時間洗禮，依然耀明的著作。遠溯二千三百年前，亞里斯多德的《尼各馬科倫理學》、柏拉圖的《理想國》，還有奧古斯丁的《懺悔錄》。
- 聲震寰宇、澤流遐裔的著作。西方哲學不用說，東方哲學中，我國的孔孟、老莊哲學，古印度毗耶娑（Vyāsa）的《薄伽梵歌》、日本鈴木大拙的《禪與心理分析》，都不缺漏。
- 成就一家之言，獨領風騷之名著。諸如伽森狄（Pierre Gassendi）與笛卡兒論戰的《對笛卡兒沉思錄的詰難》、達爾文（Darwin）的《物種起源》、米塞斯（Mises）的《人的行為》，以至當今印度獲得諾貝爾經濟學獎阿馬蒂亞·森（Amartya Sen）的《貧困與饑荒》，及法國當代的哲學家及漢學家余蓮（François Jullien）的《功效論》。

梳選的書目已超過七百種，初期計劃首為三百種。先從思想性的經典開始，漸次及於專業性的論著。「江山代有才人出，各領風騷數百年」，這是一項理想性的、永續性的巨大出版工程。不在意讀者的眾寡，只考慮它的學術價值，力求完整展現先哲思想的軌跡。雖然不符合商業經營模式的考量，但只要能為知識界開啟一片智慧之窗，營造一座百花綻放的世界文明公園，任君遨遊、取菁吸蜜、嘉惠學子，於願足矣！

最後，要感謝學界的支持與熱心參與。擔任「學術評議」的專家，義務的提供建言；各書「導讀」的撰寫者，不計代價地導引讀者進入堂奧；而著譯者日以繼夜，伏案疾書，更是辛苦，感謝你們。也期待熱心文化傳承的智者參與耕耘，共同經營這座「世界文明公園」。如能得到廣大讀者的共鳴與滋潤，那麼經典永恆，名著常在。就不是夢想了！

二〇一七年八月一日　於

五南圖書出版公司

著者原序

　　這部書是仿效自然科學教科書而寫的，凡是在這裡加以
論述的每一個觀念總得要先追溯這個觀念的倡導者，然後敘明
這個觀念在其發展過程中的陸續修正，把這個觀念原先所含有
的雙重或三重意義分清，而到最後再把這個觀念按照其單獨的
一種意義併入我所認為最近這一次世界大戰以後的政治經濟這
門科學之內。在歷屆的革命戰爭之前與之後，在我所謂的戰爭
週期之中，都有各種新觀念與新理論的倡導者出現。因為我的
分析是以英美兩國的普通法為依據，所以我是從1689年的英
國革命開始；接著是1789年法國革命所引起的世界戰爭，然
後是1861年的美國革命，這是1848年歐洲革命受到阻遏的結
果；再然後是許多國家從1914年開始的革命戰爭。

　　我在自傳裡曾經說過，我是兩次戰爭週期之中的一分
子，一次是美國廢除奴隸制度的戰爭，另一次是過去二十年的
世界革命。我的第一部書《財富分配》（*The Distribution of
wealth*，1893年）所論述的是以十九世紀最後四分之一期間
內所流行的學說為主；我的《資本主義之法律基礎》（*Legal
Foundations of Capitalism*，1924年）和目前的這一部《制度
經濟學》（*Institutional Economics*，1934年）都是以我們此
刻成為其中一分子的革命週期內陸續出現的學說為主。

　　過去二十五年之間我得到許多學生和助理的協助，其中
有戴維斯夫人（Mrs. Anna Campbell Davis），她在七年之

中幫我處理有關法律與經濟的問題，又有斯派克曼先生（Mr.
Reuben Sparkman），他在這四年之中幫我處理有關經濟的問
題。我在經濟部門任職的同事們給予我十分寶貴的助力，其餘
的經濟學者們，包括昔日與現時的學生在內，我曾經把我這部
書的初稿與校稿請他們代為核閱，而他們也都為我指出其中的
瑕疵，並且協助我克服某些困難。

1934年8月康芒斯（John Rogers Commons）
序於威斯康辛州（Wisconsin）的麥迪遜（Madison）

導讀　康芒斯的「春秋」之筆

　　制度經濟學是一個在美國盛行的資產階級經濟學流派，乃因十九世紀末二十世紀初隨著資本主義經濟的發展，美國壟斷經濟由於得到國會或州議會議員的特許，取得空前茁壯。階級矛盾衝突愈演愈烈，過往的經濟學對資本主義所引起的問題已無法進行合理的詮釋，以蘇格蘭經濟學家麥克勞德原創的制度因素對經濟發展的作用為重點的制度經濟學遂應運而興。康芒斯（J. R. Commons）是制度經濟學中法律學派的代表人物，認為法律制度是決定經濟發展的主要力量，范勃倫（T. Veblen）則是社會學派的代表人物，偏重社會結構的發展來論述制度對經濟的作用；而米契爾（W. C. Mitchell）是經驗統計學派的代表人物，用統計分析的方法來分析經濟。本書是康芒斯法律學派的鉅作，因其是將過去發表文章整理，致書中多有重複，且結構不夠清晰，但卻以經濟思想史的論述來交代每種觀念的創始人再陳述這種觀念其後如何修和演進，並區分每個觀念早期的雙重或多重意義，指出各家之錯，實有「春秋」源心論「過」的意味，文字淺顯不易誤解。通過這道梳理給現代的交易形態、工作規則及運營中的業務團體再到各種主義，如共產主義、法西斯主義、無政府主義、資本主義等界定其理論基礎。

　　本書是採用歷史學的方法將經濟思想的源頭追溯得很清楚，同時也印證了唯有對人類本性的「洞見」才能影響深遠。

人類的文明不是是非題，而是選擇題，靠的是：

　　1. 來自大自然的人類多樣性；

　　2. 與生俱來的人類共通性。

　　多樣性和共通性因現實環境而互相影響，構成了社會的秩序，也就是制度。制度在古希臘文有習慣、部落酋長的命令等意，康芒斯將此解釋為「集體行動管控個人行動」，所以制度經濟學的研究對象就是集體行動，原因在於經濟資源的稀少性，及人與人之間的利益衝突廣泛存在，且需要解決。而個人在成長過程中要學會合作、服從才能成為適應制度的公民；故集體優先於個人，但個人卻不見得感覺到制度的影響；因此，將研究對象轉向集體經濟活動已成經濟理論發展的必然趨勢。要特別注意康芒斯是把稀少性而不是我們所習以為常的供需定律或利己之心作為經濟學與法理學的普遍原則。如仔細體味，這和現時強調企業要有環保、社會責任及治理何其符合；所以思想無新舊，得有「洞見」，方法就是實用主義，而實用主義就是未來性。

　　法律決定論是康芒斯制度經濟學的核心理論，他點出傳統經濟學只涉及主觀對物資的管控，而制度經濟學是對商品、勞動或任何經濟數量法律上的管控。這正是兩者的主要差別。康芒斯還進一步點出法制是資本主義生產關係的基礎，如果這個基礎被破壞，資本主義制度也就淪為法西斯主義和共產主義。在經濟社會中，資本主義的運作使利益衝突愈趨嚴重到不得不解決，而解決方法有三種：經濟方法、法律方法、倫理方法。傳統的經濟學借鑑自然科學，為求成為一門科學，將眼光侷限在經濟領域，忽視法制在經濟社會中的巨大功能。綜觀歷史，

資本主義制度建立時，法院保障了資本主義法律的勝利，替資本主義的發展鋪平道路，在其過程中，無論是從商業資本主義到工業資本主義，再由工業資本主義到金融資本主義，各個時期的交替，其動力主要依靠法律。

但法律的作用不是單純爲了解決衝突。因爲人與人之間的關係不僅表現爲對立也表現爲合作，也就是彼此依賴共同互惠生存，於是在衝突和依賴中，人與人之間還要建立一種秩序；這種秩序是調和衝突、維持依賴的一種手段，是一種對未來性的預期機制。康芒斯認爲衝突、依賴及秩序是人類活動的三項原則，而「交易關係」同時體會這三項原則。交易和交換不同，交易是法律上的用語，指的是擁有權的移轉，而交換是指商品的實際移轉；兩者共存在一個過程中，交換的同時也就完成了交易。人類歷史上有三種交易型態：議價的交易、管理的交易及分派的交易。議價的交易是指在法律上、經濟上地位平等的兩造之間的擁有權移轉；後兩者的交易是指上級對下級的關係，但是有區別：管理的交易指的是上級爲一個人或幾個人的組織具有某種特權可透過命令強制要求下級執行；分派的交易指的是上級作爲一個集體或代表。執行手段上，議價的交易是藉由說服或威逼；管理的交易是透過命令及服從；分派的交易是憑著強制和暴力。讀者若將這種手段套用到國家對國家來理解世界的格局，已開發國家對發展中國家是否依後者的綜合國力來進行分派、管理議價的交易，但議價還存在議價能力、資訊的對稱性及機會的問題。當任何一國之國民，尤其是自認其知識在常人以上者，對本民族及已往歷史抱持鄙夷之心無一處符合西方之標準，將我們所處的地位及際遇全推諉於自身文

化或前人，表面上是無列強之「價值」接軌，只不過心靈上呈後殖民之心態，實則和一般民眾生活脫節，卻不是本來文化自身之進化，甚或還是自身文化的萎縮與斷絕，是耶，非耶，讀者何妨深思之！

　　康芒斯更提出「合理價值」的概念；合理價值係指私人企業和社會之間在擬制資本價值問題上出現分歧時，由法院判決斯之謂也。之所以合理是因為法院從社會的公共利益出發來決定的，反映法律對經濟活動的決定性意義，這是康芒斯對經濟思想史的貢獻。早期經濟學界對財富這個資本義核心概念混淆不清，既認為財富是一種物質的東西，又認為是實物的擁有權，但這兩種概念是矛盾的，物質的東西是指利用生產來增加產生的數量；而擁有權是指限制產出數量以維持價格不變的權力；兩者是互有聯繫卻無法統一界定。康芒斯認為早期經濟學家把經濟關係單純理解為人與大自然的關係，忽略人與人之間的關係。人與人之間的關係表現為財產權的相互轉讓，這種轉讓需要法律或倫理觀念來加以調和才能維持。法律在解決人與人關係方面發揮了重要作用，既解決擁有權的問題，也解決交換中的利益衝突。讀者在此要注意本書是基於聯邦、案例法、一元法院、學士後法學院的美國法制，和臺灣從司法體制、法律教育及法理學都是大陸法系有別，引用時得小心，制度是演進的，不是靠移植。翻譯外文書籍旨在以外人之智慧補吾人的不足，進而啟發我們源自傳統的創新，非移植沿襲而已！觀乎本書強調一切制度嘗來自慣例、習俗，即知制度不能離開原有的文化。現今流行的數位貨幣對其能否維持下去，或可參考本書有關記帳貨幣的討論。

　　順帶一提，保護消費者運動及消費者對商品的生產、材料的選用與其是否對環境友善的意識高漲進程中，過去所保護的權益都是偏向「有形、直接、現在」的顯性價值，不太注重「無形、間接、未來」的隱性價值。而利益相關者，除了生產者和消費者外，社會及地球環境也是重要的利益相關者，只不過，後兩者不會發聲，但一旦發聲就產生巨大的影響。自由絕非個人的恣意行為，而是出自於道德律令。本書都有涉及，且一直強調心理、法律與經濟三個面向是分不開的。因本書篇幅太大，有些觀點審者以文字粗體或斜體標示，讀者或可對照現況會有所啓發。

　　康芒斯不僅是制度經濟學的奠基人，也是二十世紀前三十年美國勞工研究的權威，這和他成長的環境有關，茲簡述如下：

一、家貧體弱　得益基督薰陶

　　康芒斯雖生在俄亥俄州，卻是在印第安納州長大，因家貧且有精神疾病，靠宗教扶持雖沒上完高中，卻因康芒斯富好奇心及潛在的強大決斷力獲准高中畢業，曾在小學教書也當過排字工人。1888年在奧柏林學院取得學士後，曾在約翰霍普金斯大學師從經濟學家艾理（R. T. Ely），但未取得學位。1895年雖在希拉庫斯大學（Syracuse）任教，卻在1899年被認為激進分子遭解聘。這些遭遇使康芒斯以社會正義的倡導者自居；也起心要將基督教理想和新冒出的社會學與經濟學統合成社會科學；常替王國（Kingdom）雜誌撰稿，也是美國基督社會學研究院的創辦人。

二、出任公職　一本初心不懈

　　康芒斯自1901年擔任美國工業委員會研究員起，從事移民研究，後接任全國市政聯盟（National Civics Federation）的助理部長，負責賦稅及勞工管理協調之研究。他是喬治（H. George）「單一稅」的追隨者，運用喬治或李嘉圖的方法到經濟分析上，著重在土地及壟斷地租，並提議對地租施以高所得稅率，甚至提議引用《憲法》第十三條修正案強迫美國南方各州給非裔美籍人投票權，更鼓吹成立「黑人政黨」。

三、學術貢獻　立功立言立德

　　康芒斯從1904年起任威斯康辛大學麥迪遜校區勞工經濟學教授，其對勞工歷史研究的貢獻不下於制度經濟學，對政治理論也有涉獵，他曾在1907年撰寫「比例代表制」，並任「比例代表制聯盟」的副主席。康芒斯還熱衷倡導「節約（temperance）立法」，且活躍參加「禁酒黨（Prohibition party）」的活動，在1907年還發表《匹茨堡調查》（*Pittsburgh Survey*）是勞工改革者，也起草社會福利、勞工及經濟立法，讓威斯康辛州成為全美改革的模範。

　　1930年代康芒斯和學生懷特（E. Witte）及俄梅耶（A. Altmeyer）創建社會保障計畫（Social Security Program），被稱為社會保障「精神之父」；還首創「威斯康辛觀念」，致康芒斯在威斯康辛大學退休後還留有以其名字命名的研究室及會社。

　　總結而言，制度經濟學的重點，以《易經》儒家的說法就是「利者，義之和也」；義者宜也，集義而行則利。

李華夏　民國110年6月18日

目錄

第一章

觀　點

　　我的觀點是以我所參加過的集體活動為基礎，從這些活動之中我求得了集體行動制約個人行動的理論。我的這種觀念也許可能無法符合別人對於制度經濟學的種種觀念。讀過我的《資本主義之法律基礎》（*Legal Foundations of Capitalism*）和此刻論述制度經濟學的這部書最初印刷稿及校訂本的讀者與學生們所發表的評語和批判總是說，他們既不了解我的理論，又不明瞭我所探求的為何物，他們認為我的理論是我個人所特有的，恐怕任何人都無法了解，因此之故，我必得要摒棄個人的抑制，勇敢的把我以參與各式各樣的集體行動，凡五十年的個人視作一個「客觀的自我」現身說法。

　　在第一章，以及下文講到意外事件和失業的那一段裡，[1] 我要記述我參加此類活動的經過。我覺得我這部書絕不是我個人的獨特理論，而是根據許多次集體行動實驗得來的理論，所以這種理論必須和過去兩百年來個人主義與集體主義的理論相調合。

　　我參加這一類的活動是從1883年成為俄亥俄州（Ohio）克利夫蘭市（Cleveland）當地印刷業工會的會員開始。我帶著一個「鄉間印刷業者」所有的天真與好奇心從事於此項工作，我在印第安納州（Indiana）的一個鄉村小報社辦公室裡受過七年的多方面訓練。在這裡所得到的新經驗是每星期工作七天，每天工作十二小時，週薪約計為$15，當時工會所努力的目標在於控制大型日報社的雇主與印刷工人，到後來，在

---

1 見下文第二頁以次。

1886年以前，我充當了徒步旅行的印刷業者而遊歷各地，這麼一來，我改變了準備從事於新聞記者業務的空泛志願，而擬定了計畫，打算盡我所能研究經濟學在各方面的整個問題。

我最先閱讀的經濟理論書籍是亨利喬治（Henry George）的那一部個人主義與神學的《進步與貧窮》（*Progress and Poverty*），這是一位印刷同業舉薦給我的。我始終未能用演繹法求得亨利喬治所下的結論。我厭惡他對於工會的責難，[2]在我個人看來，我認為由工會所得到的效果確優於一般開放工廠（open shop）（審者註：指可僱用非工會工人）現行的僱用條件。

我最初把法律與經濟之間的關係這個問題提出來，是1888年霍普金斯大學（Johns Hopkins University）伊利教授（Professor Richard T. Ely）在班上講學的時候。[3]1899年我代美國工業委員會（United States Industrial Commission）調研「移民入境」的問題，這項工作使我遍訪全國各個工會的總部。並且由此而更進一步調研資本主義與勞動組織限制產品數量的問題。1901年以後，我參加了代表〈勞工、雇主與民眾〉全國市民聯合會（National Civic Federation）的勞工仲裁會議。1906年又參加同一組織從事於市營與私營公用事業的調查與研究。

2　參閱亨利喬治的《進步與貧窮》（1879年）。並參閱他的作品全集（1906-1911年）。

3　參閱伊利的《財產與契約對財富分配的關係》（*Property and Contract in Their Relation to the Distribution of Wealth*，1914年，共二卷）。

　　我應威斯康辛州長拉福勒悌（Robert M. La Follette）邀請，於1905年擬訂文官法，並於1907年擬訂公用事業法。公用事業法的主旨在於確定並維持當地各公用事業公司的合理價格與適當業務。1906與1907年我和其他幾位替拉塞爾塞基基金會（Russel Sage Foundation）共同調查匹茲堡市（Pittsburgh）鋼鐵工業的勞工情況。1910年與1911年的一段時期，密耳瓦基市（Milwaukee）在社會主義者的控制之下，我代他們組織了一個經濟與效率局（Bureau of Economy and Efficiency）。1911年我代威斯康辛州擬訂了工業委員會條例（Industrial Commission Law），而在兩年內督察這條例的實施，其目的在於建立並加強雇主與雇員之間關係的合理紀律與例規。從1913年到1915年我是威爾遜總統（President Wilson）所任命的工業關係委員會（Industrial Relations Commission）委員。1923年費特爾教授（Professor Fetter, Frank A.）、黎帕萊教授（Professor Ripley, W. Z.）和我三人代表西部的四個州出席聯邦貿易委員會（Federal Trade Commission），共同商討匹茲堡市所提出的美國鋼鐵公司（United States Steel Corporation）差別待遇案。

　　1923和1924兩年，我擔任全國貨幣聯合會（National Monetary Association）會長，調查過紐約與華盛頓兩市聯邦儲備制度的實施狀況。其後於1928年也曾支援過堪薩斯州（Kansas）國會議員史特朗（Strong）在眾院委員會（House Committee）所提出的穩定貨幣與通貨價格法案。

　　同時，在1924年與1926之間的兩年，我主持芝加哥市（Chicago）服裝產業失業保險志願方案的實施。這個方案和

我之前於1923年爲立法機關設計的大體相仿。到了最後，這
個方案經過相當的修正，終於1932年被威斯康辛州制定爲法
律。

　　我眞不懂一個曾經參加過這種實驗工作達五十年之久的人
何以不能求得這兩個結論：利益衝突與集體行動。即便是州和
城市，也必然是那班擁有統治權的當局者集體的行動。[4]

　　在這時候，我不得不研究數以百計的判決案，其中大都是
美國最高法院以及勞動與商務仲裁法庭所發布的，我必須設計
探察，這些仲裁法庭解決利益衝突的爭議，其所根據的是何種
原則——法庭所採取的行動自應遵照憲法上有關取得財產與自
由以及享受法律同等保護的合法程序所規定的條款。這些判決
案在我的《資本主義之法律基礎》（1924年）那部書裡曾經
加以討論，而我此刻的這部書則是對於經濟學者們的理論再作
相關的研究。我覺得這些經濟學者之中很少有採取和本書所闡
述的這個觀點相同，他們的貢獻也不能使法律制度與經濟學相
配合，或是與美國司法權在憲法上所規定的架構相配合。

　　我在1907年和幾位法律學家共同擬訂公用事業法時所
注意到的，主要是在於美國最高法院自從1890年以後變更了
「財產」（property）這個語詞的意義。早先在1872年的「屠
宰場案」（Slaughter House Cases）及1876年的「默因案」

4　我獲得《美國經濟評論》（*American Economic Review*）主編的允許，
　　引用其1932年六月號的一篇文章，作爲下文的內容。請參閱謝飛教授
　　（Professor Joseph E. Shafer）在同一期刊較早一期所發表的評論，我
　　就是因此而要陳述我的個人觀點。

（Munn Case）裡，這個語詞是指「有形」財產而言，到了1890年這個語詞又增加了「隱形」財產的新意義。在1897到1904這幾年的一些判決案裡，這種新增加的意義才逐步的完全成立。

按照這些判決案對於隱形財產的解釋，以及按照我在我的《資本主義之法律基礎》出版以後更進一步為這種財產所闡述的意義解釋，這就是：把別人所需要卻非其所持有的事物扣住，以訂定這事物價格的一種權利。隱形財產的意義之中又包括著「自由」，這在過去是分別處理的。自從1890年以後，法院對於合理價值所作判決，皆已轉採這種隱形財產的意義，以及在提交法院裡爭訟的相應利益衝突起到作用。

這是韋伯倫（Thorstein Veblen）的一項偉大功績，他在1900年以後把這隱形財產的同一觀念介紹到經濟學中，他之所以被稱為「制度」經濟學者，其主要的理由亦即在此。不過，所有差別之點在於，韋伯倫舉出的實例資料大都是取材自財力權貴們於1900年在美國工業委員會所作的證詞。所以，他對於隱形財產的概念，總是以馬克思（Karl Marx）派的所謂強奪與剝削告終。然而，我所取材的來源卻是在於我所參與的集體行動與擬訂法案，以及在參與時對於這期間以內最高法院的判決，所必須做的研究工作；因此之故，我的隱形財產概念是以普通法上合理價值的概念為終點。

如果把這種概念加以分析，不獨是在最高法院的案件裡，就是在集體協商勞動仲裁或商務仲裁的案件裡，我都可能覺察到這些仲裁法庭的判決，當然總是由利益的衝突開始，然後考量到這些衝突的利益是明顯的相互依賴的觀念，然後再由

最高權威，即最高法院，或勞動與商務仲裁法庭加以判決，其目的並不在於求得利益的和諧，而在於建立利益衝突之間的秩序，在法院裡或法庭上這就叫做「法律的應有程序」。

於是，我總想發現一個研究的單元，把衝突、依賴與秩序這三種成分一併包括在內。過了幾年之後，我終於求得一個結論，認為這三種成分的合併只可能見之於交易（transaction）的公式之中。這和往日作為研究單元的商品、勞動、渴望、個人以及交換等概念迥然有別。

所以，我就把交易作為經濟研究的終極單元、作為合法控管權移轉的單元。這種單元能使我把法院和仲裁法庭有關經濟事項的判決，按照各個交易實際上構成的變動性經濟因素加以分類。這樣的分類有歷史上的發展，足以顯示法院和仲裁法庭是在排除什麼，其在當時所認為強迫締結而不合理的交易價值，及在裁可什麼，其在當時的情況之下所認為令人心悅誠服的交易，與公平合理的價值。

回顧洛克（John Locke）以次直到現代為止的正統派經濟學者們，我認為他們對財富保持相互抵觸的兩種意義：一種是說，財富在於*實質*（material）的事物，另一種是說，財富在於這事物的*所有權*（ownership）。不過，此所有權，至少按照現代隱形財產的這種意義解釋，是指*限制*其數量的富饒以保持其價格的力量而言；同時，實質事物卻是起因於促進生產效率以*增加*這物品的富饒甚至達到生產過剩的力量。所以，所有權變成了制度經濟學的基石，而實質事物則是古典派與享樂派經濟學的根基，其「有形」財產的意義等於所擁有的實質事物。

　　一直等到十九世紀中葉，異端派的經濟學者們，例如：
馬克思、普魯東（Proudhon）、凱里（Carey, Henry C）、
巴斯夏（Bastiat, Frederic）、麥克勞德（MacLeod, Henry,
Dunning）等輩，模糊不清的感覺到所有權與實物並非同一
事物之後，制度經濟學的根基才建立起來。上述的這幾位經
濟學者其所以模糊不清是因為他們還保持往昔「有形」財產
的舊觀念（甚至直到目前為止，經濟學者們還持著這種觀
念），把所有權和擁有實物視為同一事物，或僅將「有形
財產」（corporeal property）與「無形財產」（incorporeal
property）分清，認為後者就是契約或債務。因此之故，直到
十九世紀的最後四分之一年代，在習俗上和豪商巨賈們實際應
用的術語裡才產生了「隱形財產」（intangible property）的
新觀念，而自此以後韋伯倫以及最高法院也才能作新的區別，
不但把實物的所有權和債務的所有權分清，並且就扣住供給以
心悅誠服或強迫同議的價格來獲得預期利潤機會的所有權也劃
分清楚。這種預期獲利機會的所有權就是「隱形」財產。

　　所以，制度經濟學有一部分必須回溯到近幾百年來法院的
判決，在這些判決裡，不但是由於立法，並且是由於以普通法
解釋立法所作的判決（其最高巔峰在於美國最高法院所採取的
普通法方式），使集體行動憑藉判決之力，得以勝過商業或勞
動的習俗，只要是法庭上認為個人行動，對公眾利益或私人權
利有所裨益或妨礙，就可以強迫其實施或加以限制。

　　像這樣的解釋還得要回溯到上自洛克，下至二十世紀經濟
學者們的著述，觀察其中是否採納集體行動。集體行動也和個
人行動一樣永恆的存在；但是從洛克那時代起到二十世紀止，

這種行動始終被排斥或是被忽視了，除非是用來攻擊工會，或是作為倫理學或公共政策的附記。當前的問題並非要創造一種和以前的學派背道而馳、與眾不同的經濟學——制度經濟學，而是要研討，如何把集體行動的每一種形態納入經濟學的全部理論之中，並給予其所應有的地位。

依照我的看法，這種個人交易的集體支配就是制度經濟學對於包羅萬象的整個**政治經濟體**理論所作的貢獻，這種理論必須要把從洛克那時代起所有各種經濟理論悉數包容在內，而各別的予以適當位置，洛克就是首先為勞動價值說與現代資本主義奠定其理論基礎的第一人。

最先使利益衝突在經濟學裡成為普及概念的經濟學者是休謨（David Hume）的*稀少性*理論，而不是洛克與亞當·史密斯（Adam Smith）的神聖*富饒*理論。不過，休謨以及後繼的馬爾薩斯（Malthus, T. R.）又把稀少性作為合作、夥伴感、正義與財產權的基礎，那是說：假如每種事物都是無限量的富饒，就不會有自利、不會有不正義、不會有財產權、也不會有倫理學。

人們所想望而渴望的只限於稀少的事物，無論這種事物是現實的抑或是期待的。正因為這些事物的稀少，所以其取得必須遵從集體行動的規律，集體行動創造了財產與自由的權利義務，如其不然，勢必將變為無政府的混亂狀態。經濟學者們既是認定稀少性為事實，他們的想望與渴望真正概念之中就已經預先設定了財產制度。制度經濟學公開地承認稀少性，這不是視為固然，而是給予集體行動以適當地位，使其在這個稀少性，私人財產與因此而發生利益衝突的世界裡，能解決衝突而

維持秩序。

　　我置利益衝突在交易之中以卓越地位。然而，我又斷言利益衝突並非僅有的唯一原則，因爲除此以外還有相互依賴與集體行動的維持秩序。我和多數的經濟學者相同，是以稀少性爲出發點，使其成爲一切經濟理論的普及概念。然後又和休謨與馬爾薩斯一樣，逐步的說明由於稀少性，不但產生了利益衝突，並且產生了集體行動，這種行動因相互的依賴而建立了秩序。

　　秩序，也就是我稱爲集體行動的運作的規則，其特殊事例之一就是「法律應有程序」，其本身在制度的歷史之中是十分容易變動的；我看到這種秩序具體地表現於各式各樣的分派交易，在一個富饒的世界裡這一類的交易並不需要。

　　我是基於這種稀少性的理由，所以也把效率作爲一普世的原則看待，因爲效率可以用合作來克服稀少性。不過，合作並非如同往昔經濟學者們所想像的那樣，以利益的和諧爲*前提*。這是起因於預期合作者之間的利益衝突有*創造新的和諧之*必要；再不然，假如和諧爲不可能，至少也必須建立一個新的秩序。這是在協商時候產生的說服、威逼或強迫心理。美國有一種最大的實際合作，目前的名聲不好，那就是控股公司（holding companies），假如說服不足以成事，這些公司便對衝突施行鎮壓。此外還有一種更普遍的合作，爲秩序而制止衝突，這便是共產主義、法西斯主義或納粹主義所倡議的一種。這一類的合作皆各自謀求其隱去利益衝突的方法。所以，和諧並非經濟學的前提——這是集體行動企圖維持足以管制衝突的規則所帶來的結果。

　　共產主義、法西斯主義或納粹主義堅持要廢除歷史的資本主義，實際上這是廢除協商交易，而代之以計畫經濟的管理與分派交易。

　　因此之故，我要把古典學派與共產主義派的工程經濟學以及奧地利學派的家計經濟學一概歸屬於未來，而另外闡發一種協商心理學，作為合法控管的現時移轉，其效果在於未來生產、消費或勞動的程序。假如不能先取得合法的控管，則生產與消費必將無法進行。這也許改變了因果關係的觀念。這是明顯的把因果關係歸屬於未來，而不是如同洛克勞動理論和古典學派以及共產主義派的經濟學者們一樣將其歸屬於過去；這也不是如同從邊沁（Bentham, Jereny）那時代起的享樂派經濟學者們一樣將其歸屬於生產或消費的現時苦樂之感。這變成了另一種意願的（volitional）理論，以現時的協商與合法控管的移轉在未來所將產生的後果來決定生產應否繼續、減緩或停止；或者決定未來的消費應否擴大、緊縮或任其困乏。

　　也許這個問題要看想望（wants）與渴望（desires）這兩個語詞所含有的心理學屬何類而定。假如我是和實際從事於交易的人們在一起來觀察或參加——如同法庭上在分析動機或將其歸屬於爭議者時所做的一樣，我總可以看到未來性永遠的存在，不是存在於生產或消費之中，而是存在於協商交易的說服或威脅之中、存在於管理交易的命令與服從之中、存在於分派交易的論證與申訴之中，到了最後足以決定生產與消費。這些商談與判決乃是制度經濟學的精髓，其所關涉的主要是未來的生產與未來的消費，因為這些商談必須先行決定合法才決定物質控管。

　　倘使這種商談的心理果真是如同別人所斷定的一樣，足以變更經濟學中整個因果關係的問題、足以變更想望與渴望的全部定義，那麼，我所能說的只是這種心理確實存在，應列為經濟學者所必須注意的眾多因果關係之一。我認為實際上已經做到了這一點；不過，較為古老的學派及其現時的嚴格信奉者在完成其理論的時候總是企圖選擇其中單獨一種因果關係為原則，例如：勞動或渴望，而究其實際，現代的理論總必然是眾多因果關係的理論。所以，我認為「制度經濟學」並不是排除其他的因果關係；但在各式各樣的交易之中產生作用的卻是這種意願的經濟學，永遠的期待著未來的後果。制度經濟學取得了一個地位，成為有關所有者的權利、義務、自由與曝險的一種專利經濟學，我將致力於通盤展示該項重點，並將集體行動在經濟理論形成中給予應有的地位。

　　在這樣的分析之下，我看不到任何新奇事物，這裡所有的一切事物皆可以在兩百年來傑出經濟學者們的作品中見到。這僅是觀點上稍有差別而已。其所改變的在於對事物的詮釋、強調以及歸屬於數以千計不同因素的比重，這許多因素就是構成全世界所有的經濟過程。這些差別都可以回溯到，經濟學者們在其寫作的當時，所面臨的主要政治與經濟問題；都可以回溯到他們在這兩個世紀變動不止的利益衝突之中，各人不同的社會哲學。

　　我所企圖做到的是完成一種思想體系，以應有的比重分別歸屬於所有的經濟理論，而根據我本人的經驗加以修正。假如不是因為我在過去三十年間處身於驚濤駭浪的威斯康辛州，和這兩位領袖人物常在一起，一位是個人主義者拉福勒悌，另一

位是社會主義者伯格爾（Victor Berger），假如不是因為這一州的民眾對於這一間莊嚴大學給予寬宏大度的支持，那麼，我所企圖的這件事必然不能做到。威斯康辛州是全世界利益衝突以及在經濟衝突之中努力求取合理價值與合理措施的縮影。假如不是州長拉福勒悌堅決繼續施行早年的文官法，則此種努力也必然終歸無效，只是由於最近民主黨員的到來卻危害了這文官法的實施。威斯康辛州的進取氣象受到了阻遏，一部分是由於美國最高法院的判決，一部分是由於全國性行政機關對於各州事務的管轄權，而最近又是由於目前我們大家都參與的這個國家主義空前未有的大實驗。

　　我承認這部書裡有好多地方是重複的陳述。但是我卻無法避免，一則是因為學生和讀者們對於這個新奇的主題不甚熟悉，再則是因為在這種對眾多的因果關係之來源，皆必須給予相當比重的理論裡，每逢一種概念或原則湧現出來的處所，必然要受到許多其他善變起因的干擾。倘使對於以前的一個原因我認為已經有詳盡的說明，而在由不同的角度來觀察同一事物時予以省略或遺忘，那麼，當前這一個原因適當的比重，勢必有所扭曲，而學生與讀者們也必然要提請我的注意。因此之故，我不得不加以複述。所以，像我這樣的一個實驗主義者所採取的觀點極相近似於一個仲裁人、一個立法者、一個法庭、一個行政官吏──致力解決紛爭，而在這紛爭之中有好多互相衝突的利益，其原則、原因或目的都是彼此抵觸的，在可能範圍以內必須使其能和平共處。

　　我在這許多年的實驗之中，特別是在1899年以後，曾經發表過若干論文與書籍，其中多半是和我的學生或是和實際參

與其事的人員合作而撰寫的，這些論文與書籍爲本書的理論提供了大部分的資料，茲列舉其主要者如下：

論文

州對於城市的監督（State Supervision for Cities），載於《美國政治社會學院年刊》（1895年5月），第37-53頁。

芝加哥與費城的賦稅（Taxation in Chicago and Philadelphia），載於《政治經濟雜誌》（1895年9月）第434-460頁。

市政工程按日計工與包工制度的比較（A Comparison of Day Labor and Contract Systems On Municipal Works），載於《美國聯邦主義者》（*American Federationist*）雜誌，第III、IV卷（自1897年1月至1898年1月）。共十三篇論文。

工作的權利（The Right to Work），載於《競技場》（*The Arena*）雜誌第XXI期（1899年），第132-141頁。

經濟理論與政治道德（Economic Theory and Political Morality），載於《美國經濟協進會會刊》（1899年），第62-80頁。

在社會學上看統治權（A Sociological View of Sovereignty），載於《美國社會學雜誌》。（1899-1890年），第V卷，第1-15頁，第155-171頁，第347-366頁，第544-552頁，第683-695頁，第814-825頁，第VI卷，第67-89頁。

平息勞工糾紛的新途徑（A New Way of Settling Labor Disputes），載於《美國評論之再檢討月刊》，1901年3月號。

美國政府報告中美國工業委員會的報告，「移民入境與教育」(Immigration and Education)，第XV期（1901年），第1-41頁，又最後報告，第XIX期（1903年），第977-1030頁及第1085-1113頁。

勞動委員會第十一號特種報告,「產出的規定與限制」
　　(Regulation and Restriction of Output)(1904年)。國會
　　第二期第58次會議,眾院公文第734號。

紐約市的建築業(The New York Building Trades),載於《經濟
　　季刊》,第XVIII期,第409-436頁。

肉類罐頭業的勞動條件與最近的罷工(Labor Conditions in Meat
　　Packing and the Recent Strike),載於《經濟學季刊》,第
　　XIX期(1904年),第1-32頁。

美國工會的各種類型:芝加哥市的卡車駕駛員(Types of American
　　Labor Unions: The Teamsters of Chicago),載於《經濟學季
　　刊》,第XIX期(1905年),第400-436頁。

美國工會的各種類型:五大湖的碼頭裝卸工人(Types of American
　　Labor Unions: The Longshoremen of the Great Lakes),載於
　　《美國經濟學季刊》,第XX期(1905年),第59-85頁。

工會工廠政策的起因(Causes of the Union-Shop Policy),載
　　於《美國經濟協會會刊》,第三輯,第VI期(1905年),第
　　140-159頁。

康芒斯與佛雷(J. P. Frey)合撰:「火爐工業的和解」
　　(Conciliation in the Stove Industry),載於《美國政府報
　　告,商務與勞工之部》(1906年1月勞工局第62號公報,第
　　124-196頁)

美國工會的各種類型:聖路易與紐約的音樂師(Types of American
　　Labor Unions: The Musicians.of St. Louis and New York),
　　載於《經濟學季刊》第XX期(1906年),第419-442頁。

向全國市民聯盟委員會提出的有關公有事業及其營運報告書
　　(Report to the National Civic Federation Commission on
　　Public Ownership and Operation)(1907年,共三卷),「勞
　　工報告」,第一卷,第60-112頁。

美國的階級衝突在增長嗎？這是無可避免的嗎？（Is Class
Conflict in America Growing, and Is It Inevitable?），載於
《美國社會學雜誌》，第XIII期（1908年5月）。

匹茲堡市的工資勞動者（Wage Earners in Pittsburgh），載於《慈
善事業與民眾》（*Charities and Commons*）雜誌，第XXI期
（1909年3月6日），第1051-1064頁。

1648-1895年美國的製鞋業者：工業發展概述（American
Shoemakers, 1648-1895: A Sketch of Industrial Evolution），
載於《經濟學季刊》，第XXIV期（1909年），第39-83頁。

格里列與共和黨的工人階級起源（Horace Greeley and the Working
Class Origins of the Republican Party），載於《政治科學季
刊》，第XXIV期（1909年），第468-488頁。

密耳瓦基市經濟與效率局十八個月來的工作（Eighteen
Months' Work of the Milwaukee Bureau of Economy and
Efficiency），載於《該局第19號公報》，第34頁以次。

威斯康辛州的工業委員會；其組織與方法（The Industrial
Commission of Wisconsin; Its Organization and Methods），
馬第生市的威斯康辛工業委員會於1914年所發表。

美國工業關係委員會（U. S. Commission on Industrial Relations）
提出於國會的「最後報告與證明」（共二卷），第一卷，第二
節，第169-230頁。

失業——補償與防止（Unemployment-Compensation and
Prevention），載於《綜覽》（*Survey*）雜誌，第XLVII期
（1921年10月1日），第5-9頁。

美國工會發展的趨勢（Tendencies in Trade Uuion Development
in the United States），載於《國際勞工評論雜誌》，第V期
（1922年），第855-887頁。

空地按價累進稅（A Progressive Tax on Bare Land Values），載於

《政治科學季刊》，第XXXVII期（1922年）第41-68頁。

康芒斯、麥克勒根（H. L. McCracken）與鄒驅（W. E. Zeuch）合撰，世俗趨勢與商業循環：理論的分類（Secular Trend and Business Cycle: A Classification of Theories），載於《經濟統計評論雜誌》，第IV期（1922年），第244-263頁。

失業——防止與保險（Unemployment-Prevention and Insurance），載於《商業的穩定機制》（*The Stabilization of Business*）（Lionel T. Edie編著，由Macmillan書局於1923年出版），第164-205頁。

工資理論與工資政策（Wage Theories and Wage Policies），美國經濟協進會第三十五屆年會所發表的文件與會議記錄，載於《美國經濟評論補編》（*American Economic Review Supplement*），第XIII期（1923年），第117-118頁。

鋼鐵市場交貨價格的慣例（The Delivered Price Practice in the Steel Market），載於《美國經濟評論雜誌》第XIV期（1924年），第505-519頁。

法律與經濟學（Law and Economics），載於《耶魯法律期刊》，（*Yale Law Journal*）第XXXIV期（1925年2月），第371-382頁。

龔泊斯的逝世（The Passing of Samuel Gompers），載於《現代史雜誌》（1925年2月）。

物價與商業的穩定機制（The Stabilization of Price and Business），載於《美國經濟評論》，第XV期（1925年），第43-52頁。

失業保險的真實範圍（The True Scope of Unemployment Insurance），載於《美國勞工法規評論》，第XV期（1925年3月），第33-34頁。

今日的馬克思：資本主義與社會主義（Marx Today: Capitalism

and Socialism），載於《大西洋月刊》（Atlantic Monthly）第CXXXXI期（1925年），第682-693頁。

馬克思與龔泊斯（Karl Marx and Samuel Gompers），載於《政治科學季刊》，第XLI期（1926年），第281-286頁。

眾院銀行通貨委員會穩定幣值聽證錄（Stabilization Hearings, House Committee on Banking and Currency），眾院文號1895（1927年）第1074-1121頁，又眾院文號11806（1928年），第56-194頁及423-444頁。

穩定物價與聯邦儲備制度（Price Stabilization and the Federal Reserve System），載於《編年史乘》（*Annalist*）雜誌，第XXIX期（1927年4月1日），第459-462頁。

儲備銀行對於一般物價水準的控制：答辯書（Reserve Bank Control of the General Price Level: A Rejoinder），載於《編年史乘》，第XXX期（1927年7月8日），第43-44頁。

康芒斯與摩爾豪斯（E. W. Morehouse）合撰：「立法與經濟工作分析」（Legal and Economic Job Analysis"），載於《耶魯法律期刊》，第XXXVII期（1927年），第139-178頁。

農田價格與黃金價值（Farm Price and the Value of Gold），載於《美國北部評論》（*North American Review*），第CCXXV期（1928年），第27-41頁及196-211頁。

司法管轄權的論爭（Jurisdictional Disputes），載於《哈佛大學印書館》（1929年出版）的《1928年瓦特海姆工業關係講演錄》（*Wertheim Lectures on Industrial Relations* 1928），第93-123頁。

參院教育勞動委員會（Senate Committee on Education and Labor）（有關美國國內失業案聽證錄，見於參院報告第219號（1929年），第212-236頁。

制度經濟學（Institutional Economics），載於《美國經濟評論》，第XXI期（1931年），第648-657頁。

書籍

《財富分配》（*The Distribution of Wealth*），1893年由麥克密蘭公司（Macmillan Company）刊行。

《社會改革與教會》（*Social Reform and the Church*），1894年由克勞威爾（Thomas W. Crowell）刊行。

《比例代議制》（*Proportional Representation*），1896年由克勞威爾刊行，1907年由麥克密蘭公司修訂。

康芒斯與他人合著：《產出的規定與限制》（*Regulation and Restriction of Output*），美國政府報告中作爲勞動委員會第十一號特種報告而刊布，眾院公文第734號，1904年國會第二期第58次會議。（譯者按：已見論文之部，似爲重複。）

《工會主義與勞工問題》（*Trade Unionism and Labor Problem*），1905年由捷音公司（Ginn and Company）刊行；1921年續刊第二輯。

《美國的種族與入境移民》（*Races and Immigrants in America*），1907年麥克密蘭公司刊行。

康芒斯與其同事合著：《公文書記載的美國工業社會史》（*A Documentary History of American Industrial Society*），共十卷，1910年由克拉克公司（The Arthur H. Clark Company）刊行。

《勞動與管理》（*Labor and Administration*），1913年由麥克密蘭公司刊行。

康芒斯與安德魯斯（J. B. Andrews）合著：《勞工立法原則》（Principles of Labor Legislation），1916年由哈普爾公司刊行（Harper of Brothers），1920及1927年兩度修訂。

康芒斯與其同事合著：《美國勞動史》（*History of Labor in the Unitad States*）共二卷，1918年由麥克密蘭公司刊行。

《工業商譽》（*Industrial Goodwill*），1919年由麥格勞希爾圖書

公司（Mcgraw-Hill Book Company）刊行。

《工業管理》（*Industrial Government*），1921年由麥克密蘭公司刊行。

《資本主義之法律基礎》（*Legal Foundations of Capitalism*），1924年由麥克密蘭公司刊行。

康芒斯、德雷坡（John R. Draper）、李士珂侯（D. D. Lescoheir）與廖維松（S. A. Lewisohn）合著：《商業能否防止失業？》（*Can Business Prevent Unemployment?*）1925年由克諾夫（Alfred A. Knopf）刊行。

第二章

方　法

第一節　洛克

洛克是英國十七世紀革命的產物。他在兩次革命之中都受
到虐待，受到他所反對的人虐待，也受到他所贊同的人虐待，
在三十年的期間中，他發表了他的言論，有些是匿名的，有些
是由當時的政治家署名的，還有些僅是內容豐富的冗長草稿。
一直到他五十七歲的時候，才能夠在英國公開的發表言論，那
是在1689年的革命以後，他終止了流徙生活而返回本國，並
建立了現代資本主義的時候。

他的經歷範圍和他那一世紀所能提供的一樣博大、一樣宏
深。他是一個受過訓練的教徒，他被指定在牛津（Oxford）
生活。清教徒當權時沒有他發言的餘地，而在國王柄政時他
又受到貶謫。他的命運是和國務卿沙甫白利（Shaftesbury）
共其升沉，他住在沙氏的家裡，代沙氏撰寫有關宗教、科學
與政治的文章，並且跟隨沙氏一同流亡。他曾經目睹貴賤不
等的大小人物被判死刑，下入牢獄，他們的財產被充公，他
們的主張受到教會、國王、清教徒與法官澤夫立茲（Judge
Jeffreys）的箝制。他是新科學家上自牛頓（Newton）下至雷
文霍克（Leeuwenhock）等輩的友人與伴侶，也是以實驗增
進知識的新皇家協會（Royal Society for the Improvement of
Knowledge by Experiment）[1]會員。

以洛克本人為其代表的產物是把懷疑論替代了知識、或

---

[1] 1662年查理士二世（Charles II）特准設立。

然性替代了確定性、理智替代了權威、研究替代了獨斷論、立
憲政治替代了專制政治，主張司法獨立以保障財產、自由與信
仰異教的寬容。他成爲十七世紀每一門類學術的縮影，統率了
十八世紀並控制了十九、二十兩個世紀正統經濟學者們在原理
上與心理上的觀念，但當時的哲學家與心理學家們卻放棄了這
些觀念。

　　他的《人類悟性論》（*Essay Concerning Human
Understanding*）促使柏克立（Berkeley）趨向於唯心論、促
使休謨趨向於懷疑論、促使法國人趨向於唯物論，並促使康德
（Kant）趨向於知識的各種先天形式與門類，不過，洛克本
人之所以撰寫這篇論文卻僅是求取一切事物的合理性。他的
《民治二論》（*Two Treatises on Civil Government*）合理化
1689年的革命，並導致了美國與法國的革命，認爲人類的自
然權利應當優於法律、習俗與君王，但是洛克的原意僅在於
使英國人基於普通法所享有的權利，可以在1689年用來替代
當時一般人共信爲從亞當（Adam）那時代傳留下來的君主神
權。這篇論文把「勞動」作爲政治科學與經濟科學的共同基
礎，使亞當‧史密斯據此而建立其以勞動的痛苦衡量自然價值
的理論；使李嘉圖（Ricardo, David）據此而建立其以勞動力
衡量正常價值的理論；使馬克思據此而建立其以社會勞動力衡
量掠奪的理論。然而洛克對於勞動的觀念卻僅是指一個人由自
己的勞動產品所構成的私有財產而言，他的意圖只在於將其作
爲一項論證以抗拒國王未經獨立法院的審訊與判決而攫奪人民
的財產。他的《信教自由書翰集》（*Letters on Toleration*）
是他對人類悟性的限度，與政府箝制思想、言論與集會自由的

限度，發生懷疑而求得的結論。所有的這些論著都是他在三十年以上的期間匿名或是流亡國外所寫作、刪改或發表的斷簡殘篇。不過，等到君主立憲取代了君主專制以後的十二個月內，他卻能夠把這些文稿公開地發表。

壹、觀念

洛克在開始寫《人類悟性論》時就抱定一個切於實際的目的，要想探究人類的心智所能知道的有多少，而其所不能知道的又有多少。這皆起因於導致紛亂、偏執及內戰的十七世紀論爭與獨斷論。

「⋯⋯有五、六個朋友聚集在我的房間裡，談到與目前這個論題無關的另一論題，由於各方面所引起的困難，這一次的談話很快的就變爲僵持而停頓。我們大家都感到一陣迷惑，始終未能求得一個比較接近的結論以解答困擾著我們的疑問，在這時候我忽然想到我們所採取的途徑必然是錯了；我認爲在從事於這一類性質的研討之前，必須先考量一下我們自身的能力，必須先知道我們的悟性所適合於討論或不適合於討論的是何種事物」。[2]

這是洛克的「新方法」，在考察工具的產品之前必須先

---

[2] 節錄《洛克著作全集》（1912年第十一版，共十卷），第一卷《人類悟性論》裡的「致讀者書」（Epistle to the Reader）。本書所引述的洛克言論皆是取材於這一版。

考察我們這個心智研究工具。這可以標示他的創作天才，其結
果是產生了這一篇有關「觀念」、「文字」與「或然性」的論
文。

　　洛克說，心智之中的觀念是人類所真能知曉而以字詞表
達出來的僅有事物。所謂「公認的教條」就是人們所具有「天
賦觀念與原始特性的事物，在他們最初存有時即深印在他們心
智之中」。洛克把此項教條作詳盡的闡發，然後再接下去說：
「我們姑且……假定心智果真是如同我們所相信的一張白紙，
沒有任何字跡、沒有任何觀念，那麼，字跡與觀念又是從何得
來的呢？……對於這句問話，我的答覆極其簡單：這是由於經
驗」。[3]

　　洛克說，經驗既是感覺又是思慮。五官把「微粒子」傳
遞到心智之中，再由心智回想出，可以感知的質性觀念，這些
質性存在於外界事物的本身，可能用各種符號，例如：黃、
熱、堅硬之類的字詞予以表達。思慮就如同一面鏡子，這是
「我們心智本身的運作，是依心智所獲觀念來運作」；伴隨著
「由任何一種思想所產生的滿足或不安」的情緒。這些運作
「在靈魂開始思慮與考量時確是能提供悟性另一套觀念，這一
套觀念絕不是由外界事物得來」，而是「完全在於一個人本
身之內」。[4]這些觀念可以恰當的稱之為「內在意識（internal
sense）」，由這種內在意識所產生的觀念為「知覺、記憶、

3　同前書，第一卷，第二編，第一章，第一、二節。

4　同前書，第四節。

注意、重複、識別、比較、組合以及命名等」。

　　上述的感覺及其思慮是「單純觀念」的兩個來源，悟性絕不會有「任何微弱的觀念不是由這兩個來源接受得來的」。[5]由單純觀念更進一步的思慮便成為**愉悅**與**痛苦**的觀念，這可能提供「其所以偏好某一種思想或行動更甚於另一種的理由」；**力**（Power）的觀念就是我們內心觀察到我們自身移動以及自然物體在其他物體內產生動作的能力；**存在**（Existence）的觀念就是我們考量到心智之中實際所有的觀念，或是在我們本身以外實際所有的事物；**一貫**（unity）的觀念就是我們考量到「單獨的一件事物，無論其為真實事物抑或僅是一種觀念」；而**連續**（succession）的觀念也就是「在我們自己的心智中持續地經過而提供於我們的事物」。[6]

　　由這些單純觀念組合而成的謂之複合觀念，這是單純觀念的「集合體」，其中包括著「實質」（substances），例如：人或空氣；「關係」（relations），例如：夫與妻；及「模式」（modes），例如：空間、時間、善、惡、正義、謀殺、恐懼……等。我們所能知道的事物只限於這些單純的與複合的觀念。「……在心智的一切思想與推理之中，除其本身的觀念以外，別無其他直接對象，這些觀念就是心智獨自深思或可能深思的……而**知識**也無非是對於我們任何觀念的聯繫與契合，或背離與矛盾所產生的知覺作用而已」。[7]

5　同前書，第一章，第五節。

6　同前書，第七章。

7　同前書，第二卷，第四編，第一章，第一、二節。

　　洛克便是按照這種方式把內在的心智與外在的世間萬物完全分開。心智的本身對於某些觀念產生了作用，把這些觀念運作起來，由單純觀念綜合成為實質、原因、效果、道德、神法與民法等高度的複合觀念。

　　像這樣把摹擬著外在機制——世間萬物和內在機制——心智，劃分開來就是從洛克那時代起到十九世紀末止，所有經濟理論的特徵。在經濟理論裡要想脫離這種二元論而代之以內在的心智與外在的世間萬物相互間的功能關係，其所必需的概念一直等到1871年才由孟格爾（Menger）建立起來，[8]名之為「遞減效用」，由此而說明一種感覺的觀念，這種感覺是依賴於被認為適合滿足想望的外在對象，其強度隨著這些對象的富饒而遞減；一直等到1888年才由博姆-巴維克（Böhm-Bawerk）建立起未來商品在現時價值遞減的觀念。所以，必須先有了往後的「稀少性」與「未來性」這兩個概念，然後才能為心智與軀體對現時與未來的外在世間萬物時刻變動的依賴程度提供一種功能上的想法，而不是如同洛克及其後繼者把內在的心智與外在的世間萬物相互劃分。不過，事實上雖是如此，而享樂派的經濟學者們卻偏要追隨著洛克那種微粒子感覺與觀念的理論。

　　洛克對於心智的機械式觀點好比是一種被動的觀念接受器，以牛頓微粒子的形態來自外界，而在內部予以深思。這也

8　在其前的是戈森（Gossen，1854年）及傑文斯（Jevons, W. Stanley，1871年），其後繼而並非依附者的是瓦爾拉斯（Walras，1874年）。

是物理學派的經濟學者們的特徵，到了馬克思已經登峰造極，他把個人的知覺簡化爲財富生產與取得的複印件。在預期重複交易的觀念之中，要想把洛克的微粒子感覺、深思與意欲結合起來，必須有更進一步的心智想法，作爲整個軀體的行動，而不是特殊感覺來到軀體之內，把這整個軀體作爲*創造性*（creative）執行者，企望著未來，並巧妙的利用外在世間萬物與其他群眾以求取期待的結果。這一點還得要由最近代的心理學與經濟學予以完成。[9]

然而洛克的**經驗**教條與論證卻能開闢一條途徑，說明我們所有的觀念悉皆起源於五官，五官使我們對於世間萬物獲得一種多少有點殘缺不全的影像，而並非本然或必然的知識。現代的心理學與經濟學只須拋棄他的物質心智概念，這種概念是由當時流行的僅有科學——物理學、光學及天文學類比得來的，而代之以與研討心理學、歷史及經濟學的實驗方法相適合的概念，這種實驗方法也和他，以及與他同時代的人們，用來研討物理科學的方法相同。

假如抱定這個目的，那麼，我們只須在洛克的智

---

9 實用主義、形態心理學、制度經濟學。並請參閱賴欣巴哈（Reichenback, Hans）與亞崙（Allen. E. S.）合著的《原子與宇宙；現代物理學的世界》（*Atoms and Cosmos; the World of Modern Physics*）（1933年翻譯並修訂），這部書所論述的是近年以來想把微粒子和光波的理論合併起來的企圖。再請參閱懷德海（Whitehead, A. N.）的《觀念談奇》（*Adventures of Ideas*，1933年），特別是其中論述「客觀與主觀」（Objects and Subjects）的第十一章。

力用詞「觀念」之上再加添一個情緒性用詞,「意義」
(meaning),就可以明瞭他的心目之中所指的究竟是什麼,
但卻毋須作機械式的類比,把那在心智周圍移動的主觀微粒子
和外在的世間萬物劃分開來。「意義」這個用詞在這裡標誌的
是情緒性狀況,而觀念則是純粹智力方面。這個用詞暗示著意
願對時刻變動的世間萬物所發生的外在與內在作用與反作用程
序,這同時指向意願程序客觀與主觀兩方面。

　　「意義」這個概念改變了洛克的「觀念」概念,從原本
僅是如同在鏡子裡被動地照出來的複印件,變為一種心理上自
動的觀念結構,在內部加以選擇與轉化,以便究察並了解外界
的種種活動,否則的話,這些活動是極其複雜而難以控制的。
在假想之中,紅色是由每秒鐘震動400兆次(譯者附註:萬萬
為億,萬億為兆)所構成,而紫羅蘭色則是由每秒鐘震動800
兆次所構成。[10]我們見到紅色,這只是我們對於世間萬物機制
的特定重複所給予的意義,而這種重複根本就不是紅色,所以
也絕不是一個複印件。這可能是指一件謀殺案或一朵玫瑰花而
言。這是我們對於業已發生的事物或預期其行將發生的事物,
根據經驗、重複、記憶以及我們對其之發生的興趣所作的推
論。這是我們對於每秒鐘震動400兆次所給予的不同意義。對
於每一件事物,對於人類的天性,乃至對於我們自己主觀的觀
念和情緒莫不皆然。我們的知識並非複印件,而是在智力方面

---

10 見於詹姆士(Jeans, Sir James)所著《我們四周的宇宙》(*The
　 Universe around Us*,1929年),第108頁。

由內部實際產生的觀念，在情緒方面把觀念和感覺聯繫起來的意義。在衡量另類選擇方面這就是評估，而在意願方面這種評估就是進行活動與交易。

因為「意義」這個用詞是一種觀念的名稱，我們構成這種觀念為的是，要表達經驗的各部分與其整體之間所生交互關係的公式；所以這個用詞可以描繪出一種和感覺與情緒分割不開的事物。後述的這些感受與情緒在將要見諸行動時，我們稱之為價值，這就是說，客觀的把相對重要性賦予外界的事物，即當我們處理自然界的事物以及我們人際關係時，所實際表示和衡量的價值。

上面這句話是說，「意義」表達了期待的觀念。「意義」這個語詞所表示的絕不僅是這個所謂「觀念」的內容——這是表示由此觀念所引起的期待。洛克的「觀念」只是外界進行的事物在內部的複印件，這僅是由內心的智力所完成的，而「意義」則是表示那些觀念對於即時或較後的行動所具有的重要性。

在這方面，「意義」這個用詞是表示進行評估、選擇與活動不可分的情況。洛克的「價值」這個字詞僅指外在的品質而言，也就是說，存在於事物之中的使用價值，思慮成一個內在的「觀念」。但如按照現代的用語，則是把價值這個名詞變成了動詞的「評估」，其中包括著相對重要性的意義或感覺，這種相對重要性是由當時或預期的事件所引起的。所以，意義與評估不能相互分離，前者是對內的強調，而後者是對外的強調，皆屬於對世間事物採取行動與反應的同一意願程序。

因為，意義與評估皆不可能和選擇相分離，選擇是對事

物賦予意義與誘以價值的外在證明。洛克的力的觀念使他自己感受到極大的困擾，所以他在他的作品第二版裡已經加以修正。[11]其所以然的理由是很明顯的，他把作為被動機制的心智和作為主動機制的世間萬物強行分隔開來，這樣絕不能使他求得力這個字在意願方面所具有的意義。他只見到內在心智推動外在事物的物理過程，就如同他見到別種物體推動其他事物一樣。這樣一來，**意志**變成了光學、熱學或化學作用的類比，使他沒有容納做另類選擇的這種觀念。後述的這種觀念在物理科學中根本不會產生，這僅是在過去的三十年以內才成為經濟理論的基礎。實際上洛克在討論「力」時，從來就沒有一次提起過選擇的這種現象。在他看來，**選擇**只是和愉悅與痛苦有關。倘使他把他的實驗法適用於心理學以替代內省法（introspective method），如同他和他同時代的人士將其適用於物理學一樣，那麼，他對於意志的解釋絕不會作物質的類比，他必然可以看到這個**意志**（Will）── 他的力的觀念，實在是對於當時所能取得的最佳另類選擇一再進行選擇與活動的程序。這些另類選擇的活動、意義與相對重要性都是持續的變動著。物理學、光學或天文學裡面絕不會產生類似的情事。如果改用**意志**這個用詞，他力的意義實在就是，整個有生命的物體與外在事物之間的功能性關係，其中的**意志**本身就是在對世間萬物及其他群眾施用各種不同程度的力量之間做選擇的程

---

11 見於洛克的《人類悟性論》，第一卷，第二十一章「論力」（Of Power）。

序，這種選擇是按照意義與評估，也就是賦予當時所能取得的
另類選擇的相對重要性。[12]

選擇的這種功能性概念實際上亦含有物質程序，
但和物理學上的程序不相同。這是在同一行為之中具有
履行（performance）、取消（avoidance）與放棄執行
（forbearance）的三重面向：履行就是物質或經濟力量朝著一
個方向的發揮；取消就是拒絕較其次的另類選擇之履行；放棄
執行就是在實際履行中選取用力程度較低的而不選取用力程度
較高的。

物理學不知道物質與經濟力量具有這三重面向。這是意
志在其本身行動之中所具有的面向，經濟與法律的理論就是以
此為基礎而建立的。[13]這是一種主動的選擇程序，正因為這是
有生命力行為的特徵，和那無意識行為有別，所以我們往往把
「選擇」用成「價值」、「行為」、「進行活動」、「進行交
易」的同義詞，並且和洛克所謂「力」的固有意義相同。選擇
的這三種面向——履行、取消、放棄執行是洛克所不知道的，
在他那心智的物質類比之中是不會有地位的，無論是把心智作
為一種內在的被動機制，用來複製外在機制的世間萬物，抑或
是如同物理學的類比一樣，將其作為對於外在事物的直接行
動，都不會有地位。

如上所述，雖是可以了解這些都是人類行為在物質與經

---

12 參閱本書第八章，第六節「能力與機會」。
13 參閱康芒斯的《資本主義之法律基礎》（1924年），第69頁以次。

濟方面的面向，然而「觀念」、「意義」、「評估」、與「行動」這四個用詞卻是一個人處理物質的與人類世間萬物在智力、情緒與意願方面不可分的程序，而不是洛克所劃分的內在與外在世界的各別機制。到下文的某一點，我們必須把物質的力量和經濟的與道德的力量分清。

但是「意義」這個用詞仍然保持洛克所賦予他的用詞，「觀念」，同樣的意涵，因為這個用詞所表示的並非那種永無止境的確實知識，而僅是通常基於虛構知識所產生的實際感受，不過，人類卻就是根據這種感受來採取實際行動，引導別人行動，並且還隨著時間的推移而改變他們行動的習慣。所以，我們必須把「觀念」這個用詞當做一種為了調研目的純屬人為的智力「結構」使用，我們必須把觀念和觀念的意義分別清楚，觀念的意義是同時屬於智力與情緒兩方面的。

在洛克看來，文字當然就是心智複印件所用的符號。他說，一個字詞假如要用得恰當，該「讓聽者產生說話者心智之中這個字詞所代表的同一觀念」。[14]然而，實際上這樣的情事卻是從來就沒有發生過。文字所能引起的總是不同的觀念，這是根據他個人的經驗，他說：

「……假如一個人把塵世間因文字的使用不良而普遍產生的錯訛與難解、誤會與混淆仔細考量一下，他必然可以發現某項理由來懷疑人類所沿用的語言，究竟有助於知識在人類間的

---

14 見《洛克著作全集》，第二卷，第三編，第九章，第四節。

增進，抑或是阻礙。[15]……關於這一點，我覺得我至少可以這樣講，如果認爲文字僅是代表我們觀念的符號，而不是代表事物的本身，那麼，塵世間理應大幅減少爭論」。[16]

洛克對於「文字的誤用」所提出的幾種補救方法是：不可用不能代表一個觀念的名稱。觀念本身如果是單純的，就必須清晰而明瞭，例如：「黃」或「白」；如果是某些單純觀念的集合體，就必須可以精確的限定，例如：「正義」或「法律」，這些「在性質上沒有定論的事物」。文字的應用必須「儘量接近慣用法所附加於這些文字上的觀念」。不過，由於慣用法並「沒有明顯的把任何含義附加在文字上」，所以不得不「明白宣示這些文字的意義」。並且，「假如人們不肯費心努力的宣示他們所用文字的意義」，那麼，他們「至少必須以同一意思持續固定在同一字詞上」。果眞能夠做到這一步，「爭執中的許多論戰就會平息」。[17]

洛克的**悟性論**並不是如想像中的多麼屬於「懷疑主義」哲學，而是把實際事務有共識的意見編纂起來的一本手冊。這是一篇研討文字意義的論文，我們在文字的意義之上又加添了觀念本身的意義，作爲調研、協商與行動的工具。洛克的那部書所論述的是**研究方法**。

假如知識只是與觀念有關，再假如因爲觀念僅是事物的複

---

15 同前書，第十一章，第四節。

16 同前書，第十章，第十五節。

17 同前書，第十一章，第二十五節。

印件而非事物的本身，所以「事物的本身也只是單純觀念的集合體」，[18]那麼，能不能有確實的知識呢？按照洛克的說法，僅有的確實知識應屬於數學或邏輯與演繹的性質，直接的或是用論證的方法，看出各個觀念之間的關聯、一致、不一致與矛盾來。不過，倘若是直接認識的——比方說，黃色就是黃色，或黃色不是白色，這就是「直覺的」知識，或是照我們的說法稱之為意義。倘若是用論證的方法認識的——比方說，一個三角形的三個角相加之和等於兩個直角，這就是「理性的」知識。二者合併起來便是**推理**的智力基礎，因為這兩項足以構成為無可懷疑的確實知識。這句話可以適用於我們對永恆的、最有力、最博學、明智而隱祕的實有所具有的知識，這**實有**的存在可以由我們每一部分的知識自然的推斷。像這樣的推斷而使我們能夠確定**實有**的論證是得之於因果觀念，其中的果不會大於因。果就是世界，而因則是**上帝**。

　　由這種觀念可以求得兩個結論。第一個結論是說，因為這些效果就是人類的智能，所以那原始無窮的原因必然也就是永恆的心智。第二個結論是說，假如不是先有了永恆的情緒與知性，絕不會產生「自然界所可能見到的秩序、和諧與美麗」，這種情緒與知性所渴望的正就是秩序、和諧與美麗，其本身之中含有「自此以後可以永遠存在的一切完善」。

　　這種永恆心智的觀念簡而言之就是完善的觀念，使我們確信世間有附帶著「懲罰尺度」的永恆道德法則存在，這種法則

----

18 見同書，第三卷，第四編，筆十一章，第一、二節。

「在一個具有理性的生物與研習這法則的人看來，和國家的制定法同樣的清晰、同樣的淺顯；不，也許還更爲淺顯，如同理性比人們的幻想與複雜的計謀更易明白，這些幻想與複雜的計謀是起因於矛盾與隱祕的利益關係，而用文字表達的」[19]。

所以，洛克對於**理性**的見解，認爲不僅是智力的程序，他又注入了一種情緒方面想要達到終極目的的意義，我們稱之爲**幸福**（Happiness），再注入了一種以自然法則來設法達到這目的的工具性意義，我們稱之爲**合理化**（Justification）。他把**理性**和**上帝**、**自然法則**以及**人類幸福**視爲同一事物，在他的《政府論》裡成爲一種仁慈的天命，永恆、無窮而不變，這種天命是基於和諧、平等、和平、富饒等原則，謀求人類的幸福，並維持生命、自由與財產。

因此之故，他被表彰爲哲學之中的效益主義者。他的效益主義是屬於無限統治權的一類，而不是邊沁的塵世立法。對於這種無限統治權的意圖，他具有確實的知識，這是由論證演繹得來的，他就是以此爲基礎而創造了他的自然法則、他的自然權利論、價值論以及他對財產與自由的合理化。**上帝、自然**與**理性**是同一事物，可以用來合理化1689年的革命。

我們由此可以得知他的個人主義所根據的基礎。人類這種生物並非他們當時當地所有習慣與習俗的產物，而是具有理性的單元，也和洛克本人一樣，由於理性的運用，他才能確定宇宙無限仁慈的理性、才能確定爲達成這種理性而設計的自然法

---

[19] 見前書，第五卷《政府二論》，第二編，第二章，第十二節。

則。個人所能確切知曉的只有一種無限的理性、無限的原因，因為他們自身就是這種原因所產生的結果。所以，這種無限的理性實際上就是洛克自己的理性加以永恆化、加以不變化。他在一開始時就是把他個人自己的心智作為宇宙的中心，而不是事件的重複、慣例與交易，他的心智對於這些事件的重複、慣例與交易已經非常之熟悉，所以看起來似乎是很自然的、合理的、神聖的。

　　因此之故，他必須在確定性與或然性之間加以區別，這就是從他那時代起科學上所做的區別，因為科學是專門研討或然性的。但是他卻缺少現代有關相對論、時間與動作的概念，他必得求取一種固定的事物，例如：一個人的靈魂、無限的理性、宇宙的理性「架構」，而可以把所有的變動與或然性一概歸因於這種事物。

　　然而，就連洛克本人也是他四周變動情事一個變動中經驗的程序。任何一個人莫不如是。說到底，洛克的確定性也僅是他心智之中的一個觀念，和數學與邏輯中的確定性一樣，並非科學，而只是用以調研的心智工具。誠如他所說，這些工具並不存在於外界的宇宙之中。凡是由外界得來的都缺乏數學的知識，對於外在的世間萬物，這只是「*信念或意見，而不是知識，至少不是一般性的真理。*」[20]

　　假如事實上果真如是，則被認為外在世間萬物的知識都不過是或然性而已。或然性彌縫知識的缺陷，「在知識不能指

---

20 見前書，第二卷，第四編，第二章，第十四節。

導我們時來指導我們」，並且或然性「隨時輕易的向我們提供
建議，對於這些建議我們卻無法確定，而僅能試著接受其爲眞
實」。或然性的根據在於「舉凡和我們本身的知識、觀察與經
驗相符合的」、在於「別人所提出的證詞，支持他們的觀察與
經驗的」。[21]或然性的程度各有不同，凡是一個人的心智，

「只要是合乎理性的運作，必須檢驗或然性所有的根
據，看看這些根據是否多多少少適合或違反某項建議，然後予
以同意或不同意；再對適當的衡量全部的根據，按照或然性此
方或彼方的根據所占的優勢比例，予以或多或少堅定的同意才
予以拒絕或接受」。[22]

所以，如果或然性、信仰、意見、經驗取代了確實知識的
地位，這不是爲懷疑主義，而是爲理性與合理之間的區別奠定
了基礎。理性所給予我們的是**上帝、自然、完善**永恆不變的法
則，而**合理性**所給予我們的則是在生活事項中對或然性優勢的
互相同意。現在所留傳的是洛克的**合理性**教條，而不是他的**理
性**教條。

在這裡我們不必對這兩百年來哲學上的討論加以評論，
這種討論都是追隨著洛克的物理方法，把觀念當做原子看待，
要用內省法加以觀察，如同機械論一般加以研討。在柏克立看

---

21 見前書，第三卷，第四編，第十五章，第四節。
22 見前書，第十五章，第五節。

來，這意指，我們所能知道的，除觀念之外別無其他，也就是說，外在的世間萬物，對我們來講，僅是**上帝**的觀念。在休謨看來，這意指，連我們自身也只是一種觀念。在康德看來，這意指，我們按照我們自己的自由意志，為宇宙並為我們自身建構了理性的法則。這些都是觀念，而不是觀念的意義。

　　另一方面，假如我們把「意義」這個字詞作為一種情緒性附加物，加在洛克的「觀念」之上，那麼，這種意義就是事件與實務隨或然性而變的意涵及合理性的可變意義。這個字詞也許可以用來替代桑塔亞那（Santayana, George）[23]藉「本質」（essences）所要表達的意義；這不是柏拉圖（Plato）的本質，那是永恆的預先存在而且是純粹的觀念，這個字詞是指我們自己按照共同的意識歸屬於事物或事件的可變意義與價值而言，這種共同意識桑塔亞那稱之為「動物的信念」（animal faith），相當於洛克的「信仰或意見」。這裡用的「意義」這個字詞有桑塔亞那「本質」的含義，但沒有柏拉圖的物質隱喻，那種暗示著心智之外另有本質的存在。假如我們把觀念、**概念**、本質及其類似詮釋為僅指意義與價值而言，這種意義與價值就是我們不僅歸屬於文字還及於對象（objects）和事件，甚至歸屬於洛克的觀念，那麼，我們就可以獲得一個恰當用詞，不只適用於事件及文字的變動中詮釋，還能適用於變動中觀念的本身，這種觀念不僅是附著於經濟學者們的作品之

---

23 見於桑塔亞那的《懷疑主義與動物信念：哲學體系入門》（*Skepticism and Animal Faith: Introduction to a System of Philosophy*，1923年），及「本質的範圍」（Realm of Essence，1927年）。

中，並且更重要的是附著於商人、勞動者、司法官、立法者的行為之中，經濟學者們所寫的正是這些人的行為所具有的意義、價值與選擇。他們全部都在行動著並且引導著別人行動，不是根據知識而行動，而是根據他們所建構其觀念的意義與價值而行動。

更重要的一點是，「意義」這個用詞所暗示的一種知覺、感受或觀念並非抽象地存在著，如同一個孤立的分子或原子按照化學的「聯結法則」（Laws of association）[24]和其他觀念相撞擊，而是作為記憶、期待與行動的整個複雜過程之一部分功能而存在。觀念的意義比洛克的觀念大得多——這種意義對行為是加以重覆及不定向的指導，行為的本身原就是重覆著、變動著，每小時不同、每人不同、每年不同、每世紀不同，而這種意義的指導也是同樣的繼續重覆與變動。洛克的「觀念」是沒有時間性的、永恆的、不變的本質，而觀念的意義卻是事件的可變功能，在時間長流中，離開可供記憶的過去，經過現時的行動，而進入預期的未來。[25]

所以，意義是可以觀察的，是適合於研究與實驗的。在歸屬於文字的意義和歸屬於觀念與事件的意義之間可作重要的區別。按照洛克的一般說法，在經濟行為中，文字可能彰顯思想而導人以正確，但也可能隱晦思想而令人誤入歧途。商人、勞

---

24 李嘉圖的朋友彌爾（James Mill）在他的《人類心智現象的分析》（*Analysis of the Phenomena of the Human Mind*，1928年）那部書裡就是用這些字樣加以解釋，這顯然是一種「化學」的觀念論。

25 參閱本書第四章「休謨與皮爾司」。

動者、法官、行政人員、政治家等輩，其真實的意涵之所在並
不是他們所說的，甚至也不是他們所想的，而是他們所「做」
的。他們所說的甚至想的**上帝**、**自然**、財產、自由等是這些字
詞的表面意義與這些字詞所指示的觀念；而他們所做的卻是這
些字詞的真實意義，是他們由記憶、活動、期待、希望與另
類選擇之中得來的意義。因此之故，意義是可以根據人的活動
來加以科學調研的。這和調研觀念與本質的情形不同，因為這
些都不過是心理上的公式，除其所表示的意義、評估與選擇之
外，別無其他外界的指示。

　　我們可以總括起來而預先斷定說，洛克的基本理論，和繼
承他的經濟學者們一樣，是一種**個人認識論與評估**的理論，否
則，一個人怎麼能*知道*而把*價值*賦予事物呢？但我們的理論則
是個人在所有交易之中的聯合活動與評估，參與交易的人們相
互引導，以期求得意見與行動的一致。這不是洛克的**理性**論，
而是他的**合理性**論。[26]

貳、價值

　　洛克把**法律**、**經濟學**與**倫理學**合併在單獨一個**勞動**概念
裡。這是他在合理化1689年革命所提出的議題。費爾穆爵
士（Sir Thomas Filmer）在1680年發表了他的《族長論》
（*Patriarcha*），不過，早在克倫威爾（Cromwell）專政的時
期，這部書就已經寫好了，供私下流通。在這部書裡，他擁護

---

26 參閱本書第四章「休謨與皮爾司」。

「君主神權」，認為是一種自然的權利，可以統治臣民的生命、自由與財產，**君王**這種權利是受之於**上帝**，所以也只是對上帝負責。[27]

洛克提出**勞動**神權來作為答覆。他說：費爾穆「這個英國的佞臣」所說的「這種信口開河的胡言近年以來已經在講壇上獲得公開的承認」，[28]並且成為「這時代流行的神物」。洛克反對政治力量這種神權的教條，他建立起「生活、自由與財產的自然權利」，這是得之於勞動對其本身產品的權利。二者之間的差別在於，費爾穆所類比的機制是部分隸屬於全體，而洛克所類比的機制則是全體為部分的總和。

這種類比既可以適用於個人，也可以適用於財富。照費爾穆的說法，各個人結合起來是受到遺傳與社會性的原始法則約束所致，猶如家族一樣。照洛克的說法，各個人是為了相互間的便利而聚集，猶如集會一般。在費爾穆看來，一國的財富是全社會的產品，但在洛克看來，這是各個人產品的總和。費爾穆認為財富成為個人的所有權是受之於君主，而洛克則認為在未有主權以前即已先有了私人財產。所以，費爾穆的想法是上帝把義務加在臣民的身上，而把權利賦予了塵世間的君主，洛克的想法則是把義務加在君主而將權利賦予各個人。他們各自把自己的推理加以具體化，作為**上帝**與自然永恆不變的推理。

---

27 參閱斐吉士（Figgis, J. N.）的《君主神權論》（*The Theory of the Divine Right of King*，1896、1922年），第149頁以次。這裡的引述文是由第一版得來。

28 見於《洛克著作全集》，第五卷《政府二論》序言，第210頁。

　　洛克的觀念是基於**勞動**理論而建立的，認為這才是價值的唯一泉源，而透過檢驗，他的**勞動價值**觀念實際上是「複合觀念」下，一種將勞動所生產的實質事物予以私人所有權的具體化。由這複合觀念中，他解決了製造者、農民、商人與地主的良善實務。因為洛克本人是他那時代的產物，所以我們必須探求這種勞動、物質與所有權的複合觀念，其根源究竟為何。

　　早在洛克發表其《政府論》以前的一百二十五年，斯密爵士（Sir Thomas Smith）已經把一種政治的意義給了「共和」（Commonwealth，譯者按：此字有共和與共有財富二義，以下譯文二者互見）這個用詞。[29]他被伊莉莎白（Elizabeth）女王任命為大使，派往歐洲大陸，他發現當地的君主專制或獨裁政治與英格蘭王國不同而感到訝異，在英格蘭王國裡，人民可以參與議會並在普通法法庭上有發言權。英國的參與階級是「毋須手工勞動」而生活的貴族與士紳，以及普通法法院所保護的自由民、農場主或自由保有不動產者，他們為共和政治「服務，比所有其他的人們更加勞苦」。此外，有一種被稱為「無產階級」的第四階級，那就是「沒有自由荒原（lande）」的人們，例如：勞動者、工匠，官冊有據的土地所有人，以及沒有田產的商人與零售商。這班人「在我們的共和政治裡既沒有發言權，也沒有任何權威，他們是無足輕重的，只能受到別人的統治，而不能統治別人」。[30]

---

29 參閱斯密爵士所著《共和的英吉利國》（*De Republica Anglorum*）（約在1565年所寫，至1583年始發表）。

30 參閱康芒斯的《資本主義之法律基礎》，第222-224頁。

　　1565年斯密爵士所劃分的有地產階級與無地產階級，在此後三百年的英國，與二百五十年以上殖民地及農業區的美國，始終保持其爲**共和**的政治意義中居支配性的區別。關於這種意義的爭執點肇端於**共和政府**的軍隊之中，其時正當1647年國王終於敗北之後。在軍隊裡，「極激進不滿分子」（Levellers）代全體軍士要求平等投票權，無論其有無土地所有權，但克倫威爾和埃爾頓（Ireton）決定只許有土地利益關係的人才能受託代表**共和政府**的永久利益。這就是洛克解釋「共和」的政治意義。共和政治必須是對於土地有永久利益關係的人才能參與政府。

　　共和的經濟意義發源於其政治意義。這興起於修道院的充公，耕地轉爲牧場與共有地的劃圈。在1540年，凡是向亨利八世（Henry Ⅷ）領取充公土地、提高地租，並驅逐佃農的那些人都受到了拉梯謨主教（Bishop Latimore）的斥責，認爲他們是把「共同的財富轉變成爲共同的苦難」。這些人也反過來斥責其攻擊者爲「共和人」（commonwealth men），相當於現代的共產黨徒，其領袖與倡導者便是這位「名叫拉梯謨的共和人」，他在瑪利（Mary）當朝的時期以主教之職，把這些人斥爲「後繼的貴族與地租的抬高者」。其後一百年在**共和**的軍隊裡把新共和的投票權問題提出來作冗長的爭辯，克倫威爾與埃爾頓主張投票權限於財產的所有權人，而「極激進不滿分子」則要求投票權的普遍性。[31]「極激進不滿分子」到後來

---

31 參閱《克拉克筆錄》（*The Clarke Papers*），第一篇，第299-326頁，

被稱為「掘地客」（Diggers），他們是美國「新關地的占據
人」，承領自耕農場者與採礦者的先驅，他們把共和的意義延
伸到共有土地上，而開始準備收穫糧食並將其闢爲農舍，但卻
受到了法院與克倫威爾軍隊的壓制。[32]

　　在當時，普通法法院已經把共和的這一種經濟意義延伸到
製造與貿易的範圍中。此項區別是以一個人致富的手段爲何來
定的。假如他是由於君主授與製造或貿易特殊或獨占的特權而
致富，那麼，他的財富就是共有財富的減額且他本人並無相對
應的貢獻。反之，假如他是由於從事製造、貿易、零售，輸入
國外商品或在其土地上生產農作物等活動而致富的，那麼，他
的私人財富就相等於他對共有財富的貢獻。共有財富是私人財
富的總和。這一種私人財富只能以勤勞與儉樸得之；而另一種
的私人財富則是得之於壟斷與壓迫。這便是亞當・史密斯的國
富觀念。這也就是從洛克那時代起一直到現代爲止，支配著正
統派經濟體有關財富的雙重意義，那就是，爲人所有但非爲人
所壟斷的實質事物。

見於坎頓社（Camden Society）所出版的第二輯，第49卷（1891年）。
這是國王被俘之後，克倫威爾軍隊中的辯論用速記法記錄起來的報
告。

[32] 見同書，第204-225頁。並參閱古琦（Gooch, G. P.）所著《十七世
紀英國的民主觀念》（*English Democratic Ideas in the Seventeenth
Century*，1927年），第214-219頁，及陶奈（Tawney, R. H.）所著《宗
教與資本主義的興起》（*Religion and the Rise of Capitalism*，1926
年），第256-261頁。

　　例如：在1599年，就有一個成衣業工會，雖是獲得國王
的特許，但卻被最高普通法法院判決爲不合法，因爲當時這個
工會規定凡是會員在和非會員競爭時都可以享受優先權，這樣
的規定「違反了臣民的自由，違反了共和」。[33]1602年，這個
最高法院又宣布伊莉莎白女王特許給一個佞臣的壟斷權爲「違
反共和」，因爲這個被特許者缺乏工藝的技巧，所以他沒有合
法的權利可以禁止別人的競爭，這些人皆有技藝與技巧，「有
益於共和」。[34]再如1610年，有一個名叫貝蒂斯（Bates）的
商人負擔了額外的稅捐，這稅捐是國王所課徵，但卻未經國會
通過。當他拒絕繳納時，他的律師在財政法院裡辯說，一個進
口商從外國商品所得到的財富，等於共有財富的增加，但是終
未成功。[35]

　　大法官柯克爵士（Lord Chief Justice Coke）比任何其他
法律家，都更能把私人財富在沒有壟斷權時，相等於共有財富
的這種經濟意義，發揮得最爲透徹，到了1616年，他被國王
詹姆士所罷黜，他的罷黜成爲洛克主張司法應脫離國王專制而
獨立的歷史基礎，隨之而來的是1689年的革命，而在1700年
以「王位繼承條例」（the Act of Settlement）制訂爲法律。

---

33 戴汶南對侯迪司（Davenant *v.* Hurdis, Moore K. B.）訟案，檔號576
　　（1599）72 Eng. Rep., 769（見於康芒斯前述著作，第47頁）。

34 達雷對歐蓮（Darcy *v.* Allein）壟斷權案，檔號6 Coke's Repts. 84b, 77
　　Eng. Rep. 1260-6（1602）。

35 貝蒂斯訟案，檔號Lane 35 (1606), 145 Eng. Rep. 267, 2 Howell's State
　　Trials 371。

　　清教徒的神學者又把**私人財富**與**共有財富**之間的這種相等作更進一步的闡發，其中以巴克斯特（Richard Baxter）所表示的為最明顯，他和洛克生於同一時代，他把基德明斯特（Kidderminster）這個村莊的簡陋生活轉變為勤奮而節約的社會。

　　巴克斯特說：「公眾的福利，或多數人的善，應該比我們自己的更為寶貴。所以每一個人都有盡其所能做有益於別人的事，特別是為教會和為共和做事。這種事絕不是懶散所能做成的，這必須要勞動。猶如蜜蜂充實其蜂巢，人既是群居的生物，就必須為社會的善而勞動，一個人是隸屬於社會的，他本身也就是社會的一部分。……假如**上帝**指示你一條途徑，可以合法取得比另一途徑所能獲得的更多（並無損於你本人與任何其他一個人的靈魂），再假如你拒絕這條途徑而選擇了另一條利得較少的途徑，那麼，你就錯過你志業中一項目的，並且拒絕做**上帝**的執事人員，不肯接受祂的恩賜，而當祂需要時，不肯為祂使用這些恩賜；你可以為**上帝**勞動而致富，而不是為了肉欲與罪惡。……有益於公眾之善的志業應該居先。……如果兩種志業都是同等的有益於公眾之善，其中的一種有獲取財富之利，而另一種更有利於你的靈魂，則後者就應該居於優先地位；次於公眾之善的是靈魂的利益，必須指導你的選擇。……寧願有可以延伸到後代的善，而不願有短暫的、無常的善。……一個欺壓別人的人是**反抗基督者**與**反抗上帝者**……不但是**惡魔**的代理人，而且是其影像」。一個自私者「如果能

由共和而得到利益，他絕不顧慮到共和所受到的苦難」。[36]

　　巴克斯特有關教會與共和的觀念所不能說服的人之中，有一些是工資勞動者、工匠、學徒與鄉村裡的酗酒漢們，他們根本就沒有財產；還有一些是有土地的鄉紳們，他們擁有的財產多於他們所生產的。在巴克斯特的忖度之下，這兩種階級似乎是聯起手來反抗教會與共和。誠如陶奈所曾指出，即便是「始終堅持操縱價格就是惡行」的巴克斯特和班揚（Bunyan），「也不會想到要把他們的原則應用在工資問題上」。巴克斯

---

[36] 見於巴克斯特的《基督徒南針》（*Christian Directory*）（1838年重印）。第一位發現巴克斯特這種經濟意義的是韋伯（Max Weber）。參閱韋伯的《宗教社會學論文集》（*Gesämmelte Aufsätze zur Religions-Soziologie*），第一卷，第164頁（1923年，其中一部分已於1930年譯成英文"*The Protestant Ethic and the Spirit of Capitalism*"，《新教徒的倫理與資本主義精神》）；並參閱康芒斯的「評陶奈的宗教與資本主義之興起」（Review of Tawney's Religion and the Rise of Capitalism）一文，載於《美國經濟評論》，第XVII期（1927年），第63-68頁；包偉克（Powicke, F. J.）的「巴克斯特大師行述」（A Life of the Reverend Richard Baxter, 1616-1691）（1925年），第158-159頁；陶奈的《節錄巴克斯特的基督徒南針》（*Chapters from Richard Baxter's, Christion Directory*，1925年）；陶奈的「宗教與資本主義之興起」（1926年）；《巴克斯特自傳》（*The Autobiography of Richard Baxter*，1696年，陶奈於1924年重刊）以及康芒斯與彼律門（Periman）合撰的《評桑巴特的現代資本主義》（Review of Sombart's *Der Moderne Kapitalismus*）一文，載於《美國經濟評論》，第XIX期（1929年）第78-88頁。

特在反對地主時所要保護的並非工資勞動者，而是佃農，覺得他們毋須這樣的辛勞憂慮，過著朝不保夕的貧困生活，使他們變得更像奴隸而不像自由人」。但是，對工資勞動者，他卻說他們需要一個主人，「這個主人在他的雇員中必將建立起一項道德紀律，倘使他們是為自己工作，他們不會遵守此項紀律」。[37]

　　巴克斯特所舉出的典型是說，有一個人在物質財貨方面變得很富裕，但是他對於共和的貢獻卻比別人多，這個人名字叫湯瑪斯・佛利（Thomas Foley），「他由白手起家變成為每年收入五千金鎊以上，這是因為他經營一所鐵工廠，並且以我聽到的最公正與無可指謫的交易對待他所接觸的人，這顯示了他偉大的正直與誠實，令人深信而不疑」。果如此說，則凡以勤勉、正直、優良的管理與儉樸而致富，並仍能身受教會與共和的約束，這樣才足以標示清教徒精神的經濟理想，洛克的觀念也就是得之於這樣的環境。

　　陶奈在他的《宗教與資本主義之興起》這部書裡，把1660年以後一方面反抗「清教徒」專制統治，而另一方面又反抗斯圖亞特（Stuart）宗族國王統治專制的這次革命描述得極好；我們也已經看到，洛克是怎樣參與這一次革命。其結果是要求政府不得干預令私人財富隸屬於教會與共和。洛克具有充分的資格足以支持此項要求，一則是因為他對人類的悟性抱著懷疑的態度，再則是因為他有勞動是價值之泉源的理論。然

---

37 見於陶奈的《宗教與資本主義之興起》，第268頁。

而在他心目中的勞動卻和柯克及巴克斯特的見解相同，這就是說，忙碌與節儉的佃農，自由保有不動產者，零售商以及普通法上和清教徒的所有權者，他們不因強迫就自動的工作與儲蓄，並累積其地產、製造品與商品。這不是現代的或馬克思派的無產勞動者的勞動，而是佛利及其在鐵工廠裡做的勞動，是貝蒂斯及其在商品上做的勞動。

　　洛克和他同時代的清教徒們皆未能把現代地租、利息、利潤與工資之間的經濟差別劃分清楚。他們的攻擊是對人，而不是對分配中與人無關的經濟份額。分配中的這些份額合併起來構成單獨一個觀念，那就是說，對於小農場主，自任業主的工人或商人所給予的報償，這些人本身就是所有權者，但卻未能脫離和他們的工匠與學徒共同從事於手工勞動。地租並沒有成為「不勞而獲的收益」，如同壟斷以及專利一樣，一直到洛克之後125年的李嘉圖時代為止。地租只是巴克斯特歸類為「違抗共和」的壓迫者與壟斷者的一些人，即那些濫要地租的地主及其由非法劃圈土地而來的超額地租。當時的利潤與利息在理論上尚未釐清，而在實際上則是等到洛克之後將近兩百年，才由博姆-巴維克（Böhm-Bawerk）予以區別。[38]唯有高利貸，

---

38 西尼爾（Senior, Nassau W.）雖是於1834年提出了「節欲」的觀念，但卻沒有把利息區別為對節欲的給付。在他看來，利息與利潤皆是節欲的酬勞金。他曾經說過（第89頁）：「節欲不僅是表示遏制資本非生產性使用（消費）的行為，並且還表示一個人把他的勞動專供較遠時期的生產之用而不求近利的這種類似行為。凡是這樣做的人就是資本主，而他這種行為的獎金就是利潤」。見於西尼爾的《政治經濟》

也就是殘酷的貸款人所勒索的過分利息，才能認其爲「違抗共
有財產」，同時，凡是因爲別人使用了這個人原本可以自己使
用的財產而向其收取適度的利息，這是一種利潤。而且，利潤
也很難和工資分清，這是有財產的農場主、自任業主的工人與
商人爲求利潤而工作得比他們的雇員爲求工資而工作更加辛
勤，所獲得的報償。即便到了亞當‧史密斯的時代，這就是
說，經過了一個世紀的四分之三之後，雇主固然沒有和勞動者
分清，利潤也沒有和工資分清。縱使有了較多於普通報償的利
潤，但照陶奈的說法，其差別也僅是程度上的，並非性質上的
歧異。[39]

　　洛克從他同時代的清教徒得來的這種價值理論，其所根據
的是按照某種意義解釋的勞動，這種勞動的報償是一個勤勉節
儉的自耕農場主、自兼業主的工人或商人的普通報償，這些人
沒有一個是毋須工作而生活的，他們從他們的產出所有權得到
屬於個人的收益，其中，有一部分到後來便成爲地租、利息、
利潤與工資等非屬於特定人的收益。在洛克和他那時代的人士
心目中所認爲重要的是在於個人，而不在於功能。

　　而且，依照洛克和他同時代清教徒的看法，所有的個人
都有工作與積累的義務——這種義務最初是因爲亞當和夏娃
（Adam and Eve）所犯的罪惡而加在他們身上的懲罰，只有
那些從事於實際工作與積累，並由此而爲共有財產服務的人們

（*Political Economy*，1834年初版、1872年第六版）。這裡的引用文是
取之於第六版。

[39] 見於陶奈的《宗教與資本主義之興起》，第207頁。

才能算是對於**上帝**盡了他們的義務。勞動是對於罪惡所施行的一種懲罰，而財富的消費倘使超出了一個人所必需，那就不但是減削了共有財產，並且是違抗了**上帝**的命令。一個清教徒之所以要工作、要積累是因爲這是他對**上帝**的義務。

只有這一類的勞動者才能「產生價值」。洛克的價值是指生產力與積累的價值而言，這可以增加共有財產，他不是指稀少性的價值而言，稀少性是減削了共有財產。因此之故，他的私人財產觀念是生產、有用性與幸福的觀念，其中每一項觀念都是來自勞動產出作爲一個生產者供其本人使用的合法所有權，再不然就是作爲一個消費者用以享樂的合法所有權；這不是相互握有別人需要卻沒擁有之物品的交易觀念，也不是以稀少性誘導工作的經濟觀念，這些觀念和那些把勞動視爲懲罰罪惡的觀念迥不相同。「稀少性」已經具體化，成爲對一個人在「富饒的樂園」裡最初所犯罪惡的懲罰。然而，從馬爾薩斯那時代起，使地租、利息、利潤與工資之間有所區別的卻正是「稀少性」的這一種功能觀念。

壟斷與壓迫既被認爲由君主專制所導生的事物而受到排除，財產與勞動的稀少性觀念既被具體化爲「罪惡」，則生產力價值的觀念顯然是和私人財產與共有財產完全相同。如果財富只能得之於生產力，則所有私人財富的增加自必也是共有財富的增加，而共有財富也必然就是私人財富的總和。

在洛克的《政府二論》裡，他的每一個基本觀念都是建立在這種生產力價值的觀念上，建立在這種所有權專屬的意義上，並且還建立在這種道德的罪惡觀念上。在如此複合的一種勞動觀念之中，他又把所有的組成分子，**上帝、自然、理性、**

完善、平等、自由、幸福、富饒、有用性與罪惡等觀念悉數予
以具體化。上帝所希望的是富饒，而人的罪惡逼迫著人不得不
工作以求富饒。所以他說：

　　「無論我們是考量到自然的理性，這種理性可以告訴我
們，一個人既經生出來，他就有維護其自身生存的權利，所以
也有權享受肉食與飲料，以及自然界所提供的其他足以維護
人類生存的類似物品；抑或是考量到聖經的啟示，這種啟示告
訴我們，**上帝**把世間萬物賜給亞當，賜給諾亞（Noah）及其
子孫；顯而易見的，誠如大衛王（King David）在聖詩第115
篇，第16章所說，**上帝**是『把世間萬物賜給了人的子孫』；
賜給人類共同享受，並不是如同費爾穆所說，賜給亞當及其繼
承的子嗣，而把其餘的後裔除外」。[40]

　　洛克講到**上帝**的禮物是賜給人類共同享受時，他的意思
當然不是指原始部落的共產主義那種具有歷史意義的共同所有
權而言，也不是指現代馬克思派的共產主義而言，更不是指
一個有組織的團體把每個人的份額配給予他而言。這樣的意義
不但要屈服於費爾穆所提出的主張，那是說，一家之長享有自
然的威權，可像一個獨裁者般，分派每個人的份額，並且也和
他本人所提出的原始時期物資富饒這個觀念相矛盾，既是富
饒，則個人的所有權絕不致損害別人，也就不足以合理化集體

---

40 見於《洛克著作全集》，第五卷《政府二論》，第二編，第二十五
　　節。

所有權也許會妨礙到自由的個人所有權。洛克所用的「共同」
"common"這個字詞，其意義並非由於稀少性所產生的共同所
有權，而是由於富饒的程度能產生普遍相等機會。

富饒的觀念是他對「肉食、飲料與生活必需品」等財產人
人皆有自然權利這個觀念的前提。他的財產自然權利並非起因
於稀少性，而是起因於富饒。任何一個人都可以各取所需，取
之於上帝所賜予的富饒禮物之中，而不是以征服或不公平的交
換取之於他人。

物品既是如此之富饒，任何人要想單獨的占為己有都不
會引起衝突或競爭，那麼，所謂不得干預一個人接近這種物品
的相關義務又是落在誰的身上呢？倘使這種物品的富饒竟是如
同空氣或陽光一樣，權利觀念便成為毫無意義，因為事實上絕
不會發生有人企圖排除別人使用其所需之量的可能。然而，這
居然也是洛克對肉食、飲料與生活必需品的觀念。上帝在原始
的，甚至現時的自然狀況之下所賜予人類的天然資源竟是如此
之富，使得每個人接近這些資源都毋須請求任何別人的許可。
每個人所要做的只是各取所需。不過，此處的「取」，無非是
勞動，而其形態則為肉食、飲料與生活必需品。但是，這還不
僅是手工的勞動，並且也是智力的勞動。所以，理性的勞動能
使一個人對他從富饒的自然界取得的物品享受到一種所有權的
權利，因為資源是富饒的，故而這種所有權並不會剝奪別人也
希望從富饒的自然界取得其所需的權利。

「把世間萬物賜給人類共同享受的上帝又把理性賜給他
們，讓他們能夠使用所賜物品以獲得生活上的最大利益與方

便。大地和大地上的一切事物，其所以要賜給人類，爲的是維護他們的生存與安樂。大地所自然產生的果實以及其所餵養的獸類，雖是因爲出之於自然之手而歸於人類共同享用；並且這些大地產物在自然狀態之下時，任何人對於其中的任何一件物品雖都沒有原始的私人支配權；然而，因爲是供人使用而賜予的，所以在這些產物可能應用之前，或是對特定的個人有益之前，勢必需要一種將其分派使用的方法。果實或鳥獸之肉固然可以營養一個野蠻的印第安人，但這個印第安人對圈地私有一無所知，他只是一個共有的佃農，不過，這果實或鳥獸之肉必須是屬於他的，並且是這樣的歸於他，就是說，成爲他的一部分，使別人對這果實或鳥獸之肉不再有任何權利，然後他才能由這果實或鳥獸之肉獲得利益，而維持他的生命。

「大地和一切低級生物雖是全人類所共有，然而每個人都有一種財產，就是他自己的本身；對於這種財產除了他本人之外，別人絕不會有任何權利。我們可以說，他本人的勞動和他雙手的作品當然是屬於他的。凡是他從自然界所提供與形成的狀態中移取得來的物品都已經摻和了他的勞動在內，並且因此而使這物品成爲他的財產。他把自然所賦予的共有狀態從這物品之中消除掉，他的勞動已經使這物品裡面又附加了一些事物，足以排除別人的共有權利。因爲這種勞動毫無疑義的是這個勞動者的財產，所以除了他本人之外，沒有別人對於附加進去的事物有任何權利，至少在另有相當豐裕而又相當良好的物品餘存下來可以爲別人所共有的情況之下，必然是如此」。[41]

---

41 同前書，第二十六、二十七節。

　　這麼一來，洛克爲亞當‧史密斯開闢了一條途徑。洛克的自然富饒觀念也就是他那自由與財產的自然權利之前提。「每個人都有一種財產，就是他自己的本身，對於這種（財產）除了他本人之外，別人絕不會有任何權利」。他的勞動觀念不僅是手工勞動與理智勞動的觀念，並且不僅是生產力的觀念——這也是自由與所有權的觀念。勞動者有一種自然權利，可以用他自己的軀體做他所喜愛的事，而任何其他的人都負有一種義務，必須聽任他自主，從自然界的無限供給之中取得他自己的財產：肉食、飲料與生活必需品。洛克的勞動並非奴隸勞動——而是「自由勞動」，這種勞動是在「自由土地」上工作，這個勞動者因此而使這自由土地化約爲他自己的私人財產。

　　在克倫威爾軍隊得勝的時期，所有的「掘地客」以及其他反對毗鄰地主劃圈共有土地的人們，都是以人爲的勞動機會稀少性作爲他們要求占領共有土地的依據，而洛克提倡劃圈土地則是以自然土地的富饒與私人財產的生產力爲依據。

　　「……一個人由於他的勞動而將土地據爲己有，這並不是減少而是增加了人類共有的積蓄；因爲從一英畝劃圈並開墾過的土地上所生產出來的足以維持人類生活的糧食，必然是（極謹慎地講）十倍於另一英畝土地所生產的，那一英畝土地雖是同等的肥沃，但卻因是共有而任其荒蕪。所以，假如一個人劃圈了土地，而從十英畝土地上獲得生活便利的富庶，尤甚於他從一百英畝天然土地上所能獲得的，那麼，我們足以說，這個人已經使人類的土地增多了九十英畝；因爲，他的勞動使他從十英畝的土地上得到的糧食，相當於過去一百英畝共有土地的

產量。我在這裡還是把改良過的土地估計得很低，僅為十與一之比，實際上更可能的是一百比一」。[42]

這是1862年「美國承領自耕農場法」（American Homestead Law）所提出的論證。[43]如此說來，一個自由勞動者在自由土地上的生產力完全和這勞動者的私有財產是同一回事，而照洛克的想法，這不但是一項神的法則，並且也是一項自然法則。

「上帝把世間萬物賜給人類共同享有；……祂是賜給勤勉而理智的人使用。……一個人既然有同樣好的東西留存下來供他改良，和那已經被別人占有的東西一樣的好，他就毋須抱怨，他毋須關心別人的勞動所已經改良過的東西。……上帝命令他勞動，並且他的想望也逼迫著他勞動。勞動是他的財產，無論他把這財產安放在什麼地方都不會被別人取去。所以，我們知道開拓或墾殖大地是和取得其支配權聯在一起的，有了開墾，才能享得支配的權利。上帝命令人去開拓，同時也授權給人按照開拓的限度去供作私用：人類生活的條件既是需要勞動與實施工作的材料，自必導致私人的占有」。[44]

---

[42] 同前書，第三十七節。

[43] 見於康芒斯與其同事合著的《美國勞動史》（*History of Labour in the United States*，1918年），第一卷，第582頁。

[44] 見於《洛克著作全集》，第五卷《政府二論》第二編，第三十四－三十五節。

由於施以改良而私占任何一塊土地並不會

「有損於任何其他的人，因為還有足夠多而同樣好的土地
留存著；並且所留存的比那些尚未獲得供應的人們所能使用的
還要多。所以，在實際上一個人劃圈土地以供自己使用，絕不
至於使留給別人的減少；因為他所留存的既是多到足夠別人使
用，這就無異於他的一無所取」。[45]

洛克就是以這樣的方式把**法律**、**經濟學**與**倫理學**合併在土
地並不稀少的概念之中。我們不能說他不合邏輯，何況在伊莉
莎白女王之後，尚發生英格蘭的人口稀少和到全世界去進行征
服呢！在這裡又引起一個問題，像這樣的一個勞動者所能取得
的私人財產究竟有多少？洛克提出了兩個答案，要看當時是在
貨幣的引進以前或以後而定。在貨幣還沒有引進以前，財產的
限度是

「由人們勞動的限度與生活的便利來決定的；沒有一個
人的勞動能夠開拓或私占所有的一切；而他的享樂所能消費的
也僅是其中的一小部分。……這種尺度把每個人的占有侷限在
極為適度的比例。[46]『自然法則用這種方法賜給我們財產，同
時也限制了這財產的數量。』上帝很豐富的賜給了我們一切的

---

[45] 同前書，第五卷，第三十三節。
[46] 同前書，第三十六節。

事物（見提摩太前書，第六章，第17行）（I Tim. vi, 17）。神的啓示證實了理性的呼聲嗎？不過，祂所賜給我們的究竟達到何種程度呢？以我們所能享用的爲限。和任何一個人所能予以利用而在其毀壞以前有益於他生活的一樣多，和這個人用他的勞動所能設定的財產一樣多；除此以外都不是他的份額，而是屬於別人的。上帝所創造的事物沒有一件是供人糟蹋或毀損的。所以，假如考量到世界長久已有豐盛的天然食糧，而消耗這食糧的人數又極稀少；再考量到一個人的勤奮所及而予以獨占並妨止別人擁有的食糧，僅是其中多麼小的一部分；特別是考量到這個人的理性對供他享用的數量所設定的限度；那麼，絕不會留有太多的餘地可能爲這樣建立起來的財產而發生口角或爭執」。[47]

這種人口不足的論證是用來反對費爾穆的。假如上帝是使國王成爲大地的唯一所有主，則此國王便

「可能拒絕給予其餘人類以其所需的食物，倘使他們不肯承認他的統治權、不肯依從他的意志，他就可以任意的餓死他們」。不過，「更合理的想法是，上帝命令人類增多而繁殖，祂寧願把一種權利賜給他們全體，可以利用食物與衣服以及其他生活便利品，這些物品的材料祂爲他們準備得極其豐盛，祂絕不願意使他們依靠著一個人的意志以求存活」。[48]

---

47 同前書，第五卷，第三十一節。
48 同前書，第五卷，第一編，第四十一節。

　　所以，在引入貨幣「以前」的法則是，「每個人所有的都該和他所能利用的一樣多」。不過，到了「發明貨幣」以後而「更大的占有」時，這一條「所有權的法則」也並沒有受到觸犯。在這時候出現了洛克的重商主義，這種主義遭受到魁奈（Quesnay）和亞當・史密斯的攻擊，但在實際上直到現在為止始終沒有被推翻。依照洛克的說法，所有取得的貨幣不獨是私人財富，並且也是同一數額的共有財富。

　　因為自從發明了貨幣以後，一個人如今毋須侵害別人而擁有遠較他本身勞動所開拓的為多成為可能。由於一般人的「默認」，「一小塊的黃色金屬既可長久保存或無所耗損，其價值則該相當於一大塊的肉類或整個一堆的穀物」。倘使一個人大量的保存其他商品，他就得要浪費共有的積蓄，因為這些商品在他手裡必然會毀壞。不過，假如把這些商品和貨幣或同樣耐久的物品相交換，他就可以捨去一部分的商品，使其不致在他的保有下毫無用處地毀損掉，「同時他又可以任意的堆存他所喜愛的耐久物品，而不會傷害到任何人，他的合法財產之極限不在於其占有物的大小多寡，而在於其中因棄置不用而歸於毀損的部分」。

　　在重商主義者的洛克看來，貨幣之所以重要是由於其物質上的耐久性。他說，「因此而產生了貨幣的使用，這是一種耐久的物品，可以長久保存而不致毀損，並且由相互之間的承諾，人們都願意以貨幣交換那些真正有用卻易於毀損的生活維護品」。

　　這時，由於貨幣與商業的運用，大量的占有物品變為有利可圖，「因為，我要試問，假如一個人在美國內地的中部改

發一萬或十萬英畝極好的土地，而又蓄養了相當多的牲畜，但沒有機會和世界上其他地區貿易，藉出售產出收取貨幣以為己有，那麼，他對這一大塊土地是如何的評價呢？這塊土地絕不值得劃圈。「由於交換過剩產品而收取得來」的貨幣還可以「貯藏起來而無損於任何人；這些金屬絕不會在其占有者的手裡毀損或腐朽」。所以，私人財富也和重商主義者的國有財富一樣，都是把交換商品所取得的貨幣積累起來。

在洛克的估計，貨幣的引入絕不隱含自由土地歸於消失。由商業與貨幣而取得的大量占有物仍然和沒有引入貨幣以前的情況一樣，不致減少土地的富饒。

所以，洛克把勞動、物料與私人財產作為他那價值與政府理論的核心，其前提就是土地的富饒，這是仁慈的造物主賜給自由的人們共同享有的，同時也使他們肩負工作與繁殖的義務。「富饒」（abundance）這個經濟用詞相等於洛克的「仁慈」（beneficence）那個神學用詞。

有了富饒作為前提，則實質物品與其所有權之間絕不會互相抵觸。抵觸的出現只是在財產的意義為稀少性，而勞動的意義為富饒以後的事。

自從金和銀被人用為貨幣以後，洛克就不得不把兩種價值區分清楚，不過，這兩種價值卻是同樣的以勞動為其依據。金銀的價值是「默認的或同意的價值」，而「事物的內在價值」則是依賴於「其對人類生活的有用性」。我們在下文要把這兩種價值分別稱之為稀少價值與有用價值。但是，洛克卻認為其中的每一種價值都是決定於勞動的數量，馬克思的價值也就是直接由此而產生的。內在價值的數量──這就是有用價值的數

額，幾乎和勞動的數量完全相等。洛克在他早期的論述反覆加以說明：

「……因為實際上使每一件事物具有不同價值的就是勞動；倘使任何人考量到種植菸葉或甘蔗、播種小麥或大麥的一英畝土地和同等大小而沒有農作物的一塊共有土地之間的差別，他必然可以發現絕大部分的價值是由用以改良的勞動得來的。我認為按照極保守的估計，我們可以說，大地上凡是有益於人類生活的產品中其十分之九都是勞動的效果；不，假如我們把我們所用到的物品作正確的估價，把這些物品所必需的各項費用計算一下，觀察其中何者為純由於大自然，何者為由於勞動，那麼，我們必然可以看到大多數的物品其百分之九十九完全應該歸因於勞動」。[49]

魁奈和亞當・史密斯並沒有講得如此之深切，而僅是說，大自然*也*具生產性。馬卡羅荷（McCulloch）與馬克思則是堅定地依附於洛克。

不過，金與銀也各有其價值，其數量主要是取決於勞動的數量。金與銀「在和食物、衣服與車輛對比之下確是對人類生活沒有多大的用處」。金銀只有一種「空幻的、想像的價值：大自然並沒有把這樣的價值加在金銀的本身上」。[50]因此之

---

[49] 同前書，第五卷，第二編，第四〇節。

[50] 同前書，第五卷，第二編，第五〇節。

故，金銀的價值並非內在的，僅是「聽憑人們的約定」，然而勞動卻是「金銀價值的主要尺度」。

　　洛克把他在《人類悟性論》以及有關**政府**及**信仰自由**的論文裡所講述的**上帝**、**大自然**、**理性**、**財產**、**平等**、**自由**、**幸福**、**富饒**、**有用性**與罪惡合併起來成為一個「複合觀念」，而在他**勞動**的意義之中把上述各項一一加以具體化。**上帝**、**大自然**與**理性**是完全一致的，因為洛克的推理雖是他本人的理性在發揮作用，然而他的推理能力卻是從**上帝**自身的推理能力裡面分出來賜給他的，他能知道**上帝**的理性，也能說出**上帝**的意圖，不僅是或然性，而且是必然性，這種必然性並非由直覺得來，而是得之於論證，和永恆的、無時間性的數學真理相類似的必然性。這些意圖是：所有的人類皆可以受到**上帝**一視同仁的待遇，**上帝**是和**大自然**及永恆的**理性**完全相同的；大家都應該享受到同等的幸福，由大自然禮品的有用質性來滿足他們的想望；有用質性的禮品極其富饒，所以這種質性的獨占不會引起競爭或紛擾；這樣的富饒足以證明**上帝**的意圖確是仁慈的；有了這樣的富饒和平等待遇，每個人都可以同等自由地為他自己使用取得一切事物，因為在他取得之後所餘留下來的仍然足以供其他人們之用；所以，在這樣的富饒情況之下，一切的生命，自由與財產皆可以稱之為自然權利、神聖權利或理性所顯現的權利，因為理性是上帝普愛眾生的仁慈在邏輯上的印證。

　　在這裡又引起了一個問題，就是說，假如上帝、大自然與永恆的理性已經極其富饒的提供了一切事物，如同空氣、陽光、肉食、飲料以及維生必需品一樣，那麼，何以還必須**勞動**呢？洛克的答覆是一個清教徒的答覆：**罪惡**。逼迫人去工作的

是**罪惡**而不是**稀少性**。人類違背了上帝的命令就是何以要處罰他們，使其負擔爲謀生而工作的義務，以及罪惡較重者必須服從罪惡較輕者的義務之理由。他所引用的情境和費爾穆相同，但是詮釋卻不同。

「這些話（在逐出伊甸園時所説的話）是上帝對於這個女人的詛咒，因爲她是第一個最激進違抗命令者。……由於她的協同誘惑（同時也是罪行的同夥），所以夏娃被放置在他之下，而他卻僥倖的獲得較優於她的地位，因爲她所受的處罰比較重，……這是一件難以想像的事，上帝竟然毫不遲疑的使他做全人類的元首〔這是費爾穆所提出的評論〕，而又使他爲日常生活而勞動；把他驅逐出樂園去耕作土地」（見於第五章，第23行），同時把他提升到寶座之上，賦予絕對威權的特典與安樂。……上帝使他爲他本身的生活而工作，並且似乎是賜給他一柄鐵鋤去開拓大地，而不是賜給他一柄王笏以統治大地上的居民。『當爾面流汗之時，爾方可服食爾之麵包』」。[51]

這麼一來，稀少性就被具體化爲「罪惡」，而貧窮也就被印證爲罪孽深重。這是把罪惡描述爲憤怒的上帝所下的判決，而強迫地逐出「袖的富饒樂園」之外以示懲罰。[52]到後來這便成爲亞當・史密斯的理論；而於洛克去世一百五十年以後在美

---

51 同前書，第五卷，第一編，第四十四，四十五節。
52 參閱前述的韋伯著作，論述阿奎那（Aquinas）、路德（Luther），喀爾文（Calvin）與巴克斯特的教義之中所含有的工作義務。

國也合理化奴隸制度為罪惡的懲罰，其後的一百年間所有的美國勞動立法、童工立法以及工會制度都不得不把罪惡的懲罰和稀少性的強制性分辨清楚。[53]

因此之故，洛克的**價值**，其意義是把**勞動**具體化的同時，也把倫理學、法律與經濟學匯合在一起，如果將其化解為物質的尺度，則其中必然含有三種意義，而這三種意義都排斥了稀少性的功能概念，並且都可見之於亞當‧史密斯的著作之中，只是稍加改進而已。歸納起來，這三種意義就是：

(一) 把各種有用的質性加以物質的、客觀的實體化，下文稱之為**有用價值**——這些質性對於生產或消費是有用的，不過，其有用性並非依賴於稀少性，所以既不會因供給量的增多而降低，也不會因供給量的減少而升高。這些有用質性的總和不但是共有財富，且是私有財富的經濟意義。私人的有用價值相等於公共的有用價值。

(二) **價值**的起因及其量度就是一個自由勞動者在自由土地

---

53 參閱康芒斯與安德靈斯合著的《勞動立法原理》（*Principles of Labour Legislation*，1927年）；康芒斯與其他同事合著的《美國勞動史》，特別是論述因債務而入獄的那一部分。法蘭克（Frank, T.）在他的《羅馬經濟史》（*Economic History of Rome*，1920、1927年），第324頁裡說：「使每個人都成為潛在寄生蟲的普遍惰性法則往往會導致一種天真的想法，認為勞動必然是在樂園的出口處所加於罪惡的懲罰。古代的哲學家，諸如亞里斯多德（Aristotle）以及芝諾（Zeno）等輩，雖是不滿意於如此膚淺的見解，但藉由強調多年不斷的苦役所導致道德與智力方面的低能對從事手工勞動的生活也同樣的低估。

上工作的自由意志——不過，這卻是由於他故意違抗了上帝的命令而被罰，不得不爲未來而工作、儲蓄，這並非起因於稀少性，或是由於他所屬團體裡別人的所有權所導致的稀少性，或是由於他的工作機會難得所導致的稀少性，再或是由於他工作的產出微薄所導致的稀少性。

(三) 和完成這種工作與儲蓄義務相對應的是，在他的勞動與節儉所獲得的產出上，以及在他用商業與貨幣向其他自由勞動者取得的產出上，他可以享受到私有財產的權利。他的權利和他在自由土地上的個人產出，以及他在自由交換中所受取的產出相等。

參、習俗

1922年在費城（Philadelphia）舉行了一次八百個商人的大聚餐，討論的題目是雇主與其雇員之間的關係，在這次餐會裡採納了一篇「事實」的聲明，作爲印刷品分發，其中有一部分是如下所述：「我們全體都是工作者；美國就是我們的工會；我們的忠誠首先是對於上帝，其次是對這個工會。我們的國家就是對「造物主」的信仰極其生動的表現。自由是我們從神聖權利得來的人類權利」。

1922年把自由與財產視爲神聖權利的這種主張可以回溯到1689年的洛克。[54]讀過上文我們已經知道洛克對於上帝、大

---

[54] 參閱漢彌爾頓（Hamilton, W. H.）所撰「洛克對於財產的看法」（Property According to Locke）一文，刊載於《耶魯法學期刊》（*Yale Law Journal*），第XLI期（1932年四月），第864-880頁。

自然與**理性**的觀念是把他本人的觀念化爲永恆的、不變的、無時間性的，猶如數學一般。按照他所著《人類悟性論》的說法，這觀念僅是存在於他自己心智之中，但卻是「必然」的。於是乎引起了一個問題，這觀念如何存在於他心智之中的呢？他的哲學答案是，神的仁慈等於塵世間的富饒。因爲哲學中的所謂有限就是經濟學中的稀少性，而哲學中的所謂無限也就是經濟學中的富饒。不過，洛克要想按照重商主義的貨幣稀少假設，用來說明他的富饒理論，卻遇到了困難。類似的仁慈與富饒觀念從前也曾存在於費爾穆與教皇們的心智之中，而後來又存在於法國的魁奈、蘇格蘭的亞當‧史密斯、美國的林肯（Abraham Lincoln）以及費城集會的雇主們心智之中。顯而易見的，在自由和財產的神聖權利假設下，假如把**上帝**的這個觀念視爲稀少性的上帝（如同後來馬爾薩斯的想法），而不是富饒的上帝，那麼，我們就必須向經濟學或哲學以外去探求，以期發現這種神聖與自然權利的根源。我們在**習俗**之中找到了這個根源。

誠如洛克所主張的，財產與自由的神聖權利這種觀念是由經驗得來，不過，洛克的觀念所由取得其意義的那些經驗卻是他所認爲良好習俗的經驗，而這種良好習俗則是他所樂與交往的一些人士之間的習俗。費爾穆與費城集會的雇主們也是如此。洛克之所以發表其獨特的論述，認爲**上帝、大自然**與**理性**完全相同，是因爲費爾穆的《族長論》（*Patriarcha*）在牧師與詹姆士國王的從臣們之間廣泛地流傳，在這部書裡費爾穆也是由於他所樂與交往的人士之間的善良習俗而把**上帝、大自然**與**理性**視爲一體。

　　費爾穆撰寫他的那部書是在克倫威爾專政的時期，他有兩個使用類似論證的反對集團，為反對這兩個集團他必須堅持查理士王（King Charles）的神權。一方面是**羅馬教皇**，而另一方面是**清教徒**，他們都把**上帝**、**大自然**與**理性**和人民推翻他們國王的權利視為同一，一方面是主張教皇的神權可以管制國王，而另一方面則是主張小的財產所有者有選擇國王的神聖權利，可以用法律約束國王的行為。

　　費爾穆寫道，「自從這一派的神學開始繁榮之後，所有的神學者和其他各門各類的飽學之士都一致的支持著一項共同意見，那就是——

　　「人類稟於自然且與生俱來的是免除一切隸屬的自由，可以自由選擇其所喜愛的政府，任何一個人凌駕別人的權力在最初時都是依從群眾的判斷而授予他的」。

　　費爾穆又寫道，「這一項教義最初是在各派教會裡孵化出來，而由後來所有的**羅馬教徒**加以培育，使其成為優良的神學。**革新派教會**裡的神學者們也接受了此項教義，各地方的普通民眾也很溫順的信奉著此項教義，認為在人性上最講得通，因為這是毫不吝惜的把一部分自由分配給最卑下的群眾，他們竭力推崇自由，似乎人類至福的極點只可能求之於自由之中，絕沒有回想到亞當之所以降落人世，其第一個理由即在於渴望

自由」。[55]

　　然後費爾穆又對那些「機敏的煩瑣哲學家」作詳盡的答覆，特別是答覆那紅衣主教貝拉明（Cardinal Bellarmine）和耶穌會會員蘇亞銳（Jesuit Suarez），「他們要想確切的把國王排擠到教皇之下，以為最妥當的辦法莫過於抬高民眾的地位，使其凌駕於國王之上，這樣才能讓教皇的權力取國王而代之」。他接下去又說，「這些煩瑣哲學家的教條抵觸了**聖經**的教條與歷史，抵觸了歷代帝王永恆不變的例規，並且也抵觸了自然法則的原則。這很難說，到底是在神學方面更謬誤呢？抑或是在政策方面更危險？」，因為「民眾暴亂這一部大引擎其整個的結構」是建立在「人類自由與平等乃是稟於自然」的這個教條之上的。[56]

　　費爾穆所支持的國王神權這個教條，實際上比那反對的教條更為古老，不過，誠如費傑士（Figgis, J. N.）所曾指出的，費爾穆是最先把這教條建立起來的人，既不是建立在神的命令這個古老想法之上，也不是建立在聖經的引述文之上，而是建立在**造物主**所形成的人類天性之上，憑藉這種天性人類才能在社會裡生存。[57]這麼一來，他就將神的法令，自然法則與

---

55 見於費爾穆的《族長；或國王的自然權力》（*Patriarcha; or the Natural Power of Kings*），第一章，第一節，第一頁，附載於茅萊（Morley）所刊洛克的《民政二論》裡（1887年第二版）。

56 同前書，第1-2頁。

57 參閱費傑士的《國王神權論》（*Theory of the Divine Right of Kings*）（第一版），第149頁以次。

人類天性等同起來，而國王的神權也就變成了「國王」的自然
權利。魁奈的做法和費爾穆相同，是爲了地主與國王；洛克、
亞當・史密斯乃至費城集會的雇主們也是同樣的做法，但卻是
爲了製造商。

　　但是，費爾穆的自然，賦予一種生物學上的意義。他
說，人類天性的基本事實並非在於平等與自由，而是在於遺傳
與隸屬。嬰兒們是父親所由生，因此之故，費爾穆就主張這些
嬰兒直接處於絕對父權之下，凡是有關他們的生、死、自由與
財產等一切事項，做父親的都可以任意處置。他們所有事物都
是得之於恩賜，而非得之於權利。他們的自然狀態是奴隸的身
分，他們可以遭受遺棄，如同在羅馬地區一樣，他們也可以被
人出賣，如同費爾穆所引述的原始社會裡許多歷史上的事例一
樣，而對父親的這種做法絕不會施以懲罰。不過，假如這個父
親不這樣做而保存他的子女，並不是因爲自然強迫他負擔此項
義務，而是因爲他愛他的子女。

　　費爾穆又辯證著說，這句話也可以適用於共和政治，如同
適用於家族完全一樣。在共和政治裡僅有一個父親，和家族裡
僅有一個父親並無二致。費傑士說，費爾穆的「整個論證都是
基於**王國**與家族的完全相同，基於皇室權力與父權力的完全相
同」。[58]他非常認眞看待這個隱喻。誠如費傑士所說，「這比
一般雜湊的引述**聖經**更加實在」，而「這部書的廣泛流傳又足
以更進一步證明這種觀念對大多數的人們具有如同新發現一般

---

58 同前書，第149頁。

的力量」。[59]

　　這個新發現就是把**上帝**和**生物學**視為同一，把**生物學**和古代家族、部落與國家原始的習俗以及和**英格蘭國**王與信奉皇族主義者當時的習俗視為同一。就歷史而論，費爾穆比洛克更接近於正確。誠如他所說，英格蘭的普通法不僅是一種「共同的習俗」，因為

　　「每一種習俗總有一個時期不是習俗，而我們現在所有的第一個先例，在其最初開始時也沒有先例；每一種習俗開始時必然另有一件事物使其成為合法，否則的話，所有習俗的開端就都是不合法的。習俗之所以能在最初變為合法，只是由於某一個居上位者的命令或認許其創始。……普通法的本身，或是說當地的共同習俗，最初都是出自國王們未經以文字發布的法律與命令」。建立普通法的法官都是「接受了國王所授與的權力與名義，按照古代的規則與先例而發表的判詞」[60]。費爾穆還舉出了一些引證。

　　「成文的法律也是如此。國王也是成文法獨一無二的直接創作者、修訂者與仲裁者」。國王可以任意的召集並解散國會。國會的建立並非基於「民眾任何天生自由的習慣；國會裡所主張的自由全部都是國王恩賜的自由，而不是自然所賦予民眾的自由，因為，假如自由是天生的，那就應該把權力給予

---

59 同前書，第151頁。

60 見於前述費爾穆作品，第三章，第九節。

群眾，在他們所喜愛的任何時日、任何地點自行集合並頒授統治權，並以公約限制與指揮統治權的行使。……實際上，民眾並不能自行集合，而是國王以敕書召集他們到他所喜愛的地點來；然後在一瞬間又以其鼻息驅散他們，除了他個人的意志之外，毋須表示任何理由」。成文法並不是由議會制定的，而是「由國王在民眾的祈禱聲中單獨裁決而已」。[61]

依照費爾穆的想法，凡此種種都是理性所認爲當然的，因爲，如若不然，則共和政治勢必爲暴亂與內戰所破壞而土崩瓦解。

「……一個國王雖是把他的行爲假託爲根據法律處理，然而他卻毋須受法律的約束，他只是依照他良好的意志行事以便成爲一個良好的示範，再不然，至多也不過是自然按照維護共和政治安全的一般法則所能約束他的去做而已；因爲，只有這樣才能說是制定法約束了國王，並且這也不是由於這些法律是明確的，而只是由於其自然爲保持共和政治最妥善或唯一的方法。所有的國王，雖是暴君與征服者也不例外，都不得不用這種方法來維護其所有臣民的土地、財貨、自由與生命，這並不是遵循著當地的任何市政法規，而是依照一個做父親的自然法則，該法則約束著國王們，使他們不得不追認他們的祖先與前

---

61 同前書，第三章，第十一—十五節。

輩爲其臣民的共同利益所必需做的行爲」。[62]

　　於是，費爾穆——洛克也是一樣，便成爲費城製造廠商們的先知先覺。大家都同意並一致的把**上帝**、**大自然**與**理性**合併起來建立成國王們一種神聖而自然的權利，這是按照英國國王以及從亞當開始到查理士爲止，所有國王們施行的例規——姑不論其是好是壞而建立的，到後來，就成爲雇主對雇員的權利。

　　費爾穆把國王神權赤裸裸地、無依無靠地明顯暴露於洛克的靈敏心智之前，而洛克也就故意把費爾穆的文字與事件之中所含有的矛盾意義開玩笑似的拋來擲去。費傑士說，費爾穆對於此項理論的重要性「確實偉大」，因爲「他之所以值得人們懷念並非由於他是這理論最完善的解說者，而是由於他是使這理論趨向沒落的先驅者」。[63]他恰巧就有這位《人類悟性論》的伶俐作家，企圖把國王神權轉爲財產所有權者的神權所要訪求的那麼荒唐。不過，洛克的修正其荒唐程度之所以較遜於費爾穆，只是因爲他是替勝利者的一方發言，而費爾穆則是替失敗者的一方說話而已。

　　洛克完全和費爾穆相仿，也是把**上帝**、**大自然**與**理性**視爲同一，不過，其意義卻迥然不同，因爲他構成他的意義所依據的習俗是農場主、製造者、商人與資本主們在1689年的勝利

---

62 同前書，第三章，第六節。

63 見於費傑士的前述作品，第152頁。

習俗，而費爾穆所依據的則是原始部落、古代文明與羅馬教皇皈依者的衰落習俗；是英國國王、封建地主與皇族依附者的失敗習俗。

因為習俗只是例規與交易的重複、複製與變異。絕不會有一次的重複是和其前的一次完全相同的，也不會有一次的複製是和其同時的製品完全相同的。所以，先後相繼的各個時代乃至同一時代的習俗總必有一些變異。這些變化在歷史的過程中引進了新的習俗，作為既往或當時習俗的變體或另類選擇；古老的習俗或同時互競的習俗，必然要趨於衰落或甚至歸於消失，而為新的或不同的習俗所取代。因此之故，對於習俗的選擇總是持續不斷的推移著，其結果是使殘存的習俗足以適應變遷中的經濟狀況、適應變動中的政治與經濟優勢。因為這種情事的發生是由於人類意志的運用所致，所以和達爾文（Darwin）進化論人為的選擇極其相似，不過，這句話僅適用於能配合社會情況變動的例規與交易，而不適用於達爾文生命有機體的結構與功能，因為那是和變動中的地質情況相配合的。

物種進化與習俗進化皆是因人為的選擇所致，二者之間的類比異常之接近，足以證明其中必有一種類似的力量產生著作用，我們把這種力量稱之為「自願性」（Willingness），這不但是有意識的，並且是成為習慣的意願。習俗絕不能從根本上或是突然之間加以變更，因為習俗是淵源於生物最基本的事實，這就是說，淵源於**本能**與**習慣**，這些都僅是經驗上認為足以保持生命、保持享樂，並在競爭的搏鬥中保持存活的重複行為。因為這種重複是由這一代流傳到另一代，所以習俗也就和

遺傳相似。

　　不過，習俗又比習慣更勝一籌。習俗是創造個人習慣的社會習慣。我們在最初出發的時候都不是孤立的個人，我們自從嬰兒時代出發的時候就已經有了紀律與服從，我們是作為已在運營的業務團體裡之一員——所以，遵從重複與複製的例規——即運營中的業務團體，其意義在於此——是獲得生命、自由與財產而感到悠閒、安全和認同的唯一途徑。我們開始或繼續成為智能實有也並非如同洛克所假設的「初始自然狀態。」我們的開始與持續是由於重複、例行與千篇一律，簡而言之，就是由於習俗。所謂智力，其本身一方面是行為、記憶與期望的重複，而另一方面是模仿，或是更貼切些稱之為複製，我們的生命、自由與財產所依賴的那些人的行為、記憶與期望。

　　如果說有一種感受足以保持重複與複製的持續進行，則此種感受必然就是**熟悉、優良地位**與**社會強制**的情緒。假如這些重複與期望被認為在實質上是不可以變更的，並且因此而成為異常之熟悉，倘或不予遵從必將遭受強大的強制，再假如這些重複與期望被認為足以提供一個優良的社會地位，足以保障仁慈的期望，那麼，這些重複與期望有可能具體化為事前所發布的命令；而實際上根據我們由其發生作用的方式而得知的看來，這些重複與期望無非是期待著類似的仁慈行為將重複出現而已。這種*良好*習俗的具體化顯然是費爾穆與洛克的心理作用，他們把物質本性與人類天性的預期重複按照他們所熟悉而認為安全的形態描繪出來，成為一種永恆的、無時間性的、先決條件的與不可變易的**大自然、上帝**與**理性**法則。

　　然而這些重複與期望實際上卻並非不可變易的，這些重複與期望通常隨著經濟與政治情況的變動而變動。費爾穆與洛克所共同熟悉的習俗是地主、佃農、國王們的重複例規和交易即眾所周知的封建體系；也就是商人、自任業主的工人、農場主在資本主義因商業與革命而擴張之時期的重複例規和交易。

　　不過，在洛克的心目中認為神聖與自然的習俗，雖較早於洛克，但在歷史上卻是晚近的事。比方說，國王的法庭所強迫實施的自願契約也只有一百五十年的歷史；而洛克卻偏要把這種例規回溯到社會的起源，並據以建立其服從政府的義務，認為政府是由「初始契約」所組成的。

　　司法界的例規通常把當事人的行為誤解為含有合法契約的意思，這是因為法庭上由當事人的行為而推定他們的意圖所致，這也是普通法的源頭，源於十六世紀「違約求償」（assumpsit，或稱有償契約譯者註）的原則；然而依照洛克的說法，則是要在「明示與默示的同意之間作一般性的區別」，並據以建立他的教條，認為原始時代的民眾也可以推定其能締結有強制力的默示契約，和他本人的時代一樣。大體說來，洛克的那篇論文，其大部分所根據的默示同意這項原則也只是習俗而已。從原始時代起所有的習俗，即使是奴隸制度，都可以解釋為一種默示同意的例規；然而洛克卻要畫一條線，把他所熟悉並認為有利於他所支持利害關係的那種默示同意區分出來。

　　依照英國人的風俗，兒女繼承財產是做兒女的自然權利，「在這種例規普遍實施的地方把這種利害關係認為自然是

合情合理的」。[64]

　　當時英格蘭所實施的是婦女必須屈從她們的丈夫，這是基於上帝對夏娃的懲罰，以及人類法則與國家習俗而建立的，所以，「其基礎在於大自然」。一個婦人的屈從是一種神聖而自然的義務，和她丈夫的權利相互關聯著，因為這是洛克的見解中所熟悉而認為有益的。他之所以反對費爾穆只是因為費爾穆企圖把這「神聖習俗」適用於「掌握一個婦人生死的一種政治權力」，照洛克的說法，這不是以一個婦人作為財產看待的神聖「婚姻權力」所產生的合理結果。[65]

　　最重要的是有關私人財產的習俗，按照1689年當時所實施的普通法，這種財產的意義中包括著「生命、自由與家產」在內。然而照洛克的說法財產早在社會組織之先就已經存在，人們之所以要聯合起來成為共和國家，置其於政府之下其「偉大而主要的目的是在於維護他們的財產」。[66]

　　假如習俗有了變革，或是情勢有了變遷，那就必須在各種不同的習俗之間做抉擇，而決定此項抉擇便成為理性與自利的搏鬥。優良的習俗應予採納，而陋劣的習俗則予拒斥。在講到英國議會中「弱體選區」（rotten boroughs，譯者按：此謂人口減少而仍擁有議員選舉權之選區）代表問題時，洛克說，「這個世界裡的萬事萬物無時無刻不在流動之中，所以沒有

---

64 見於《洛克著作全集》，第五卷《政治二論》，第二編，第六章，第八十八節。

65 同前書，第五卷，第二編，第八十三節。

66 同前書，第五卷，第二編，第一二三一一二四節。

一件事物是長久保持相同的。……不過，各種事物的變動，卻不一定都是相等，私人的利益往往在某些習俗與特權已失去理由之後而仍予保持。……」他又說，「在習俗既經失去理由以後，再要遵從這種習俗，其或將導致的荒謬」可以見之於議會中這些弱體選區的不平等代表權。[67]實際上，自從洛克那時代起，有好多他所認爲神聖、自然而永恆不變的習俗都發生了同樣的情形。這些習俗都已經或多或少的成爲腐朽。

反過來講，也有若干在「大自然狀態」下缺乏的習俗在洛克的那個時代由英格蘭的司法加以發展而成爲普通法，這是經過了幾百年的緩慢選擇，把當時所認爲優良的例規轉變爲不成文的法律。洛克所稱述的「大自然狀態」恰巧就是這些習俗尚未發展成爲普通法的狀態，不過，他的同夥們也都是一些理性的實有，他們無論如何總是知道這些習俗的，他們著手組織共和政體，使這些習俗皆能具有確定性與強制力。

照洛克的說法，我們所需要而在大自然狀態中尚未發現的新例規，其第一項是

「一種業已建立、訂定、人所共知的法律，這是一般民眾所同意接受與認可的是非標準；並且是解決一切紛爭的共同尺度：因爲自然法則在一切理性的生物看來雖是平凡而易解，但是人們卻各因其利益而有所偏頗，並且由於缺乏研習而變爲愚昧，所以難於認可其爲對他們有約束力的法律，而將其適用於

---

67 同前書，第五卷，第二編，第十五節。

他們的特殊事例之中」。[68]因此之故，乃有司法獨立的必要。

「第二，在自然狀態中缺少一個公認且無差別對待的裁判者，依照確立的法律來解決一切爭端：因為，在那種狀態之下每個人都是自然法則的裁判者與執行者，人們總是偏袒他們自身的，激情與報復很容易使他們對於自己的案例做得過分，並帶著太多的威迫；且過失與淡漠又使他們對於別人的利益太過輕忽」。[69]這又是必須使司法獨立的另一原因。

「第三，自然狀態中通常缺乏一種力量，在認定其為『對』時作為判決的後盾與支援，並予以正當的執行。凡是因不義而犯法的人們，如果有能力鮮少不施用暴力以使其不義變成『善』；這樣的反抗往往使企圖對此懲罰的那些人遭遇到危險，甚至毀滅」。[70]因此之故，必須有一個立憲的君主來強制執行法官的判決。

所以，此種自然狀態就是如同洛克本人一般的許多孤立而知性的實有之原始狀態，沒有英格蘭的「普通法」、沒有「獨立的司法」，沒有「立憲的君主」，或隸屬於司法的「郡長」（Sheriff）。

反之，所謂「戰爭狀態」就是說在那種狀態之下「沒有理性的普通法在約束」（沒有一個共同的、具有威權的法官），並且在那種狀態之下，一個人可以「根據殺死一隻狼或獅子的理由而毀滅另一個人」。在大自然狀態之下，要想訴之於一位

68 同前書，第五卷，第二編，第一二四節。
69 同前書，第五卷，第二編，第一二五節。
70 同前書，第五卷。第二編，第一二六節

公正無私的法官而不可能；假如這位法官是一個不公而拒絕遵從法律的人，則情勢亦復相同。君王們所必須遵從的是**上帝**與**大自然**的法則。[71]

　　如此說來，在任何一種情況之下都只能「訴之於天」，所有的當事人要想實施這神聖而自然的法則所作的努力無非是「戰爭狀態」而已。倘使缺乏一個獨立的、公正無私的司法，或是缺乏一個服從法律的執行者，則自然狀態必將轉變為戰爭狀態。能使「人們脫離自然狀態而趨向共和」的是由於「塵世間設置了一位法官」。洛克就是這樣合理化1689年的革命，而歸其咎於戰敗的國王。國王如果未曾獲得神聖與自然法律的授權而施用武力，「必然是使他用之於戰爭狀態之中，而做為一個侵略者，因此而必須對他所應得的待遇負責」。「民眾們對於此事別無其他補救方法，就像塵世間沒有法官，只好訴之於上天」的其他情況一樣。[72]

　　政府的起源在於「自然狀態」之中，而並非由於戰爭的征服。因為，自然狀態是不受強迫而自願同意的狀態。在這裡，洛克顛倒了英國的歷史，但合理化1689年的革命與美國廢除奴隸制度的內戰。

　　「除了上文所述以外，政府雖是別無其他起源，政治只能建立在民眾同意的基礎之上，然而野心卻使這個世界充滿了紛擾，戰爭的呼聲構成了人類歷史的很大一部分，在這喧囂聲中

---

71 同前書，第五卷，第二編，第十八節。

72 同前書，第五卷，第二編，第十六節。

此民眾同意被忽視了；於是乎多數的人們都錯把武器的威力當做了民眾的同意，並把征服視為政府的起源之一。但是，征服絕不能建設任何一個政府，正如拆毀一幢房屋絕不是和構築一幢新屋以資替代的情形完全相同。確實這往往是要毀滅先前的一個共和，來為新的共和結構開路；不過，倘使未經民眾的同意，絕不能建立一個新的共和」。[73]

洛克為他的原始自然狀態搜尋歷史上的例證，但卻看到了相反的情形，民眾都是在業已存在的政府之下而出生的，他們絕不會自動地脫離已往個人分立的生存狀態而集合起來。他講到羅馬與威尼斯（Venice）以及美洲印第安部落的起源。

我們可以引述一個較為晚近的例證。見諸記載而最接近於洛克所設自然狀態，也最接近於他富饒狀態的就是薛音（Shinn, Charles Howard）所述發現金礦後的一年半期間內加利福尼亞州（California）採礦營中的情況。[74]在這十八個月的期間，那些採礦者沒有政府，也沒有罪犯；他們都有平等的要求權，立椿分界，以供採掘；他們有個人的自由，可以取得他們從自身的勞動得來的黃金；他們對於勞動得來的事物享有完整的私人財產權，而共有財產則是指公共區域而言，這是由征服西班牙人及抗拒印第安人得來的疆土。他們是克倫威爾時代的**掘地客**，而沒有遭受到克倫威爾軍隊的驅逐。

[73] 同前書，第五卷，第二編，第一七五節。
[74] 參閱薛音所撰「採礦區的土地法規」（Land Laws of Mining Districts）一文，載於霍普金斯大學的《歷史與政治科學研究》（*Studies in Historical and Polilical Science*），第二卷（1884年），第12頁。

假如要爲這些採礦者的自然狀態求得一個解釋，我們可以發現這正是洛克的富饒狀態。一個掘金者可能用他的勞動每天獲得一千圓之多的黃金。按照礦工們的習俗，凡是新來乍到的人所提出的要求都可以如願以償，在他們勞動的限度以內和先前別人所提出的要求之外。絕不會有人去干涉別人的要求，因爲所有的人皆能享受得到富饒。沒有一個人需要爲工資而工作，所以每一個人都是他自己的勞動者、雇主、地主與產出擁有主，正如洛克在1689年爲勞動所下的定義一式無二。在這裡沒有犯罪、非法侵占或盜竊等類的事件發生，因爲採掘既是可能獲得更多的金錢，那麼，再要做這一類的事又有什麼用處呢？等到第二年，隨著採金者的蜂擁而來，這一段黃金時期也就成爲過去，富饒變做了稀少。這時，盜竊、犯罪、非法侵占、法庭、行政部門以及絞刑等一一出現，而那「大自然狀態」也就一變成爲今日的「加利福尼亞狀態」（the State of California；譯者按：英文"State"一詞含有「狀態」與「州」二義，故云）。

由此看來，洛克所犯推理上的錯誤實在就是歷史上**先後倒置**的錯誤。他把時間因素搞顛倒了。他把像他本人一樣知性的實有以及加利福尼亞的採礦者，投射到原始時代裡去了，而實際上這些人卻是來自現代文明。他把他所習慣而希望其能垂諸久遠的例規向後方投射，成爲一種約束人類而永恆不變的理性。他所想像爲過去發布的命令實際上卻是對於未來的期待。這麼一來，他把自願同意轉移到初始自然狀態裡去了，而這種自願同意實在是幾百年來強有力的政府與國王任命的司法官使其成爲英格蘭普通法。他心理上替那稀少與暴力的時期構建了

一些應屬於富饒與和平時期的觀念。

在另一方面,洛克又尊重習俗的真實歷史過程,當他排除那些他認為已經失去理性基礎而仍然存在的習俗,那些僅足以延續不平等特權的習俗時。因為這一類的習俗看起來並不良好,所以理性已經捨之而去。良好的習俗是神聖的、自然的、永恆的;而不良的習俗則是人間的、不自然的、短暫的。

然而,洛克所說有關「弱體選區」的話也可以適用於一切的習俗。這些習俗的發端為的是要使人類的行為能夠適應新的環境,但在失去「其理性」之後依舊殘存。並且,費爾穆所說有關普通法的話也是真實的。習俗絕不能變成法律,除非是法院根據這些習俗來解決爭端。如果把習俗按照人類的意義解釋為期望的獲得保證,則此等習俗都是「自然的」,但卻不能按照神聖的意義將其解釋為,在無窮的過去遵從著個人現時認為理所當然而發布出來不可變更的命令。

洛克財產神聖不可侵犯的觀念也是如此。由於使用了**自然**這個用詞,他也和費城集會的製造廠商一樣,把自由與財產描畫成為一種「事實」,而實際上這些只是他用來合理化他認為理所當然的事物而已。按照「真正事實」來說,財產無非是一種處理、議價與分派交易的預期重複罷了,其可變性和變動中的情況與變動中的意義並無二致;並沒有發布一項神聖的、不可變易的命令,而這命令又是遵從著現時受益人認為應使其成為不可變易的命令。自從洛克把儉樸勤懇的農場主、自任業主的技工與商人們的習俗加以具體化而成為自然與理性不可變易的神聖命令那個時候起,一直到合法化的信用與公司管理制度以及就業機會普遍稀少,把財產作為不在業主管制全世界勞動

者與顧客的工具這個時代止，財產的意義已經大有變更。洛克的**訴之於**天是他合理化1689年的革命，以反對國王對其臣民所實施的神權。費城集會的製造廠商在1922年的**訴之於天**，則是他們合理化財產擁有主對其雇員行使神權。

這種心理工具也許是有利於宣傳，然而用來考察經濟情況卻不是優良的工具。這是一種方式的發誓，甚至無神論者也會發這樣的誓，這是對**上帝**發誓說，他們想像中的情事*確*是事實，並且這種事實還足以勝過研究、考察與聽取別人的意見。因此之故，我們必須另外建構新一套觀念，也許這套觀念才是眞正優良的研究工具。

洛克是一次革命的發言人，這一次革命把**英國**從原來的**封建制度轉變**爲**資本主義**。我們可以看到在歷屆革命前後，總有一些經濟與法律理論上的改革。**法國革命**採納了亞當・史密斯的全部理論，在世界大戰和那一次革命之後的復員時期，由於馬爾薩斯與李嘉圖之間的論戰而產生了古典派的政治經濟體。俄國的**共產主義革命**採取了馬克思的理論，而我們此刻又是處身於另一次經濟理論的革命之中，這一次革命是由另一個世界大戰所引起的。

洛克發表了勞動價值的理論，主要的並非作爲經濟學的基礎，而是合理化一次革命，這一次革命以財產的權利取代了君主的權利。他藉著等同貨幣與私人財富及共有財富擴大了這些財產的權利。不過，這種「重商主義」的哲學適足以使經濟理論往兩方面分裂，一方面是貨幣的，而另一方面是非貨幣的。

貨幣價值理論歷經魁奈、杜爾哥（Turgot, Anne Robert Jacques）、馬爾薩斯的演變，到了最後成爲麥克勞德、韋克

塞爾（Wicksell, Knut）、迦塞爾（Cassell, Gustav）、克納普（Knapp, G. F.）、海特雷（Hawtrey）、凱因斯（Keynes, J. M.）等人的信用理論，以及在純憑信用而進行的一次世界大戰前後所出現的其他理論。

　　勞動價值理論又經過亞當・史密斯、李嘉圖、普魯東與馬克思的演變，他們是企圖以工作與犧牲的眞實價值替代貨幣的名目價值，成爲用前所未知的勞動力量來決定戰爭條件的前兆。於是乎，最近這次世界大戰所未完成的問題就把勞動的共同行動帶到了最前線，以爭取經濟的與政治的權力，這是洛克、亞當・史密斯與李嘉圖始料未及的情事；經濟理論也有了轉變，由各個相互競爭的財產擁有主，在物質方面的均衡理論轉爲經濟交易，與政府用資本與勞動的聯合力量來作集體管制的理論。下文我們要詳加論述經濟理論在歷史上的這些變動，以便爲交易、工作規則與企業經營的現代理論奠立基礎。

第二節　交易與業務團體[75]

壹、由公司轉爲運營中的業務團體

　　1893年，印第安納州（Indiana）的民眾要求立法部門對大規模公用事業，例如：跨越州境的鐵道之類的財產，與農場主、製造廠家乃至商人們的財產，平等課稅待遇。當其時，財產的意義中包括著有形財產與無形財產在內，舉凡土地、建築物、鐵路軌道、庫存物品等物質財貨，以及個人或公司所擁有

---

75 本節的主旨在於作爲一個緒論或大綱，下文各章當再予闡述。

的債務與股份證券皆屬之。無形財產逃避了估稅員的課徵，有一部分是由於隱匿，也有一部分是由於課稅的地點必須隨著業主的住址為轉移，假如這個業主是一間公司，則其住址即被認定為在於取得其營業執照的這一州州境，也就是這間公司必須設置其合法辦公處所的所在地。印第安納州的立法部門為適應此項要求起見，改變了對這些公司的課稅方法，先把這些公司在印第安納州境內的物質財產按照各該公司的股份與公司債券在紐約證券交易所（New York Stock Exchange）買賣的市價計算出總值，然後再按照其在印第安納州境內的效益對所有各州的總效益之比例，攤算出其在印第安納州境內的財產價值。

其結果是，一間公司在其設立的州裡原本只有一種法律上的存在，因為這間公司僅是存在於法律想像中一個無形的法人實體，[76]而到了此刻已經變為經濟上一個運營中的業務團體，只要是這間公司運行其業務，並由此獲得純收益而使其股份與公司債券在證券交易所裡產生價值的所在地，就必然有這間公司的存在，存在於其所做的交易之中。

俄亥俄州（Ohio）仿效了此項立法，當其由俄亥俄州移送到美國最高法院時，最高法院於1897年予以支持。這個法院發現亞當特快公司（Adams Express Company）在俄亥俄州境內的有形財產僅值$23,400，但這公司所有股份與公司債券的市價總值按照效益攤算，其應屬於俄亥俄州部分的財產竟達

---

[76] 達特茅斯學院（Dartmouth College）對伍德瓦（Woodward）互控案，檔號4 Wheat 463（1819年）。

$450,000，隱形財產的價值相當於有形財產的十二倍。[77]亞當特快公司不僅是位於紐約的一間公司，是存在於其營業地點的一個運營中的業務團體。

　　1920年解散美國製鋼公司（the United States Steel Company）的訟案裡，最高法院又同樣的把法律意義轉爲經濟意義。這公司是在新澤西州（New Jersey）境內組設的一間控股公司。司法部門提出控訴，要解散這間控股公司，認其違犯了反托拉斯法，但是，最高法院調查過這間公司在全國各地附屬機構的常規業務之後，發現其合乎交易限制。[78]這些例規之一就是所謂「匹茲堡附加」（Pittsburgh Plus）的差別待遇，該例規在1920年並未向法院提出，卻在1923年向聯邦貿易委員會（Federal Trade Commission）提出，在一個廣泛的「西部捲鋼消費者聯合會」（Western Asscciation of Rolled Steel Consumers）的請願中。此項例規是說，所有的鋼鐵都在匹茲堡報價，無論在何地製造，一律外加運往交貨地點的運費。按照契約的規定，買方不能在匹茲堡取得其所有權，而必須在他使用這批鋼鐵的地點方能取得。律師在提出控訴的當時主張，這項例規形成這間控股公司在新澤西州境內設有法定位置的壟斷。假如這主張是正確的，則其補救方法便是要解散這間控股公司，認其託辭逃避反托拉斯法。基於此一理由而勒令解散的事例在已往曾經有過「標準石油與菸草公司」（the

---

[77] 亞當特快公司對俄亥俄州審計官控案，檔號165 U.S. 194; 166 U.S. 185
　　（1897年）。並參閱康芒斯所著《資本主義之法律基礎》，第172頁。

[78] 美國政府控美國製鋼公司案，檔號251 U.S. 417（1920年）。

Standard Oil and Tobacco Company）的案例。

　　不過，在「匹茲堡附加」的這件訟案裡卻有幾位經濟學者，費特爾、黎帕萊與康芒斯，提出他們的論證說，這實屬差別待遇，並非壟斷，在這間公司營業的任何地點總得要有此種差別待遇存在，其適當補救方法絕不是解散這間公司，而是要使產品的合法所有權在製造的地點即行轉移，無論這地點是匹茲堡、芝加哥、杜魯夫（Duluth），抑或是伯明罕（Birmingham）。這間公司在所有的這些地點都設有工廠，如果是在芝加哥製造而非從匹茲堡運往愛荷華（Iowa）的產品，其生產成本*外加運費*可能*較*少於在匹茲堡製造運往愛荷華的產品。但是，假如在芝加哥的工廠要以匹茲堡為基點報價，外加由匹茲堡運出的運費，則愛荷華得不到較低生產成本與較短運輸距離的利益。而且，芝加哥的工廠*向*一個匹茲堡的顧客所討取的價格反而比向一個距離芝加哥較近的顧客所討取的交貨價格為*低*。這成了一種「傾銷」（dumping）的例規，或是說，在較遠的市場上以較低的價格出售，反比在本地市場上所訂的價格為低。問題在於按照鋼鐵業施行已達三十年之久的習俗，指定數以千計的實際交貨於顧客的地點為*割讓合法管控權的地點*，是否為一個自由競爭的市場，或根據理想的機會均等與自由競爭的原則，是否規定*合法管控權*必須在製造的地點移轉。

　　聯邦貿易委員會就是根據這種詮釋而發布命令，不許繼續以匹茲堡為基點，而代之以實際製造的地點。此項命令並未能全部表達幾位經濟學者的詮釋，意即，合法權益應該在製造地點轉移於顧客，使所有的顧客皆能獲得均等的機會，以*爭取合*

法管控權，然而此項命令在實質上卻已經達成了這幾位學者的
意願。[79]

不過，應予注意的重要之點是在「美國製鋼」與「亞當特
快」這兩間公司的訟案裡，法院或聯邦貿易委員會[80]都漠視了
公司的住址是在其創設的州境內，而把僅存在於法律中的合法
公司轉變爲存在於其實際營運地點的運營中的業務團體。

這種意義上的轉變在其他若干訟案裡也曾發生過，並且其
中還牽涉到另一種轉變，那是從往昔經濟學者們對「交換」的
意義，認其爲商品的物質轉移，變成制度上的意義，認一筆交
易爲所有權的合法轉移。決定價格並容許競爭的是所有權，決
定此項競爭是否公允或是否差別待遇的則是所有權的轉移，並
不是物質上的交換。

貳、由交換轉爲交易

洛克的勞動，其意義是「法律」、「經濟」與「倫理」
的具體化。在他看來，勞動合理化所有權與擁有實質事物的存
在。**所有權**與**物質財富**的這種雙重意義在最近二百年來始終

---

79 參閱康芒斯的「鋼鐵市場交貨價格制度」（The Delivered Price System
in the Steel Market）一文，刊載於《美國經濟評論》，第XIV期（1914
年），第505頁。費特爾在他的一部重要作品《壟斷的僞裝》（*The
Masguerade of Monopoly*，1931年）裡面曾經研討過此種情事及其對於
若干美國工業與法院判決的影響。並參閱本書第十章，第七節，參、
稀少性、富饒、穩定化。

80 美國製鋼公司並未向最高法院提出控訴。

是正統派經濟學者們的意義，所以，他們隱蔽了制度經濟學的領域。恰巧就是**財富**的雙重意義中這被隱蔽了的所有權，觸怒了異端派的經濟學者，從十九世紀中葉的馬克思與普魯東起，到二十世紀初期的索萊爾（Sorel）等輩。我們必須把這兩種意義分別清楚，但是我們又發現物質與所有權的關聯並非如同洛克所說在於**勞動**的具體化，而是在於**交易**的這個*經濟活動單位*，並且是在於若干有利交易的預期，這就是一個較大的經濟活動單位，運營中的一個業務團體。

這和近代物理學、化學與天文學這三門各自分立的科學的關聯可以相類比，這種關聯是由於發現其中有共同的活動單位而產生的。[81]概略地說來，物理學的早期單位是分子，化學的單位是原子，天文學的單位是行星與星球。使這些單位運行的「能量」是熱力、電力、化學親和力與引力。但是到了此刻其所共同的單位則是一個活動單位，是微粒子波長的交互作用，而「能量」的這種概念已經趨於消失。在人的心智中所謂紅的這種顏色是每秒鐘震動400兆次，而在物理學、化學與天文學裡就是那麼多的波長。

這樣的類比可以約略地說明法律、經濟與倫理之關聯的這個問題。這就是發現其中有一個共同活動單位的問題。

---

[81] 下文的摘要與推論原本是為慶祝耶里院長（Dean Fracois Gény）為文五十年的紀念刊而作，耶里是南希大學（University of Nancy）的民法教授。我獲得主編人的允許引用了這篇文稿。並參閱《社會科學百科全書》（*Encyclopaedia of the Scocial Sciences*）裡的「功能主義」這一條及其書目提要。

　　在經濟學的領域裡所曾經有過的單位最初是洛克和李嘉圖的被人擁有的物質*商品*與擁有這些商品的*個人*，而其「能量」就是人類的*勞動*。到後來，單位仍舊是同樣的或類似的物質商品及其所有權，但個人變為那些*消費*商品的人，而「能量」卻變為*想望*的刺激，刺激的強弱視其所想望的商品之數量與種類而定。實際上，這都是個人與自然力之間的同一關係，首先是由客觀方面所見到的而後來則是由主觀方面所見到的，不過，後述的這種自然力是以物質的形態屬於個人所有而已。所謂「交換」就是交付與收受商品的勞動程序，或是說，這是一種「主觀的交換價值」。無論如何，倘使和往日的物理科學相類比，則此等勞動與想望相對的能量擴大為供給與需要的「彈性」，可以用唯物論的隱喻，認其為商品相互交換自動的趨於均衡的傾向，使其在物質上有所關聯，相當於海洋之中水的原子，不過，在李嘉圖的「耕作邊際」或孟格爾的「邊際效用」裡卻是將其具體化為「求取水準」。此項均衡是「新古典派的學者」們予以完成的，其中的倡導者為馬歇爾（Alfred Marshall）（1890年）。

　　這和法律或倫理毋須再有更進一步的關聯，實際上，後述的這兩項必然要受到排除，因為經濟單位所由構成的關係是人與自然之間的關係，而非人與人之間的關係。一種是李嘉圖人類勞動與自然力的抗拒之間的關係；而另一種是孟格爾對自然力的需要數量與可能獲得的數量之間的關係。成文法、倫理、習俗以及司法的裁決皆與此類關係無涉；假如把所有權與其擁有的物質推定為同一，而單獨根據物質與勞務的實際交換以構成一種純正經濟學的理論，則此等成文法、倫理之類皆可悉數

消除。

　　最後所述的這一點確實是做到了。所有權與物質的同一性
被認爲是一種習俗而不加深究的予以接受。在想像之中一切商
品皆爲人擁有，不過，由於所有權被推定爲與其擁有的實質事
物是同一的，所以也就認爲理所當然而予以忽視。經濟理論中
認其爲實際的物質，而省略了任何財產權利，因爲這些權利都
是「自然的」。

　　洛瑟（Roscher）與許慕勒（Schmoller）等輩所領導的
歷史派及倫理派經濟學者們[82]反對所有權的消除。這些學派即
便是在李凱爾特（H. Rickert）與韋伯所建議的極端「理想型
態」之中，[83]也始終未能把那由李嘉圖與孟格爾得來的經濟原

---

[82] 參閱康芒斯的論文，「英美法律與經濟理論」（Das Anglo-
　　 Amerikanische Recht und die Wirtschaftstheorie.），載於《現代經
　　 濟理論》（*Die Wirtschaftstheorie der Gegenwart*），第Ⅲ期（1928
　　 年），第293-317頁。我獲得編輯人梅猷（H. Mayer）、費特爾與雷煦
　　 （Reisch），以及維也納的發行人史勃林格（J. Springer）的允許，可
　　 以引用上述的這篇論文。

[83] 見於李凱爾特的《自然科學概念構造的界限；歷史科學的邏輯導
　　 論》（*Die Grenzen der naturwissenschaftlichen Begriffsbildung; eine
　　 logische Einleitung in die historischen Wissenshaften*，1902年）；及韋
　　 伯的「社會科學及社會政策知識的客觀性」（Die Objektivität sozia-
　　 wissenschaftlicher und sozialpolitischer Erkenntnis），刊載於《社會科
　　 學與社會政策》（*Archiv f. Sozialwissenschaft und Sozialpolitik*），第
　　 XIX期，（1904年），第22-87頁。並參閱本書第十章，第六節「理想

理併入僅為歷史過程的敘述或主觀的理想之內。然而，倘使我們能夠有一種法律、經濟與倫理所共同的活動單位，我們必然可能做到這一點。

假如政治經濟學所研討的主題不僅在於人類與自然力的關係，而兼在於人類相互移轉其所有財產權利以謀生，則我們就要向法律與倫理方面去找出人類此項活動的關鍵轉捩點。

法院對於人類活動所須處理的並非人類與自然之間的關係，而是人類與自然物為人占有的*所有權*之間的關係。不過，法院處理這種活動僅在於某一點，僅在於原告與被告*利益衝突*的一點。古典學派的經濟理論是基於人類對自然的關係而建立的，其所研討的兩個單位之間並無利益衝突，因為這兩個單位只是*商品與個人*，而略去了所有權。實際上這兩個終極單位之間在均衡狀態類比之外，其所產生的是利益*和諧*，而不是利益*衝突*。所以，在法律、經濟與倫理關聯的問題中所要找的終極單位是所有權發生利益衝突的這個單位。

不但如此，這種活動的終極單位還必須是「利益互相依賴」的單位。人與人的關係不但是*互相衝突*的，同時也是互相依賴的。

更進一步來說，這個終極單位不但其本身是*重覆*的繼續以其變體出現，並且凡是參與此項活動的人們皆能預料其在未來時日仍將繼續的重複出現，而其方式在實質上依舊和現今與過去所做的活動相仿。這個單位必須含有預期的保證。我們把這

───────────

典型」。

種預期稱之爲*秩序*（*Order*）。

　　秩序的這一種意義其所由來，一則是因爲在實際上未來是完全不能確定的，除非是基於過去的經驗而求得其可靠的推定；再則是因爲實際上我們可以這樣說，人類活在未來，而其行動在現在。由於這兩種原因，所以活動單位含有一項表示期待的因子，如果照字面講，這就是預先把握住現在所管控的一些限制性或策略性因子，只須有預期的保證，就可以預料到未來的結果也多多少少會受到管控。這確是人類活動的一項顯著特徵，有別於各種物理科學的特徵。在下文我們要抽象的將其分開，而給予**未來性**這個一般的名稱。對於這種秩序的期待，經濟學者們通常是在「保證」的名稱之下予以假設，不過，因爲這是**未來性**的一般原則中一種特殊情況，所以我們在這裡只是稱之爲**秩序**。

　　由此可知這個使法律、經濟與倫理關聯的活動終極單位，其本身必須具備*衝突*、*依賴*與*秩序*這三項原則。這個單位便是一筆**交易**。對參與其事的人們而言，交易就是制度經濟學中的最小單位。交易是介於古典學派經濟學的勞動生產與享樂派經濟學的消費愉悅之間，其所以然的原因是由於社會以秩序的規則管控著自然力的所有權及其取得之故。作這樣解釋的交易絕不是按照「交付」的物質意義所構成的「商品交換」，而是在各別個人之間對實質事物的未來所有權按照社會集體工作規則決定的割讓與取得。所以，*這些權利的移轉*必須先在相關當事人之間依照社會的工作規則彼此協商，然後勞動才能生產、消費者才能消費，而商品也才能實質的交付給別人。

　　交易是所有權的移轉，如果加以分析，可以分解成三種類

型的交易，分別稱之為**議價交易**（bargaining tranactions）、**管理交易**（managerial transactions）與**分派交易**（rationing transactions）。這些交易在功能上是互相依賴的，合併起來成為一個整體，我們稱之為**運營中的業務團體**（going concern）。一個運營中的業務團體是有利的議價、管理與分配交易的聯合預期，由「工作規則」將其聯合在一起，並且由可變的策略性或「限制性」因子加以管控，這些因子在預期之中可以管控其他的交易因子。這種預期到了終止時，這項業務也就無法再運營，而生產也就隨之停頓。

運營中的業務團體，其本身是一個較大的單位，可以類比為生物學中費爾穆的「有機體」，或是物理學中洛克的「機制」。不過，其組成分子卻不是活的細胞，不是電子，不是原子，而是**交易**。

在此刻我們將預想到我們在隨後的調研中發生的嘗試與錯誤，我們將事先構成一個議價交易的公式，以便建立起我們歷史研究的結論，然後再將其和管理交易與分派交易的公式分清。

(一) 議價交易

根據經濟學者在理論方面的研究，並參照法院的判例，我們可以看到議價交易這個單位是由*四個*當事人所組成的，兩個買主和兩個賣主，解決爭端的裁判當局在法律上是*平等的*看待他們。最後求得的公式可以按照參與的當事人所提出的條件描繪出來，如下所示，買主們對一件商品所分別提出的條件是給付$100與$90，而賣主們所分別提出的條件是接受$110與

$120。[84]

議價交易公式 —— 法律上完全平等

B $100   B^1 $ 90

S $110   S^1 $120

　　相反的，管理交易與分派交易在法律與經濟學裡都是一個
上級對一個下級的關係。在管理交易之中，上級是一位個人或
若干人所組成的科層，發布命令，使下級必須遵從，例如：領
班對工人的關係、警長對市民的關係，或是管理者對被管理者
的關係。不過，在分派交易之中，其上級則是一個集體的上級
或其正式發言人。這些上級有種種不同的型態，例如：一家公
司的董事會、或一個立法的議會、或一個司法的法院、或一個
仲裁法庭、或一個共產主義或法西斯主義的政府、或一個卡特
爾、或一個工會或一個徵稅的機關，這些上級可能把這業務團
體的負擔與利益分別攤派給下級。所以，一個管理或分派交易
的公式可以描繪為*兩個*而不是四個當事人之間的關係，如下所
示：

管理與分派交易公式

法定的分派上級

法定的分派下級

---

84 參閱康芒斯的《資本主義之法律基礎》，第66頁。

　　有一點必須牢記，那就是，交易的公式並非自然與現實的複印本，這是經濟理論中最小單位心理的形態，用以了解現實的一個研究單位。

　　在這裡首先必須分清**交換**這個字詞的雙重及甚至三重意義，這就是上文所說早年的經濟學者們使用這個字詞的意義，這種意義足以使市場上的議價程序隱蔽在勞動的管理程序與權威的分派程序背後，並且使法律程序隱蔽在經濟程序的背後。

　　交換的這個概念其歷史的起源在於資本主義的市場與市集出現以前的時期。當時的一個商人只是一個負販者，他把他的貨物與金錢攜帶到市場上去和其他商販作實物交換。然而他確實是以一身而兼做了兩種完全不同的活動，經濟學者們對這兩種活動皆未能加以利用：一種是商品的實質交付與實質接受的勞力活動；而另一種是商品所有權割讓與取得的法律活動。前一種活動是對商品或金屬貨幣的物質交付與管控，後一種活動是合法管控權的合法轉移。一種活動是**交換**，而另一種活動則是**交易**。

　　這是根本上的差別，但卻未曾併入經濟理論之中，因為實物與其所有權未能分清之故。*個人*並沒有把所有權移轉。只是州政府，或中古時代的「公開市場」，運用其法律而由法院加以詮釋，認為參與交易者的心智中含有移轉其所有權的意願而已。在資本主義的工業界裡卻已經把這兩種的移轉劃分開來。合法管控權的移轉通常是在資本主義的中心地區，例如：紐約、倫敦或巴黎等地，而物質管控的移轉則是在於全球的邊遠地區，由勞動者在享有合法管控權人們的命令下所完成。合法管控權的移轉是「議價交易」的結果。商品的運輸與物質管控

權的交付，是使實質事物增高其「地點效用」的勞動程序。這種勞動程序，我們站在法律的立場上稱之為**管理交易**，以示區別。

個人主義的經濟學者們必要把報償的相互讓與加在他們**交換**的意義之中，但是按照他們的說法，卻並非客觀的將其作為所有權的割讓看待，而是主觀的認為在各個商品之間作苦與樂的選擇；假使反過來站在合法的議價這個立場上看，把商品與貨幣的*合法管控權*按照現行法律互相移轉，而在發生爭議時，預期法院將必作如何的處置，這實在是法律上被視作平等與自由的人們，相互間以說服或威逼所達成的意願協議。

十六世紀英格蘭普通法的法官判決利益衝突的商人之間所生爭議時，其所認識的實在就是後述的這種**交換**意義，他們採納了商人在市場上議價的習俗，而依據他們所認可的習俗來解決爭議。這些習俗既經法院採納之後，在英美法律的專門術語裡便稱之為*有償契約*）（assumpsit）與*按勞求償*（違約時按照勞務所值予以補償）（quantum meruit）的教條。[85]

如果予以廣泛的解釋，這些教條大致是如下所述：按照商人的習俗，在普通的交易過程中，一個人由另一個人取得商品或金錢時，得推定這個人並非意圖強奪、盜竊或欺詐，而是意圖負責給付其代價，或是交付一件商品，或是從事一項勞務，

---

85 "assumpsit"與"quantum meruit"成為法律術語的歷史是由多種情事所產生，早年的爭議之中大多數是有關於地租、勞務或工資，而到最後成為現代契約的意義。

做爲交換（這隱含*有償契約*）；[86]並且更進一步推定這個人並非意圖用經濟的威逼或身體的強迫，以凌駕另一個人的意志接受移轉所有權的條件，而是意圖給付或實踐某項公平或合理的事物（這是*按勞求償*）。[87]

　　這樣的推定當事人的意圖在於負起給付或履行的責任與道德的義務是有必要的，因爲在發生爭執時，法院必須創造一種法律上的義務，以便強制當事人遵從隱含在協議的給付或履約。這句話不但可以適用於延期的給付或履行，也就是通常所謂的債務，並且還可以適用於即時的履行或給付，也就是通常所謂的銷售或現金交易。我們稱爲「議價交易」的正是指這一類的協議，以及有代價的割讓與取得合法所有權的意圖而言，至於那物質的「交換」則歸屬於勞動程序，我們稱之爲實物交割，如有必要，可以藉助管理交易的法律強制執行。

　　和這些*違約求償*與*按勞求償*的教條相並行的是，法院在發展一項免於強迫的法律，又建立了「自願買主與自願賣主」的這種道德標準，推定參與者的心理狀況。從此，自願性便成爲解決由議價交易所引起的爭執而設定的標準。無論這筆交易是

---

86 史萊特（Slade）訟案（檔號1602，2 Coke's Rep, 92b, 76 Eng. Rep. 1072, 1074），這一訟案把前一世紀有關assumpsit的判決特點摘錄出來，並且開始發展出契約法規以替代往昔債務訴訟。

87 這些原則的歷史發展在各種法律書籍中都可以見到，特別是培基（Page, W. H.）的《契約法》（*The law of Contracts*）（共三卷，1905年），其經濟的起源目前正在戴維斯夫人（Mrs. Anna C. Davis）調研之中，有待於未來的發表。

產品市場上的商品議價、抑或是勞動市場上的工資議價、證券
交易所裡的股票和債券議價、貨幣市場上的利息議價、不動產
市場上的地租與土地議價，完全都是一樣，都可以適用這個標
準。在所有的這些議價之中，*違約求償*、*按勞求償*與*免於脅迫*
的教條對於所有權的移轉問題都有或顯或隱的影響。[88]

如此一來，經濟學者要如何構建一個活動單位、一筆議
價交易，以適合從數以千計法院判決所衍生這種普通法的演化
呢？我們看到經濟學者已經構建了上述的這些公式，可以適用
於各式各樣的市場。議價是由四個當事人所構成的，兩個買主
和兩個賣主，不過，在利益衝突達到緊急狀況而發生爭議時，
每一個當事人都受制於法院過去所作的判決與未來預期的判
決。[89]這個普遍適用的公式包括著四個參與者，各自提出其移
轉所有權的條件，並遵照法律判決所認可的習俗行事，由這個
公式可以求得人與人之間的四種經濟與法律關係，這四種關係
如此密切的互相聯繫著，以致其中之一如有變動，則其餘三種
至少一種以上的關係也得變更其量體。這些關係是每一筆議價
交易之中四種潛在利益衝突所產生的爭論點，美國法院對於經

---

88 參閱加魯沙（Galusha）對謝爾曼（Shermam）訟案的歷史發展，檔號
106 Wis. 263（1900年）；和康芒斯的《資本主義之法律基礎》，第57
頁。

89 格拉瑟（Glaeser, M.G.）在他的《公用事業經濟學大綱》（*Outlines of
Public Utility Economics*，1927年），第105、107頁，用了「收益議
價」與「成本議價」這兩個用詞。他的收益議價，相當於我們的賣主
議價；他的成本議價，相當於我們的買主議價。

濟爭議所作判決足以根據這四個方向予以分類。每一次判決的目的皆在於工作規則的建立，將其作爲先例，以便由利益衝突之中得出依存與秩序的期望。凡此皆與物質的所有權相關，而與物質無涉。

1.第一個爭論點是**平等或不平等的機會**，也就是法律上**合理**及**不合理的差別待遇**的教條。每一個買主都是在兩個最好的賣主之間做選擇，而每一個賣主也都是在兩個最好的買主之間做選擇。假如一個賣主，比方說，一家鐵道公司、電報公司或鋼鐵公司，以同樣的服務向某一個買主討取較高的價格，而爲這個買主的競爭者討取較低的價格，那麼，在現代利潤微薄的情況之下，第一個買主便是受到了不合理的差別待遇，到了最後也許會招致破產。不過，倘使這種差別待遇有充分良好的理由，例如：是因爲數量、成本或品質的差異，則此種差別待遇就是合理的，也就是合法的。[90]這個教條也可能見之於許多有關勞動與商務的仲裁之中。

2.另一個爭論點是和第一個爭論點分不開的，這就是**公平或不公平的競爭**。兩個買主是相互競爭者，兩個賣主也是相互競爭者，在他們的相互競爭之中或會使用不公平的方法。最近三百年來對於不公平競爭的判決已經建立了現代商譽的這項資產，這是現代營業之中最大的一項資產。[91]

---

90 西部聯合電信公司（Western Union Telegraph Company）對考爾出版公司（Call Publishing Company）訟案，檔號181 U.S.92（1901年）。並參閱本書第十章，第七節，〔參〕，(二)「差別待遇」。

91 參閱康芒斯的《資本主義之法律基礎》，第162頁；及本書第十章，第七節，參、經濟階段。

3. 第三個爭論點和上述的其餘兩個爭論點也分不開，這就是**合理的或不合理的價格或價值**。兩個買主之一必然要向兩個賣主之一購買。價格必然是決定於三種經濟情況，選擇的機會，買主與買主之間及賣主與賣主之間的**競爭**和實際買主與實際賣主之間**議價能力的平等或不平等**，不過，他們在法律上的地位卻總是平等的。在連續召開的法庭的心智中基於**機會均等、公平競爭與議價能力的平等**這三項先決條件，逐漸構成了這種合理的價格。[92]

4. 最後，在美國法院的判決之中出現了**法律的正當程序**這個最具決定性的爭論點。我們稱之爲「工作規則」的正是指這個爭論點而言，這可以制約個人的交易。美國最高法院已經獲得授權，可以宣告州立法機關、聯邦議會以及所有的行政官吏在各個訟案中的裁決爲無效，只要是最高法院認爲這些訟案裡個人或公司的財產或自由遭受到剝奪而「未經法律的正當程序」就可以。法律的正當程序就是最高法院在當時的工作規則。這種程序可能，因習俗與統治階級的變動而變更，因法官的調遷而變更，因法官的意見變動而變更，或是因一般慣例對財產與自由的意義解釋不同而變更。倘使一個州立法機關、聯邦議會、下級法院或行政官吏剝奪了這四個參與交易者之一的均等選擇機會，競爭的自由或決定價格的議價能力，這種剝奪行爲就是「損害了」他的財產與自由。假如不能合理化此項剝奪並使最高法院感到滿意，這便是未經法律的正當程序而剝奪

92 參閱康芒斯的「議價能力」（bargaining power），見於《社會科學百科全書》，第二卷；又康芒斯的《資本主義之法律基礎》，第54頁。

財產與自由，所以這是違反憲法的；是無效的，是必須加以禁
止的行為。[93]

　　假如在經濟學者與法律學者的心智中能夠適當的構成一個
議價交易公式，具有最高法院所規定的四個參與者，並具有衝
突、依賴與秩序（即法律正當程序）三項基本屬性，正如在物
理學、化學與天文學裡構成一個原子或星辰的公式一樣，具有
質子、電子、輻射能等成分，那麼，也就是構成了一個活動單
位，可以共同適用於法律學、經濟學、政治學與社會倫理學。

---

93 參閱康芒斯的《資本主義之法律基礎》。以摘要方式對此加以論述的
作品計有沃格林（Voegellin, Erich）的《論美國精神的形式》（*Über
die Form des Amerikanischen Geistes*）（1928年）；克魯納（Kröner,
Hermann）的《康芒斯所述經濟制度》（*John R. Commons, seine
wirtschaftstheoretische Grundfassung*），共六卷，第艾爾（Diehl, K.）
的《理論經濟學的研究》（*Untersuchengen zur theoretischen National
ökonomie*）（1930年）；劉衛林（Llewellyn, K.N.）「合法制度對經
濟學的影響」（The Effect of Legal Institutions on Economics），見於
《美國經濟評論》，第XV期，（1923年），第665-683頁，與另一篇
「何為價格契約？──一篇展望的論文」（What Price Contract？──
An Essay in Perpective），載在《耶魯法律期刊》，第XL期（1931年3
月），第704-751頁；葛朗特（Grant, J. A. C.）的「正當程序的自然法
背景」（The Natural Law Background of Due Process），載在《哥倫比
亞法律評論》，第XXXI期（1931年），第56-81頁，史威蕭（Swisher,
C. B.）的《法律巧匠費爾特》（*Stephen J. Field, Craftsman of the
Law*，1930年），康芒斯也曾加以評論，載於《政治經濟期刊》，第
XXXIX期（1931年）第828-831頁。

(二) 管理交易

不過，除此以外還有兩種分不開的活動單位，那就是**管理交易**與分派交易，其中的每一種也都表現著法律、經濟與倫理的關聯。

一筆管理交易是由兩個人而不是由四個人之間的關係所產生。在議價交易的判決背後所假設的，通常是自願買主與自願賣主地位平等的關係，但在管理交易的背後所假設的，則是上級與下級。其中的一個人在法律上地位是優勢，享有發布命令的合法權利。另外一個人法律上地位是弱勢，有這種關係存在的期間以內，得盡其服從的義務。這就是領班與工人之間、警長與市民之間、管理員與被管理者之間，主人與僕役之間以及業主與奴隸之間的關係。上級發布命令，而下級必須服從。

站在經濟的立場上來說，管理交易的目的在於財富的生產，包括著上文所述**交換**的物質意義在內，認為商品的運輸與交付足以增進這商品的「地點效用」；同時，議價交易的目的則在於財富的分配與財富生產及交付的誘導。議價交易的普遍原則是稀少性，而管理交易的普遍原則是效率。[94]

就心理和倫理方面講，管理交易也與議價交易有別。議價交易的道德心理，或是我們的談判心理（negotiational psychology）在於*說服*或*威逼*，這是要看機會、競爭與議價能力的情況如何而定的；因為所有的當事人在法律上雖被視為平等，但在經濟上卻可能是不平等（*威逼*），也可能是平等（說

---

94 參閱本書第八章「效率與稀少性」。

服）。管理交易的談判心理在於*命令與服從*，因爲當事人之中的一方在法律與經濟上都是弱勢。

在有關勞動的場合，議價交易與管理交易雖是無法分割，但卻可能予以區別。如果作爲議價人看待，一個現代的工資勞動者在法律上是被認爲與其雇主*平等*的，他是受到說服或*威逼*而加入這一筆交易；不過，一旦他被允許進入了*雇用地位*以後，在法律上他已經成爲*下級*，被他必須服從的命令所誘勸。這種區別是極其明顯的，只須將這兩套條款分爲雇主與雇員或業主與工資勞動者之間的議價條款，和領班或監工與工人之間的管理條款就行了。

於是，這個歷史上的字詞「交換」又有了雙重的意義，這是由於未能將議價與管理之間的區別加以利用所致。在現代工業裡，一個業主有兩個代表，一個是經理，另一個是領班，不過，這兩個代表常是一個人兼任。法律上認爲經理的行爲足以束縛其當事人，也就是雇主，這是基於**代理**的教條使然，此項教條的產生遠在*有償契約*與*按勞求償*兩項教條之前，不過，其根本的原理還是同樣隱含移轉財產所有權的意圖。領班是因特定重要目的而設置的代理人，例如：在雇員的產品發生意外或是接受這雇員產品時，雇主所應負的責任，在這種情況之下，領班的行爲足以束縛雇主，負擔一項假定的債務。他是以領班的名義做代理人，但在同時他也僅是負責處理技術程序的另一個雇員而已。由於現代「雇用部門」與「生產部門」的分化，所以這種區別已經相當的明晰。雇用部門是受到當事人與代理人之間的法律管制，而生產部門則是受到管理員與被管理者之間的法律管制。

就歷史方面來說，經濟學者的理論之所以未能將代理人與僱員之間的區別分清，可以歸因於雇主與僱員、主人與僕役、業主與奴隸這些用詞的雙重法律上和技術上意義。不過，現代分化爲兩個部門卻提供了我們一條線索，可以循著這條線索而回溯並求得其歷史上意義的差別。

這是很明顯的，在「交換」這個字詞傳統的經濟意義之中並沒有爲這種制度上的區分留有餘地。所以到了此刻又發現「交換」這個字詞竟然還有第三個意義——把勞動者的產品和一個領班「交換」，這不僅是在命令之下的物質交付，並且也是所有權的移轉，勞動者把他的產品所有權經由雇主的代理人之手移轉給雇主，其報償是業主或其代理人把貨幣的所有權移轉給勞動者。後者的這種所有權移轉是根據說服或威逼教條所作議價交易中的一項細節，而勞動者則是一個工資領受者。前者的物質交付是根據命令與服從所作的管理交易，而勞動者只是李嘉圖與馬克思的一股機械勞動力。[95]

自從「科學管理」問世以後，近代的經濟理論提供了兩對用詞與兩個衡量單位，使上述「交換」的雙重意義可以劃分

---

[95] 荷爾登（Holden）對哈代（Hardy）訟案，檔號109U.S.366（1898年）。並參閱康芒斯的《資本主義之法律基礎》，第63頁及其他各處。我們認爲上文的分析是一種修辭上的抗議所根據的基本，這種抗議已經明訂在克萊頓條例（Clayton Act）之中，意即，「勞動並不是商品」。作爲一個*議價*人，勞動者所出賣的是他的勞力，而其相互間的關係則是說服、威逼或強迫。作爲一個*勞動者*，則他並未出賣任何事物。他僅是服從命令，交出他那有使用價值的物質產出而已。

清楚。這兩個衡量單位就是*工時*和*金元*。這兩對用詞就是投入——產出與開支——收益。科學管理復原了李嘉圖與馬克思的勞動學說，但將其改稱爲**效率**。每小時產出（物質的使用價值）對每小時投入（平均勞動）的比例成爲效率的衡量尺度。這根本不是一筆「交換」——工人與領班之間的交換，這是在管理的督導之下克服自然抗力的物質過程。效率的衡量單位就是工時。

不過，議價交易的衡量單位卻是金元。這可以量度開支對收益的比例。開支是所有權的割讓，收益是所有權的取得。所以，金元是議價交易中相對稀少性的衡量，而工時則是管理交易中相對效率的衡量。[96]

有許多案例是普通法制定了管理交易的權利義務，和議價交易有別。[97]這些權利義務可以歸納於擁有者較爲一般性的權利法則之內，根據此項法則，這個擁有者可以管控那些到他土地內的顧客、訪問者、非法侵入者或雇員們的行爲。所以，如果是雇員，則管理交易便是由上級與下級所締成，各自受到命令與服從的法律管制，這種法律是按照普通法的方式爲解決由管理交易而生的爭執所創造的。

---

96 參閱本書第八章，第四節「投入——產出，開支——收益」。

97 參閱我的「法學與經濟學」（Law and Economics），載於《耶魯法律期刊》，第XXXIV期（1925年），第371-382頁，在這篇文稿中我是把效率視作純技術性，因爲我在當時還沒有研究過有關管理交易的法律。

管理的工作分析

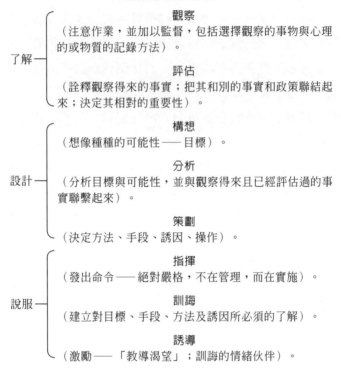

了解

觀察
（注意作業，並加以監督，包括選擇觀察的事物與心理的或物質的記錄方法）。

評估
（詮釋觀察得來的事實；把其和別的事實和政策聯結起來；決定其相對的重要性）。

設計

構想
（想像種種的可能性——目標）。

分析
（分析目標與可能性，並與觀察得來且已經評估過的事實聯繫起來）。

策劃
（決定方法、手段、誘因、操作）。

說服

指揮
（發出命令——絕對嚴格，不在管理，而在實施）。

訓誨
（建立對目標、手段、方法及誘因所必須的了解）。

誘導
（激勵——「教導渴望」；訓誨的情緒伙伴）。

近年來，由於科學管理的調研使管理交易顯得更加重要。和議價交易相仿，管理交易也要有相當數量的協議，但是，如果就法律方面來說，這種交易卻是單獨的基於上級的意志而進行的。之所以要有協議，主要是起因於現代的勞動自由，勞動者可以毋須提出理由而自由退出這筆交易。在這樣的制度安排之下，無可避免的，管理交易的前沿也顯得有點似乎是在議價了。不過，實際上卻並不是議價而是管理，只有在伴

隨發生的議價交易談判之中，協議才顯得重要而已。[98]有一家
大公司的傑出經理曾經打比方說：「我們絕不發布命令，我們
只是把一個觀念售給那些人，而那些人必須把這個觀念付之實
施罷了」。丹尼遜先生（Mr. Henry S. Dannison）根據他本人
的管理經驗，把即時的管理交易作最細密的分析，其標題是
「管理的工作分析」。他親自寫了一個摘要，對科學管理的最
近進展在管理交易的意義提供一個貼切的觀念。[99]

(三) 分派交易

　　最後，分派交易與議價及管理交易的相異之點在於，這
種交易是某些參與者之間協商而達成的同意，這些參與者據此
把一個聯合企業的利益與負擔分派給企業的成員。有一種近
似的事例就是合夥組織的交易，可以分派這個合夥事業的未來
利益與負擔。較為明晰的事例就是一家公司董事會的活動。為
次年度編製預算。還有一種十分相似而更明顯的事例是一個立
法團體成員們的活動，攤派稅捐或同意採保護關稅——在美國
通常稱之為「滾木頭」（log-rolling，互相支援）。一般的所
謂「集體議價」或「同業公議」也是一種分派交易，常見於雇
主協會與雇員協會之間，又或見於任何一個買主協會與賣主協
會之間。所有獨裁與管控產量的協會，諸如卡特爾之類，都是

---

98 參閱康芒斯的《資本主義之法律基礎》，第283-312頁，「工資議
　　價」。

99 見於丹尼遜的「誰能雇用管理」（who can Hire Management）載於
　　《泰勒協會會報》（*Bulletin of the Tayler Society*），第IX期（1924
　　年），第101-110頁。

一連串的分派交易。司法方面對於經濟爭議的判決，也是把一定數量的國家財富或其等量的購買力，由某一個人的手裡強奪過來，而分派分派給另一個人。在這些事例之中沒有議價，因為，假如不然，便成為賄賂行為，[100]也沒有管理，因為這種管理要讓下屬的行政人員去做。在這裡所僅有的往往被稱為「政策的形成」，有時亦稱之為「正義」，不過，假如將其化約為經濟的數量，這實在是財富或購買力的分派，不是由公認為平等的當事人來分派，而是由法律上較優於他們的當權者來配給。

我們可以把分派分做兩類，產量分派（output-rationing）與價格分派（price-rationing）。僅限定分派給參與者的數量而不限定其價格的，謂之產量分派；限定價格而將數量聽任買主或賣主的意志決定，謂之價格分派。蘇俄和多數的卡特爾都是限定產量，不過，蘇俄的若干「國營托拉斯」（state trusts），諸如郵政局之類，則是限定價格而數量聽由個人決定。在課稅的廣大範圍之內一律都是價格分派，使納稅人負擔為公眾服務的成本，例如教育與公路等，而不容許納稅人作任何議價，也不問其個人所受於公眾服務的利益究為幾何。[101]

---

100 從前在法院裡行賄並不是非法，及至1621年培根爵士（Lord Bacon）遭遇到不幸的經歷以後才認定賄賂為不法行為，這時，國家給予的俸薪開始代替了訴訟當事人所繳納的規費。

101 也許可能提出辯論與訴願，但這些都不是議價，因為納稅人在法律上並無扣留應納款之權。參閱本書，第十章，第七節，伍、員警課稅權。

　　經濟這門科學所研討的活動盡屬這三種活動單位的範疇。議價交易是在法律上平等的人之間以自願的協議*移轉*其財富的*所有權*。管理交易是由法律上的優勢者發出命令以*創造財富*。分派交易則是由法律上的優勢者發布*指示*以分派創造財富的負擔與利益。因為這些都是平等的人之間或是上級與下級之間社會活動的單位，所以皆屬於倫理的且又同時是屬於法律的與經濟的性質。

　　(四) **制度**（Institutions，譯者按：此係指按照一定制度設立的組織而言）

　　上述三種類型的交易集合起來便成為經濟調研的一個較大單位，依照英美兩國的慣例稱之為「運營中的業務團體」。[102]這種運營的業務團體都是遵照工作規則進行的，由家屬而公司、而工會、而同業協會，一直到國家的本身為止，莫不如此，我們稱做「制度」。其被動的概念是一個「集團」；而其主動的概念則是一個「運營中的業務團體」。

　　要給所謂**制度經濟學**劃定一個場域並不容易，這是由於制度這個字詞的意義極其難以確定。有時候一個制度似乎是和一座建築物相仿，是一種法律與規章的框架，個人們就好比在這框架中活動的同居者。有時候又似乎是指這些同居者本身的「行為」而言。有時候這是把古典派或享樂派經濟學所添附或批評的某些事物認為屬於制度。也有時候是把制度經濟學認為「動態的」而非「靜態的」、是「過程」而不是商品、是活動

---

102 德文中與之同義的用詞是"gutgehendes Geschäft"。

而不是感受、是管理而不是均衡、是管控而不是放任。[103]

　　所有的這些想法毫無疑問的都應該包括在制度經濟學之中，不過，也可以說這些都是隱喻或描述，而研討經濟行為的一門*科學*卻需要將其分析為種種原則 —— 與原因、結果或目的相類似的原則，綜合起來成為各種原則的統一體系。而且，制度經濟學的本身也不能和古典派及心理派經濟學先驅者的奇特發現與見解相背離。除此之外，制度經濟學還得要把共產主義、無政府主義、工團主義、法西斯主義、合作主義以及工會主義等派經濟學者同等重要的發現合併在一起。無可置疑的，正因為制度經濟學是努力的列舉所有這些互不調和的活動而將其網羅，所以才博得了一種名聲，大家都認為這種經濟學的性質是包羅萬象、是莫可名狀的，僅是記述的，和那已被經濟學歸類為早期粗糙的歷史學派相似。

　　假如我們要想求得一個普遍的原則，可以適用於一切的行為而稱之為制度，我們可以為制度下個定義說，這是「管控個人行動的集體行動」。

　　集體行動的種類不一，從無組織的**習俗**起，到許多有組織

---

103 參閱「美國經濟協會」1930年十二月第43屆會議的會報，第124-141頁；「美國經濟評論第XXI期（1931年）所載柯普蘭（Copaland, M. A.）與褒音斯（Burns, E. M.）的幾篇論文；阿德京（Atkins, W. E.）與其他作者合著的《由制度方面論述經濟行為》（*Economic Behavior, an Institutional Approach*，1931年），共三卷。《美國經濟評論》第XXI期（1931年），第648-651頁所載以「制度經濟學」為題的一篇論文就是把這裡的一節濃縮而寫成的。

而運營中的業務團體，例如：家族、公司、控股公司、同業協會、工會、**聯邦儲備體系**、「以利相結合的集團」及國家。其共通的原則或多或少的都是集體行動對個人行動的管控。

　對一個人的行動加以管控，其所得到的結果以及其所企望得到的結果通常在於使其他個人能獲得利益。假如這是強制履行一個契約，那麼，債務是恰等於為別人的利益而創造的債權。債務是一種能集體予以實施的義務，而債權則是由於創造了債務而形成的等值權利。其結果所產生的社會關係是一種**經濟地位**，含有某項預期，每個當事人的行為都是向著此項預期而進行。在債務與義務的這一方是處於**順從**集體行動的地位，而在債權與權利的這一方則是處於**保證**的地位，由上述的**順從**預期所產生的**保證**。這就是一種「無形」財產。[104]

　再不然，集體管控就形成一項禁忌，禁止著某一類的行動，例如：干擾、破壞、侵害等，這樣的禁止是給一個由此而免於受害的人創造了**自由**的經濟地位。不過，某人的自由對於一個相關的人也可能附帶產生未來的利益或損害，像這樣造成的經濟地位必然是**曝險**（exposure）於別人的**自由**。雇主曝險於雇員或是工作、或是停工的自由，而雇員也是曝險於雇主或是雇用、或是解雇的自由。這種曝險──自由的關係逐漸變成了「隱形」財產，例如：一項營業的商譽、經營某種業務的特許、專利、商標以及其他族繁不及備載。[105]

---

104 參閱本節(六)，經濟與社會關係公式。

105 參閱本書，第九章，第一節〔肆〕，論述麥克勞德的一段。

　　個人必須按照工作規則決定這種關聯性、互惠性經濟關係之限度，而設定工作規則並予以強制施行的可能是一家公司，或是一個卡特爾、一家控股公司、一個合作社、一個工會、一個雇主協會、一個同業公會，或是兩個協會聯合營業的協約、一個證券交易所、一個商會、一個政黨，再或是經由美國系統下最高法院之手而設的一個州本身。實際上，私營業務團體的這些集體經濟行動往往比一個政治團體──州的集體行動還更強而有力。

　　就倫理與法律的用語來說，所有集體行動建立了有權利就有義務、沒有權利也就沒有義務的這種社會關係，對這一點本書下文會加以闡發。就個人行為而言，集體行動要求個人的是履行、取消與放棄執行。就其結果所產生的個人經濟地位來說，集體行動所提供的是**保證、順從、自由與曝險**。就其原因、結果或目的而言，一切經濟行為所共同適用而成為一種限制的、補充的相互依存關係的原則是**稀少性、效率、未來性**、集體行動的**工作規則**與**統治權**。就工作規則所及於個人行動的作用來說，要想表示這些行動就得用輔助動詞說，這個人能或不能、必須或必須不，可以或不可以*做*某件事。他「能」或「不能」做這件事，是因為集體行動必然會或必然不會對他有所協助。他「必須」或「必須不」做這件事，是因為集體行動逼迫著他。他「可以」做這件事，是因為集體行動准許著他、保護著他。他「不可以」做這件事，是因為集體行動阻止著他。

　　正因為有這些行為的輔助動詞，所以「工作規則」這個眾人皆知的用詞可以很恰當的表明一切集體行動所共通的原因、

結果或目的等普遍原則。在每一種制度的歷史之中，工作規則是持續變更的，包括國家與私人的協會在內，並且不同的制度也有不同的工作規則。有時候這些規則被稱為行為的*準則*。亞當・史密斯稱之為賦稅的*準繩*，而最高法院則稱之為*理性的規則*或*法律的正當程序*。不過，無論其差別及不同的名稱為何，它們總有這一個相似之處，這些規則都指出個人所能、所必須或所可以做或不做的事，由**集體認可**予以強制實施。

如果稍微分析這些集體認可，可找出經濟學、法理學與倫理學的關聯性，這就是制度經濟學理論的先決條件。休謨由稀少性的原則及其結果所產生的利益衝突之中發現了這幾門社會科學的一致性。亞當・史密斯以假設神聖的意旨、塵世的富饒及其結果所產生的利益調和而獨立分出經濟學。制度經濟學是回溯到休謨。我們由休謨與現代新興像「商業倫理」這一用詞獲得了啟示，倫理學所處理的是同一行為規則，這些規則是起因於利益衝突，而由集體*道德*認可予以強制實施。經濟學所處理的也是同一規則，但是由集體認可的經濟*利得*或*損失*予以強制實施。法理學所處理的仍然是同一規則，但是由*實質力量*有組織的認可予以強制實施。制度經濟學則是持續處理這三種類型的認可相對的業績。

由集體行動以各種認可的方法管控個人行動的這項普遍原則產生了權利、義務、無權利、無義務的倫理與法律關係，同時也產生了經濟的關係，不但是產生**保證**、**順從**、**自由**與**曝險**的關係，並且還產生了**資產**與**負債**的關係。實際上，制度經濟學的資料與方法論中有一大部分都是從公司理財方面，隨著可變的資產與負債得來，而不是得之於個人的想望與勞動、苦與

樂、財富與幸福或效用與負效用。制度經濟學所關心的是業務
團體的**資產**與**負債**，相對比於亞當・史密斯的**原富**。如果就國
與國之間的關係而論，這就是國際收支**貸方**與**借方**。[106]

　　以非條理的**習俗**形態表現的集體行動，比那以有組織的
業務團體形態表現的更為普遍。然而，即便是一個運營中的**業
務團體**也還是一項**習俗**。習俗並沒有如梅因爵士（Sir Henry
Maine）所說，讓位於自由契約與競爭。[107]習俗只是隨著經濟
情況的變動而有所改變，時至今日，這些習俗仍然可能具有極
大的強制力，即使獨裁者也無法予以廢止。一個商人倘使拒絕
或不能利用現代信用體系的習俗，不肯接受或簽發具有給付能
力銀行的支票，經由雖說支票僅是私人間的協定並非法定償還
金，他也無法經由交易持續經營其業務。這種償付工具雖非法
定貨幣，但卻是習慣上的償還金，有利潤、損失與競爭的強大
認可力量為之後盾，迫使人們不得不順從。此外還可以舉出其
他具強迫力的習俗，例如：上午七點鐘上班，下午六點鐘下
班，或是慣例的生活標準皆屬此類。

　　然而這些習慣上的標準卻是無時無刻不在嬗變，這些標準
缺乏精確性，所以很容易發生利益衝突的爭執，每逢發生類似

---

106 幾年來，從1920年到1930年，這些收支差額始終是羅傑斯（Rogers,
　　J. H.）那部啟發性著作《美國重視其所有的黃金》（*America Weighs
　　Her Gold*，1931年）的主要根據。

107 參閱梅因所著《古代法律：其與早期社會史的聯繫及其與現代觀念的
　　關係》（*Ancient Law: Its Connection with the Early History of Society,
　　and Its Relation to Modern Ideas*，1861年）。

爭執時，一個有組織的業務團體像信用合作社的職員，公司、證券交易所、商會的經理、商務或勞動仲裁人或最後美國最高法院的法官，就化約這種習俗爲精確的並加上有組織的法律或經濟認可。

這是經由**爭議的判決**按照普通法的方法制定法律來完成。由這種判決開了先例，所以也就形成這個特定有組織業務團體在當時的工作規則。英美法律之中具有歷史性的「普通法」無非是存活的一切業務團體所共同適用的普遍原則之中一種特例，這原則是以解決利益衝突來制定新法，而使那些非條理的習俗或倫理的工作規則，具有更精確及更有組織的強迫力。普通法的*方法*普遍存在於集體行動之中，不過，英美兩國法律學者的技術用語「普通法」是指判決的整體而言，這要回溯到封建時期。總而言之，此普通的*方法*，或行動的方式，其本身就是一種習俗，也和其他的習俗一樣，帶有變異性。這就是一切運營中的業務團體在發生衝突時，集體行動對個人行動採行的方式。這和成文法有別，因爲那是在爭議判決時法官所制定的法律。

集體行動的不僅在於管控個人行動——正如輔助動詞所表示的經由管控本身，對其他個人加以限制，所以這個人行動獲得了*解放*，他可以避免受到強迫、威逼、差別待遇或不公平的競爭。

而且，**集體行動**還不僅止於限制並解放個人行動，還是一個人意志的*擴展*，遠超出他本身的微末行爲所能做到的。一家大公司的首長發出命令，會使天涯海角的地區執行他的意志。

一則是因爲對某些人的解放與擴展在於爲謀求他們的利益

限制別人，再則是因爲制度的定義，簡單的說就是集體行動管控個人行動，所以由此導出的定義可以這樣說，制度就是以集體行動限制、解放並擴展個人的行動。

這些個人行動才眞是名副其實的交易（trans-action，譯者按：英文中此字係由"trans"與"action"兩個詞根併合而成，前者謂「橫貫」或「移轉」，而後者謂「行動」，故云）——這就是說，個人與個人之間的行動，同時也就是個人的行爲。由古典派與享樂派的經濟思想轉爲制度派的經濟思想，其特徵即在於由原來的商品、個人與交換轉爲交易與集體行動的工作規則。這是經濟調研的終極單位有了變更，由商品與個人變更爲個人與個人之間的交易。

說到底，最重要的還是個人，我們所處理的個人在於其**制度化的心智**（institutionalized mind）。[108]個人都是從嬰兒時代開始。他們要學習語言，與他人合作，爲共同目的而工作，相互協商以消弭利益衝突，遵從他們所組成的業務團體裡施行的工作規則等習慣。他們互相接觸，並非如同一些由腺體牽動著的生理個體，也不是如同「一粒粒的渴望小球」[109]受痛苦與愉悅推動，好像身體與獸類天性的力道那樣，而是或多或少受過習慣的淬鍊，受到習俗、壓力的誘導，從事於人類集體意志所創造而具有高度人爲的交易。像這樣的人絕不能見之於物

---

108 參閱喬丹（Jordan, E.）所著《個性的形態；論秩序在人類關係中的地位》（*Forms of Individuality; an Inquiry into the Grounds of Order in Human Relation*，1927年）。

109 參閱本書第十章，第一節「韋伯倫」。

理學、生物學、主觀心理學或**德國的形態**心理學之中，而只能
見之於利益衝突、交互依賴與秩序成為人類謀求生活的前提的
所在。參與者不是個人而是運營中業務團體的市民；不是自然
的力量而是人類天性的力量；不是享樂派經濟學者的渴望機械
性的同一性而是極具變化的個性。他們不是自然狀態中孤立的
個人，而通常是交易的參與者，是在運營中的業務團體裡進進
出出的成員，是生活於某種制度之下的市民，而這種制度是早
經存在於他們之先，並且必將永久存在於他們之後。

(五) **資產與財富的對比**

對經濟、法律與倫理這三方面的看法，我們首先將其分
清，然後在運營中的業務團體這個概念中探求其相互之間的關
聯，這三方面的看法是隨著**財產**與**自由**的意義而轉變的。我們
要證明把**財產**作為**資產**看待的經濟意義和把**資產**作為**財產**看待
的法律意義是完全相同的。古典派經濟學者們把**財富**與**資產**之
間的區別隱蔽了，他們為財富所下的定義是物質及其所有權。
實際上，所有權並不是財富 —— 這是資產。

我們無法給「財產」這個用詞下定義，除非是先行求得各
種活動的定義，這些活動就是個人與社會要想主張這個標的物
為其財產時所可以自由或必須做或不做的活動。這些活動也就
是上述三種類型的交易。在所有的交易協商之中要求所有權的
唯一原因是預期的稀少性。休謨最先指出財產與稀少性之間的
同一性。即便是無線電的波長，由於其預期的稀少性，所以在
目前也要用分派交易將其化約為財產，規定誰才能加以利用、
利用多少與何時利用。不過，在經濟學裡，稀少性也是一個基
本概念。李嘉圖的勞動價值理論與孟格爾的效用遞減價值理論

都是**稀少性**的具體化，在處理自然界有限物質資源時，按照所需勞動的多寡與獲得滿足的程度以定其價值的高下。

我們在這裡用的是**稀少性**這個用詞，取代供給與需求。商人們用後述的名稱來稱呼他們本身以外的種種力量，因為他們對於這些力量無法加以管控，所以他們就逕稱之為「供給與需求」而不再深究。但是我們卻不得不把隱藏在供給與需求背後的力量及其具體化加以分析，因此之故，我們給予一個較為廣泛的名稱——稀少性，使其在種種情況之下皆可適用。

假如**稀少性**對法律、經濟與倫理之間的關係是一項終極原則，那麼，其當然的結果便是使**財產**這個用詞具有雙重意義，一種是稀少性的經濟意義，經濟學者稱之為「經濟數量」（economic quantity），而法律學者則稱之為「*物*」（res）或「*財產標的*」（property-object）；另一種是*財產權*（propety-rights）的法律或倫理意義，也就是法律學者所謂「財產」的意義。不過，就後者的這種意義我們所下的定義是，社會對個人們在處理稀少或預期其稀少之事物的交易中所強制實施的**工作規則**。[110]稀少性的經濟意義如果和預測合併在一起就得用**資產**與**負債**這兩個詞來表示，同時，財產的法律與倫理意義則是權利、義務、能力、責任等，這在本節(六)所列的公式裡再將予以描述。[111]

---

110 這些區別是從休謨在論述稀少性的共同原則時所講法律學、經濟學與倫理學的統一得來。參閱本書第四章「休謨與皮爾司」，及第九章，第一節〔參〕，講到麥克勞德的一段。

111 並見於康芒斯的《資本主義之法律基礎》，第80頁以次。

　　這個專門用詞的有用性，基於經濟、法律與倫理三方面對稀少性的看法，可由美國最高法院給予全國至高無上的法律，聯邦憲法，所用**財產**與**自由**這兩個用詞的擴充意義中見之。這部憲法，包括第五次的修正（1791年）以及南北戰爭期間的修正（特別是1868年的第十四次修正）在內，其中含有下列三項有效規定，管制著所有立法與行政當局，不論其為州或聯邦當局：

　　1. 私人財產倘使沒有公正的補償，不得供公眾之用。

　　2. 任何一州皆不得通過有損於契約義務的法律。

　　3. 任何人若未經法律的正當程序，不得褫奪其生命、自由或財產。

　　由於上文這幾個用詞——諸如憲法裡所用的財產、自由、人與法律正當程序——意義的擴大，所以到了此刻把財產當做*權利*解釋的意義共有三種，必須分別清楚。這些意義的每一種都是兼屬於經濟、法律與倫理的。「人」這個字詞在此刻可以指一家擁有資產的公司而言，也可以指一個從前是奴隸而現在已經成為市民的人而言。根據屠宰場案（1872年）的裁決，[112]財產（或物）是指土地、機器、奴隸之類的「有形體」（corporeal）財產而言，「自由」於是指早前奴隸的新「有形體」自由。財產又有「無形體」（incorporeal）財產的意義，例如：債務的責任及其可轉讓性。此外，財產還有第三種意義，這是為屠宰場案裡大多數人所不採納的意義，但是到了此刻卻被承認為「隱形」（intangible）有別於「無形體」

---

112 同前書，第二章。

的財產，這一種意義最初是發源於三百年前有關商譽的訟案，也在憲法第五次及第十四次的修正下由最高法院最近的判決而起，這些判決是禁止立法機關擅自削減營利企業所訂定的價格。此時，立法機關削減價格的法令已經成為財產的「奪取」，等於攫奪了有形財產；但在事實上這僅是攫奪了財產的*價值*而已。自從1890年以後，[113]要想做到這樣的攫奪，必須以美國最高法院承認其能符合「法律正當程序」在當時所適用且隨時可變的意義為限。[114]

所以，在美國把財產作為經濟資產看待的這三種意義都是由英美兩國法院的例規所產生，這些法院採納了其本身所認為當事人之間善良與適當的現行習俗，而給予其具有實質上的統治權認可。封建與農業時代所有的財產大都是有形體的。在重商主義時代（英國的十七世紀），財產變成了可以轉讓的債務這種無形體財產。[115]及至過去四十年的資本主義階段，財產也變成隱形的財產，可以自由訂定賣主或買主所能獲得的價格。財產與自由的這幾種意義都得自從1872年到1897年最高法院在解釋憲法時的革新；此項革新是將財產與自由的意義，由實質的商品與人類的軀體擴大到議價交易及個人與公司的資產。

實際上這許多意義自從封建制度的時代起就已經一直存

---

[113] 同前書，第15頁。

[114] 關於「法律正當程序」意義的變更，可以參閱康芒斯的《資本主義之法律基礎》，第333-342頁。

[115] 同前書，第235-246頁。

在，只是名稱與經濟情況不同而已。「無形體的世襲財產」，
例如：徵收通行稅或勞役的特許就是和隱形財產相類似的。分
封采邑就是對土地產物的權利。有形體的財產並非絕對的，而
是以這些隱形財產爲限，其終極的根據在於由實際耕種土地的
佃農所產物品或所服勞役衍生的地租。凡此種種在極早的時期
都已經規定在法律之中，只是到了後來，美國法院按照新興資
本主義時期的經濟情況，選取了一個不同的名稱罷了。

(六) 自由與曝險

上文所說是把財產在經濟上的意義，相當於資產與負
債，正因爲有了這種意義上的變更，所以我們必須把「權利」
這個用詞在法理學的意義深入分析一下。此項分析實際上是
由耶魯法學院（Yale Law School）的何飛爾教授（Professor
Hohfeld）在1913年所提出的，後來耶魯法學院的教授們又把
何飛爾的分析上予以發展。[116]下列的公式就是根據他們的分
析而構成的，這個公式顯示出在最高法院的管轄之下，集體
的、經濟與社會的關係之間的關聯性，及其適用於有關經濟數
量的三種交易類型。「社會關係」係由何飛爾的「法律關係」
得來，但加以擴大，將經濟的與道德的業務團體以及國家一併
包括在內，這就是他（何飛爾）政治的或法律的業務團體。
「經濟狀況」就是相關聯的經濟資產與負債；「工作規則」就
是受到集體行動管控、解放與擴大的個人行動。

---

116 同前書，第91頁以次。

經濟與社會關係公式
最高法院

認可 （道德的、經濟的、法律的）				誘因	認可 （道德的、經濟的、法律的）			
集體行動	工作規則	經濟狀況	社會關係	交易	社會關係	經濟狀況	工作規則	集體行動
能　力	能	保證	權利	經濟數量的議價	義務	順從	必須、必須不	責任
無能力	不能	曝險	無權利		無義務(a)	自由	可以	豁免
豁　免	可以	自由	無義務(a)	管理與分派	無權利	曝險	不能	無能力
責　任	必須、必須不	順從	義務		權利	保證	能	能力

(a) 相當於何飛爾的「特權」。

　　在考量這個公式時，首先需要把**誘因**和**認可**分清。「誘因」是個人與個人之間相互提出的個人勸誘──在議價交易中是說服或威逼，在管理交易中是命令與服從，在分派交易中是請求與論辯。**認可**是那管控、解放與擴大個人行動的團體對個人所實施的集體勸誘，用以管控、解放並強制執行個人們的說服、威逼、命令、服從、論辯與請求。

　　認可可以細別為道德的、經濟的與法律的**認可**，要看這實施管控的業務團體屬於何種性質而定。法律的**認可**是暴力或威脅性暴力，而這個業務團體是國家。其他的**認可**是「超出法律以外」的。道德的或倫理的**認可**僅是一種意見，由教會、各種社交俱樂部以及道德協會予以強迫執行，例如：商人的「同業公會」就可能訂定一項「道德信條」，其強制執行僅在於其

成員們的集體意見,而不一定要有經濟的或法律的獎懲予以支持。經濟的認可是由工會、營業公司、卡特爾之類的組織以利潤或損失、雇用或不雇用、再或是以其他經濟上的利得或褫奪予以認可,而不是以暴力強制執行。

這些認可通常是互相重疊的,不過,為遵從一般的分析方法起見,我們在這裡採取一些極端的事例以顯示每一種認可的特質。到了引起特殊爭議時,我們還得要把這幾種認可按照其應用於此項爭議之中的相對「比重」合併起來。

這些道德的與經濟的業務團體往往也各自有其特設的「法庭」,在「異教徒審判」、「商務仲裁」或「勞動仲裁」的名義之下來解決特殊爭議,其執行功能和法律的法院相仿,不過,不像司法官的施用暴力作實質上的認可而已。總而言之,這個公式可以適用於所有的集體行動對個人行動的管控、解放或擴大,無論其形態為道德的、經濟的或政治的業務團體,都是一樣。然而,凡是執行普通法的法院,當其不能用道德的或經濟的認可來解決爭議而必須用到國家的實質暴力時,其所作推斷總還是得之於這個集體行動管控、解放與擴大個人行動所普遍適用的公式。

由於這些以及上文所暗示的種種原因,這個法律、道德與經濟關聯性的公式並*不是*意味,在法律關係與道德或經濟關係之間有其*同一性*。這只是表示,同樣的法律關係可能有效的適用於一切經濟實務,不問在這特殊爭議之中其債務、自由、曝險的大小程度若何,也不問道德的、經濟的或法律的認可其相對的*權重*若何,皆可適用。所以,這並不表示,某些個人或是道德的或經濟的業務團體,其實際操做完全和司法官在判決之

中所設定的嚴格規則或「楷模」相符合。這個公式只是表示某項特殊爭議之中的確切關聯性，在這裡一個法官或仲裁人，實際上決定了這些爭議者所應做或不應做的事。除了這些爭議之外，從未告到法院或提請仲裁的交易其為數當以億萬計，而且這許許多多的交易各不相同。這個公式只是一個普遍化公式、只是心智所創造用來幫助分析道德、法律與經濟關係過程的一個公式。然而，倘使當事人果真告到法院或提請仲裁，則此一公式的確包括著法律、經濟或社會上所可能發生的一切關係，可以用來判決這件訟案，或是說，這些關係可能見之於數以億萬計而各不相同的交易或實務之中，一個法官或仲裁人可以根據這些關係來做他的推理。

　　其所以然的理由是因為另有一種*非條理*又*不甚精確*的集體行動之故，我們把這一類的集體行動稱之為**習俗**，對於這些習俗也可以適用同一公式，所有法院的慣常推斷都是由這一類的習俗得來，按照普通法的方法使這種關係變得更加確切。習俗的強迫力大小不齊，並且缺乏準確性，從那些沒有約束力的可變更*例規*起，到命令式的習俗止。銀行支票的使用在法律上並非命令式的，然而倘使一個商人拒絕簽發或接受有償付能力銀行可轉讓的票據，他就無法繼續經營。這種習俗雖不甚明確，但是因為這是一種最強有力的認可，經濟上利潤與損失的認可，所以已經成為命令式的習俗。不過，也許這是缺少了一個有組織的法院予以強制實施，並使其具有精確性。凡是一種命令式的習俗，不論其為非條理的或有條理的，例如：一個**運營中的業務團體**，總是準確的或不甚準確的指示著人們所必須做與必須不做的、能做或不能做的、可以做與不可以做的是

什麼。

　　無論在一個運營中的業務團體或習俗裡，如果觀察集體行動管控、解放與擴大個人行動的方式，我們可以得出一種普遍的原則，或是說，其原因、結果或目的之類似點，我們就是把這種原則或類似點稱之爲「工作規則」。美國法院在判決爭訟時，也就是把這些工作規則歸納起來，成爲「法律的正當程序」或「理性的規則」。這些規則並非如同洛克以及自然權利法理學派所推定的那樣，認其爲預先訂定的、永恆存在的或神聖不可侵犯的規則，這些都只是一些可變更的規則，有時候稱之爲「楷模」，法院或仲裁人有鑑於當時變動中的經濟與社會狀況而採取了這種楷模，並藉以向訴訟中的爭議者發出命令。

　　根據何飛爾法律學派的分析與術語，我們可以把這些命令劃分爲四個不同的意願方向，每一個意願方向對爭議的相對方都產生一種集體的資格或失格。假如這個法院或仲裁人是命令被告從事一項服務、給付一筆債務或避免妨害原告，那麼，「必須」或「必須不」這兩個輔助動詞便是針對被告而發。相對來說，這就是原告有「權」或「能」可以求助於集體行動來幫他強制執行他對被告的意志，而這被告也就必須做或必須不做。這種意願上的權力是用「能」這個輔助動詞來表示的。

　　反過來說，假如這個法院拒絕逼迫被告去行動或不行動，那麼，原告就「不能」求助於集體行動來強制執行他的意志。在專門術語裡這就是「無資格」。相對而言，被告的處境是對於爭議中的事項他「可以」照他所願的去做。這是義務的豁免。

　　然而，因爲一筆交易的雙方當事人之間有互惠關係，所以

原告也「可以」在爭議事項的其他方面照他自己所願的去做，而被告「不能」在那些方面求得集體行動的助力以強制執行他對原告的意志。不過，假如原告也受到命令去進行、給付或避免妨害他在交易之中的對方，那麼，和上文所說的一樣，「必須」或「必須不」這些輔助動詞也是和「能」這個輔助動詞相關聯的。

由此說來，這就是法院或仲裁人在運用一個業務團體認可時把這個業務團體可變更的工作規則表示出來作為其自身的意見，以決定交易的各方所能、不能、可以、必須或必須*不*做的是什麼，比習俗所決定的更為精確。

如果把這些意願的決定改用經濟相應對等的同義語來講，則個人在交易之中可能處於四種不同的立場，每一種立場都可能使這個人取得一個與他方相對的**經濟地位**：集體的業務團體為他建立了：(1)這個業務團體所預期的「保證」；(2)他方對這些預期的「順從」。倘使法院或仲裁人不肯給予集體認可的助力，這個當事人就可以(3)「自由」按照他所願的去做，而另一方也就(4)「曝險」利得或損失，其數額相當於對方如何運用其自由。誠如上文所說，一個雇主是曝險於其雇員離職或不離職的自由，而一個工人是曝險於其雇主「雇用與解雇」的自由。

假如我們更進一步講到相關聯的社會術語，則「權利」就是表示這個人「可以」或有「權」——有時亦可稱之為有「能力」或有「資格」，因為他是一個市民，所以他可以請求國家或其他集體業務團體給予預期的保證，以一種命令方式把順從的義務加在對方當事人的身上；同時，倘若對各方的當事人都

沒有負擔義務，則此種社會關係便是雙方當事人的互惠自由，及曝險於經濟學上「自由競爭」的緊急狀態。

這種相關性使我們能把財產的三重意義分別清楚，這三重意義是過去六十年間由美國最高法院的判決演進而來的。美國憲法（第五次及第十四次修正）禁止全國與各州的立法機關未經法律正當程序而「奪取」個人的生命、自由與財產。在1872年的一件重要訟案裡，[117]最高法院堅決主張財產是有形體的財產，而自由則是奴役的免除。當時的所謂「奪取」財產或自由，其意義是指當時所施行的工作規則而言，這就是說，州政府不得褫奪一個人行動的保證，他可以按照他所願的方式處理他有形財貨或自己的*軀體*（corpus）——他那「有形質」的身體。這是有形財產的物質意義，也具有經濟價值。

在那時候「奪取」財產的意義又可能是說，褫奪一個人向州政府請求的權利，他有權可以請求政府強制履行或給付一筆經濟數量的義務，其相關物就是「債權」或資產，與「債務」或負債。這種「無形體的財產」或契約也是一種「經濟數量」。[118]

至於隱形財產則大不相同，這是另一種「經濟數量」（例如：商譽、專利、特許之類），這種意義是在1890年以後才見於美國法院的判決之中。如果對於爭議問題的判決是*無義務*（即何飛爾的「特權」），當然也就是*無權利*。在經濟方

---

117 屠宰場案，檔號10 Wallace 36（1872年）。

118 參閱本書第九章，第一節〔參〕，講到麥克勞德與「經濟數量」的意義的那一段。

面與*無義務*相關的是*自由*，而與*無權利*相關的則是*曝險*於對方的*自由*。一個商人曝險於經濟利得或損失的是「經濟數量」，或是說，顧客可以自由購買或拒絕購買的商品；一個顧客曝險於利得或損失的是這個商人除非到一相當價格否則拒絕出售。

假如每一方的當事人都受到平等待遇，則自由與曝險之間必有其互惠性，這一點由上列公式中可以看得出來。這就是在決定價格或工資的議價交易中所含有的意義，也就是與「無形體」財產有別的「隱形」財產所含有的意義。在這一類交易之中法院所認識的隱形財產便是對於未來有利交易的預期，通常稱之爲一個營業的商譽，或良好的信用，或良好的名聲，再或是工資領受者的商譽，近年以來號稱爲「工業商譽」（industrial good will），[119]所有的這些商譽在從前一概視爲「自由」，而在此刻則亦可視爲財產，因爲這些商譽也都是具有價值的經濟數量。隨著1890年的這些判決，[120]倘使一個州政府或是國會削減了一家鐵路公司所訂定的*價格*，或廢止了差別待遇，或企圖平衡雇主與雇員之間的議價能力，則此等削減價格、或妨礙機會的選擇、或剝奪議價能力便是財產的「奪取」，但在實際上其所奪取或削減的只是財產的*價值*或參參者的*行爲*，而並非奪取了物質的財產。

這麼一來，憲法中所用「財產」一詞的意義擴大了，由有形體的財貨擴大到議價的能力，而「自由」一詞的意義也擴大

---

119 容閱康芒斯所著《工業商譽》（*Industrial Goodwill*，1919年）及本書
　　第九章，第四節所講的合理價值。

120 參閱康芒斯的《資本主義之法津基礎》，第15及36頁。

了，由軀體移動的自由擴大到一切經濟交易之中選擇的自由與
議價能力的自由。

(七) **時間**

最後，又引起這樣一個問題：自從洛克、亞當·史密斯和
李嘉圖他們那時代以來所用的傳統商品概念究竟是如何演變的
呢？他們的商品具有雙重意義，物質與其所有權。1856年，
麥克勞德費盡心思的要想在單獨所有權的基礎上建立起一個政
治經濟的體系。但是他的理論卻被所有的經濟學者們拒絕了，
因爲他們想，麥克勞德是把同一事物重複計算兩次，一次是將
其視爲*實質*的事物，另一次是將其視爲對這事物的*權利*。不
過，這些經濟學者們本身在把商品視爲物質與有形財產的雙重
意義時，也是把同一商品計算了兩次。

古典派經濟學者的困難在於**時間概念**。麥克勞德雖是前後
不甚一貫，但他卻是最早指出「現時」爲行將到臨的未來與逐
漸消逝的過去二者之間在時間上的零點。[121]站在「現時」這
個逐漸推移的立場上，所有權（我們可以把麥克勞德的意旨重
構）一直是注意於未來，而物質則是注意於過去生產這物質的
勞動。至於交易則是發生於所有權在轉讓的這個時點。時間概
念，非到經濟理論已由商品轉向交易以後，並不重要。因爲**時
間**是活動單位的基本要素。

在一筆交易完成之後，假如發生了爭議，法院就把先前的
這筆交易加以解釋，或是由雙方當事人在締結這筆交易的當時

---

121 參閱本書第九章，第四節，講到麥克勞德論「時間」。

意向推斷，或是由立法機關的意向推斷，再或是由這法院自身
對公共政策的實用主義哲學推斷，並且藉助於我們統稱之為*慣
性假定*[122]的種種倫理教條，認為其中有某種相關於商品、價
格或經濟數量的未來預期。這種在現時評估的未來數量就是**資
產**與**負債**，就是財產的預期保證、順從、自由與曝險，也就是
個人的預期履行、忍受與避免。

這種心理過程我們在上文討論*有契約*與*按勞求償*兩項教條
時已曾講過，由此而產生了現代契約的一部分教條。這些慣例
假定既經按照先例教條加以判決而確定之後，便成為所有當事
人對現時交易之未來經濟後果的一項預期。這僅是期待或預測
原則的特例，我們把這種原則稱之為**未來性**原則，這是一切人
類行為的一個特徵。[123]

目前已經有人提出並且以後還會有人要提出這個問題：
究竟會不會有一種專門研討「未來性的科學」呢？我們的答覆
是，如果人類的活動成為科學研究的主題，那就*必須*有這樣
的一門科學。自從那些占卜者、魔術師與巫醫師的最古老時代
起，中間經過一切科學所制定的假設，一直到現代以營業的悲
觀與樂觀主義及現代經濟預測的專業為止，支配著人類活動的
總是**未來性**的這項原則。也許**未來性**這一門科學是不可能的；
然而研討**交易**與**預測**行為的這門科學，經觀察失敗與成功的驗
證總是一門有關人類活動的科學。實際上我們可以這樣說，一

---

122 參閱本書第十章，第五節「慣性假定」。

123 參閱前頁及本書第十章，第五節，論述以「普通法制定新法律的方
　　法」的一段。

個人是生活於未來而行動於現時。即便是物理科學也免不了留有發生愚昧、偏見與過度強調的廣闊邊緣；[124]然而這些終究還是科學的，因為其所應用的預測方法是合於科學的。

這句話特別適用於所有權與交易的這門科學——這門科學的本身就是對於未來的預測。

(八) 價值的交易意義

價值與**資本**概念已經過了三個歷史階段，我們可以按照每一階段在今日所留下的實際成果而稱之為**工程經濟學**階段、**家計經濟學**階段與**制度經濟學**階段。

工程經濟學階段創始於李嘉圖，馬克思予以鋪陳，而由泰勒（Frederick Taylor）將其以**科學管理**達到高峰。在這種經濟學裡所用到的**價值**與**資本**概念是**使用價值**，或是說，商品與服務的工藝品質，其每一單位的價值並不因需求或供給的變動而增減，這是隨著勞動的數量與產生價值所必需的技巧而增高，隨著折舊、磨損或「耗盡」的數額而降低。**使用價值**又因文明的嬗變而有高下，例如：弓箭因火藥或炸藥的發明而退讓，或是襯著箍圈的女裙因時尚光腿而化為無用之類。正因為有這一類發明或時尚方面的變動，所以使用價值又可以稱之為**文明價值**，在**報廢**與**發明**這兩種情況之下的價值。假如把使用價值貯藏起來以供未來更進一步生產之用，這種貯藏價值按照古典意義的用詞是**資本**。我們稱之為**工藝資本**；其屬性是使用

---

124 參閱夏勃萊（Shapley, Harlow）所著《脫離渾沌：物質體系的探測，由原子到銀河》（*Flights from Chaos: a Survey of Material System from Atoms to Galaxies*，1930年）。

價值。

　　使用價值或工藝資本係由勞動所產生，這便是馬克思用
「社會所必需的勞力」這個名稱提出來的**手工勞動、心理勞動
與管理勞動**的集合體。倘使將其簡化爲衡量尺度，這就變爲科
學的尺度。這種衡量方法是泰勒這位工程師的成功，他和他的
追隨者把產生**使用價值**所必需的三種物質衡量予以系統化：第
一是物質的數量，例如*蒲式耳*（bushels）或*噸*；第二是物質
的品質，例如*第一級*或*第二級*；第三是生產使用價值所需的*每
單位工時數*（man-hours per unit）。

　　工程經濟學在工時的這個複合名稱之下採納了時間因
素，其所產生的成果是**效率概念**，在現代的工程與農業學院
裡，**效率**這門科學也已經成為專門化。

　　家計經濟學階段創始於戈森、傑文斯、孟格爾、博姆-巴
維克等的愉悅苦樂經濟學派；在這些學派裡，一個人毋須使用
貨幣就能調配其食物、衣服、住屋、土地、設備的變換以及其
他生產與消費財貨，由他所能支配的有限物資獲得最大的總滿
足。在這些學派裡，**價值概念**是每一單位物資的*遞減*效用——
隨著可獲得的數量之增多而遞減；或是說，每一單位物資的*遞
增*效用——隨著可能獲得的數量之減少而遞增。因爲這種效用
並非如同使用價值一樣的客觀存在，而是主觀的存在於一個人
的心智與感受之中，所以通常都包括在心理經濟學的範疇。不
過，在現代使其成爲專門化的卻是**家計經濟學**或**消費經濟學**，
包括爲自己使用而生產的孤立農人在內。在這種情況之下，目
的在於從物質財貨的變換求取人類的最大滿足，然而每種財貨
的本身，其每一單位所產生的卻是因數量增多而遞減的滿足強

度與因數量減少而遞增的滿足強度。

　　但是，因爲這種心理上的價值只是普遍**稀少性**原則的特例，所以我們也可以簡單的稱之爲**稀少價值**，對比於**使用價值**。

　　在這方面，稀少價值可以由心理經濟學轉爲制度經濟學，在制度經濟裡，*所有權*可以用交易手段轉讓與取得。在這裡，衡量稀少性的單位是另一種制度，就是貨幣，其專有的名稱是**價格**，而不是那心理的名稱**邊際效用**。

　　因此，每一單位的商品和服務在可衡量的價值上有兩個面向，其每單位的使用價值並不因富饒而減低，也不因稀少而增高，但其每單位的稀少價值卻是因富饒而減低，或是因稀少而增高。

　　最後尚有一點須予注意，所有的商品與服務在估價時，都要在立即或遙遠的未來才能實現，所以，由於等待時間的久暫，或由於預期風險的大小，凡是一個未來數量的價值總要比一個同種類、同數額的現時數量稍低些。博姆-巴維克把人類天性的這種普遍事實的心理基礎解釋得極詳細，[125]他是爲制度經濟學的一種普遍事實尋得心理基礎。這種普遍事實出現於任何市場，在市場上這是協商的一項因素，也是信用與銀行制度的基礎。與預期面向相比之價值的現時面向便成爲**價值與資本**意義的第三個面向，假如在未來有所增加，通常就把這增加

---

125 參閱博姆-巴維克的《資本實證理論》（*The Positive Theory of Capital*，1891年）。

部分稱之爲利息或貼水，如果在現時有所減損，則把這減損部分稱之爲折現（discount）。

所以，就其交易上的或是專有權（proprietary）的意義來說，價值有三個不同的面向，每個面向的本身也呈高度變動：一個是由李嘉圖與馬克思的工程經濟學轉來的**使用價值**；另一個是由心理經濟學轉來的**稀少價值**；還有一個也是由心理經濟學得來的**交易價值**。這三個價值都合併在某一時刻作現時交易的專有預期之中，我們可以追隨麥克勞德，稱之爲「經濟數量」，這不是物質數量，因爲**未來性**僅是其三個面向之一，而這三個面向合併起來才能構成現代資本的意義。

古典派與享樂派經濟學的物質商品並未消失，只是藉由所有權制度轉移到*未來*而已。實際上，這個未來也許爲時極其短暫，致不值得加以衡量，然而這畢竟是個未來性。交易的基礎在於即時或遙遠未來的預期，由構成財產制度的集體行動爲其保證，必須等到協商終了以後才能生效，協商的結果便成爲交易。交易是在法律與習俗的運作下轉讓與取得經濟數量合法管控的手段，包括接下來生產商品並將其交付於最後消費者之勞動與管理的合法管控在內。

由此說來，**制度**的或**專有權**的經濟學並非和古典派及心理派的經濟學者們相離──這只是把他們的理論轉到未來，屆時物質財貨必可生產出來，實質交付或消費，如現時交易的結果。然而制度經濟學確是把*合法管控*與擁有的實物分開了。所有權的轉移是一筆現時交易，這是在一個永遠是現時而又永遠在移動中的時點所做的交易。其未來後果可能是古典派與共產主義經濟學者們的生產工程經濟學，也可能是享樂派經濟學者

們的家計經濟學，這些學派所依賴的都是*物質*管控。不過，制
度經濟學所研討的是對於商品、勞動或任何其他經濟數量的*合
法*管控，而古典派與享樂派經濟學所處理的則僅是物質管控。
*合法管控是未來的物質管控。*合法管控的受益人可能像在代理
法、破產管財法以及信託法等裡面一樣受限，但這卻不影響到
交易的本身，交易的合法管控僅限使用、稀少性與未來性這三
重面向。[126]

　　如果說具有價值的是合法管控而不是物質管控，這句話似
乎和正統派經濟學者們的假設完全相反。在他們看來，要想創
造並消費財富就必需有物質的管控。對這一點他們求得了明確
的結論，不過，他們卻沒有把合法管控是未來的物質管控這個
觀念併入他們的理論之中。他們是按照博姆-巴維克的心理學
方法把未來性引入經濟學的領域。但是這個未來性卻是以財產
權利的形態而一直存在的，這種權利卻又爲心理學派的經濟學
者們所排斥。然而博姆-巴維克竟能完成一項卓越的工作，他
把未來性向前回溯，由消費的未來心理回溯到獲得物質管控以
供未來之用所花費的現時勞動。我們此刻是更進一步回溯到協
商心理，協商的結果成爲交易，由這交易而取得合法管控，合
法管控又在物質管控之先。[127]

(九) 履行、放棄執行、取消

　　不過，合法管控非但是一種經濟數量，並且是對個人未來

---

126 參閱本書第九章，第六節「貨幣與價值的交易制度」。

127 參閱本書第九章，第一節〔肆〕(一)，由心理經濟學轉爲制度經濟
　　學。

行為的管控，經濟數量的面向便是由此而決定的。[128]

　　人類意志在一切活動之中的特殊屬性，使經濟學與物理科學有別的特殊屬性，就是要在一些另類選擇之間做取捨。此項選擇可能是自願的，也可能不是自願，而是由另一個人或集體行動所強派的。無論如何，這總是整個身心的一項行動——這就是說，人的意志，不問其為財富生產與消費中對於自然力的物質行動及反應，抑或是在交易中相互勸誘的協商活動，都是一樣。

　　每一次選擇，在分析之下，總是一種具有三個面向的行為，這可以由爭議帶來的議題中見到，可能在同時既是履行，又是取消，也是放棄執行。履行（包括給付在內）是對自然或別人施力以取得或交付物質的或經濟的數量。取消是專對某一方向而不對另一可能方向施力；放棄執行是除非在緊急或受到逼迫的情況之下*絕不施用*全部的力量，而僅是施用一個人*所可能有*的道德、物質或經濟力量之有限程度。所以，放棄執行是加在履行之上的限制；履行是實際執行，而取消則是拒絕或避免另類選擇的履行，凡此種種皆係於同一時點所實現。

　　取消與放棄執行通常是合併在這個法律語詞「不作為」（omission）之中，不過，在這個語詞並沒有說明「省略」什麼時，我們就放棄執行或取消來分析。

　　合理性的教條就是由選擇的這三種面向產生出來的。履行意指提供一項服務、強迫一項服務或償付一筆債務而言。取消

---

[128] 參閱康芒斯的《資本主義之法律基礎》，第69頁以次。

是不干擾別人的履行、放棄執行或取消。放棄執行是履行「合理」的實施。三者之中的每一種都可能是一項義務或自由，而別人則有相對應的權利或曝險；不過，每一種也都可能是受到集體行動按照特定業務團體的工作規則被逼迫、允許或限制的去做。

　　正因為人類的意志在行動之中具有這三種面向，和洛克的**權力**概念全然不同，所以集體的逼迫才能經過法律或仲裁的程序運作。一個履行的命令法律上有*按勞求償*相似的含義，這就是一個人有權受取的經濟數量。這一點可由美國的例規中見之，此項例規，規定提供公共服務的公司所應提供的勞務數量，或付給這類公司的價格。一個取消的命令是所有集體命令中最原始、最普遍的一種。這種命令創造了一切的財產權利與人身自由，從原始的禁忌與「十誡」起，到各式各樣現代有形體、無形體以及隱形財產止。這也創造了第三當事人，甚至第一、第二當事人不得干擾的義務，不得干擾別人已獲得允許的預期，無論是土地與物質的使用（有形體的），或是服務與償還債務的履行（無形體的），或是在一般商譽的名義之下受到保障的預期有利交易（隱形的）。

　　美國最高法院命令所有的立法機關與行政官吏，非依法律正當程序不得企圖奪取財產、或財產的價值、或自由，正是基於此種取消或放棄執行的義務而發。站在經濟學的立場上來看，所有的這些集體命令，無論其為履行、取消或放棄執行的命令都包含在這個稱為資產與負債的變動經濟數量之中；站在法律的立場上來看，這些就都是財產；站在集體行動的立場來看，這些就都是工作規則；站在經濟地位的立場上來看，這些

命令就是保證、順從、自由與曝險；站在運營中的業務團體本身的立場上來看，就其對個人的管控而言，這些就是**權力、責任、無資格**與**豁免**。

(十) **策略性與例行性交易**

過去一百多年以來，經濟學者們一直在發展著一種補充「財貨」的教條，如果就其較爲晚近的形態而論，這已經形成一種限制與補充因素的教條。然而倘使就人類意志在發生利益衝突時所做的行動這個觀點而論，我稱之爲**策略性**與**例行性交易**教條。[129]爲簡明起見，我在下文要用策略性或限制性這兩個用詞，「策略性」這個詞是講到意願性方面，而「限制性」這個詞則是講到客觀面，實際上都還是同一個限制與補充因素的關係。

人類的意志有一種奇特而爲人所共知的能力，可能在數以千百計的複雜因素中單獨基於一項因素而行動，其餘的因素自然而然的會憑藉其本身固有的力量而產生所需要的結果。少許的碳酸鉀倘使成爲限制的因素就會提高土地的產量，由每英畝5個蒲式耳增爲30個蒲式耳。只需稍微控制一下加速器，就可能使一部汽車以每小時50英里的速度駛行。在一群工人中掌握策略性地位的一個，倘使稍微運用一下他的管控權，就會使這一夥人成爲一個運營中的業務團體。對一項緩慢增加的因素之供給——例如：在人口集中地區數以千計的商人與勞動者所必需而彼此競爭著使用的一塊地基，只須稍微增加一點合法

---

129 參閱本書第十章，第七節〔陸〕，策略性與例行性交易。

管控的保證，就會迫令這塊土地的使用者不得不折減他們的利潤、利息或工資到足以向那不在現場的地主繳納地租。

　　更進一步來說，限制與補充因素往往一直不停的變更其所在地點。在某一個時刻原本是貢獻性因素，而在另一個時刻又可能變為策略性。在某一個時刻這因素也許是碳酸鉀，但在隨後的一個時刻也許是水；在某一時刻是加速器，而在另一時刻卻是電花栓；在某一時刻做地租議價交易時，這因素可能是地基，而在另一時刻做工資議價交易時，又可能是一個熟練的技工，甚或是在罷工的勞動者；再在另一時刻商業信用成為限制因素時，這又可能是一個銀行業者；再在另一時刻凡事悉皆停頓而等待法律人員做一判決時，這又可能是一個執法的法庭或最高法院。其餘可以類推，以至於永無窮盡的種種策略性與貢獻性因素。為了求取一個人未來想望的滿足藉由運用、提供或不提供——按照特定的時間、地點或數量——某一項限制因素，以致整個宇宙的複合體皆處於這個形體上極其緲小的人類實有的命令之下。

　　當然，假使所有的補充因素在同一時點都變成了限制因素，則其中便沒有一項是策略性因素，而這個問題也就永無解決之望。這個業務團體將因破產或革命而解散。因為，一般說來，在運營中的業務團體裡，所有的限制因素在同一時刻*並非累加的*，這些因素是在時間序列裡*先後相承的*。在生活的經濟事項之中最重要而又最不容易調研的就是策略性與貢獻性因素，這一點讀到下文就可以看到。這完全是人類意志行動的普遍原則——這個原則在洛克其與物理學相類似的被動心智概念裡絕不會出現，只有在經濟學成為研討人類意志所作各種

活動的一門科學時，這個原則才能以發育齊全的形態顯現出來。[130]

(十一) 協商心理學

假如因此之故而使制度經濟學成為一種意願性經濟學，這就需要一種意願性的心理學作伴。這也就是交易的心理學，我們可以很恰當的稱之為交易或協商心理學。差不多所有的老派心理學都是屬於個人主義的一類，因為這些心理學派所關心的在於個人與大自然之間或個人與其他「自然」的個人之間的關係。個人並非作為享有種種權利的公民看待，而是被視為物質的或生物的自然對象（objects）。這種自然派的個人主義可以適用於洛克的複製心理學、柏克立的理想心理學、休謨的感覺心理學、邊沁的苦樂心理學、享樂派的邊際效用心理學、詹姆士的實用主義、瓦特森（Watson）的行為主義以及晚近的形態心理學。這全都是個人主義。只有杜威（Dewey）的社會習俗心理學才可能成為協商的一類。

交易心理學是協商與所有權轉讓的社會心理學。每一個參與交易者都力圖影響別人，促使其履行、放棄執行或取消。每一個人對別人的行為都要加以多寡不同程度的修正。所以，每一個人都力圖變更所要轉讓的經濟價值之面向。這是商業、習俗、立法機關、法院、同業公會與工會的心理學。按照慣用的語言講，這就是議價交易的說服或威逼、廣告與宣傳；是管理交易的命令與服從，或是分派交易的論辯與請求。凡此種種皆

---

130 參閱本書第九章，第七節「利潤差價」。

屬協商心理學。或許可以發現，這些都是行為主義心理學的特例，其目的在於所有權的創造與轉讓。

上面所說的這些話僅止於事實的描述。要想對協商心理學有科學的了解，得將其化解為普通原則的最少項目，或化為原因、結果或目的之相似性，在所有的協商中皆可能見到，只是其程度各不相同而已。

首先要注意的是參與交易者的個性。他們所享受的並非如同經濟理論中所假設的那麼平等，這些參與者在實際上要享受或忍受人類之間所可能見到的各種差別，誘導能力強弱不同的差別，以及對誘導與認可發生不同反應的差別。

其次要注意的是，這些個性所處的環境也有相似性與差別；最主要的是另類選擇的稀少性或富饒，這和效率或讓某種事件發生的能力是不可分的。在任何情況之下，協商總是專對著未來的時日——這是普遍的未來性原則。工作規則總得要明示或默示的加以考量，因為工作規則是預期這些參與者受到集體行動的管控、解放或擴大其所能做、必須做或可以做的事。再其次要注意的是，每一筆交易之中總有一項限制因素，精明的協商人、推銷員、經理、手工勞動者或政治家，在緊要關頭對此項因素的管控將決定補充因素在現時或在遙遠的未來時日所產生的結果。

由此可知協商心理學也就是交易心理學，是提供誘導及認可經濟數量所有權的轉移，以貨幣計值，依從事於協商者不同的個性，及稀少性、效率、未來性、工作規則與限制因素的現時環境做出不同的評估。

就歷史方面來說，我們可以看到交易心理學已經有了改

變，並且一直在改變當中；所以，資本主義、法西斯主義、納粹主義或共產主義等不同哲學，實際上都是交易心理學的變體。在普通法的判決裡，這種變化可能由說服與威逼或強迫之間的區別看得極其明顯，說服被認為在合理的情況之下所產生的結果，無論是機會均等，或是公平競爭，或是議價能力相等，或是法律正當程序。但是經濟的威逼與身體的強迫卻否定了這種經濟上的理想，差不多每一件經濟衝突的案例都是在這件案例的情況下對說服、強迫或威逼心理的推斷或調研。即便是管理協商與分派協商也受到這種制度變更規則之影響，因為命令與服從的心理學也是隨著順從、保證、自由或曝險的情勢變遷而改變的。現代的「人事管理」足以說明這一類協商心理學的改變，從上文所列的丹尼遜公式可以知之。[131]

　　凡此種種悉皆起因於我們曾予以區別隱含在交易之中的三種社會關係：**衝突**、**依賴**與**秩序**的關係。當事人其所以陷入利益衝突之中是因為稀少性這個普遍原則。然而他們卻又是彼此依賴著，為了把對方所需要而未能擁有的所有權互惠轉讓。工作規則並不是事先法定的利益調和，如同古典派與享樂派學者們所假設的神權、自然權利或機械式均衡那樣，但是工作規則卻能從利益衝突之中創造一種對財產與自由可以行得通的依存與有秩序的預期。所以衝突、依賴與秩序便成為制度經濟學的研討範圍，這是基於稀少性、效率、未來性、工作規則與策略性因素等原則而建立的；不過，在現代的集體行動管控、解放

---

131 見上文，(二)管理的工作分析。

並擴大個人行動這個觀念之下，這些原則都是相關聯的。

　　由此可知經濟學者與法律學者的「自然權利」這個觀念是如何造成一個框架的類比事物，推定其為過去所創造，而現時的個人必須在這框架中行動。這是因為這些經濟學者與法律學者們沒有調研過集體行動與協商心理學所致。他們假設了現有財產與自由權利的固定性。然而如果保證、順從、自由與曝險僅是各式各樣的集體行動所期望於未來而可以改變的工作規則，那麼，這個框架的類比至多也不過是一種華麗的詞藻，在實際上，集體行動管控、解放與擴大個人行動，從事於即時或遙遠未來的財富生產、交換與消費所用到的一句詞藻。[132]

　　因此，制度經濟學所趨向的最後社會哲學 —— 我們給這種哲學所下的定義是對人類天性及其目標的信念，並不是預先由神權或自然「權利」或機械式均衡、抑或是「自然法則」所注定的事物。這可能是共產主義、法西斯主義、納粹主義或資本主義。假如這種哲學的出發點是管理交易與分派交易，則其終極目的便是共產主義、法西斯主義或納粹主義的命令與服從。如果其調研的單位是議價交易，則其趨向必然是朝著機會均等、公平競爭、議價能力相等、法律正當程序以及「自由主義」與有管制的「資本主義」哲學之理想。不過，這三種交易的混合程度卻可能高下不齊，因為在一個集體行動又持續變動的世界裡，這三種交易是彼此依賴及變動不居的，這個世界就是制度經濟學不確定未來的世界。

---

132 參閱本書第十章，第三節「由自然權利轉為合理價值」。

第三節　觀　念

　　洛克的「觀念」最初僅是實質對象的單純複印。在經濟學裡，這些對象就是商品和個人。然後，藉由觀念被動的聯想，較為複雜的實質、關係以及模式等觀念便成為觀念的「集合體」。在隨後的兩百年間，這種概念始終存留在經濟的理論之中。

　　不過，假如心智本身是一個活動單位，則實際上心智就足以創造其本身的觀念。觀念並非現實的複印本——這是我們藉以謀生或致富的有用想像。因為謀生既是可以分解為某些活動單位，所以觀念也需有較為繁複的分類。

　　我們要設法維持前文所述，洛克「觀念」與「意義」之間的區別，不但是文字上的區別，並且是觀念上的區別。觀念是我們用來調研的智力工具。我們將改造這種常用的觀念階層體系，以期其能配合我們的主題。這個主題就是人類所做的交易，透過合作、衝突以及那些管控、解放並擴大個人交易的工作規則來從事於財富的生產與取得。這些外界的活動接觸到我們，最初僅是一些感覺，正因其如此，所以我們不能確定其起因究是在於我們軀體以外所發生的變動，抑或是由於我們的體內發生變動。一經把內部的感受歸因於外界所發生的事物之後，我們就稱之為知覺（percept），知覺就是我們所給予感覺的意義。

　　不過，直到此刻我們所講的只是一些獸類或嬰孩而已。其次一個步驟是語言的學習，由此而使我們的知覺取得「狄克」（Dick）或「爸爸」等類的名稱，然後再按照其類似、歧異

與數量而予以分類。

在我們看來，從洛克的「單純觀念」也就是知覺開始，到他的最複雜觀念爲止，這個階層體系有五種不同的類似與歧異。不過，我們將構建五種心理調研工具，由單純的觀念到高度複雜的觀念，用以替代洛克的「實質、關係與模式」等複雜觀念。

最簡單的觀念（或工具）就是*概念*（concept），這是由假設的*屬性之類似性*得來的，例如：**人、馬、使用價值、稀少價值**等是。

比較複雜些的是*原則*，這是指一種假設的*行動之類似性*而言。當概念牽涉時間元素，時間的流動對原則的觀念是極其重要。由這種原則觀念得來的是許多特例，諸如：法則、原因、效果、目的等類皆是。所謂「供需法則」並不是法律；這是**稀少性**原則的一種特例，因爲原則與時間的序列有關，所以這是*原因、效果或目的的類似性*。比方，**稀少性**原則既可能是活動的原因，也可能是活動的效果，又可能是執行者所想望的目的。其他的各種原則亦復如是，我們也許可以把號稱爲政治經濟的「法則」分解爲一切經濟活動的原因、效果或目的，例如：**效率、未來性、集體行動的工作規則**以及**限制因素**，管控了這項因素，同時也就足以管控補充因素。[133]

每一門科學都是力圖將其所調研的複雜活動化爲最簡單

---

133 參閱《英語牛津字典》（*Oxford Dictionary of the English Language*）有關「法律」與「原則」的註釋。「工作規則」這個用詞最初是伊利教授（Professor R. T. Ely）向我建議的。

而又最普遍的原則。假如我們要爲政治經濟學作同樣的企圖，使其與物理及生物等科學有別而成爲社會學的一個分支，則其最單純、最不特殊化的原因，效果或目的之類似就是**自願性**（willingness）。自願性不是「意志」（will），也不是洛克的「實質」、「存在」或「權力」，這僅是一種假設的原因，效果或目的之類似性，這是由人類行爲的經驗得來的。

不過，因爲有鑑於**自願性**的意義在心理學與經濟學之間含有一條極易發生爭執且幾於無法跨過的鴻溝，所以將採納奧格登（Ogden, C. K.）「雙語假設」所給予我們的提示，在假設之中他從生理學跳到了心理學。[134]奧格登能用兩種語言來描述同一事件。比方說，「記憶」是心理學的語言，而「保持」（retention）則是生理學的語言。這種雙語的設計並不能解決洛克與現代「行爲主義者」所無法解決的問題，意即，無意識的生理學怎麼會變成了有意識的心理學，但是這樣的設計卻能使奧格登可以隨心所欲地由這一門科學轉到另一門科學，而不受無法回到任何一門科學的束縛。

在**自願性**的經濟學裡，我們不僅需要一個雙語的假設，我們還需要一個心理學、法理學與經濟學三種語言的假設；實際上，如果我們也像奧格登一樣，要把生理學的行爲主義者包羅在內，則我們所需要的是一個四語的假設。[135]在研究疲勞與

---

134 參閱奧格登所著《心理學的意義》（*The Meaning of Psychology*，1926年）。

135 參閱瓦特森（Watson, J. B.所著《行爲主義》（*Behaviorism*，1925年）及《行爲；比較心理學入門》（*Behavior; an Introduction to*

推銷術時，我們也需要生理學。我們的**自願性**四語假設是心理學、法理學、經濟學與生理學。在心理學方面，這就是觀念，意義與評價；在經濟學方面，這就是評價、選擇、行動與預測，合起來構成為交易與運營中業務團體中的經濟數量；在法律方面，這就是習俗、政治、普通法與成文法的集體行動，這些行動足以管控、解放或擴大交易或運營中的業務團體；在生理學方面，這就是使軀體運轉或停止的腺、分泌與神經。

　　這個意志的四語假設也承認洛克注入一切科學之中的二元論與懷疑論，他的概念是把觀念視為內在世界為外在世界的複印本；不過，這個假設卻有一點勝過了他的二元論，因為這是把他的「觀念」這個用詞詮釋為一種對法律與習俗的社會規則給予意義、評價、選擇及遵從或不遵從的四重活動。

　　自願性的四語假設，其統一性在於**未來時日**的意義。在這四方面**未來性**同樣的存在，在心理學方面是預期，在現代經濟理論方面是一個可以衡量的數值，在法律方面是實現於將來，而在生理學方面則是一種分泌的反應，這種分泌是伴隨著勸誘與認可而俱來的。

　　所以，**自願性**便成為原因、效果或目的的普通原則，為某些動作模式所共同適用的原則，取決於對預期其行將發生的言詞與事件所給予的意義；這是由期待者心智中所引起的相對重要感受來決定的動作方式；這是我們稱之為制度的集體行動所

Comparative Psychology，1914年）。並參閱他在《大英百科全書》（*Encyclopaedia Britainica*）第14版裡有關「行為主義」的一條。

將抑制、解放或擴大的動作模式。動作的本身就是由於這些企圖、評價與限制而重複作成的交易。因此之故，**自願性**的意義實際上也就是集意義、評價、交易與管理於一起而分不開的活動，其中的「意義」是半智力的語言；「評價」主要是情感的語言；「交易」是經濟的語言；而倫理、法律與財產則是集體或制度工作規則的語言。

這個四語的假設，使得我們對形上學的難題可以避免選邊站，這個假設容許我們把這種非物質事物安置在一個適當的場所，這種事物就是和交易與運營中的業務團體分割不開的預期。我們用「未來性」替代形上學。

這個假設又可以容許我們把一切思維中必須用到**類比**（analogy）所具有的兩種意義加以區別，這樣的區別是我們得一做再做，同時我們還可以充分利用所有演講中許多修辭方面的類比，而毋須如在物理科學裡那樣引用生硬的語詞與符號。因為類比無非是求取相似性的一種方法。正確的類比是眞實的相似性。錯誤的類比之所以出現於經濟思想史中是由於把若干從物理科學得來的意義轉移到經濟學裡面，例如：洛克就是引用一些從牛頓的天文學與光學得來的意義，或是從較爲晚近的有機生物科學得來的意義，甚至是從人類意志的本身得來的意義。這一類的錯誤類比往往可以用「實質化」、「實體化」、「事物化」、「生動化」、「人格化」、「永存化」、「萬物有靈說」、「唯物論」等用詞表示。[136]

---

[136] 參閱法蘭克（Frank, L. K.）的「經濟事務發生糾紛與不協調的原理」

　　錯誤的類比可以簡化爲機械的、有機體的與人格化的三種，因爲這些類比都是把適用於物理學、生物學或個人心理學的觀念轉移到經濟學裡面。我們認爲這些類比都可以避免，只須用交易和運營中的業務團體這兩個觀念來代替就行了，我們在講到這些交易與業務團體時，必須認清我們是用心理學、法理學、經濟學與生理學四種語言來表明同一行爲的四個面向。運營中的業務團體與交易之於經濟學，猶如懷德海（Whitehead）的「有機結構」與「事態」（event）之於物理學，[137]生物學者的「有機體」與「新陳代謝」之於生物學，或「形態」心理學的總體個性之於意志的特定行爲。[138]只要是有這些從機械組織、有機體或個人心理學裡潛進任何一種移植意義的場合，我們總認爲其結果所產生的智力工具不能適用於經濟學的探討，不過，由於語言的貧乏，我們往往不得不以

（The Principle of Disorder and Incongruity in Economic Affairs），刊載於《政治科學季刊》，第XLVII期（1932年），第515-525頁。

137 參閱懷德海的《科學與現代的世界》（*Science and the Modern World*，1925年）。

138 參閱科勒（Köhler, W.）所著《猿猴的靈性》（*The Mentality of Apes*，1917年、1925年有第二版的譯本）；及《形態心理學》（*Gestalt Psychology*，1929年）；又考夫卡（Koffka, K.）所著《思維的成長：兒童心理學入門》（*Growth of the Mind: an Introduction to Child-Psychology*，1924年譯本）；彼得曼（Petermann, Bruno）所著《形態論與外形問題》（*The Gestalt Theory and the Problem of Configuration*，1932年譯本）。

無傷大雅而屬於戲劇性的類比方式採用這一類的工具。

比原則更複雜的是**公式**，這是心智所建構，作爲調研部分與整體間的關係之用。其最大的成功在於純數學的假想線條與數字。我們建構的其他心理公式是有：與交易的買主與賣主之間的關係；交易的本身與其所屬的整個業務團體之間的關係；個人與社會以及市民與「共和政治」之間的關係；餘可類推，不勝枚舉。無論這些公式是簡單的或複雜的，總是部分與整體之間關係的心理描繪。

韋伯和在他之後的桑巴特與在他之前的李凱爾特建構了一種與公式相類似的事物而稱之爲「理想典型」。他們的用意是在於消除主觀的因素，並爲調研與了解一切社會事實的關係提供一個純客觀的公式，以說明其構成的基本要素。所以他們的理想典型中沒有對或錯的含義。不過，縱然如此，克魯納與謝爾汀（Schelting, Alexander von）還是要指出，調研人員對於何者爲基本要素的見解可能不同，或是說，其所給予各項基本要素的*權重*不盡相同。韋伯創造了「資本主義精神」或「工藝精神」的理想典型。調研人員始終認爲理想典型是固定的，而且，即使事實與典型不相符合，這個理想典型也絕不會變更，以配合事實，而是到後來把這一類的事實作爲「抵觸」，予以引述，可是，這種抵觸的重要性並不亞於典型。然而交易與業務團體的公式卻可以避免諸如此類的困難，其原因是由於這個公式以實際行爲做出發點，而不以這些感受或「精神」爲出發點。要想解釋行爲的相似，並毋須找出像資本主義精神一類的內在原則。這個原則如果是得之於一個業務團體的工作規則，

其本身也就是客觀的。[139]

　　最複雜的觀念是**社會哲學**，通常是以這個「主義」"ism"的接尾辭來描述的，例如**個人主義**"Individualism"；**社會主義**"Socialism"；**共產主義**"Communism"；**無政府主義**"Anarchism"；**法西斯主義**"Fascism"；**資本主義**"Capitalism"；**土地均分主義**"Agrarianism"；**工會主義**"Trade unionism"等哲學皆是。歐洲的經濟學者們的用詞是「意識型態」（ideology），而我們用的是「社會哲學」。我們認為「意識型態」是純屬於智力方面的。這不會有感受、活動或衝擊。但是，社會哲學卻有關係的主要兩個極端，這是基於人類天性的倫理情感，並且還設定了一個祈望未來的目標。在這種哲學裡最主要的是*目的*之相似性，把所有概念、原則與公式的意義主導隸屬於這個目的本身。這種哲學不一定是清晰的觀念。這通常是半意識的。奇怪的是，當一個人開始要證明一件事物時，他怎麼會選擇種種事實來作為證明。這就是我們的社會哲學為我們不知不覺地選擇了這些事實與界說。然而，我們所調研的社會哲學只是一種複合的觀念，誠如洛克在講到正義、法律或**上帝**時所說的一樣，沒有「大自然固定的對象」，而僅能由各種其他觀念之中推斷出來。

---

139 參閱克魯納的前述作品；謝爾汀的「韋伯歷史文化科學的邏輯理論，並特論其理想典型的概念」（Die logische Theorie der historischen Kultur-Wissenschaft von Max Weber und imbesonderen sein Begriffdes Ideatypus），載於《社會科學與社會政策》，第LXIX期（1922年），第623-752頁。並參閱本書第十章，第六節「理想典型」。

　　我們的「觀念」，其意義頗近似於霍布森（E. W. Hobson）給科學所下的定義，他認爲科學是一種「適合於知覺的概念組織」。[140]但卻有一點不同，那是說，在我們這門科學裡，其主題爲人類這種生物，人類的本身也有他們自己的「概念組織」。所以，作爲一個經濟學者有兩種的「概念組織」，一種是他本人用來建構他這科學的概念組織，另一種是他所研究的主題，人類生物的概念組織，這是人類爲其自身的目的所建構的。

　　這麼一來，我們是按照我們的**理論化**程序，在我們的心智中建構並改造了五種的心智工具，以供調研與了解之用，把這五種工具綜合起來，我們稱之爲**觀念**及其**意義**。作爲意義解釋，則觀念就是**知覺、概念、原則、公式**與**社會哲學**。這些都是不可分的，正因其具有互賴性，所以我們又建構一個第六觀念，而稱之爲**理論**。

　　講得更恰當些，理論就是理論化的積極程序，而理論化也就是思維的一種方法。理論化的不同方法對經濟理論曾有重要的影響。黑格爾（Hegel），這位哲學家把理論描述爲正立（thesis）、反正立（antithesis）與綜合正立（synthesis）。

---

140 參閱霍布森所著《自然科學的範圍》（*The Domain of Natural Science*，1923年）。對科學的看法顯然相反的是科恩（Cohen, Morris R.）的作品《理性與自然：論科學方法的意義》（*Reason and Nature: an Essay on the Meaning of Scientific Method*，1931年）及《法律與社會秩序：有關法律哲學的論文》（*Law and the Social Order: Essays in Legal Philosophy*，1933年）。

正立是最初的論斷，反正立是其第一論斷的相反，而綜合正立
則是二者之間大幅度的調和。黑格爾把這個公式應用於「世界
精神」的進化，其具體的表現就是日耳曼民族的政治進化，到
後來馬克思又將其應用於社會的物質進化，普魯東也將其應用
於效率與稀少性的經濟矛盾。於是乎一個心理上的公式被賦予
客觀的存在。[141]

　　因為外在世界的*進化*顯然是這個公式的一部分，所以思維
程序便被描述為分析、創始（genesis）與綜合。**分析**是分類
的程序，我們用這種程序來比較相似性與區別差異性，由此而
把主題分解為種種的概念、原則、公式與哲學。**創始**是對於所
有因素繼續不斷的變動加以分析，達爾文稱之為**天擇**（natural
selection）。**綜合**是分析與創始的聯合，成為部分對整體變動
關係的公式。我們用分析來歸類、細分並給予各種的價值概
念，或效率與稀少性原則，以意義。我們用創始來表明價格的
變動，或是早年的習俗演變為許許多多現代的習俗，或是從石
器時代到無線電時代種種發明的進化。我們用綜合來把遞變的
部分合併成一個遞變的整體。

　　這種有關世界經濟事實的思維公式在十九世紀後半葉導致
靜力學與動力學的區分，這是我們由早年的物理科學接受得來
的。有些經濟學者的思維方法被稱之為「靜態的」，假如我們
檢驗一下這些學者所完成的工作，就會發現除了正在調研中的
一項因素有所變動之外，其他的種種因素都被推定為恆數。這

---

141 參閱本書第八章，第八節「馬克思與普魯東」。

種方法用之於實驗室的各種科學是行得通的，並且其結果可能成爲這些科學的偉大發現，這是因爲由於精心的設計，除了正在調研的這項因素以外，所有其他因素在實驗時都可以保持恆常，調研的主題絕不會提出抗議，也絕不會挑起個別的或集體的抗拒。然而，經濟這門科學的主題卻是*活動的人類*，他們會作個別的與集體的行動，他們不會讓實驗室的實驗得以進行。因此，靜態分析必然是一種心理上的假設，推定其他因素全都保持不變；但事實上並無令任何一項因素保持眞正的不變，以檢測這種理論正確與否的可能。

早年的經濟學者在寫作時還沒有調研繁複變化的問題所必需的統計學或數學理論。實際上，特別是在美國，這些統計學與理論是等到世界大戰以後才能完全適用於調研的。所有的因素在同一時刻都在變動著，且分裂成爲次級的因素，其對別的因素間的關係也在變動之中。這種繁複變化的問題是遍及全世界，有許多國家的數理經濟學者都努力的設法，要想在變動的部分與變動的整體間可以衡量的關係裡面，對這問題求得一個綜合正立。

不過，「動力學」這個字詞的意義在這裡又有了區別。我們將其區別爲「多重的變動」與「多重的因果關係」。在物理科學之中，因果關係是完全被消除掉的，因爲這一類科學的主題，其本身並沒有意志力。數理經濟學者們必須把經濟這門科學作同樣的處置，也把因果關係排除掉。原因、效果與目的的這些觀念完全是人類所發明的；是來自人類的意志在個人或群眾行動中所作的企圖，要想把所有其他屬於人或不屬於人的種種因素歸這意志所管控與統轄，再不然就是想抗拒這樣的管控

與統轄。往昔的經濟學者把利益關係推定為和諧的，以為這樣就可以把所有作為「抵觸」屬於人的因素，予以消除——如同數理經濟學者們在多重變化的理論中所做的一樣。然而，倘使這種有關人類意志行動的理論還沒有發展到相當的程度，以配合人類生物這些任性的、不可思議的、熱情的與好戰的活動，那麼，也就不能說整個的政治經濟已經化約為一種切實可行的經濟科學。

要想做到這一點，我們盡量採用策略的與例行的交易公式。人類生物在建構部分對整體的關係這個公式時，是在追求發現何者為限制因素，只要是對這個因素加以策略性管控，就會使其他因素隨之變動，這些因素之中的每一項都是憑藉其本身的力量而行動的。在這裡開始產生了原因、效果與目的的觀念；物理學中多重變化的理論變成經濟學中多重因果關係的理論。

「綜合」的這個用詞雖也可以適用於此項程序，但是還需要一個更確切的用詞。韋伯稱之為「了解」，埃克理院長（Dean Akeley, Lewis E.）稱之為「洞見」。我們採取了埃克理的術語，而把思維方法化約為分析、創始與洞見。

要想懂得**洞見**的意義，我們可以檢驗五十年前有關「演繹」與「歸納」這兩種調研方法的論爭，演繹法似乎是一種三段論的方法，由大前提與小前提而得出其無可避免的結論。比方說，一個人是難免要死亡的——大前提；蘇格拉底（Socrates）是一個人——小前提；所以蘇格拉底是難免要死亡的——無可避免的結論。

　　不過，誠如埃克理曾說，[142]我們需要知道的是此刻躺在手術檯上的這位蘇格拉底在外科醫師的手上究竟會不會死？多快死？在這裡我們有上百種的大前提，其中有些是給予我們，他能活下去的希望，而其餘的大前提則是給予我們，他會死的恐懼。我們在這裡需要的是洞見。

　　在經濟學裡確實是這樣。我們正在調研這些大前提的本身，企圖發現其是否可能在此時此地加以管控。「供需法則」，或是我們該稱之為「稀少性原則」，是無可避免的，是千真萬確的，並且也是如同死亡或重力定律一樣的無法逃避。不過，我們所需要的是如果我們能，則去管控，或是說，我們

---

[142] 參閱南達科塔大學（University of South Dakota）工學院院長埃克理在《哲學期刊》第ⅩⅩⅡ期（1925年十月），第561頁；第XXIV期（1927年十月），第589頁；第XXVII期（1930年二月），第85頁；及《工程教育期刊》第XVIII期（1928年四月），第807-822頁所發表的幾篇論文。並參閱本書第十章，第六節，有關李凱爾特與韋伯的一段。柯克（Cook, W. W.）也有一篇相類似的論文講到法理學的方法論，題目是「科學方法與法律」（Scientific Method and the Law），載於《霍普金斯校友雜誌》（*Johns Hopkins Alumni Magazine*），第XV期（1927年），第3頁。再參閱《大英百科全書》第14版有關「類比」、「因果關係」、「邏輯」與「科學方法」各條；以及沃爾夫（Wolf, A.）所著《科學方法概要》（*Essentials of Scientific Method*，1930年）。並參閱康芒斯在《現代經濟理論》，第III期，第313頁以次所發表的一篇論文，「英美法律與經濟理論」，其中述及孟格爾與許慕勒的研究方法。

要找出是誰在管控死亡、重力與供給或需求。假如我把一個人從十層樓的窗戶推擲出去，那麼，這個人到底是我加以殺害的呢？抑或是重力定律所殺害的？假如一家大公司為同樣的商品或勞務向某些顧客索取高價，而向他們的競爭者要價低廉，那麼，倘使這些給付高價的顧客竟然破產了，這是由於「供需法則」所致的嗎？抑或是由於這家公司把「稀少性」原則運用得不公平所致？我們所需要的是*洞見*。

所以，「歸納」的這個字詞，或歸納的調研法具有兩種意義，其中也包括著演繹。歸納可能是作為小前提用的一些例證之採集，經匯整後，這些小前提的集合只是複述大前提。在這種情況之下我們所做的是循環式的推理。再不然，歸納也可能是如同埃克理曾說的那樣，是對大小前提的複雜性加以新的**洞見**，這些大小前提必須予以加權與平衡，以求得其已產生或可能產生的特殊情勢與後果。

這就是埃克理用來替代綜合正立的一種歸納。綜合正立不僅是演繹或歸納——這是在一個變動不停及常有發現的世界裡，對整個情勢中限制與補充部分之間的關係有所洞見。綜合正立是事物條理的**啟發**、**了解**與**情感意識**。當其見於行動時，這就是策略。偉大與新穎的洞見標示經濟思維的進步，每一位經濟學者，假如我們的現代理論是由他導引出來的，則他必然是貢獻了一種新的洞見，前所未見或是見得不甚分明的洞見，往昔有關演繹與歸納的論爭在求取**洞見**與**了解**的偉大運動中消失了。這種程序是永無止境的。可以容納更多洞見的餘地異常之豐裕。舊有的洞見在當時當地總是驚奇及重要的，絕不會被人遺忘或拋棄。新的洞見是需要的，而這些新洞見又需藉助

舊洞見，因爲「世界經濟的進退維谷」，[143]遠勝以前令人困惑，然同樣的進退維谷在從前也曾發生過。

如此說來，我們所用的理論這個用詞實在就是**分析**、**創始**與**洞見**的複合活動，這是由心智所建構，用以了解、預測及管控未來。理論或理論的這種字詞往往被用爲斥責之詞，通常是出於一個注重實際者之口，自以爲其所處理的止限於**事實**。他對「哲學」這個字詞並不作類似的反對。調研者對一個這樣的人絕不可以問他的「理論」是什麼，而應該問他的「哲學」是什麼。毫無疑問的，他這個用詞是指洞見與了解而言。然而這個重視實際的人在他預測股票的價格必將上升而盡力購進時，他確實是一個理論家。假如事實上適得其反，股票價格竟然跌落而使他破產，這並非由於他是一個著重實際的人，而是由於他的理論錯誤所致。他未能把所有的事實加以分析、未能把當時所有進行中的變化加以考量、未能對變動中的多重關係把分析與創始合併成正確的洞見。換言之，他沒有用正確的理論來指導他的實際行事，他是一個拙劣的理論家。所以，理論這個字詞意指限制的與補充的因素中正確或不正確的洞見。它不是事實，而是事實的預測。如果是正確的，這就是能適合所需未來事實的洞見；如果是不正確的，這就是一件失誤，而需要加以糾正。

不過，**理論**這個字詞還有另一種意義，那就是**純理論**，而

---

143 參閱派特森（E. M. Patterson）的一部重要作品，其標題與此同（*The World's Economic Dilemma*）。

上文所述的意義則是**實用主義的理論**，也就是皮爾司*科學*的意義。[144]經濟學者可以分爲二類，一類是**純理論家**，他們的推理是基於他們所偶然接受的假設來進行並享有的，並沒有顧慮到他們的演繹在實驗的檢測下是否能行得通；另一類是**實用主義的**或**科學的理論家**，他們著眼於他們的推理對了解、實驗、憑運氣以及在未來指導他們自身與其他參與者是否具有價值。純粹的理論總必須常以假設爲其出發點，這就是說，把某一項普通原則視爲當然。在特定的假設之下，這種理論自可按照邏輯而完成。

　　一切科學都有此種區別的劃分，數學就可以作爲例證。純數學並不是一門科學，而是一個**公式**。這個公式是在心智中藉助數字的語言而構成的。只要是在心智中根據某項假設始終一致的把數字組合起來都是一個正確的公式，這個公式在某一時日也許是有用的。歐幾里得（Euclid）認爲他的假定或原理是一項自明之理，所以他引出一個推論——絕對不可能劃出兩條平行線來通過某一已知的點。他把這假設和外在的事實混淆了。但是羅巴切夫斯基（Lobachevski）（1829年）由於一種新的洞見卻求得一個同樣始終一致的公式，說明通過某一已知的點向某一已知直線劃出兩條平行線是可能的。每一種說法都是純理論，不過，這兩種說法出於互不相同的假設；歐幾里得的出發點是平面的空間與固定的點，而羅巴切夫斯基或其後繼者的出發點則是移動的空間與相對的時間。這兩種理論皆能

---

144 參閱本書第四章「休謨與皮爾司」。

始終一致，因為每一種都是各從其假設出發，正確的判明得來的。在羅巴切夫斯基之後七十五年，愛因斯坦（Einstein）利用這段時間內數學家們所作的修正，把這個一向認為無用的公式應用於宇宙間迅速移動的光點，而不再以地面上固定之點為假設；據說他的發現是探討每一種假設得來的。此時，實驗證明這些公式對新的事實秩序確屬有用。這就是實用理論的一個事例，我們把這一類的理論稱之為科學。[145]

經濟學亦復如是。每一派的經濟思想對於純理論都有所貢獻，這是由其本身所假設的有限事實或原理得來的，由這些事實可以在最後得到種種概念、原則、公式與社會哲學，最終作為理論化、研究、發明、實驗、策劃與行動所用的心理工具。

然而，經濟學的純理論卻不能和物理科學的純理論相提並論，因為有形的物質其本身並無目的、意志、權利或利益。一個經濟學者本身就是他這門科學裡具有目的的主題之一分子。這一點也許要等到他被危機所迫而不得不在相互衝突的利益關係中做選擇時才看得出；到那時他的純理論也許就要含有指引他選擇的假設在內。

以上所說是把純粹的**觀念**按照其作為知覺、概念、原則、公式、哲學與理論的*主觀*意義來分類。觀念也可以按照客*觀屬性*的相似性而分類，例如：使用價值、稀少價值以及人類的或倫理的價值等。或，再者，觀念又可以按照*社會關係*的相

---

145 參閱本書第四章「休謨與皮爾司」；第十章，第一節「韋伯倫」；及第八章，第十節「絕對論與相對論」。

似性而分類。其中主要且為我們所用得到的是議價、管理與分派交易、習俗及主權。

這三種分類原則我們可以稱之為*概念*的分類，有時也可以稱之為「靜力學」的分類，其中不會引起時間與因果關係的問題。不過，假如我們將其作為活動單位看待，有時可以類比為往日物理學的「動力學」，那就必須按照時間的先後順序把觀念作因果或目的的分類。這種分類是根據於相似性的原因、效果、目的或所謂「定律」，但我們卻要稱之為*原則*而分類。這些原則可以化約為五種的相似性：稀少性、效率、未來性、工作規則與策略因素。為便於參證起見，我們特地把這幾種分類表列如下。必需注意的是，這些觀念都是事實上不可分的。這許多觀念只是一些心理工具，必須有某種程度的合併以供調研之用。

觀念的分類

1. 按照*心理工具*的相似性而分類：

　(1) 知覺（感覺的意義）。

　(2) 概念（觀念、屬性、關係的相似性）。

　(3) 原則（原因、效果、目的的相似性）。

　(4) 公式（部分對整體的關係）。

　(5) 社會哲學（人類天性及終極目標）。

　(6) 理論（洞見、實驗）。

2. 按照*客觀屬性*（概念）的相似性而分類：

　(1) 使用價值（文明價值）。

　(2) 稀少價值（需求與供給）。

　(3) 未來價值（現時貼現價值）。

  (4) 人類價值（德行與惡行）。

 3. 按照*社會關係*（概念）的相似性而分類：

  (1) 議價交易。

  (2) 管理交易。

  (3) 分派交易。

  (4) 習俗（法律以外的管控）。

  (5) 主（統治）權（法律的管控）。

 4. 按照*原因*、*效果*或*目的*的相似性而分類：

  (1) 稀少性（議價）。

  (2) 效率（管理）。

  (3) 未來性（預測、等待、冒險、策劃）。

  (4) 工作規則（分派、運營中的業務團體、習俗、主權）。

  (5) 策略的與例行的交易（意願的管控）

  最後，**時刻不停的變動**這個重大的觀念是二百年來由洛克的觀念轉爲二十世紀的觀念所發生的終極差別。這是把研討的主題由*對象*轉爲*活動*。對象具有屬性與關係，而人類的活動則是具有原因、效果、目的以及策略的與補充的因素。我們所須處理的不再只是屬性與關係，也處理活動。我們不再是處理個人與實質事物，也處理交易與運營中的業務團體。我們不是建構洛克的概念，實質、關係與模式，而是人們所渴望的與其所不渴望的預期其種種原則、公式與哲學。

  上述觀念的分類我們在下文會發現頗爲有用，這可以總括起來和其他系統比較一下：

  首先，一個被動的心智反映著外在的宇宙事物，這種觀念是洛克所倡導，經過十八、十九兩個世紀的經濟思想而傳留

下來的。由這種觀念逐漸轉爲一個主動的心智構成其本身的觀

念以供調研與洞見之用，這已在達爾文建構其掙扎求存的理論

以後。觀念是人類在爭取卓越爲克服大自然和別人的最偉大發

明。近代的心理學引介「意義」與「評價」這兩個用詞把往日

哲學與邏輯的純智力觀念和在利益衝突中保持生存與優勢的情

感與活動連接起來。

　　不過，生存並非個人的生存——而是集體的生存。這雖

是一件盡人皆知的事實，但在經濟理論裡卻沒能取得其應有的

地位，其取得此種地位還是在社會學興起以後的事，始於孔德

（Auguste Comte），而後由羅斯（E. A. Ross）加以校正與

提要。[146]但是這種社會心理學可能延伸到全體的人民，而我

們的「社會哲學」則僅能延伸到參與市民權利而從事於「有利

職業」的48,000,000民眾。社會心理學的意義就是，我們所說

的集體行動以其所必需的不同工作規則來管控個人行動。

　　就其與我們這討論有關的部分而言，個人主義心理學採取

了三種方式：一種是近兩百年來的經濟個人主義，一種是近代

的「行爲主義」心理學，還有一種則是「形態」心理學。

　　經濟個人主義可能是永遠和「淨收益」經濟學相同的。

在描述時總是說這個人受取了一筆淨收益，其數額決定於他所

付出的勞作或金錢和他所收受的愉悅或金錢之間的差額。其所

以使這個人成爲孤立而將利益衝突隱藏起來的原因就是在於這

---

146 參閱羅斯所著《社會心理學大綱與起源》（*Social Psychology, an
Outline and Source Book*，1931年）。

種個人主義。不過，我們的制度經濟學所研討的始終是所有權的權利之移轉。這種移轉總能產生兩種債務，一種是履行的債務，而另一種是給付的債務。這是總收益與總支出，而不是個人的淨收益。一個人的總支出與這筆交易之中對方的一個人或一些人的總收益相等，而產生利益衝突的卻正是支出與收益對比的大小。在每一筆交易裡面總有兩個所有權的移轉，一個是實物對象或勞務的所有權，而另一個是另一個「對象」的所有權，這就是給付的允諾。這筆交易創造了兩種債務。假如不是起因於創造債務的活動，這就可以稱之為集體行動所實施的債務經濟。這種經濟可能產生交易的或協商的心理學，其本身也是一種社會心理學，由此而達成所有權的雙重移轉與債務的雙重創造。

協商心理學有三種形態，按照其屬於三種交易的哪一種而定：在議價交易之中的是說服、威逼或強迫的心理學；在管理交易之中的是命令與服從的心理學；而在分派交易之中的是請求與論辯的心理學。

實際上，這是一種行為主義的社會心理學，必須和個人主義行為心理學分清，那些人完全排斥觀念，認為觀念只是主觀的，及無法加以量度的，他們的心理學是基於腺、肌肉、神經與血液循環等所建立的。然而，嚴格來說，協商心理學卻是一種有關觀念、意義與慣用量度單位的心理學。

協商心理學比較接近於「形態」心理學，不過，形態心理學卻顯然是有關一個人從嬰兒時代起心理成長的一種個人主義心理學。二者間的相似處在於：事實上形態心理學也是一種部分對整體的心理學，其中的每一特殊行為都和一個人所有行為

的整個外形相連接。不過，我們調研部分對整體的關係在社會方面的含義所用為工具的心理概念則是一個「公式」。一個經濟或社會的調研者必須先建構公式然後才能懂得調研的方法，這主要是一種積極性的訪談方法。[147]

社會學的創立者孔德，把理論化方法的歷史進化劃分為三個階段，他稱之為**神學的、形而上的**與**實證的**階段，[148]我們考察從洛克那時代起到現時止的經濟學者，也導出與此類似的三個階段，我們稱之為**具體化、唯物論**與**實用主義**階段。

具體化階段實際上要細分為兩個具體化階段才能符合孔德的分類。第一個是**迷信**階段，或是說，假設一些與人類意志相匹敵的武斷意志，以管制人世間所發生的事件。這就是孔德的「神學」階段，而人類學者則稱之為「萬物有靈論」。第二個階段是**理性主義**階段，也就是孔德的「形而上」階段，其所假設並非武斷的，而是仁愛的、理性的意志管制著人世間的事件；洛克、魁奈、亞當・史密斯以及十八、十九兩世紀大多數

---

[147] 這有好多可供參閱的著作，例如賓漢（Biagham, W. V. D.）與慕爾（Moore, B. V.）合著的《如何訪談》（*How to Interiew*，1931年）；美國家庭福利協會（Fomily Welfare Association of America）刊行的《訪談、訪員與社會事件的訪談工作》（*Interviews, Interviewers, and Interviewing in Social Work*，1931年）；及林德曼（Liademan, E. C.）所著《社會發現；研討功能團體的途徑》（*Social Discovery; an Approach to the Study of Functional Groups*，1924年）。

[148] 參閱孔德的《實證哲學論》（*Cours de philosophie positive*，1840－1842年，第五版1892年）。

經濟的與法律的推理都是這個階段的例證。

在其後的唯物論階段──這是一種非仁愛的形而上學，可由李嘉圖、馬克思以及一般供需的理論家為之例證──再度用類比的方法發現了種種原因，存在於某些宿命注定的「力量」或「法則」之中，再不然就是存在於一種物理的自然「均衡」之中，這種均衡在假想為確定的世界裡毋須藉助人類意志就可單獨運作。然而，要想決定一個形而上的經濟學者是仁愛的理性主義者或非仁愛的唯物論者，卻不是一件容易的事。

孔德的「實證」階段還保留一些具體化、形而上學與宿命論的意味。對於這種主張我們沒有足夠的篇幅來詳加論述，不過，由於觀察到經濟學者與實務人員，特別是在世界大戰以後，其思想與行為互相抵觸，所以我們的第三個階段是一個永續的調研與實驗的階段，我們可以效法皮爾斯，稱之為**實用主義**。在這個**實用主義**階段裡又回復到了變動無定的世界，沒有宿命論，也沒有形而上學，無論其為仁愛的或非仁愛的，我們的自身和我們四周的世間萬物都是處於持續變動的利益衝突狀況之中。也像洛克一樣，我們要研究自己的心智和四周的世界，在一個人類生物的社會裡實際上是如何行動的，這些人類生物的未來，大家都坦承其為無法預測，但卻多少可由洞見與集體行動加以管控。

我們認為這就是「制度經濟學」所應探討的問題。制度經濟學並不是什麼新奇的事物──這顯然是伴隨著所有的經濟理論而來。因此，這種經濟學看來往往覺得極其膚淺，這是由於其所論述的大都是如此之平凡及通俗所致。但是，反過來講，這也許就是其所以需要調研而調研起來又最為困難的理由。所

有的科學其整個的進程總是從最遙遠的對象開始——甚至是距離著幾千個光年——到最親密的，這就是我們行動中的自身意志。科學的進程不獨是由簡單而趨於複雜，並且是由遙遠而趨於平凡。[149]

第四節　利益衝突

政治經濟這門科學常在極端的個人主義與極端的集體主義之間波動著。每一派的經濟學者雖是皆因利益衝突而產生，但是每一個學派都排斥其所由產生的利益衝突，認其為不自然的、人為的與短暫的。即便是集體主義的獨裁制度也是為消除利益衝突而設計的。所有個人主義學派都企望基於私有財產而使未來的利益得以調和；集體主義者則是企望基於集體財產而使未來的利益得以調和，因此，我們大可以把所有經濟理論都視為未來調和的理想化，而不是對現有的衝突與由此而導致的秩序做科學的調研。

十八、十九兩個世紀個人主義的理想化有幾個理由。第一個理由是上天慈善與塵世富饒的假設——如果上天的法則沒有受到塵世罪惡的阻撓，那就不會有利益衝突。

另兩個理由是因為以淨收益的概念替代了總收益的概念。淨收益是一個人總收益與總支出的差額。但是一個人的總收益也就是另一個人的總支出，而一個人的總支出也就是另一個人的總收益。在淨收益的概念之中沒有利益衝突；衝突的起

---

149 參閱本書第八章，第十節「由絕對論到相對論」。

因在於一個人的總收益與另一個人的相同總支出。

利益的調和與衝突可以追溯到我們所調研的終極單位。商品與有形財產——物質所有權——是同一的，所以，利益衝突所引起的所有權已經被忽略了。而且，在考量到無形財產或債務時，也是和商品同理看待，其買進與賣出只是獲得淨收益的一種手段而已。在尚未採納交易的概念以前，這就是指，兩個所有權移轉及由此而產生兩筆債務的這種概念還沒有被人採納以前，總收益是無法與淨收益分清的。然而我們卻要把交易不但化約為利益衝突，並且還要將其化約為相互的依賴與集體的努力，由衝突之中導致秩序。

所以，政治經濟這門科學是起因於利益衝突，起因於努力使利益衝突轉為理想的利益調和。經濟的衝突成為政治的衝突與戰爭，這都是由於稀少性所致；同時，經濟的階級則是因為在分配塵世間有限財富供給時，對所有權的取得與保持，其利益相似性而產生的。在經濟方面並非如馬克思所說的僅有兩個階毅，而是利益的相似性有多少種差別就有多少個經濟階級。最廣泛的分類通常是根據財富的生產者與消費者之間的差別，不過，如果把這些人作為財富所有者看待，則又可細分為買主、賣主、借款人、放款人、農場主、勞工、資本主、地主等許多階級；而這許多階級之中還可以再分為小麥農場主、棉花農場主、銀行業者、製造業者、商人、熟練的與非熟練的勞動者、礦主、鐵道擁有主等，餘可類推，分為若干級、若干次級、次級再細分，以至於無窮。

對這許多經濟階級及其衝突加以調研，而不是加以理想化，是極其重要的工作，因為在事實上這些階級都是按照其經

濟利益的相似性而組織起來、團結起來，採取協力行動。數以千計的這一類組織出現了而又消滅了，有些的規模極其龐大，往往是屬於全國性的，甚至是屬於國際性的，其總部通常設置於經濟或政治策略的大中心地點，例如：紐約、華盛頓、倫敦、巴黎等地；也有些的規模較次，是屬於地方或區域性的，依其利益相似性的而定。[150]每一處地方都曾經發生過因利益關係或廣或狹的相似性而採取的集體行動，有時候興起、有時候衰歇；由於這些衝突，或是產生了可操作的利益調和，或是產生了停頓，再或是產生了破裂而需要求助於另一次更強的集體行動 —— 立即可以付之實施的政策與戰爭 —— 以期於**衝突**之中帶來**秩序**，而不是**調和**。

　　自從經濟學的研究開始與哲學、神學或物理科學分道揚鑣以後，從事調研的人們所採取的觀點總是取決於當時認為最緊急衝突的性質以及這些調研者對此種衝突利益的態度。一般所謂經濟思想的「學派」就是指經濟學者中這類的差別而言。我們不妨先在這裡將其列舉出來，然後在下文再予以闡述。

　　第一個學派是十三世紀及其後的繁瑣哲學（審者按：形式主義，Scholastic）派經濟學者們，其倡導人為**教會裡的神父**，特別是聖阿奎那（St. Thomas Aguinas，1225-1274年）。他們是生活在**封建**與當權者全然暴力的時代；不過，那時代的商人階級已經開始力圖掙脫貴族與教會的統治爭取自由。當時

---

150 聯邦貿易委員會（The Federal Trade Comnission）曾經刊布過數以千計的這一類協會名錄。

新發生的問題變爲買主與賣主之間，借款人與放款人之間的衝突。聖阿奎那攻擊由羅馬法繼承得來的民法，同時也攻擊借款給異教徒的希伯來法（Hebrew law）。依照羅馬法，出售一件物品而受取的代價超過其所值，與購買一件物品而給付的代價不及其所值都是合法的；並且，因借出金錢而收取高利，無論依照羅馬法或希伯來法（後者僅以借給異教徒爲限），都屬合法。聖阿奎那制訂了**教會神父**的神法，其所規定的是說，因爲所有人都是主內兄弟，所以出售物品而受取多於所「值」的代價，或購買物品而給付少於所「值」的代價，便是犯了欺詐之罪；至於因金錢的使用而索取代價，則是犯了出售一件並不存在的物品之罪，故這樣做勢必趨向不平等，這違反了正義。他設定了**兄弟之誼**以替代**衝突**，認爲這才是理想的經濟理論。

這樣解決衝突的辦法雖在今日仍然時常被人想到，假如經濟生活裡已經消除了威逼、祕密與不平等，而在考量何者爲公平、何者爲合理時，往往就想起這種辦法。爲解決此項問題起見，創設了無數的、各式各樣的鐵道委員會、市場委員會、商務仲裁會、勞動仲裁會以及法庭等等。由於聖阿奎那的合理價值觀念是基於勞動成本而建立的，所以他的理論也就是最初的勞動價值理論。

其次來臨的是重商主義學派，當時封建制度已經趨於沒落，從前爲人所輕視的商人階級崛起，成爲政治上的強權。重商主義者的目的在於顯示君主或立法機構如果要想增進國家的利益，最好的辦法就是先增進商人的利益，透過保護關稅，或發給出口獎勵金，或給壟斷股份公司，或航海法，再或剝削殖民地與本國的農業耕作者；由此而造成出口超越進口的順差，

以別國的金銀輸入本國。重商主義盛行於十七世紀，在洛克及
1689年的**不列顛革命**時期達到巔峰。實際上，這種主義時至
今日仍然盛行；不過，這一個學派的現代名稱卻已經改爲**國家
主義、保護主義、法西斯主義、納粹主義**或是**共和黨**而已。

　　首先向**重商主義**提出抗議的是法國的**重農主義者**
（physiocrats），在當時一般人稱之爲**經濟主義者**。他們的領
袖魁奈（François Quesnay）從1753年開始就力爭說，重商主
義的政策足以毀滅像法蘭西這樣的一個農業國家，因爲這種政
策的主旨在於嘉惠製造業者、商入、銀行業者與他們所組設的
公司，而實際上這些階級都不具生產性，具生產性的只有大自
然的力量。而且，金和銀也都不是財富——這些金屬僅是財富
交換的流通媒介而已。假如沒有受到政府的干擾，這種財富必
定可以如同血液一般的自然流動，任何地方，只要是因商品的
交換而必須用到這種財富，這種財富就會自然而然的流到那個
地方。

　　魁奈和他的追隨者由這種生理學上血液的類比導出自由
貿易的教條——聽任**大自然**奔向其前程，不讓政府參與其事。
因爲**大自然**是公認爲仁愛的、能生產財富的，毋須以商人及製
造業者的利益造成人爲的稀少性。重商主義歧視農業——農業
是唯一的職業，在這種職業裡**大自然**所生產出來的多於生產者
所消費的，而把剩餘分給不具生產性的各個階級。重農主義的
這一項教條在今日仍有人複述，美國農民們就主張，他們供給
了全世界所需的食物與衣服，但卻不能維護他們自身的生活並
保持土壤的肥沃，因爲他們稱之爲**資本家**的商人階級管控政府
而歧視農業。重農主義在法國盛行了三十年，不過，直至今日

這個學派在**土地再分配論、農業經濟學、單一稅制、改良主義**（Progressivism）或是不久以前的**民主黨**等名義之下仍然盛行。

再其次到來的是古典派經濟學者，他們的領導者從1776年起的七十年之中計有亞當・史密斯、馬爾薩斯、李嘉圖與小彌爾（John Stuart Mill）等人，但其相互之間卻又是極為紛歧。

亞當・史密斯繼承了「重農主義者」的自由貿易教條而反對「重商主義」，不過，他本人是隸屬於一個執全世界製造業牛耳的國家，所以在他和他的追隨者看來，自由貿易可以保持英國在製造業與海運業利益的領導地位，而把原料與食物的生產留給其他國家去做。他代表「重商主義」與「工業主義」之間的衝突如「重農主義者」代表「重商主義」與「土地再分配論」之間的衝突。因此之故，他排斥重農主義的唯有大自然才能生產財富那部分教條，他回到聖阿奎那與洛克的說法。到此刻，能夠生產財富的只是勞動。在製造業，商業與海運業裡，勞動也生產財富，不過，他也對**重農主義者**作相當的讓步，他承認在農業裡大自然的仁慈增加了勞動的成果。

同時，馬爾薩斯也在他那一部著名的《人口論》（*Essay on the Principles of Population*，1708年）裡說明人口的增加較速於大自然與勞動的生產力，他還引介稀少性、熱情、愚笨與窮困，作為經濟科學的基礎，到後來，達爾文在他的《物種之起源》（*Origin of Species*，1859年）裡也採納了這種說法，並引申到一切的生物。

1817年，李嘉圖這位機敏的資本家採取馬爾薩斯的稀少

性理論，以大自然的吝嗇來替代十八世紀**上帝**與自然的仁慈。
這是由神學轉為唯物論：「大自然」並不幫助人類——即便
是在農業裡，它（大自然）也阻礙了人。由於對大自然的觀
點變更，李嘉圖發現了地主的利益和資本主與勞動者的利益相
衝突。人口的壓力逼迫勞動與資本向外投入較低的邊際粗放耕
作，或向下從事較低的邊際密集生產，所以工資與利潤總有一
種趨勢，其數額通常要減少到最低限，相當於這些最低邊際所
能獲得的數額。這時，競爭使全國的利潤與工資趨向均等，在
較為優良的土地上大自然的抗拒力較小，實際施用的資本與勞
動所獲得的收益也不會多於施用在最低生產力的土地上所能獲
得的數額。這麼一來就留有盈餘，李嘉圖稱之為地租（小彌爾
則稱之為不勞而獲的增收），單獨的歸屬於地主們，他們毋須
花費任何勞力或是負擔商業風險。英格蘭的食品保護關稅又更
進一步的擴大了這種地租。因此，李嘉圖提供了一些理由，而
在三十年後（1846年）的製造業者也就是根據這些理由才能
在**國會**裡戰勝地主們的抗拒，這些地主們反對廢除保護關稅，
而這種關稅則是地主們所制訂，用以提高食品價格。

　　李嘉圖與馬爾薩斯所主張的工資與利潤因人口過多而遞減
的這種悲觀理論促成**社會主義**、**共產主義**、**無政府主義**、**土地
國有主義**、**單一稅制**與**工團主義**等學派的存在。

　　「共產主義」學派——這是由馬克思在1846年和無政府
主義者普魯東相辯而發展出來的一派——保留了李嘉圖的利益
衝突說，但卻排斥了他在**土地**與**資本**之間所作的區別。李嘉圖
的分析已經把資本主與勞動者聯合起來，而在關稅方面共同反
抗地主。但是，馬克思卻是把地主與資本主的利益視為同一，

他界定這兩種人都是財產的擁有者，他們聯合管控政府而剝削那些勞動者、非財產擁有者的無產階級。挽救之道在於使未來的利益調和，不過，首先要把一切的私人擁有權全數充公，俾使所有的資本主一律變為無產階級。列寧（Lenin）與史達林（Stalin）又把這種主義再加肯定，並且親身倡導，在1917年十月的**俄羅斯大革命**獲得意外的成功。在德國，對**共產主義**的反動發展成**納粹主義**。

在一方面馬克思與共產主義者是為工資勞動者的利益發言，而在另一方面普魯東與無政府主義者的發言則是為小農的利益對抗大地主，為小商人、開店製造商或承包業者以及零售商的利益對抗大批發商、中盤商以及其所聯盟而管控制貨幣與信用的銀行業者。普魯東的所謂剝削者是一個**商人資本家**，而馬克思的剝削者則是一個**雇主資本家**。由普魯東的小業主互助論及其代表勞動力量的紙幣產生了合作生產、合作銷售、信用聯盟、綠背紙幣主義（greenbackism）、民粹主義（populism）等，其目的皆在於以農民、勞工或小商人的合作或政治行動來排除中間人與銀行業者。

到最後，索雷爾（Sorel）在二十世紀的初期把馬克思的共產主義和普魯東的無政府主義結合並稱之為**工團主義**。抗拒這個主義的反動演變成義大利的**法西斯主義**。

李嘉圖的悲觀論還另有一項後果，那就是產生了**土地國有學派**，其領導者在十九世紀的後半期為小彌爾與亨利喬治。小彌爾雖也包括在古典派的經濟學者名單之中，但卻和一般的古典派學者們不同有一個重要特殊之處，他捨棄李嘉圖的勞動價值理論，而代之以貨幣為價值的衡量。他接受了李嘉圖的

地租理論，並且爲避免沒收起見，他建議把所有未來不勞而獲的地租增益一律歸於國有。亨利喬治更加確切的追隨李嘉圖，他建議對**地租**課徵**單一稅**，而廢除對資本與勞動所課徵的全部稅捐。美國人並沒有藉助經濟理論，但卻能把不勞而獲的增益這個原則加以特殊的運用，他們制定了法律，對地主徵收特別稅，來支付構築公路、街道及灌溉溝渠的費用，其所課徵的數額相當於此類改良設施所增益的土地價值，以不超過改良的成本爲度。

這時，李嘉圖的悲觀結論，那個首先導致共產主義與無政府主義而後來又導致**工團主義**、**法西斯主義**及**納粹主義**的悲觀結論遭遇到號稱**樂觀主義者**的利益調和學派斷然的反駁，這個學派創始於漫長的失業期間而在1848年歐洲大革命時期達到顛峰。在該世紀的中葉，此一學派的倡導者爲美國的凱蕾（Henry C. Carey）與法國的巴斯夏（Frederic Bastiat）。凱蕾爲了美國製造業者的利益而偏好保護關稅，但巴斯夏則是爲了法國產業擁有者的利益而偏好自由競爭，後述的這位學者是在和無政府主義者普魯東作冗長的論爭期間構成他的理論。

凱蕾與巴斯夏的說法和李嘉圖以及共產主義與無政府主義的說法恰好相背，地主或資本主對社會的服務並不亞於勞動者。這種服務的價值就是雇主或勞動者在不付地租給地主或不付利潤與利息給資本主時，被迫給付的另類選擇價格。他爲優良土地而給付地租時所過的生活比不付地租而從事於邊際耕作時要好，他付利潤和利息給資本主時所過的生活也比替那毫無利潤可得的邊際資本主工作要好。樂觀主義者的理論，其所以能存在是由於其合理化私有財產，由於美國法院的價值理論，

由於機會選擇的理論。不過，他們的理論也因較為現代的機會
平等與議價能力均等的這些教條而有所修正。

古典派經濟學者把樂觀主義者看得頗為膚淺，不過，談
到下文就可以知道，樂觀主義者的理論實在就是美國法院的理
論。然而這些經濟學者卻認為財產權利是一項自明之理，毋須
合理化或調研；所以，他們的理論是建立在財富作為實物與實
物所有權的這種矛盾定義基礎之上。凱蕾和巴斯夏實際上是現
代*隱形*財產觀念的創始人。但是這些經濟學者卻只有一個**有形**
財產的教條。因此之故，他們把專有權的這一方視為相等於實
物的那一方，以為毋須再多事調研，而在實質事物的生產成本
這個基礎之上構築起他們的理論來，專心一志的從事於分析財
產生產、消費、風險與交換的實質條件。

其後不久，麥克勞德又走到了「商品」這個字詞雙重意
義反方的極端，按照那雙重意義來說，商品就是財富及其擁有
權。他企圖將其中的實質事物完全排除掉，而單獨的基於債
務及其他財產權利的可轉讓性這個概念以建構他的政治經濟。
但是其他的經濟學者們卻群起而予以反對，認為財產權利是表
面的，這是把同一事物作兩次計算，例如，麥克勞德採取英美
兩國法律的謬誤而論證說，假設一個農場估值為$10,000，那
麼，以這個農場作為抵押而借到一筆$5,000的債款勢必至於成
為額外的一項「財產」，而使其總值變為$15,000，但在實際
上這個農場仍只值$10,000。所以，正統派的經濟學者認為必
須把財產權利略去不計，而專對勞動所提供的實質事物與服務
之生產、交換與消費作分析。

這樣明確的排除財產權利是新**心理學派**經濟學者們所採用

的方法，這個新學派的產生在1848年歐洲大革命之後，其倡導者在三十年間計有沒沒無聞的戈森（Gossen）（1854年）與鼎鼎大名的傑文斯（Jevons）（1871年）、孟格爾（1871年）與瓦爾拉斯（1874年）。後來由博姆-巴維克（1884年）和克拉克（J. B. Clark）以及費特爾把這個經濟學的**心理學派**傳到較為晚近的時代。對**心理學派**加以分析，我們可以發現其為制度經濟學派直接的先驅者。

十九世紀，德國興起了一個所謂**歷史學派**，其中包括著洛瑟、希爾布蘭特（Hildebrand）、肯尼斯（Knies）等人，這個學派排斥了其他學派推理的全部方法，而把歷史的研究方法引進到經濟學中，直到現時為止，已成為一種重要的方法。這一派的學者把現行的生產與議價體系解釋為過去變動中的情勢加在現時的進化。這一學派引介到這門科學裡來的是**習俗**、**財產**及利益衝突等概念，這些概念都是古典學派與心理學派所公然排斥的。由歷史學派又產生了**倫理**與**制度**兩個學派，其倡導者為許慕勒與韋伯倫，這些學派重視習俗、立法、財產權利、正義與不義，認其為經濟這門科學裡的重要因素。

數學派的經濟學者也是出自心理學派，但朝完全相反方向發展。不過，數學與統計學並不能解決問題，而僅是供作研究的工具，任何一個學派都可各自依照其所採納的假設作為數學計算的前提。

二十世紀繁榮了第三個階段的資本主義，我們稱之為**銀行業者資本主義**。在上文我們已講過普魯東與馬克思之間的齟齬——普魯東是為小業主、自充店主的工人以及親自耕作的農民們說話，對抗那些管控信用與市場的大商人資本主與銀行業

者；馬克思則是爲那些雇主資本工廠的工資勞動者說話。馬克思處理的是資本主義的工藝階段，在這個階段裡雇主變成了資本主，大量地生產以配合稍早因運輸業的發展而擴張及爲商人所控制的市場。

我們只須考察一下核准專利的記錄，就可以指出美國的商人資本主義大概是在什麼時期轉爲雇主資本主義的。這是在1850到1870的二十年之間。在這二十年期間之內，專利數從原來每年不足1,000件躍升到每年12,000件以上。這正是鐵道業創造全國性的市場及專利局創造工廠體系的一段時期。

銀行業者資本主義這個第三階段的先驅者就是在商人資本主義的幾十年之間商業銀行的業務，爲配合商品推銷的需要舉辦短期的信用放款。不過，二十世紀的銀行財團辛迪加（Syndicates）或投資銀行業者加盟商業銀一舉取得統馭的地位，從事於實業的合併、證券的出售與董事會的管控，這些銀行業者出售實業公司的證券，也爲此他們就得理應負責；在不景氣的時期，透過接管來保存無法履行債務的機構，然後在繁榮的上昇期間，他們又給這些機構融資。數以百萬計而散居於各地的投資者，到了此刻，在受託的銀行業者引導之下他們就都自動把他們的儲蓄交給銀行業者代爲經營。一家公司的股東幾乎多達600,000人。大部分的實業皆爲一群看不見的投資者所擁有，這些投資者都是受控於一個看不見的銀行財團。經過國際間的加盟，這種財團已經成爲全世界的銀行業者。每一個國家都設立了一個中央銀行，美國最近建立這個銀行的途徑是**聯邦儲備制度**。國家、地方、實業、勞動者都受這官方或半官方的管控；二十世紀的經濟學成了由銀行業者的集體行動在世

界範圍內管控商人、雇主、雇員乃至國家的**制度經濟學**。

　　所以，在世界大戰以後的**政治經濟**這門科學，實在是七個世紀以來的經濟衝突與一打（譯註：當年有十二進位）以上的經濟思想學派所傳留下來的遺產。這門科學似乎有點恢復到聖阿奎那的「合理價值」，然而這個主題卻是和全世界所有的利益衝突一樣的複雜，這許多利益衝突有的是**世界大戰**中出了名，有的是出現在戰前的歷史，前一次的世界戰爭，也就是1789年**法國革命**以後的二十五年間，開始十九世紀經濟思維的幾個學派。其後，1848年以前的長期蕭條產生無政府主義、共產主義、社會主義與樂觀主義的非正統經濟學者。到此刻，新的**世界大戰**以及**俄國革命**，**義大利法西斯主義**，**德國納粹主義**和**銀行業者資本主義**又產生數以千計的經濟學者，遍布於全世界，再度修正經濟科學的基礎。

　　因此之故，我們可以把前述經濟學者的派別重行予以分類，按照其能否符合數以百萬計的民眾在繁榮與蕭條的波動之中、在財富平均與貧窮之中所生的各種現代意見而予以分類。這些意見有一種是**放任**（Let-Alone）：認為我們無能為力，這是不可避免的。其次的一種是**剝削**：認為每一事物皆係採取過分手段，且都是取之於別人，而不給予更多的報償。最後的一種是**實用主義**：先調研再求了解我們該做、能做的是什麼，然後如果可能一致行動，以建立起一種合理例規與合理價值的制度。

　　再不然，這幾派的經濟學者又可以站在他們理論所由出的調研終極單位這個立場上予以分類——分做**商品論者**、**心理論者**、**交易論者**。不過，心理論者同時也是商品論者，我們又可

以稱之爲正統派經濟學者，因爲他們的商品觀念是實質事物觀念，與其相反的事物擁有權觀念等值。撇開擁有權這一方面不談，一件商品（例如一塊麵包）可以從兩種觀點去觀察，一種是客觀的，一種是主觀的。*客觀*上，這商品是*勞動*的產品，勞動在原本未受控制的自然力上增加了有用的質性。我們對這些質性給予一個李嘉圖與馬克思所慣用的名稱，**使用價值**，也就是*財富*所固有的意義。但是，*主觀*上，這同一的商品卻是在特定的時間與地點滿足特定個人*想望*的手段。這種個人想望既不太多，也不太少，而是剛好。對供給與需求之間這種個人主義的關係我們所給予的名稱是**稀少價值**或*資產*，因爲這種關係是因商品稀少或富饒而轉移的，並且相當於財產權利。

不過，在交易論者們看來，轉讓未來實質事物的擁有權與債務創設，其終極單位是一種經濟活動。我們把這種活動稱之爲交易，並且將其區分爲管理、議價與分派三類。這三種類型的交易是我們活動的終極單位，所有一切經濟關係皆可以化約爲這三種單位。

所以我們的分類方法可以把兩種類型的經濟學者按照其用以調研的終極單位劃分開來：一種類型是*商品*的經濟學者，又可以細分爲客觀的與主觀的兩派；前者是把商品的有用性（使用價值，客觀的），而後者是把對這商品的感受（遞減效用，主觀的）作爲他們調研的終極單位；另一種類型是交易的經濟學者，他們是把各種交易作爲調研的終極單位。

不過，交易是一種專有權的關係 —— 人與人之間的關係，而商品，假如略去其定義之中所包含的擁有權，卻是人與**自然**之間的關係、或是財富生產的物質關係，或是想望滿足的

心理關係。因此，如果把交易作爲專有權或制度的調研單位看待，則其本身就含有經濟學者們所劃分的種種議題，我們把這些議題稱之爲**衝突、依類與秩序**。

在每一筆經濟交易之中總有**利益衝突**，因爲每一個參與者都極力設法使自己取得的多而給付的少。然而沒有一個人能夠生存或繁榮，除非**依賴**別人在管理、議價與分派交易中之所爲。所以他們必須達成一種實際有效的協議，並且因爲這樣的協議通常不能按照各人的意願而達成，總得要有某種集體強迫力的形式來解決紛爭。假如這種解決方法被人作爲先例而予以接受，並且視爲理所當然在往後的交易之中遵照辦理，那麼，這位判決的權威就毋須，且通常也不會干預，除非是這衝突又到了緊急狀態，成爲原告與被告之間的爭執。這種程序我們稱之爲**普通法以裁決紛爭來制定法律的方法**。對於整個的程序我們又給予一個名稱，稱之爲運營中業務團體的工作規則，其目的在於由**衝突之中產生秩序**。

各個學派還可以作第三種橫斷面的分類，這是按照其社會哲學所由建立的終極單位究竟屬何種交易而作的分類。這種分類方法是把經濟學者們分爲**議價學派、管理學派與集體學派**。第一種學派以議價交易爲其研究的單位，這學派趨於極端的是**無政府主義**，完全排除了管理與分派交易。第二種學派以管理與分派交易爲其終極單位，趨於極端的案例是**共產主義**的哲學。第三種學派是分派、管理與議價交易合併成爲一項集體行動的層級；這一派的現代成果是各色各樣的社會主義有別於共產主義，例如：基爾特社會主義（guild socialism）、國家社會主義、**法西斯主義、納粹主義（國家社會主義）**以及工團主

義、多元主義（Pluralism）、工會主義、銀行業者資本主義
等皆是。

　　更進一步又可以把經濟學者們作另一種橫斷面分類，這
是按照他們對社會及其裡面集體行動的不同看法而劃分的，或
是將其視爲**機制論**，或是將其視爲**機器論**，或是將其視爲**有機
體**，再或是將其視爲運營中的業務團體。

　　假如這是一種機制論的理論，或是改以派里圖
（Pareto）[151]的用詞稱之爲「社會分子理論」，則此等理論家
便是追隨物理學與化學的類比法，把社會看成一群民眾，而不
是一個社會，自然的力量也沒有原因、效果或目的，而只是盲
目地行動，猶如海洋中的波浪、天空中的星球或行星一般。這
種學派的意見總是趨向於**放任**。

　　「機器論」的類比和「機制論」的類比全然不同。機器
是人*爲*的機械結構，是人類設計而成的，至於「機制論」則是
原子、波浪、旋風或其他任何事物「*自然*」的動作。機器是
「人造」的，用來類比社會便成爲一種「機器論」的哲學，其
所以能嶄露頭角是由於在這**機器時代**的營利事業與政治裡，一
個「工程師」是處於優越的地位。假如我們把汽船、電信和無
線電等一併加以考量，則機器成爲全國或甚至是全世界的我們
稱之爲**運轉中裝置**。這種裝置具有動力，足以發動主機，也有
電槽，足以輸送動力，也有組織，足以使原料、人工與產品配
合這部「社會機器」。凡此種種皆由現代的科學家與科學工程

---

151 參閱本書第十章，第二節「由個人轉爲制度」。

師運用其專業能力加以管理。這種類比法成為經濟學者的**管理派**，趨向於各種形態不同的獨裁，或是共產主義，或是法西斯主義，或是資本主義，再或是趨向**國民經濟計畫會議**或較為晚近的**技術專家政治**（Technocracy），再不然就是趨向於一般我們稱之為**工程經濟學**。這種類比法的意見絕不是偏向於放任。恰好相反，這是偏向於：讓我們用科學與科學管理來做每一件事。

再其次是一種約略相似但卻不是得之於生理學而是得之於物理學的「有機體」的類比。在這種類比中，管理社會的是一個中心力量，例如「社會意志」或「社會價值」，經由「社會的勞動力」而運轉，一切都是和人類的意志相類比。所有的評價與活動以及個人都消失了，全部專業化為手、耳、眼、胃，悉皆聽命於單獨的一個意志。這一種學派傾向於往昔費爾穆爵士的理論，或是傾向於各式各樣的獨裁社會主義（例如：法西斯主義或納粹主義），甚至傾向於至高無上的銀行業者資本主義。

不過，這許多類比都是從其他科學裡引用來的。我們稱之為**戲劇性的**或**詩意的類比**，這和每一個調研者在他自己的特殊科學界限內所建構的**科學類比**迥不相同。「社會」上出現類似物理科學之中**機制論**、**機器論**或是生物科學之中**有機體**的類比則是直接從商業上的語言、習俗以及法院判決得來的，在英美兩國稱之為運營中的業務團體。這些集體行動的，運營中的業務團體各自有其獨特的工作規則，種類繁多，不勝枚舉，每一個業務團體都在瞻望著未來，管控著個人的行動，我們把這些並非看做由其他科學得來的類比，而是作為我們所要調研的真

實事物看待。別人所談的是詩，而我們所談的是散文。

　　經濟意見的派別是由機制論、有機體、機器以及運營中的業務團體這幾種概念所產生的，所以，又可按照其用以解釋現實情事的原因、效果或目的等觀念來分頻，分為均衡論、程序論與制度論。不過，這些用詞卻不可認為是互相排斥的，因為所有各派理論之中皆有這幾種因素存在，只是程度各不相等而已。

　　「均衡論」，或是更精準的說，自動均衡或自然機制論的分子理論，透過具體化，已經注入一種*目的*，就像海洋的波浪正在「求取水平的均等」，或是「宇宙的和諧」發出了「天體的樂聲」。牛頓爵士在他的《素因論》（*Principia*，1687年）裡所說的「運動定律」就是這一種典範。這種理論總是趨向於利益的調和，把法律與利益衝突視為「病理的」，不屬於經濟學。

　　「程序論」所注意的是*變動*以及起於極微量卻*在無意之間偶然發生*的變動之演進。達爾文在他的《物種起源論》（1859年）裡說的「大自然選擇」便是典範，他闡發了遺傳、人口過剩、變異性、掙扎圖存與適者生存的這個五重程序，整個程序都來自馬爾薩斯的**稀少性**原則。

　　制度論，或是按照我們的術語稱之為運營中的業務團體理論，這是同時基於均衡與程序而建立的理論。不過，這種理論所關注的卻是*有意的或有目的的*變動，在於*管理*的均衡而不在於*自動*的均衡，達爾文把這種有目的的管控稱之為「人為的選擇」，意思就是說，人們的心智藉由個人或集體的行動足以照他們認為適合的觀念管控事物的發展。這種理論發源於新的

社會學，其在美國的先驅者為羅斯（E. A. Ross），他在他的
《社會管控》（*Social Control*，1901年）裡最先予以論述。

　　所以，我們對經濟思想學派有好幾種橫向的分類法：第一
種是按照其歷史產生階級衝突的起源而分類；第二種是按照其
社會哲學屬於放任、剝削或實用而分類；第三種是按照其所調
研的終極單位究是商品、感受或交易而分類；第四種是按照其
哲學所根據的交易種類是議價、管理或分派而分類；第五種是
按照其採取的方法與類比究為機制論、機器論、有機體或運營
中的業務團體，或是說，為均衡、程序或集體行動而分類。

　　這許多相互抵觸的學派與意見在研討經濟學時各自求得
其互不相同的結論，在這樣的一個混亂中我們絕不能採取一些
普遍接受的假設作為出發點，用演繹的方法推論，並使其實際
應用於我們當前的問題。反而在開始出發時，我們要像當年的
洛克一樣，身處於神學與政治獨斷教條主義的混亂中，這種教
條主義在十七世紀產生了紛擾，不容有異說與內戰。我們該檢
測一下我們的心智所真正能夠知道的究竟有多少，以及我們用
來調研與了解的心智工具究竟為何物。我們所要探討的主題是
人類這種生物以合作、衝突與遊戲規則從事於財富的生產，取
得與配給所做的交易。這些活動接觸到我們，最初都僅是一些
感覺，正因其如是，所以我們也不能確定這些感覺的起因究竟
是在於我們內在的性向與社會哲學呢，抑或是在於我們外在的
種種活動。唯有細心地檢測這些性向——我們稱之為**慣性的假
定**，[152]我們才有資格從事調研與了解。做這件事的最好方法

---

152 參閱本書第十章，第五節「慣性假定」。

是如同我們最初對洛克的探討一樣，持續檢測各門各派的經濟
思想有沒有把他們自己的特殊社會哲學注入他們的理論之中。
我們並非把所有的經濟學者與哲學家逐一的持續檢測，而僅是
針對那些我們認為**具有新洞見的先驅者**。其中的每一位都曾有
些貢獻，到最後總必須予以正當的權重，和其他學者們互相衝
突、互相矛盾的意見並列，我們的所謂**合理價值**就是指這種正當
的權重而言。

第五節　歷史的經濟脊骨

現代史的集體行動最初是在1689年革命時期由**封建制度**
變為英國的**商人資本主義**，其次是在十九世紀中葉的變為**雇主
資本主義**，而後是二十世紀的變為**銀行業者資本主義**，不過，
伴隨這種制度發展而來的還有貨幣發展，由金屬貨幣一變為紙
幣，再變為信用貨幣，所有的債務、稅捐以及任何適於銷售事
物的價格都是用這些貨幣來表示，並且如有必要還藉助法律來
強制執行。

雖說躉售物價變動僅是多種因素之一，然而在歷史上這
種變動卻是居於極顯著的地位，如以生物學的類比，可把這種
變動稱之為歷史的經濟脊骨（附圖一），無論價格變動的理論
是「貨幣的」或「非貨幣的」，[153]所有的個人與階級總是用
價格來衡量他們自身在這個貨幣與信用世界裡的成功或失敗。
而且，躉售物價更是居於管控的地位，因為這些物價就是生產

---

153 參閱本書第九章，第八節「世界給付的社區」。

者所受取而用以給付大部分工資、利息、利潤與地租的。「社會」就是由於這種「現金聯繫」或現金崩潰而團結在一起或分裂開來的。

倘使不參考物價水準變動的歷史絕不容易了解經濟學者們的理論與利益衝突。美洲發現以後和伊莉莎白王朝中葉各國君王緊縮通貨時，物價的上升三倍極有助於資本家農場主、商人及製造業階級的興起，因為物價上升大為減輕他們對地租、債務與稅捐的負擔。然而，勞動階級的條件卻同時受到制度變動的壓抑，由農奴變為現金工資。[154]

在十七世紀末葉洛克那個時代，物價持續上揚，資本主階級已經逐漸富裕，足以對衰頹的封建階級發起革命，不過，在法國這樣的情勢則是到一百年以後才發生。一直等到1732年，休謨才把固定的物價水準和上升或下降的物價水準之間的重要差別引介到經濟學，作為在**商人資本主義**之下發生變動的詮釋。對於世界性物價變動這種新認識的因素是極其令人感到不安的，所以那些古典派與享樂主義的經濟學者們，從亞當·史密斯開始，都把這種物價變動視為「名目價值」，排除在他們的理論之外，而代之以他們所認為更加真實的勞動之痛苦、愉悅與勞動力，作為「真實價值」的衡量尺度。

洛克的理論發表於十七世紀的末葉，當時物價指數的上

---

154 參閱賈可伯（Jacob, William）所著《貴金屬生產與消費的歷史探研》（*An Historical Inquiry into the Production and Consumption of the Precious Metals*，1832年）第261頁以次。據我所知，制度歷史家並不太重視賈可伯對資本主階級的興起所舉出有關貨幣的原因。

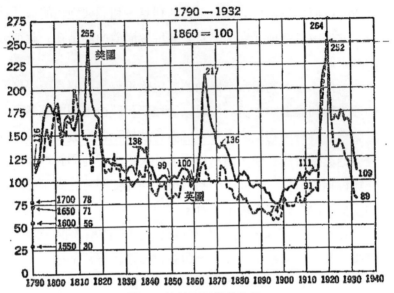

圖一　美英兩國躉售物價

由1500年至1700年估算的躉售物價相對變動是在垂直線上表示，其相距的時日為50年。過去幾個世紀的這些估計數字都是以1860年為基數100化約出來的，這可以和修道院長尤繡（Abbott Pay-son Usher）所蒐集的資料相核對，他在《經濟統計學評論》（*Review of Economic Statistics*）第XIII期（1931年8月）第103頁上發表了「1059~1930年英國小麥價格及商品價格指數」。英國1792年到1933年的數字是由傑文斯（1791~1860），邵歐貝克（A. Sauerbeek，1860-1920）及商務部（Board of Trade，1920-1933）所分別估計的。美國的數字是由羅爾斯（H. K. Roelse，1791-1801），見於美國統計協會會刊（Jour. Amer. Stat. Assn.）第XV期（1917年12月）第840~846頁，漢森（Alvin H. Hansen，1801-1840），見於美國統計協會會刊第XIV期（1915年12月）第804~812頁，法爾克納（R. P. Falkner，1840-1891），見於第52屆國會第二次會議及特別會議參院報告第三卷附錄A阿爾得烈的報告（Aldrich Report）所估計；至於從1891年起到目前為止的數字則是由美國勞工統計局在第284期及其後的公報裡所發表。

升已經超過了三倍，休謨是在1732年，魁奈是在1758年而亞當‧史密斯與邊沁則是在1776年分別發表其理論。不過，馬爾薩斯與李嘉圖的勞動理論卻是在1815年以後的十年內所發表的，當時的物價陡然的跌落，而馬克思、普魯東、巴斯夏以及美國的凱蕾等人發表其非正統派的理論又是在1840年代物價長期下跌以後的事。他們都曾經尋求一些比物價表面變動更為基本的事物。心理學派的經濟學者傑文斯、孟格爾與瓦爾拉斯也探求過比物價更基本的事物，他們發表其理論是在1870年以後的十年之內，當時的物價下跌又成為一項干擾的因素。但是統計派與制度派的經濟學者們所關心的則是在物價變動的本身，他們是在二十世紀才開始發生影響力，特別是在1920年以後物價下跌的這一段時期。

所以，在十八、十九世紀的整個時期各門各派的經濟學者都沒有把物價全面波動的這些表面上與名目上的變化，納入他們對自然與人類更為基本的理論之中。貨幣、信用與全面物價變動的理論是從一個不同的方向得來的，換言之，是從統計學與數學得來的，這和勞動、苦痛或愉悅無關。統計學的理論基礎及其專用的術語是到了二十世紀，特別是到了這一次世界大戰以後的事，如果說這門科學已經發展到完備地步，那就有可能用這基礎來衡量、關聯及預測社會上如此重要變動的過程關係，像物價、繁榮與蕭條、就業與失業、運營中的業務團體與破產、樂觀與悲觀、財富分配的變動，甚至還包括著由**封建制度**轉為**資本主義**的相繼階段在內。這些廣泛的全面物價變動無論是躉售或其他物價，不僅是「名目」的價值，並且還變成**制度經濟學**中所特有的真實價值。

第三章

魁　奈

第一節　自然秩序

　　魁奈（François Quesnay）是**重農學派**的倡導者，這一派的學者被當時的法國人士及亞當‧史密斯稱爲「經濟學者」（The Oeconomists，譯者按：此爲Economists的古字，源出希臘文，拉丁文沿用之，其原義側重於農業的經營），他根據理性開始作生理學上的類比——尤甚於洛克。洛克的經濟學是以**勞動、大自然的賞賜**及**金屬貨幣的積累**爲基石。魁奈的經濟學則略去**勞動**而僅以**大自然的賞賜貨幣的流量**爲基本。到後來，亞當‧史密斯的經濟學卻是基於**分工**而建立。現代的經濟學又回到貨幣，但並不是將其作爲物質商品或流量看待，而是視爲交易的重複（repetition of transactions）。[1]抑低某一階級的民眾所定價格，使另一階級藉以致富，並以低價銷向國外，使金屬貨幣陸續流入國內而積累起來，照這個辦法得來的貿易順差是當年**重商主義**的貨幣謬誤。休謨在1752年已揭穿此項謬見，魁奈又在1758年隨著把貨幣貶低爲流通的工具而不是一種積累。

　　在1692年，洛克是以**個人**爲出發點，但在1758年，魁奈卻是以**商品**爲出發點。這時，個人成了**商品**的方向盤，引導商品走向**上帝、大自然、理性**與**富饒**的仁慈大道。但是，對宿命注定的**幸福**有妨害的事物，魁奈所發現的與洛克不同。他斥責的並非洛克的君主專制，而是洛克的**重商主義**。君主總該是專

---

[1] 參閱本書第九章，第六節「貨幣與價值的交易制度」。

制的——魁奈和費爾穆的看法相同，都認爲這是自然的、神聖
的。不過，君主也應該受到自然秩序的指導，這種自然秩序是
上帝植入「**人類理性**」之中的；不是起因於關稅、賞賜、公司
以及其他特權，爲求商人與製造業者的利得而犧牲農業。

　　魁奈的《經濟圖表》（*Tableau économique*）在1758年以
後的二十年間對法國知性生活的影響大得驚人，可與相提並論
的只有達爾文的《物種起源論》在1859年以後給科學界的影
響。大彌拉波（elder Mirabeau）把魁奈的發現推崇得異常之
高，和其他兩種最偉大的文明發現──**書寫**與**貨幣**，同一水
準。[2]其原創性是由於他把機械學應用到經濟學中。達爾文在
日後用以替代**上帝**意旨的是遺傳、變化、鬥爭、天擇與求存等
盲目的機制論，而魁奈則是把君主專制附屬於**大自然**、**理性**與
上帝的慷慨機制之下。**重商主義**是企圖以任意的管控物價來積
累金屬貨幣，而魁奈則是以貨幣向一方自然流動與商品向其反
方流動，來讓物價聽由「自然」予以調節。

　　魁奈是一個地主，他在路易十五世宮廷充當一名醫師。
他崇信君主專制，他的理論是對一個不遵從「自然法則」的無
能獨裁者講演有關管理的規箴。[3]魁奈所研討的唯一科學是生

2　參閱亞當・史密斯的《原富》（*Wealth of Nation*），坎能版（Connon
　　ed.，1904年），第二卷，第177頁。

3　參閱魁奈的《經濟圖表》（1758年）及《農業王國經濟行政的一般規
　　範》（*Maximes generales du government economiques d'un royaume
　　agricole*，1763年）。這裡所參考的實際上是翁墾（August Oncken）
　　所纂輯刊行的《魁奈經濟及哲學著作集》（*Oeures economiques et*

理學，這是哈威（Harvey）於1628年示範血液循環時所首創
的科學。現在用來解釋財富生產與流通的正是這種成為物理學
一個分支的血液循環。因為財富之於社會組織猶如血液之於動
物的有機體。社會組織（有機體）——這就是說，一個農業王
國——也像獸類有機體一樣需要飲食、織物、木材及礦物，而
這些事物都是從土壤、空氣、陽光與雨水之中得來的；社會把
這些事物加以精巧的處理，予以消化，然後再使其運行到這個
社會軀體的各個部分。這個軀體的每一部分吸取其生存之所必
需，而整個軀體也就是這樣憑藉大地之力持續的更新。博姆-
巴維克很恰當地把魁奈的理論稱之為**結實**理論（Fructification
theory）。[4]這是一種**生命力**的理論，在這理論之中財富的生

---

philosophiques de F. Quesnay，1888年），但在下文則逕稱引述魁奈原
著。並參閱戴瑞（Daire, E.）的《重農主義者》（Physiocrates，1846
年）。衛爾（N. J, Ware）有一篇論述《重農主義者》的重要文章，載
在《美國經濟評論》第XXI期（1931年），第607-601頁，但其所涉及
的主要是魁奈的一些追隨者，而不是魁奈這位創始者的本人。經濟學
者們通常把杜爾哥也看做重農主義者的代表，但其理論之中有若干要
點卻是全然不同。再請參閱本書第九章，第四節〔貳〕，有關杜爾哥
的部分。

4 參閱博姆-巴維克的《資本與利息》（Capital and Interest，1891年英譯
本），其中有一段（第63頁）是論述杜爾哥如何採納魁奈的學說。杜
爾哥用地質學的程序來說明礦的生產能力。「土地每年生產果實，但
是礦卻不能生產果實。礦的本身就是一種貯藏的果實」。蓋德（Gide,
Charles）與烈斯脫（Rist, Charles）合著的《經濟學說史》（History of

產就是活力*數量*的增加，而「循環」則是不具生產力的，因為循環僅是把能量輸送到整個體系的不同成員，而在輸送的途中把大部分的能量稍耗掉。商人和製造業者也是不具生產力的，因為他們或是把商品徹底消費掉，沒輸送任何東西到循環中去，再不然就是以製品的形式把他們所消費的同一數量輸送回去。他們輸送回去的絕不會更多，所以也不能產生盈餘。

　　魁奈的論證是說，只有**生命力**才具生產力，由於其能量的運用，不但*再行產出*原先的同一數量，且還能使這數量有所*增益*。此項增益就是一筆盈餘（un produit net，淨產品）；具生產力的是這增益部分，而*再行產出*同一數量的部分卻不具生產力。其他力量，包括人的勞動在內，只能以不同的形式再行產出其所消費的同一數量。活力不但是再行生產，並且還能產出一筆盈餘，與其本身同屬一類的能量。別種力量都是再生產力。唯有活力才真正具生產力。如此說來，再生產是無生機的，而生產則是有存續力的。因此，只有土壤的耕作者才具生產力，所有的商人、技工、製造業者與知識分子都是不結果實的；這並不是因為只有耕作者才能生產*使用價值*──魁奈承認其他人也能生產這種價值──而是因為這種價值僅是事物*形態*的變更，而不是事物量體的擴大。量體的擴大才能使交換價值增高。

　　不過，土壤耕作者本人具生產力，這句話也還是一種客氣

Economic Doctrines，1913年有第二版的英譯本）第14頁曾予引述。魁奈主張，不以農民而以農民的*維生物資*作為流動資本看待才是能生產的。

的說法。這些人僅是協助那眞正具生產力的自然活力而已，唯有這種活力才能擴大事物的量體。實際上，耕作者也是不結果實的，因爲他們並不能增加事物的數量。他們只是把種子撒到泥土中、餵養動物、把飼料送到家畜面前，至於其餘的事則是留給大自然去做。他們自己的食物與給養是具生產力的，但是他們的*勞動*卻不具生產力。只有我們稱之爲**生命**的這種力量，無論其屬於人或屬於自然，才眞具生產力，因爲只有這種力量才能使一粒小麥種子擴大爲50粒，使一隻牛犢擴大爲一隻母牛，使一個嬰兒擴大爲一個田地的幫手。魁奈最著名的農業「淨產品」就是由這種量體之擴大所構成的。

但，奇怪的是，魁奈的淨產品竟然不是使用價值的產品；而是交換價值的產品。

在這裡，**財富**與**資產**發生了混淆，物質與其所有權發生了混淆，在過去兩個世紀的多數經濟理論之中始終分辨不清。我們差不多可以這樣講，倘使魁奈和早年的經濟學者們懂得公司理財這一門制度性的科學——認爲資產等於負債，而淨值等於資產超過負債的差額——則所有的混淆與意見的衝突大部分都可以避免。在我們看來，財富就是使用價值，這是因富饒而*增加*的。資產是稀少價值的擁有權，這是因富饒而*減少*的。我們可以在過去一百五十年的經濟理論化中見到這種混淆；魁奈提供了我們一個最早的機會，可以發現這樣混淆是如何產生的，可以察覺某些設想令財富與財富擁有權這兩個正相反的概念混爲一談的。

有一點必須加稍注意，就是，不但在魁奈那個時代，且從上古時代起一直到現在爲止，所有流行的**價值概念**總是**權力**、

實力、勇氣、精力、重力、影響力、強制力、效力等的概念。
所以，**交換價值**這個用詞就是把此種意義延伸到商業方面來。
交換價值就是在**交換中的權力、購買力**、對別人的商品與勞務
有支配的權力。如果一個商人或普通人說：「我的汽車所值幾
何？其眞實價值幾何？」他所想到的是這部汽車在交換時所能
支配——特別是支配貨幣——的權力。在商業化的國家裡，所
有的人們都是直覺的重商主義者。的確，這眞是魁奈及其追
隨者等**重農主義經濟學者**極大的功勞——實際上這是經濟理論
方面一項最困難而永無止境的功業——他們深入這種常識、由
經驗得來的、直覺想法的背後，顯示**交換的眞實價值**其實質不
是一種**對貨幣的支配權**，而是在**交換**之中以某人自己的商品與
勞務換取對別人的**商品與勞務的支配權**。在魁奈之前從來沒有
人能夠提出交換價值的*物質*解釋。教會裡和道德學者們攻擊**貨
幣**；對於貨幣兌換商與逐利者抱有一種偏見；他們建立有用
性、使用價值、福利或服務等**概念**，作爲倫理上和貨幣相對照
的事物。然而卻沒有人能用物質上數量的用語，來顯示對交換
價值的隱祕性質予以推理所需的機制。因此之故，大家對魁奈
的《經濟圖表》都表示虔信的熱誠。

　　魁奈消除了使用價值，認爲這種價值僅是各個人把流動的
實質事物提取一些出來以供私人之用。他的注意力完全集中於
交換價值，認爲這是在交換之中支配商品而不是支配貨幣的權
力；一個國家的「財富」得以增加，先使具有這種交換力的物
質事物數量增多。

　　這種交換力的增大又是從何處得來的呢？魁奈說，這是由
豐富的自然力得來，自然力足以增大原料的數量，而食品，衣

服與住屋則是後來用這些原料製成的。正因爲自然力增多了原料，所以交換價值的數量才會增加，而這個國家的國力也隨之增大。價值與交換價值爲同一事物，這是每個人的常識所公認的交換力。不過，這種力量的來源則是在於農業、而不在於製造或買賣。

　　既是只有農業才能使豐富的能量產出富饒的原料以供人類食、衣、住之需，那麼，法國的農業又何以會如此蕭條不振呢？魁奈的答覆是：**重商主義**政策造成了人爲的稀少性，不容許交換價值和仁義價值之擴大互相一致。農業之所以竭蹶不振是因爲法國施行重商主義的政策。政府把銷售的特權頒授給商人與製造業者的壟斷及行會（guilds），誤認爲農產品必須以廉價供應，使他們可以向國外推銷製成品，而在交換之中將銀塊輸入本國。**大自然**是一種仁慈的力量，足以擴充**國家**的生活。她（自然）繁殖了她的產品，一個耕作者所做的只是把他和她的生活聯合起來，凡是他向她取得的仍然要恢復其原狀。商人和製造業者僅是運輸原料並加以處理，但卻不能擴大原料的量體，所以他們取之於耕作者及消費的每一件事物都是全然的損失；雖然在他們這樣做時改變了原料的種類、形態與地點，同時也增加這原料的用處。實際上，商人與製造業者也具生產力，其能生產的限度止於把用具、肥料與食品送還耕作者而使其工作得以繼續完成；至於他們所消費的或輸送給別人消費的這一部分則是「沒生產力」的。

　　耕作者、商人與製造業者皆必須有最低限度的給養。實際上，魁奈那個時代耕作者（農民們）所能獲得的也是僅此而已；但是，不事生產的各個階級，其所需的給養對於土壤的

恢復原狀並無貢獻，而耕作者的給養因其在這方面有所貢獻所以是具生產力的。如此說來，凡是以流動財富與固定財富的形態返回到農業方面來的就是具生產力的。流動財富（avances annuelles，每年投資）包括：種子、肥料、機器損耗的修復與農民的給養。固定財富有兩種，一種是農民耕作的*原始投資*（avances primitives），例如：機器及其修整；另一種是*土地投資*（avances foncières），或是地主的固定修整，例如：柵籬、溝渠、建築物與增進土地的肥沃度。

　　這些固定產物的擁有者們實際上有權可以受取利息，但卻並非因爲他們所有固定修整總體是具生產力的。固定修整之中能夠創造淨產出的僅是那可以區別的耗損、折舊或折耗的部分，所以，依照定義，這一部分應該和種子、肥料與耕作者的給養歸屬於流動財富的同一門類。只有這一類流動的事物才能因投入土壤的耕作而生產超越其本身數量的淨產出，業主與君王的收入或歲收就是從淨產出之中得來的。如果不事生產的各個階級人數增多，則次年度的淨產出必然會有等量的減少，因爲這樣人數的增多勢必導致要把投入土壤方面的流動產品提取一部分出來。[5]簡而言之，魁奈的《經濟圖表》也就是美國一些農夫們的觀點，他們抱怨著說，中間人、製造業者以及都市居民把他們的產品取去了如許之多，致使他們無法保持土壤的改良與肥沃度，到了最後，不得不拋棄他們的田莊而遷徙到城

5　參閱韓奈（Haney, L. H.）的《經濟思想史》（*History of Economic Thought*，1911年），第175、176頁。

市。魁奈就是這樣的一位原始農業經濟學者。

魁奈所遭遇的困難是由於他把屬於保持自然資源的物質概念與屬於商品交換價值的稀少性概念等同使用。他把「財富」當做了財富的交換價值，或是當做了在交換之中支配商品的力量，而這，不是財富，是資產。這麼一來，他排除相對稀少性的這個觀念，他在他的經濟理論之中抱定了一種觀念，要消除貨幣這個衡量稀少性程度的工具。他退回到實質的物物交換經濟體，認為在這種體制之下國家的財富就是富饒的財貨，具有以其他財貨計算的高昂交換價值，而不是重商主義者貨幣的高昂稀少性價值與商品的低微稀少性價值。重農主義者需要商品，而一個人要想獲得大量的商品只有使他自己所擁有的商品不但豐富且還具有高昂的交換價值。貨幣僅是名目上的價值——這是一種交換與衡量的工具，用以表明我們自己的商品是否具有高昂的交換價值。有一點必須注意，魁奈在講到「價格」時，他意指以其他商品而不以貨幣計算的交換價值。

如此說來，貨幣就是衡量商品交換價值的尺度。但魁奈認為衡量與流通並不能產生財富——這不過是方便商品按照先前以其他商品計算而決定的交換價值之回向流動而已。所以他辯說，財富（richesses）並非財貨的富饒，而是按照好價值（bon prix）計算的財貨富饒——這就是說，並非使用價值的富饒，而是交換價值的富饒。路易斯安那（Louisiana）的蠻族有富饒的財貨（biens），例如：水、木、獵物、大地的果實等，但是凡此種種皆不成其為財富，除非是能夠獲得與法、英、西班牙等國交換的價值，換句話說，除非是這些事物能夠

向外流通並帶回其他的商品。[6]

　　一個國家所需要的是大量商品，其每單位的交換價值高昂，足以換取別個國家的其他商品。這個國家的淨產出並非商品的使用價值——而是這些商品交換價值的富饒。重商主義者相信國家的力量在於擁有大量的現金，必須有交換價值低廉的原料，以促進製成品的輸出而由國外貿易使金錢流入國內。這就是說，金錢的交換價值高，而農產品的交換價值低。然而，魁奈卻認為一個國家的力量在於大量原料在國內與國外的貿易之中皆具有高昂的交換價值，這樣才能使淨產出增多，因為稅捐是由淨產出繳納的。

　　這種交換價值在流通過程中如果能遵循「自然秩序」（意即保持富饒狀態），如果沒有受到政府專擅禁制與濫施特權的干擾來為製造業者及商人壓抑農業物價；那麼，這個國家的農產品，無論是在國內或國外的貿易之中，必然更為有利可圖，而農人們也就更能恢復土壤的肥沃度，使各個階級的民眾與工資所依賴的農業更能邁向成功之途。

　　但法國的政策恰恰相反。商人與製造業者的勢力增強了，藉由他們以低廉價格購入農場的產出，其結果是降低輸出品的價格，使金和銀流入國內。魁奈主張高價出售農場產品以增強國力。商業階級則是低價向農民購入，而後再高價出售——他們的利益和一個農業國家相反。這個國家的業主們該高價出售以便擴展農業，並由此而增強產品的流動，這才是商業

6　參閱魁奈的著作，第353頁。

本身永久利得之所繫。[7]任何人不該抑低糧食在國內的交換價值，來提供廉價原材料作爲出口，因爲，最終和外國人貿易時，這樣做是不利的。假如交換價值增高，則歲收亦必隨增。魁奈由此導出他的悖論（paradox）：「沒有交換價值的富饒不是財富。有高昂物價的稀少性是貧窮。有高昂物價的富饒才眞是富裕」[8]。假如大自然是豐裕的，假如稀少性是政府所導致的人爲稀少性，那麼，這句話也就不成其爲悖論了。

大自然，也可以更確切些稱之爲「大自然秩序」，就是仁慈的豐裕狀態，如果不加干擾，必然可以產生高昂的交換價值（bon prix），因爲「大自然秩序」之中含有每個人的自我利益，而指導著自我利益的也就是那指導著農業的仁慈狀態，換句話說，每個人都要採取某些行動，在這些行動之中**大自然**早已提供了高昂的交換價值與富饒。

到最後，魁奈終於覺察到他所處的困窘境地。他已經消除重商主義者爲增加貴金屬的輸入而設計的外貿差額所犯的錯誤，卻又陷入另一種錯誤，那就是，增加了農產商品的供給量，卻沒減低其交換價值。這個窘境迫使他在發表《經濟圖表》七年以後的1765年，實際上不得不放棄他早先對具生產力與不事生產階級之間所作的區別。[9]

因爲，顯而易見的，從保持資源的立場來看，農產品富饒

7　同前害，第322-324及344頁。

8　同前書，第335頁；又蓋德與烈斯脫合寫的前述著作，第14頁以次。

9　在他的《自然律》（*Le droit naturel*）裡就是如此，見於魁奈的前述著作第359頁以次。

的*絕對數值*愈大，則國家的財富也愈大；但是，如果從營業與銷售的立場來看，農產品富饒的*相對數值*愈大，則其交換價值愈小，而國家的財富亦愈小。所以，魁奈在1765年面對這個窘境時，他只好修正他對不事生產與具生產力階級之間所作的區別。這時，他說，「不事生產」階級，除非他們所生產的產品多於農家按照有利價格所能接受的就不算不事生產。不過，倘使他們所產出的多於農人在交換之中所願意接受的，則他們仍然是不事生產的。在這種情況之下，所有多餘的產品是「虛構的財富」（une augmentation illusoire des richesses）。換句話說，這不是把財富定義爲商品的使用價值，而是定義爲商品的交換價值，其結果自是這些不事生產的階級，假如沒有生產太多的財富，他們確生產了財富。他的「虛構財富」實際上是資產，而不是財富。

　　魁奈在他這種新分析之中又接下去說，農場主們亦復如是。倘使他們生產太多的原材料供全國其餘的民眾依他們自己認爲有利的交換價值購買，那麼，他們所生產的也不是眞正的財富，而是「虛構的財富」。因此之故，魁奈在1765年又說，不事生產階級只是*相對的*不事生產，而並非絕對的不事生產，具生產力階級也只是相對的具生產力，要看每個人和別人交換而生產的相對數量而定。每個階級只要生產不多於其在總額之中的適當比重，就都是具生產力的。他強調著說：「我是指依全國財富的比例而言」（Je dis a proportion des richesses du pays）。[10]

---

10 同前書，第391頁。

　　魁奈當初給具生產力階級下定義時，認為這是一群人，由於大自然的豐厚恩賜，他們能使商品流通的物質總量有淨盈餘的增加，而給不事生產階級下定義時，則認為是另一群人，他們不能使原材料有所增益；到後來，魁奈正視我們稱之為「使用價值」或財富的實質事物，和我們稱之為資產屬於私人所有權的「稀少價值」二者之間的差別時，他真正要說的這兩個階級都具生產力，其限度以使用價值的數量彼此達到適當的比例為準，這種比例依其相對的稀少性而定。如果有適當的比例，則其所生產的使用價值就是實質的財富，因為這些產品都有相當優惠的交換價值；不過，假如一件商品供給過剩，那就要成為「虛構財富」，因為這件商品只有極少或甚至沒有交換價值。他原先是認為加大了使用價值就是以加大實質財貨或財富的流量，這是一種物質性概念，到了此刻，他已經將其轉為一種稀少性概念，那是說，各種使用價值之間有最適當的比例，一方面既可以防止某些富饒產品的價格降低，而另一方面又可以防止別種稀少產品的價格升高，這樣才能穩定稀少價值。他的「虛構財富」實在就是資產。

　　然而魁奈卻固執他原先給不事生產階級所下的定義，並且他的追隨者也予以附和，所以，他在1765年所作的修正顯然是逃過後代批評者的注意。他企圖調和農產富饒的物質性概念與農產品的高昂交換價值的稀少性概念，他說，不事生產階級在「大自然」方面所扮演的角色異常之少，所以在宇宙間自然豐裕的狀態之下，不事生產階級如果沒有政府予以袒護，則此階級對於交換價值絕不會有多大的影響，可以略而不論。似乎是說小的罪惡就算不得罪惡！

　　照魁奈的說法，自然肥沃度的自然稀少性可以視為當然，而毋須注意，只要去除**重商主義**人為的或集體的稀少性，則此種自然的稀少性對其他價值的決定並無功能上的重要性。這是必然的結果，因為實際上按照「大自然秩序」而言，凡是有權可以自由取得財產的人們，總是寧願從事於製造而不願從事於農耕，這是由於其辛勞較少而城市生活又較優於鄉村生活所致。因此，個人們相互之間自然會照適當的比例分配，使農產品雖屬富饒而仍能保持其高昂的交換價值，只須政府不加阻撓，不再以農業為犧牲而頒授特權就行了。[11]並且，他在1765年又曾說過，他的不事生產階級僅是指那階級裡專事奢華的一部分人們而言，他這番調整是有效的。

　　然而物質性與稀少性這兩個概念實際上是互相抵觸的。一個是財富，而另一個是資產。使用價值的物質概念隱含，每一單位的商品之中所含有的寶貴能量其數額並不因供給的增多而遞減。水可以止渴，一千加侖的水所能止的渴必然是千倍於一加侖，這就是每一單位不因數量增多而遞減的使用價值。魁奈的交換價值亦復如是。在他看來，除非受到人為的或政府造成的稀少性之干擾，交換價值總是商品之中原先含有的物質性自然力量在物質上的流通，但卻有支配其他商品的能力；其結果是，一百萬蒲式耳的小麥所具有的交換價值必等於一蒲式耳的一百萬倍。這樣一個極端的假設事例使得此項論證顯得荒謬，但魁奈的「大自然秩序」不能容許荒謬。

---

11 同前書，第391-392頁。

　　魁奈的哲學其所以不能令人信服，是由於他的「不事生產階級」這個用詞，亞當・史密斯稍微加以改正，一部分是用**勞動**來代替**大自然**。但他的「流通」物質性概念以及交換價值，到後來為馬克思所採納，用以替代亞當・史密斯的分工。流通有兩個體系：貨幣的流通及商品的流通。後者是把從大自然得來的商品帶到體系的各個部分去。前者是把一個人交付給別人的商品交換價值回收。流通並不能使任何事物有所增加，這僅是把早先由大自然所創造的事物轉送給別人而已。這種早先的創造就是按照力量解釋的價值，這是自然的豐富而隱藏的力量。假如聽任其遵照自然途徑進行，則「流通」只是把原先內涵「大自然」的豐富顯現為交換價值。

　　杜爾哥、亞當・史密斯、李嘉圖與馬克思是把魁奈的*每年投資與土地投資*稱之為「資本」。資本是流動與固定兩種形態的財貨之*儲蓄*，也就是說，可銷售的商品；商品的流通與可販賣性，在李嘉圖和馬克思的理論裡又產生了一種物質概念，那就是交換價值，不過，這種價值卻是相當於另一種不同的內涵能量──勞動力，而不是魁奈的自然力。

第二節　道德秩序

　　魁奈既經承認物質性概念與稀少性概念互相矛盾之後，他就用他那「大自然秩序」的想法作為橋梁，這種大自然秩序不能容許矛盾的發生。魁奈合理化地主與君主的收益，所用的是這種**大自然秩序**的另一分支。亞當・史密斯完全接受了魁奈這一分支的**大自然秩序**，但卻是用來合理化資本主，而不是

代地主與君主。因爲魁奈的論證是，地主與君主是憑藉他們的
固定資本（土地投資）收取利息，而且是收取全部的淨產出，
但在實際上產生盈餘的並非這固定資本的整體，而僅是其中的
「流動」部分，也就是相當於損耗、折舊或折耗的一部分固定
資本，[12]包括著耕作者的給養在內，如此說來，他們收取利息
又有什麼正當理由呢？誠然，他們有權可以取得他們所投入的
那一部分，也就是說，相當於上文所述，他們所投入的流動商
品，和耕作者與不事生產階級目前所做的一樣。但是，他們怎
麼可以憑藉那一部分留在他們手裡而沒有用到的固定資本——
既沒有交給大自然去增產，又沒有因再生產而流動的部分——
來收取利息與淨產出呢？產生淨產出既是由耕作者的給養，而
不是由地主的擁有權，那麼，爲什麼耕作者不可以取得全部的
淨產出而排除掉地主呢？——在「法國革命」期間，農民們接
收了產權時就是這樣做。

　　魁奈合理化耕作者與不事生產階級，用的是「大自然秩
序」與「自然權利」。耕作者與不事生產階級生存所必需的給
養是取之於地主與君主。他們所獲得的相當於他們所投入的
——這和任何一項物理定律同樣的自然。[13]

　　但是，大自然秩序還另有一個分支，那就是「道德秩
序」，其對人類的自然約束力與物質秩序一式無二。足以合理
化地主與君主收取地租、利息及稅捐的淨產出就是這種道德秩

---

12 參閱本書第八章，第三節「平均數」。

13 參閱他爲不生產階級的收益所作辯護，認爲與奢華階級有別。見於魁
　 奈的前述著作，第390-391頁。

序。

　　然而這種道德秩序也無非是1758年在法國地主與君主之間當時所流行的習俗而已。重農派學者心目中的國家是一個大地產業主們集合的國家，這些業主們享受著君主所頒賜的特權，他們也像他們的君主一樣擁有自己采邑之內的朝廷，而君臨他們自己屬下的臣民。魁奈並沒有把統治權和私人產權分別清楚。他心智中是1758年的法國與德國，其封建的地產也是統治權，也有采邑地的朝廷與武裝官吏。業主就是君主，由官吏代他行使他的權力。[14]他的臣民十分之九是農業勞動者與小農，其餘則是一些開小店鋪的手工匠人，處理著農業勞動者交給他們的羊毛、皮革與肉食；再不然就是一些家庭僕役，名符其實的「手工」製造者（manu-facturers，通常譯作製造業者），製作地主們提供給他們的產品。他們不是共和國家的市民。身為統治者的業主們其所以也能分享一份，並不是因為他們生產了這一份，而是由於他們在道德秩序之中所處的地位，對於這種道德秩序魁奈是十分熟悉的。他們是貴族，只是因為他們的高貴，所以在道德的權利方面也居於優越地位。倘使沒有他們，那就一件事也辦不了，這是因為他們的祖先在最初的時期提供了這塊土地，並且是因為他們自身對耕作者與不事生產階級提供了安全與給養所致。

　　魁奈所企盼的不是地主與君主該受到憲法或產權限制的排除或阻止。他只是希望地主們和君主們在行使其統治權時務必

---

14 參閱蓋德與烈斯脫合寫的前述著作，第19頁。

要遵從「大自然秩序」，而不可對財富的生產與流通發出愚昧的命令。他們保持他們的地位是由於道德秩序，但卻不是遵從自然秩序。

因為大自然是理智的、仁慈的、豐厚的，和洛克的「大自然」一樣。所以，照魁奈的說法，物理定律是「一切物質事項的規定路徑，在大自然秩序之下顯然是*對人類最為有利*」。道德法則也是出於同一仁慈的來源，這是「人類一切行動在和物質秩序相一致的道德秩序之中所應遵循的規則，顯然也是*對人類最為有利*」。由這些大自然法則產生出自然權利。魁奈說，自然權利是「一個人對那些適合他本身幸福的事物所享有的權利」；而所謂正義——決定自然權利的自然法則之規則——就是「按照理性所承認的自然與主控權的規則，這種規則可以*很明顯*的決定何者屬於自己，何者屬於別人」。[15]

大自然秩序的這許多定義，包括**道德秩序**在內，使魁奈可以用來調解哲學家們所有關於自然法則、自然權利與自然正義的種種矛盾想法；因為他的自然權利是一種具有彈性的想法，這可以適合於任何時日與地點的環境，但卻使「自然權利」降為自然的荒誕（natural absurdity）。這麼一來，所有哲學家們顯然互相矛盾的自然權利全數變為真實的了，只要是這些自然權利在某一時日與環境之中*表面上*看來是真實的，就可能有*相對的*真實性。查士丁尼（Justinian）的話是對的，他

---

15 見於魁奈所著《自然權利》，第359及365頁。上文斜體字是我增補進去的。

主張自然權利是大自然對動物所顯示的權利，*只要他們是動物就行*。所以，在孤立的情況之下，個人的自然權利就是他用他的力量與智慧所能取得的任何事物，*只要他是孤立的就行*。即使是霍布斯（Hobbes）的「一切對一切」（all against all）的無限權利也未嘗不對，*只要是處於無政府的狀態之下就行*。同樣的，有些人並沒有說錯，他們認為凡是普通而有主權的就是自然權利，*只要是我們所談到的這個國家有主權當局管到民眾就行*。同樣的，另一些人也說得對，他們說自然權利並非絕對的，而是限於默示與明示的同意，*只要是這樣的同意成為習慣就行*。甚至於那些完全否定自然權利的人也沒有錯，*只要他們所談到的人根本不知道自然權利為何物就行*。知識是一種「光」，倘使沒有這種光，理智就看不見任何事物，而自然秩序的存在於像法蘭西這麼一個國家裡，也只是那些既有理性又有知識的人們才覺察得到。

所以，在魁奈和重農主義者看來，一個君主所制定的基本實踐的法律就是要教誨公私人等懂得自然秩序的法則，這是「走向理性的光」。最大的罪惡就是保持民眾的愚昧無知，因為只有自然法則的知識才能指導理性去維護地主與波旁王朝（Bourbon dynasty）的權威、財產、富饒與安全。

簡而言之，魁奈對於自然法則、自然權利與自然秩序的觀念實際上僅是當時當地的**習俗**，這和統治權的論示有別。習俗是自然，而統治權則是重商主義。但是照魁奈的說法，習俗變成了一種開明的適合感，一種受過教育的常識，一種明顯的直覺，只要是慣常的事物就顯得自然，如果受到國家的干預就變為不自然。習俗是利益的調和、是勞動與資源的和諧分配。由

於大自然恩賜的事實，其帶來的是和諧的分配，假如沒有受到統治權的干預，將使個人們流向自然最豐富的管道，而不會流向其他管道，致從流通事物之中提取多於大自然所賜予的分配額。假如人們能遵從大自然秩序，則政府絕不會在大自然不足之處鼓勵太多的產出，並以大自然豐厚之處其他產出太少作爲犧牲。總之，在魁奈看來，自然秩序才是良好的經濟，而人爲的秩序則是**重商主義者**與路易十五世（Louis XV）所支持的不良經濟。

照魁奈的說法，用**理性**之光所見到的這些自然法則具有創造富饒所需的智慧與仁慈兩種品質，因爲這些法則是一位**智慧之神**爲人類的幸福而設置的。因此之故，這些法則都是「不可變更、不可破壞且可說最完善的法則」。[16]魁奈的心智中，在對比之下，存有當時歐洲專橫的統治者所訂定的實踐性因此屬於人爲的法律。這些實踐性的法律和自然法則迥不相同，因爲大自然生產富饒，而這些法律是創造稀少性。這種差別之所以發生是由於實踐性法律可能會錯誤、腐化、威逼與反覆無常，所以也就違反了自然法則，反過來說，自然法則則是不可變更的、理性的、仁愛的與豐厚的。因其如是，所以像魁奈這樣智慧而仁慈的一位地主在1758年的路易王朝宮廷就要把自然與道德秩序的大自然法則當做實踐性法律的魔術公式。

所以，洛克是用自然法則合理化製造業者與商人來對抗國王與地主；而魁奈則用其來合理化國王與地主對抗製造業者與

---

16 同前書，第375頁。

商人。他們都把上帝、大自然、理性與富饒視爲同一。他們歧異之處在受益人。

魁奈在一方面是用自然秩序與道德秩序合理化地主們的地租，而在另一方面又得了一個可行的結論——所有的稅賦都應該向地主的地租徵課，而將其他的稅賦一概取消，這看來似乎是一種悖論。對這一點的解釋是雙重的：

他認爲可以課稅的「淨產出」之中既不包括地主對土地肥沃度的*維護*，也不包括土地肥沃度的改善。這些都是地主的「墊支」，假如期望地主恢復其土地原有的肥沃度，那就不能對這些墊支課稅。所應課稅的只限於由*原始*的肥沃度得來的淨產出。[17]

另一個解釋是，他所關心的僅在於農業地租，並且主要的是有關銷售、進口與公路之類的稅賦。當時，法國的稅賦不僅是對國外輸入品課稅，並且還包括對由農場輸往城市的產品（octrois，入市稅）以及強迫公路建造的勞動（corvées，勞役）。這些稅賦妨礙了財貨的流通，而且也壓迫了農民。這些稅賦增高農業生產的成本，而減少由銷售農產品得來的收入，要取消這些稅賦就得大大提高農業地租，有了這種提高的地租才能課徵提高的稅賦。魁奈所建議的也就是實際上所常發生的，那就是，地主與壟斷性製造業者及商人的行會這個優越階級該自願放棄他們的特權，以期增強整個國家的生產力，而

---

17 參閱本書第八章，第七節「李嘉圖」；及第十章，第七節，伍、員警課稅權。

使他們自己也可以身受其益。到後來，杜爾哥在某個省份裡除掉這種商務的障礙，證明魁奈的理論有效，且使這個省份增加繁榮。不過，再到後來，杜爾哥企圖作全國性大規模同樣改革時，他卻被貴族們罷免了官職（1776年），這是因為他們有他們的自然秩序觀念。[18]有些人往往要這樣講，杜爾哥的重農主義改革也許可以防止「法國革命」，可惜身為受益者的人們目光淺短，沒有能夠看得那麼遠而已。這一次的革命把他們的地產分給了農民，並且廢除了商人與製造業者的行會。

在魁奈之後四十年，馬爾薩斯以大自然的稀少性替代大自然的富饒。在魁奈之後六十年，李嘉圖發現勞動力足以克服大自然資源的自然稀少性這個價值觀念。在魁奈之後九十年，馬克思接受了魁奈的流通、李嘉圖的勞動與自然稀少性及消除地主、君主與資本主。在魁奈之後一百二十年，亨利喬治接受了魁奈的自然權利、大自然恩賜與李嘉圖的地租發展成為他那單一稅的建議。另一方面，在魁奈之後十八年，亞當・史密斯部分排斥他的自然生產力而退回到洛克的勞動理論。不過，在亞當・史密斯以前，甚至在魁奈以前，休謨已經以稀少性替代富饒，不但以此作為經濟學的基石，並且以此作為財產權利的起源，只是亞當・史密斯與魁奈皆未能加以注意而已。

---

18 參閱本書第九章，第四節〔貳〕，講到杜爾哥的那一段。

第四章

休謨與皮爾司

第一節　稀少性

　　洛克與魁奈是基於富饒原則讓**法律**、**經濟學**與**倫理學**相互關聯，而休謨則是基於**稀少性**原則使這三者交互關聯。亞當·史密斯稱許休謨，認爲是「現代傑出的哲學家與歷史學家」，然而亞當·史密斯卻排斥了他的立論基礎，而又回到休謨所排斥的洛克。在1739年，休謨曾經講過：

　　「在任何一種可以考量得到的情況之下，把人類的條件顛倒過來：生產極端的富饒或極端的貧窮；把完全的……人道或完全的貪婪與惡意注入人類的心中：使正義整個的化爲無用而將其本質整個的毀滅掉，並使人類停止負擔此項義務。……大自然的慷慨寬宏之手所給予我們的享受總是微乎其微；而由於藝術、勞動與勤勉，我們卻能取得極其豐盛的享受。因此，財產的觀念在所有的公民社會裡成爲必需：因此之故，正義對於民眾產生了效用；並且也僅是因此之故而使其產生價值與道義上的義務」。[1]

　　休謨的「效用」是指公眾效用而言——相當於現代的「社會效用」——也可以稱之爲公眾福利或社會的善。到後來

---

[1] 參閱《休謨哲學著作集》（*The Philosophical Works of David Hume*），共四卷，爲格林（T. H. Green）與格羅靳（T. H. Grose）所刊行（1875年，再版於1898年），見於其第四卷，第183頁。這裡的引述是得之1898年的再版。

邊沁卻是指私人效用或個人苦與樂而言。休謨的公眾效用對個人的影響是把利己的動機附屬於公眾效用之下。邊沁的私人效用是利己使其與公眾效用相等。[2]

假如休謨是把公眾或社會效用看做正義的唯一起源與其價值的唯一基礎，那麼，這種效用對於人類究竟是如何發生作用的呢？——按照邊沁後來的說法，對於個人能發生作用的僅限於這個人自身的苦與樂。休謨的答覆是**稀少性**的程度與**民眾的品格**。

他說，「我們姑且假設大自然賜給人類一切外在方便異常的富饒，既沒有任何不確定的情事，而我們也毋須耽心與勤奮，每個人都覺得凡是他那最貪婪的食慾所想要的，或是他那奢侈的幻想所企求或渴望的，皆能充分獲得。……顯而易見的，在這種幸福狀態之下，其他每一種社會品德皆能滋長而增進十倍；但是對於正義這一種慎重的、妒忌的品德絕不會有人去夢想得到。每個人所享有的既是過分的充足，再要把財貨彼此劃分開來又有何益呢？既是毫無所損，則財產又是因何而生呢？假如一件物品被別人攫奪了去，而我還可以伸出手來取得同樣有價值的東西，我又何必要說這件物品是我的呢？在這種情況之下，正義完全毫無用處，這將是一種無聊的儀式，而在品德的目錄之中也不可能占有地位」。這樣的富饒狀況是「*黃金時代裡一種詩意的虛構*」，是「*自然狀態中一種哲學的虛*

2　參閱本書第六章「邊沁對布萊克斯東」。

構」。³

如此說來，**正義**與**私有財產**當然都是起因於*相對的稀少性*，不過，他又接下去說，共產主義是起因於*完全的稀少性*。

「假如一個社會陷入了這種缺乏一切普通必需品的境地，致令極端的儉樸與勤奮也不能維護大多數人免於滅亡，不能使全體民眾俸免於極端的艱苦；我相信大家都要承認正義的嚴峻法則在這樣的急迫情況之下必將懸擱起來，讓位於貧窮與自保的較強動機。船舶既經失事，抓住一個人所能握到的工具或手段，而不再顧慮先前的財產限制，這可是任何罪行嗎？……那種品德（正義）的**使用**與**傾向**藉由保持社會的秩序以取得幸福與安全；但是到了這個社會因極端的貧窮而行將覆亡時，也就沒有更大的罪惡比暴力與不義足以令人畏懼了。……即便是在不甚迫切的貧窮之中，群眾也可能未得業主的允諾而將其穀倉打開。……在饑饉時期，把麵包拿來均分，縱然是使用了權力或暴力，難道可以認其為犯罪或侵害嗎」？⁴

然後，休謨又從斯巴達（Sparta）與羅馬的**土地再分配法**之中舉出了若干歷史例證，不過，他的結論則是說，在他那時

3　見於休謨的前述著作，第四卷，第179-180、184頁。

4　同前書，第四卷，第182頁。

代，英國人有關財產的習俗，例如：一個人對自己產出的擁有權、承諾的讓與、契約的強制執行、財產的繼承之類，通常總是更有益於群眾，因此也比共同的或均等的擁有權更爲公正。

但是這在論證上卻已經有了變動，由洛克在**富饒**狀態之下的**大自然法則**與**神聖理性**一變成爲休謨在**稀少**狀態之下的貧窮必需與便利。

休謨說，「如果考驗一下論述自然法則的作家們，必然可以看得出，無論他們是以何種原則爲出發點，到了最後，總是達到同一個終止點，都是歸因於人類的便利與貧窮，作爲他們所建立的每一項法則之終極理由。像這樣牽強附會的說法用來反對體系比用來推行這些體系更具權威」。[5]

趨於極端的人類品格也足以使公眾效用與正義成爲一種變動的和相對性的事物。

「……假設人類的生活必需品仍然和現時相同，但人類的心智卻已經擴大，每一個人的內心都充滿著友愛與寬宏，對待其餘的每一個人都是極端的溫和，自身的利益並不比同伴們的利益更爲關心；顯然的，在這樣的情況之下，正義的**使用**會因廣泛的仁慈而懸擱起來，也絕不會再想到把財產與責任彼此劃分及設防禦。……我的內心對於我和一個鄰人的利益既是無所

5　同前書，第四卷，第189頁。

區別，爲什麼還要在我們的田地上樹立界標呢？……整個人類將形成一個大家族；在這個家族裡一切事物都是共有的，人人可以自由使用，毋須顧慮到這些事物的產權」。[6]

　　休謨列舉出種種的德行，諸如自尊、寬宏、勇敢、良知、誠信以及亞當‧史密斯後來概括在**同情心**這個名目之內的各種品德，他把他的倫理學與經濟學建立在個性與稀少性這兩項原則的基礎之上。根據於這兩項原則，他企圖駁斥洛克與霍布斯的倫理理論，「這兩位都是維持道德的自私體系」，[7]並駁斥亞當‧史密斯、邊沁以及一百年來的經濟學者，他們都是採納了這兩位的經濟和倫理理論並以利己作爲經濟學的基礎。

　　他說，「我們找到了一些事例，在這些事例之中私人利益是和公眾利益有別，甚至是相違的：然而我們又觀察到利益雖是分歧，但道德的情操仍然存在。只要是這種分歧的利益明顯湊在一起的場合，我們總看到情感會明顯的增加，對於德行更加熱愛，及憎惡惡行。……這些事例迫使我們不得不拋棄這種理論，因爲這種理論僅說明基於利己的原則所產生的道德情操。我們必須抱持較爲廣泛的愛心，並承認社會的利益，縱然爲其本身著想，也不是與我們完全無關。有用性只是達到某項目的傾向，如果說，某件事物是達到目的的良好手段，而這個

6　同前書，第四卷，第180-181頁。

7　同前書，第四卷，第267頁。

目的的本身卻絲毫不能影響到我們，這句話便是犯了言辭上的矛盾。所以，如果認爲有用性（公衆的或社會的效用）是道德情操的根源，如果這種有用性並不一定與自我有關；則其結果必然是，凡屬對社會幸福有所助益的每一件事物皆能直接獲得我們的讚許與好感」。[8]

　　到後來，亞當‧史密斯否定了這一點。然而，假如我們熟悉現代的工會「倫理」以及工業、商業與銀行業的營業「倫理」，我們可以看到交易與運營中的業務團體，之所以能和平進行正是由於休謨的機會**稀少性**及其所招致的利益衝突，因此而產生了種種經濟德性，例如：誠實、公平待遇、公平競爭、經濟力量的合理運用、機會均等、待人如待己、善意及合理價值等等，這些德性把自我的眼前利益置於從屬地位，而和別人分享有限的機會。誠如休謨所說，稀少性的作用一方面是在於求取自我的利益，而另一方面又在於自我**犧牲**，凡是以休謨的稀少性爲基礎的經濟學總可以容許把經濟學、倫理學與法理學聯合起來；同時，凡是效法亞當‧史密斯或洛克，假設著富饒與神的仁慈，而以利己爲基礎的經濟學總是把經濟學與倫理學及法律相隔離。因此，我們是把**稀少性**而不是把供需「定律」或利己作爲經濟學與法理學普遍的原則。

　　休謨又重行把他那極端的假設反過來講。

8　同前書，第四卷，第207頁。

「同樣再假設一個有德行的人命中注定陷入了一群歹徒的社會裡……他……除了把自己武裝起來以外，別無其他權宜之計，無論他所搶到手的劍或盾是屬於何人；採取一切防衛和安全的手段。到了此刻，他所特別尊崇的正義對自己或別人的安全不再**有用**，他必須單獨聽命於自衛，無法兼顧別人，那些人已經不值得他的關切與注意」。[9]

然後休謨又放棄這些極端的事例而開始講到歷史上社會的實際複雜情形。他說，「社會的普通情況是介於所有這些極端之間的中位數」。[10]普通情況依其性質與狀態，總是極其複雜、極其變幻無定在運轉。他說，要想發現公眾效用與正義在歷史上的差別，我們必須藉助於「法規、習俗、前例、類比以及許多其他狀況，其中有些是永恆不變的，有些則是變幻及無常的。[11]

凡此種種，假如從另一觀點看來，皆可化約為休謨的三種觀念：重複、變異性與未來性，這三種觀念是他在**習俗**的這個名目之下所列舉的。

9 同前書，第四卷，第182-183頁。

10 同前書，第四卷，第183頁。

11 同前書，第四卷，第191頁。休謨的「公眾效用」（public utility）不可以和這個用詞現代的限定用法相混淆，例如「公用事業公司」（public utility corporations）。

第二節　由習慣轉為習俗

休謨有一點和洛克不同，他把所有的觀念化約為主觀的感受，而不是作為智力的複製本與理性的反應而存在。過去，柏克立大主教已開闢了這一條途徑，休謨就是採取這條途徑，形容這是「一個最偉大、最可貴的發現」而將其歸功於柏克立。[12]

柏克立曾經指出洛克的理論之中「觀念」的雙重意義──「一個感受」和「一個感覺得到的物體」，並且說明一個感受，僅作為感覺不能產生宇宙間秩序、條理與一致的關係。洛克「一件事物的觀念」只不過是一個「觀念」，及一個觀念也只是一個感受，但照柏克立的說法，這必須是對一些感受有秩序、有條理的關係所產生的感受，所以，在柏克立看來，一個感覺得到的物體其真實性完全消失，只有**上帝**的真實性依舊存在，我們直接感覺到上帝是一種有秩序、有條理、仁慈的意志，指導著我們人類與整個世界。

但是休謨又更進一步，他主張心智的本身並不是洛克或柏克立的「靈魂」，靈魂能夠自己知道自己的感受，而心智僅是連續發生的一些感受，其本身並不能自己知道自己。[13]「心智並非一實質」，這不是一個具有觀念而持續存在的器官；這只是一系列觀念的抽象名稱；「知覺、記憶與感受皆是心智；

---

12 同前書，第一卷，第325頁。

13 同前書，第一卷，第326頁；並參閱格林對柏克立與休謨的總評，第一卷，第149頁以次。

在思想過程的背後沒有可察覺的『靈魂』」。[14]於是休謨就達到他那終極懷疑論，認為世界僅是感受的連續，而心智就是智力，在這些感受之中永遠看不出有任何真實的聯繫。

實際上，休謨仍然是把觀念說成了「複製本」，但卻不是如同洛克那樣對外在對象枯燥無味的描繪──這些都是模糊不清的感受，把更為鮮明的感受加以複述。「對同一對象的兩個觀念其所以互不相同只是由於不同的感受」。[15]「我們的觀念是照我們的印象複製下來的」，而這些觀念相互之間的差別僅在於其力道或活潑的程度不同」。[16]

照休謨的說法，每一個印象或知覺，無論其為外來的或內在的，無論其為有關物體的大小、動作與硬度，抑或是有關其色彩、味道、氣味、聲音、冷或熱，或由此而生的苦與樂，最初總是處在同一立足點──皆為印象。這些印象都是內在的，而且都是轉瞬即滅的；所以我們並不知道這些印象與外界持續存在的實質之間有何關係，也不知道這些印象與內部常存的靈魂之間有何關聯。靈魂並不知道其本身感覺到這些印象──靈魂只是這許多轉瞬即滅的感受之連續。

就哲學而論，休謨已達絕對的懷疑主義。然而實際上並不

---

14 參閱杜朗脫（Durant, W.）所著《哲學史》（*The Story of Philosophy*，1926年），第281頁。

15 見於休謨的前述著作，第一卷，第560頁，（附錄）。

16 同前書，第一卷，第396頁。在第560頁的「附錄」裡，他修正了他的這句話，刪除了「僅在於」這字司，然而他依舊保留著感受的歧異，認為這是觀念所僅有的差別。

是這麼一回事。休謨的解釋，其實就是**活動**與**習俗**。[17]活動給予我們經驗，而經驗則是具有類似性、連續性與因果關係的觀念之結合。因果關係的範圍最為廣泛，通常是表現在動作與力量這兩種關係之中。動作是一對象作用到另一對象，而力量則是產生如此動作的能力。動作是現實的，而力量則是潛在的。所以，原因與結果，無論其為現實的或潛在的，總是

　　「一切利益與義務關係的根源，由此而使人們在社會裡相互影響，並受到治理與附屬的約束。主人就是這樣的一個人，由於他從武力或同意得來的優越地位，取得了一種權力，可以在某些特殊情況之下指揮另一個人的行動，我們把這另一個人稱之為奴僕。法官就是這樣的一個人，他在一切爭執的事件之中，可以按照他的意見來決定一件事物的占有權或財產權究應歸屬於這社會的那些成員。一個人既已擁有權力，他可以毋須其他事物來把這種權力轉為行動，而只需發揮他的意志就行了」。[18]

　　如此說來，意志就是活動。權力就是按照意志來行動的能力。不過，休謨僅是複述洛克的物質類比，而未能把**選擇**作進一步的分析。[19]
　　這些相同的經驗，如果作為觀念看待，實在就是人們所熟

悉但卻不甚鮮明的感受，這種感受是從原始的一次經驗遺留下來而重複地顯現，所以這些都是印象的「思慮」，我們理解爲記憶與想像。觀念是外來的印象在內部的重複，由此而產生一種新的印象——「思慮」的印象，這些印象也是感受，但卻主要的是期待於未來，例如：渴望、憎惡、希冀、恐懼等。

　　這種反映的感受構成休謨意見與信仰的想法，但我們卻要稱之爲意義。信仰絕不是由現時的感覺所產生，然而假使沒有現時的感覺也就不能產生信仰。這和重複是不可分離的，休謨把這種重複稱之爲習慣或習俗。[20]

　　「……現時的印象，如果是作爲單獨一個知覺並限於現在這個時刻而加以考量，則其本身所固有的力量與功效絕不能產生如此的結果。我覺得，一個印象在其最初出現時，我不可能由此而求得一個結論，但是等到我對這個印象的通常後果既已有了經驗之後，這個印象也就可能成爲信仰的基礎。我們必須是在過往的事例之中曾經見過與此相同的印象，而且發現其永恆的和某種其他印象連接在一起……然後這種與現時印象伴隨過去某些印象及結合所產生的信仰……就會立時出現，並毋須重新運用我們的理性與想像。關於這一點我可以確切斷言，因爲我從沒覺察到任何這種運用，而在這個主題的範圍之內也看不到其他建立信仰的基礎。我們稱之爲習俗[21]的每一件事物都

---

20 參閱鮑克（Boucke, O. F.）的《經濟學評論》（*A Critique of Economics*，1922年），第151-152頁。

21 或「習慣」。

是由過去的重複所產生，而未作任何新的推論或結論，所以，我們可以建立一項確切的眞理，那就是，所有伴隨現時印象而來的信仰，都是單獨從這個根源得來。我們如果慣常的見到兩個印象連接在一起，則其中一個印象的出現或有這個印象的觀念立刻使我們聯想到另一個印象」。[22]

然後他又把他的實驗反過來說，認爲假如沒有現時的印象而僅有這個觀念存在，

「則雖是按照慣例仍然要轉到另一個相關的觀念，但在實際上卻不會產生信仰或信念。所以，一個現時的印象對於整個作用的運行是絕對的必須，在此以後，我把一個印象和一個觀念互相比較時，我覺得其唯一的差別僅在於力道與活潑的程度不同，大體說來，我可以斷定信仰是一種觀念較爲鮮明、較爲強烈的概念作用，這是由於其與現時印象的關係而產生的」。[23]

所以，一個意見或信仰是「一個和現時印象有關或聯繫的生動觀念」。[24]按照我們的說法，這就是印象的意義。

這麼一來，休謨轉變了「大自然法則」的觀念，不但和洛克與魁奈之神在過去所發命令的觀念以及他們對大自然和諧

22 見於休謨的前述著作，第一卷，第402-403頁。
23 同前書，第一卷，第403頁。
24 同前書，第一卷，第306頁。

法則的觀念不同，並且也和原因與結果之間必有關聯的觀念以及任何一種「論證」都有差別。他認為大自然法則只是一些預期，「其由來完全是習慣，因為有此習慣，我們才被企盼未來可能獲得我們慣常見到的這一連串對象所決定。這種習慣或把過去轉移到未來的決心是完整及完善的；所以，這一類推論的想像，其最初的衝動也具有同一預期的質性。假如對於過去的實驗發生了矛盾，則此「最初衝動……也必然碎裂為斷片」，而我們也就斷定，「假如此等情事果真發生，則其中必雜有與過去同一比例的成分」。其結果是或然性的程度減低，但是無論如何，「*未來必與過去相類似的這個假設……是完全由習慣導致*」。[25]

「所以一切可能的推論無非是一種感覺而已。不但在詩詞與音樂裡，我們必須順著我們的品味與情感前進，即便在哲學裡也是一樣。假如我信服某項原則，這也僅是一種觀念，其感動我的力量比較強。如果我偏好某一套的論證尤甚於另一套，這也只是根據我自己的感受來決定其影響力的強弱罷了。對象之間的相互關聯是看不見的，對想像力產生作用，並使我們能由某一事物之出現而推定另一事物之存在的也不是由習俗以外的任何原則」。這種偏見是無意識的。「我們對原因與結果的一切判斷皆依賴過去的經驗，而這些經驗對我們的心智產生作用的方式可能是難以察覺而從未被注意，甚至可能是我們所無

---

25 同前書，第一卷，第431-432頁。

法得知的」。[26]

　　他承認，雖沒有習俗而單憑思慮，有時也似乎產生信仰，甚至我們還能「僅作一次的實驗就得知某一項特殊原因的知識」。這時，心智就可能「求得」一個有關原因或結果的「推論」。不過，這種表面上的疑難是容易解答的，我們只須注意，我們已經作過數百萬次的實驗，使我們深信這一項原則：「凡是類似的對象在類似的環境之下，總產生類似的效果」。所以，我們的經驗已經轉到我們所沒有經驗過的事例之中，不論是明示的、直接的，默示的、或間接的。[27]

　　誠如上文論述休謨時所說的，在我們所有的事物裡，無論其為普通生活方面的事務，抑或是科學或哲學方面的事務，這並不是我們的智力，如同洛克所主張的那樣，而是我們過去感受的重複決定了「與現時印象有關或聯繫著的生動觀念」，所以這不是知性的知識，而是這個人的成見，也就是這個人歸屬於外來印象的意義。

　　這句話也可以適用於休謨的道德觀念。麥爾伯蘭基（Malebranche）、克特瓦斯（Cudworth）與克拉克的出發點在於道德關係，認其為純知性的建構，而休謨則主張這種知性關係僅係同語反復（tautological）的論斷，如同數學裡的論斷一樣，這不是能夠感覺得到的；所以，我們在上文已經講

---

26 同前書，第一卷，第403-404頁。

27 同前書，第一卷，第405頁。

過，他是把他的倫理學建立在社會效用與稀少性的感受上。[28]

休謨的黑格爾派編輯者（Hegelian editor），格林，在1875年撰述時，反對大自然與道德法則的逆轉，原本是以普遍的智力爲基礎，轉向以休謨的個人感受與預期爲基礎：

「一個教條把大自然的秩序化約爲預期的力量，並且把科學的實際過程中所分別給予信仰與現實的地位完全顛倒過來，而這個教條居然爲研究科學的人士們明顯的採納，成爲他們自己的教條……倘使這樣的一個教條竟能如此坦率地提出，或始終一貫地予以堅持，這眞是一件不可理解的事。……預期是一種『思慮的印象』，假如因果關係僅是預期而已，則凡表面上反抗化約爲感受最有力的事物也得要被化約了。……像這樣的預期所構成的一個預期絕不適合於大自然的一致性這個概念作用在歸納法科學裡的實際用途。……基於只要我們能夠找得出，必然有一項一致性法則這種信念而對『大自然的質問』，我們是強迫她（大自然）承認她沒有自發性提供的一項法則……各個現象之間一致的關係既不是印象，也不是觀念，這種關係只能存在於思想之中」。[29]

根據上面這一段引述文，格林下結論說，「假如因果關係僅是習俗而已，則憑藉此種習俗以擴展知識的理由仍有待於

---

28 同前書，第四卷，第190頁。
29 見前書，第一卷，第275-277、280等頁。

說明；而在預期熟悉感受的重現與歸納法科學之間的裂痕也還沒有彌補起來；洛克的『懷疑』，認爲『自然科學是不可能的』，非但沒有被克服，反而成爲一種體系了」。[30]

杜朗脫也表示與格林相似的反對。

「……休謨去除了靈魂概念，並毀滅正統派的宗教而猶以爲未足，他又建議透過消除定律的概念來以毀滅科學。科學和哲學一樣，自從布魯諾（Bruno）與伽利略（Galileo）以後，發現了許多大自然法則，許多由因得果的『必然』順序；史賓諾沙（Spinoza）把他那莊嚴的形上學建立在這個足以自豪的概念作用之上。但是，休謨說，我們從來沒有見過原因或法則，我們只是見到事件與順序而推定其因果關係與必然之理；法則並非事件所應遵從的一種永久而必要的命令，這僅是我們千變萬化的經驗在心理上的摘要與速記；我們不能保證以往所遵循的順序仍將在未來的經驗之中再現而不變，『法則』是事件的順序所遵守的習俗；但在習俗之中卻沒有『必然性』」。

「唯有數學公式才有必然性——這些公式是先天的、不變的眞理；其所以然的理由在於這些公式都是同語反復的——其述詞也已包括在論題之中：「$3 \times 3 = 9$」之所以成爲永久而必然的眞理，只是因爲「3×3」和「9」原本是同一事物的不同表示而已」。[31]

---

30 同前書，第一卷，第285頁。

31 見於杜朗脫的前述著作，第281頁。

　　然而現代科學所做的完全和休謨在習慣與習俗的名稱之下所解說的一樣，休謨是把兩種心智概念加以區別，一種是洛克與格林所接受的被動概念，另一種是心智建構其調研與行動工具的主動概念，其中包括著定律、原因、效果、必然性等心智工具。假如心智是被動的，則絕不能見到「瞬即消失的感覺」相互之間的關係。不過，如果心智是主動的，則在實際上必能按照稍縱即逝的感覺整體與部分之間的假設關係而創造、而感覺、而行動。休謨的懷疑論所毀滅的是心智的被動概念。他所預言的則是心智的主動概念。

第三節　實用主義

　　消解休謨的懷疑主義的是美國**實用主義**的倡導者皮爾司，他在1878年創造了主動心智的這個概念。以一個物理科學家的身分而伴同著作《聯邦政府的地線觀測》，他深入調研休謨在考量實際事務時視為藏身之所的**習慣**與**習俗**。實際上，皮爾司是以**習慣**與**習俗**而不是以智力與感覺為一切科學的基礎。他把他的體系命名為**實用主義**，不過，他的用意只是指科學調研的方法而言。這麼一來，他不但避免了休謨的心理學之中被動心智的激進懷疑主義，並且也避免了休謨的批評者既定的「大自然秩序」。正因為皮爾司這位物理科學家詳述一切科學調研的心理學，所以我們要追隨他，並接受**實用主義**這個用詞，作為這種調研方法的名稱，而應用到這部書裡所講的經濟學。

　　我們並沒有忘記由休謨到皮爾司的一百四十年，[32]這一段期間以內有一些實用主義的哲學先驅者，例如：斯圖爾特（Dugald Stewart）與荷格森（William Hodgson）等人。只是我們覺得皮爾司的方法更適用在我們之目的。我們沒有忘記皮爾司之後的五十年，這個期間又有一些後繼者，諸如詹姆士（William James）、杜威（John Dewey）與席勒（Schiller, F. C. S.）等人；我們也沒有忘記科勒和考夫卡的**形態**心理學。[33]皮爾司到後來堅決反對詹姆士與科勒使用他的「實用主義」這個用詞，他說他的這個用詞是一種知識的理論與真理的檢測，而他們用的這個用詞則是一種生活、價值或渴望的哲學。他說，詹姆士解析一個觀念的真理檢測，不僅是觀察其能否達到預期的後果，並且還要觀察其能否引向*值得嚮往*的後果，例如個人的幸福或杜威的*值得嚮往的社會*之類的後果。[34]

---

[32] 特別是要參閱沃格林的《論美國精神之形式》（*über die Form des amerikanischen Geistes*，1928年），第19頁以次。

[33] 參閱詹姆士的《實用主義》（*Pragmatism*，1906年），《激進經驗主義論文集》（*Esssays in Radical Empiricism*，1912年）；杜威的著作，特別是《確定性的探求：論知識與行動的關係》（*The Quest for Certainty: a Study of the Relation of Knowledge and Action*，1929年）；席勒的《人道主義》（*Humanism*，1903年）；關於科勒與考夫卡，參閱前文，第二章，第三節。

[34] 參閱皮爾司在《一元論者》（*Monist*）雜誌第XV卷（1905年），第161-181、481-499頁，及第XVI卷（1906年），第147-151、492-546頁所發表的幾篇論文。

　　所以，我們不得不把實用主義的這兩種意義加以區別及使用：一個意義純粹是皮爾司的科學調研方法，這種方法是他從物理科學中導出，但亦可適用於我們的經濟交易與業務團體；另一種意義是參與交易的當事人本身所採取的各種社會哲學。因此之故，我們是在後述的這種意義之下緊隨著杜威的社會實用主義；而在我們的調研方法上則是追隨著皮爾司。一方面是科學的實用主義——這是一種調研方法——而另一方面是人類的實用主義——這是經濟科學的主題。

　　皮爾司在他的科學實用主義裡面開始把感覺與感覺之間的*關係*區分清楚，並將其併入感受的本身之中，這種關係是休謨所排斥的，因為他不能把感覺解釋為感受。[35]皮爾司注意到有意識的感受之中有兩種元素並用來說明這個方法。「在一段音樂裡有個別的音符（notes），也有旋律（air）」。休謨的印象與觀念是「音符」，這是在不同的時點互相隔離的感受。但「旋律」卻不是如此，因為旋律是在時間的流動之中持續的感受。

　　皮爾司說：「單獨一個音符可能延長到一小時或一天，在其中的每一秒鐘與整個時間以內這個音符同樣的存在；所以

---

35 見於皮爾司連續發表的六篇論文，其論題是「如何使我們的觀念澄澈」（How to Make our Ideas Clear）刊載於《大眾科學月報》（*Popular Science Monthly*，877-1870年），第XII卷，第1-15，286-302、604-615、705-718頁。轉載於《機會、愛與邏輯》（*Chance, Love and Logic*，1923年）。本書是從轉載中引述得來。

在發音的時間以內，這個音符對於感官可能是存在的，但在過去與未來則全然不覺得其存在。不過，這和旋律不同，旋律的演奏必須占有一定的時間，在這時間的各個部分只能演奏各該部分的旋律。旋律是由一些聲音有秩序的連續所構成，這些聲音在不同的時間觸動著耳鼓；要想感知這個旋律必須有意識的持續性，使時間推移中的事件呈現於我們面前。當然，我們只是由於聽到個別的音符才能感知這個旋律，但是，我們絕不能說直接聽到了旋律，因爲我們只是聽到每一瞬間所存在的音，而有秩序的連續卻不能存在於一瞬間。這兩種對象，一種是我們立即感知的，一種是我們間介感知的，二者在所有的意識之中皆能發現。有些元素（感覺）在其延續的每一瞬間都是完全存在的，而另外一些元素（像思想）則是行動，具有開始、中間與結束三部分，及組成由心智之中流過的連續知覺之適合性（congruence）。這種元素不會立即顯現於我們面前，而必須包括一部分的過去或未來。思想是在我們的連續感覺裡穿過的一支曲調。[36]

　　所以，在皮爾司看來，思想的本身並非純智力的抽象，也不是如柏克立與休謨所說的一系列感覺；這就是我們所稱的「意義」。這是感受因記憶與預期而在知覺的重複之中所發出的高音（overtone）。照皮爾司的說法，思想與其他各種關係的體系——例如音樂——有別，其差異之點在於「思想的唯一動機、觀念與功能所要產生的」並非智力的知識，而是**信仰**的

---

36 同前書，第39-40頁。

感受。信仰有四種特性：

「……這是我們所覺知的事物；……這可以平抑疑慮的刺激；……這可以在我們的天性之中建立一種行動的規則，簡而言之，就是習慣。……思維的最後結果是意願的運用。……信仰的本質在於習慣的建立……思想的整個功能在於產生行動的習慣；……凡是與思想有關卻與目的無涉的都是信仰的附加物，而不是其中的一部分。……所以，要推展信仰的意義，我們只須確定其所產生的是何種習慣，因為一件事物的意義僅在於其所涉及的習慣。……一個習慣究竟為何物要看這個習慣是使我們在何時並以何種方式行動而定。就何時而論，促使行動的每一個刺激都是由知覺得來；就何種方式而論，行動的每一個目的都是要產生某種可以感知的結果。我們由此而求得了具有形體及切合實際的事物」，因此，皮爾司稱之為**實用主義**，「作為思想的每一項真實特質之根源，無論此項特質是多麼的微妙。……我們對於任何事物的觀念實際上就是我們對其可感知的效果所構成的觀念」。[37]

他在下結論時提出一個規則，使我們的觀念獲得科學上的澄清。「考量一下我們概念作用中這個對象想像起來可能產生何種具有實際關連的效果。那麼，我們對這些效果的概念作用也就是我們對這個對象的整個概念作用」。換句話說，**實用主義就是未來性**。

---

37 同前書，第41、43-45等頁。

　　不過，在這裡暫時假定的結果只是休謨的個人成見，可能因不同的人其不同感受而有異。皮爾司又更進一步要求得一種毫無偏曲的科學信仰。這就是眞實性的問題，也就是我們所要區分在**習慣**與**習俗**之間的差別。

　　因爲，皮爾司對終極的、基本的眞實性這個形上學的問題所提出的解答不是個人的成見，而是社會意見的共識。眞實的事物，其特質不會因任何一個人所想像的不同而變更。「我們所稱的眞理是指某種意見而言，這種意見註定終將爲所有調研的人們所一致贊同，[38]這種意見裡所表現的對象是眞實的。這就是我解釋眞實性的方式」[39]。

　　這麼一來，形上學的意義變更了。這不再是個人智力對終極眞實性知識的問題，如同洛克、柏克立與休謨所說的那樣。這成爲一種預期問題，凡是對於世界上所發生的事件有能力加以調研的人們在預測上都一致同意的這種預期，只要是他們繼續同意，他們總相信在未來時日必將同樣的運作。這不僅是休謨的偏見信仰——這是科學的信仰，這是意義上毫無偏見的意義。休謨要想求得一種「超出於疑慮與質詢之外的事物」，他就必須追溯到他所見過或記憶的個人經驗，[40]而皮爾司則僅須透過所有曾經見過、記得並由實驗加以證實的人們形成社會一致性，就可能使其沒有容納疑慮與質詢之餘地。這就是我們在

---

38 皮爾司這位科學家所要講的並非終極的眞理。他是說知識的現狀將因更進一步的眞理而變更。

39 見於皮爾司的前述著作，第57頁。

40 見於休謨的前述著作，第一卷，第384頁。

偏見與科學之間，在**習慣**與**習俗**之間所要作的區別。偏見是個人的意見，科學是意見的共識；習慣是個人的重複，習俗是社會上感覺與行動相同的人們集體的意見所加於個人的強迫。

於是皮爾司揭發休謨的幾個缺點。第一點，休謨的心智觀念和洛克相仿，僅是接受外來印象的被動容器，僅能存在於某一個時點；[41]但皮爾司的觀念則是一種主動的，把各個印象持續進行組織並再組織的觀念。第二點，印象存在的時間比較休謨的數學時點爲久，因爲其中保留著過去的印象，這就是記憶，在移動的現時這些印象重複著、變動著，並且在即將來臨而變爲現時的未來這些印象預期一種感受。休謨認爲時間是數學時*點*的連續，每一個時點都沒有持續的期間。但是皮爾司則認爲這是一*瞬*的時間，其本身含有過去、現時與未來。所以，休謨是一位感覺論者，而皮爾司則是一位實用主義者。

因爲皮爾司的心智概念是個主動的印象組織者，所以在此刻是把休謨的「印象」視爲過去與未來的活動其部分對整體的外在關係，而不是心智之中所出現的個別印象，僅係由於相似、銜接與連續而聯想在一起。心智並非等待印象的來臨，而是持續不斷地訪求印象，將其分解成部分，並將其重行構成爲新的感受。這些新感受並不是休謨的被動印象，而是皮爾司的主動信仰，企圖在未來見諸行動。這種部分對整體的關係，及這種過去經驗對未來預期的關係，便成爲我們交易與運營中的業務團體之心理學。

皮爾司又使我們明瞭休謨的懷疑論是來自他的個人主義與

---

41 參閱杜朗脫的前述著作，第295頁。

他那個時代大哲學家們未能獲得科學調研者合作與批評助力的孤立推測。休謨的懷疑論是不信任個人的智力可以作為探究形上學事物終極真實性的工具，那是洛克和他本人以前的大多數哲學家所依賴的工具。因此之故，他排斥智力，認其為由感受與社會之中抽取出來的一種事物。他智力的意義是感受之間的空洞區間及因此是空無一物。休謨對這樣的懷疑論是直言不諱的。

「我在我的哲學領域處於孤寂的獨居境地，最初是受到驚嚇倉惶失措。……每跨一步都使我躊躇不前，還有每有新的思慮深怕在我的推理之中發生錯誤與悖謬。……我能確信在捨棄一切既定的意見之後我仍是遵循著真理嗎？……有兩項原則我不能使其達到一致，而我又無力捨棄其中之一，這兩項原則就是，*所有各別的感覺都是各別地存在與心智永不能察覺各別存在之中的真實連繫*。……最感幸運的是，理性雖不能驅散這些疑雲，大自然本身卻足以做到。……我吃飯、我玩一局西洋雙陸棋（beckgammon），我和我的朋友對話且感到愉快。……」[42]

如此說來，當休謨成為一個實用主義者時，他就忘了他的懷疑論。

格林對休謨的批評在某一方面是妥當的，而在另一方面

---

[42] 見於休謨的前述著作，第一卷，第544-545、548、559等頁。

卻不妥當。他的結論說，休謨對個人經驗的觀念絕不能成為科學的基礎，因為這僅是一個人不協調的經驗，這是偏見而不是科學；在這方面，他的批評確實很妥當。不過，格林又堅執的說，科學必須有預定的一貫性才能求得大自然的「法則」，在這方面，他的批評卻是錯了。科學所需要的是皮爾司有能力調研者預期的一貫性這部分，所以，這種一貫性具有習俗對個別調研者加以約束的效力。

休謨的雄偉懷疑論是他那一世紀的個人主義與一個先驅者的孤立。皮爾司的真實性是在科學調研者的世界裡的共識。這一點可以由休謨的教育觀念為之證明。他把所有的信仰與推論歸因於習俗，但是他卻沒有把**習俗**與**習慣**分別清楚。因此，當講到教育時，他把教育看做「一種人為的而不是自然的原因」，只是「教育對於心智產生作用的方式，與感官、記憶或理性相同」。[43]

然而，假如我們把習俗與習慣分清，則習俗也無非是教育而已，因為習俗是同類從幼年時代起的重複印象，這種印象強迫個人們採取一致的習慣，不過，休謨卻是把**習俗**和個人的習慣視為同一事物，這種習慣可能是得之於物質的本性，或其他人類的重複，而沒有受到集體意見道德上強迫的影響。實際上，習慣是個人主義的一個用詞，因為這是以一個人的經驗、感受與預期為限的；而習俗則是出自行動上集體相同的他人所有的一部分經驗、感受與預期，這也就是最廣義的教育。習

---

43 同前書，第一卷，第416頁。

慣是一個人所做的重複，習俗是一群持續變動的人們所做的重複。習俗對於個人有一種強迫的影響力，這並不是如休謨所主張的教育足以闡釋「一大半人類盛行的意見」，事實上，教育闡釋這一類意見的全部，所以，教育並非人爲的——這是由終生和別人重複交往，及受到集體行動強迫的一致性需要而養成習慣的一種社會正常過程。教育是遵從習俗而養成習慣。皮爾司的共識亦復如是。這是科學家的信仰共識，在創造個人新習慣方面具有與習俗同等的效力。

藉由休謨在1739年和皮爾司在1878年的闡發，我們漸漸接近了意義的意義。不過，這種意義仍不足以供我們在經濟學上之用，因爲休謨是一位個人主義者與感覺論者，而皮爾司的調研範圍又是在於物理科學方面。一直等到杜威的時代，我們才發現皮爾司已經擴展到倫理學方面，一直等到我們從事於制度經濟學的調研，我們才又發現其擴展到交易、運營中的業務**團體**與**合理價值**等方面。然而按照皮爾司的詮釋，休謨的「信仰」實在就是我們所指的意義。

信仰或**意義**最主要的就是成見。休謨說：「在我最精密、最確切的推理之後，我還是舉不出何以我該同意的理由來，我只覺得有一種*強烈*的偏好，一定要*堅強*的按照對象在我面前表現的狀態加以考量」。他又說：「我的感受永遠是偏頗的，所以我在理智方面是懷疑的，然而我的偏頗感受終究是我給予外觀的意義」。

這些意義是由經驗所產生。「經驗是一項原則，這使我得知過去對象的幾種聯繫」。他認爲這幾種聯繫就是類似、連續與因果。

重複的經驗便成為習慣。「習慣是另一項原則，這使我預期未來有同樣的情事發生」。

經驗與習慣變成了想像。「二者聯合起來對想像發生作用，使我構成的特定觀念比那些沒有相同優勢的人們更為確定而鮮明。……所以，記憶、意識與理解完全都是以想像或我們活潑的觀念為基礎而建立的」。

不過，所有這些感受只有在受到外來印象之刺激時才得出現，而其從這種印象所作推斷則是信仰。「所以，如果要為意見或信仰下一個最正確的定義，我們可以說，這是與現時印象有關或聯繫的生動觀念」。我們把這種信仰稱之為「慣性的假定」。[44]

這種信仰是「一個觀念較為生動、較為強烈的構想」，並且，按照其與隨同發生的激情、痛苦與愉悅互作比較的相對強度，這種信仰足以「激動意志」。

照休謨的說法，信仰是個人對事件的偏頗見解。要想消除偏見而達到科學上預期的信心，必須更進一步求得皮爾司一切有能力調研的人們信仰共識。

如此說來，皮爾司的實用主義只是科學調研的方法而已。對於號稱為**實用主義**的這種「哲學」往往有人加以攻擊，認為這是基於「凡是行得通的」都是真實與正當的這種謬見而建立的。一個商人只要是成功了，他就是對。假使一個搶劫銀行的強盜帶著財貨逃脫了，他也可以合理化。不過，皮爾司的

---

44 參閱本書第十章，第五節「慣性的假定」。

意義卻不是如此；他意指，假如一個*理論*在實驗的檢驗與別人的查證之下是「行得通」的，則此*理論*就是眞實及正確的，只要是與現時的知識有關及所有的已知事實皆包括在內就行了。[45]

第四節　由大自然轉爲運營中的業務

　　經濟學裡的檢驗頗近似於皮爾司在物理科學方面所發現的。其實質上的差別在於物理科學處理的是宇宙之內一切活動的知識，其中包括作爲大自然對象看待的人類；而經濟學處理的則是作爲市民看待的個人，賦有權利、義務、自由與曝險，其程度因賦予業務團體的不同而有異。需要協商心理學的就是這一種差別，而這種心理學又和歷史上其他心理學不同，甚至和目前號稱爲社會心理學的也不相同。這種心理學的範圍在於議價、管理與分派，皆在於集體行動的工作規則之內。歷史上的各種心理學都是屬於個人主義的一類，實際上，這些心理學也必須是如此，因爲其所研討的主題是作爲大自然對象看待的人類，而不是作爲市民看待，或作爲運營中的業務團體成員看待的人類。把皮爾司的實用主義應用在制度經濟學就是要對市民與市民的經濟關係加以科學的調研。其主題是整個的業務團

---

45 關於實用主義進一步的發展，可以參閱蓋歐（Geyer, D. L.）的《皮爾司、詹姆士與杜威所發展的眞理理論實用》（*The Pragmatic Theory of Truth as Developed by Peirce, James and Dewey*，1914年）。並參閱本書第十章，第一節「韋伯倫」。

體，而個人們則是其成員，所調研的活動就是這些個人們的交
易，治理這些交易的是另一種完全不同的法則，不是大自然法
則，而是集體行動在當時施行的工作規則。

第五章

亞當・史密斯

第一節　自利與互利

休謨用**稀少性**與**公衆效用**替代了洛克的**富饒**與**共和**，亞當·史密斯理解休謨的**效用**其意義係指公衆的善或社會效用而言。亞當·史密斯站在一個哲學家的立場上雖是贊同休謨這種公衆效用的觀念，然而他在1759年所著述的《道德情操論》（*Theory of Moral Sentiment*）裡面，卻又否認其爲人類所共有並能對個人都生效的「情操」。他說，這種觀念是得自一個「哲學家的思慮」，而不是一個人擁護正義的直接動機。我們對於自身或對於社會的「讚許，其最主要的理由少以任何一種心智傾向」的有用性，實際上我們對於自身或別人毋須思慮就可直覺的欣賞某幾種人類德行的質性，例如：理性、穎悟、自制、人道、正義、寬宏、公德心等，「絕未想到這些質性對社會有何效益」；我們直接反對及憎惡那些相反的質性，諸如貪婪、自私與惡行之類，也毋須查詢這些質性對整個社會的不良影響。諸如此類的質性對公衆的有用性這個觀念「顯然是事後的見解，而不是促使我們對之讚許的理由」。[1]

如此說來，亞當·史密斯是用天賦感情替代洛克的天賦觀念。他把洛克由思慮導出的「複合觀念」轉爲非由思慮導出的同情與憎惡等複合感受。這些複合感受他稱之爲「情操」，而不稱之爲「思慮」。思慮是「哲學家的事後見解」。

最高度複合的情感是「妥適感」（sense of propriety），

1　參閱亞當·史密斯的《道義情操論》（1759年，本書所引述係由1822年的版本得來），第205、216-217等頁，及其他各處。

略相等於我們所謂「適合感」（sense of fitness）或「洞見」（insight）的觀念。這種妥適感是我們有生之初天賦的，其特殊的實例是同情、憎惡、良心及責任感等的所有情操的總和。由於受到休謨「活潑觀念」的暗示，亞當·史密斯就把「生動的想像」用來替代洛克冷靜的推論。他說，我們當然感覺不到完全和別人相同的情感，我們是沿著一種「生動的想像」，設身處地的從別人立場，並且同時判斷他們以及我們自身的行為是否適當，這時，這種妥適感可能人格化為一個「不偏不倚的旁觀者」，一個「胸無成見者」、「我們行為的一個偉大法官與裁判員」、一個「神意的代行人」，它把我們的行為列於我們所同情的德行之下，並使我們反對我們所憎惡的種種惡行。

亞當·史密斯已經於1759年衛護了「國德」（Virtue of Nations）之後，又從1776年起開始衛護「國富」（Wealth of Nations），在這裡也有一個神意的代行人，而毋須藉助於**教會、國家**或任何**集體行動**。「人類的天性有一種偏好，那就是喜歡把一件事物和另一件事物對調、互易或交換」。這種天賦的偏好深植於人心之中成為一個*原因*，這並非如前所假定的，分工的*效果*。

他說，「在勞動的生產力方面所作的最大改良、在其他各方面所實施或應用的絕大部分技藝、靈巧與判斷力以及大多數的機器，似乎都是分工的效果。……正因為有各種不同的手藝生產大量地增殖，在分工的結果給一個治理良好的社會帶來普遍的富裕，擴及於最低層的民眾。……如此之多的利益雖皆起因於分工，但在最初的時候，分工卻並非人類智慧的效果，

這種智慧足以預知並事先預謀提供一般富裕的機會，……（而是）把一件事物和另一件事物對調、互易與交換的偏好所產生的後果……是理性與語言官能所產生的後果」。[2]

雖是時常有人責備亞當‧史密斯太過推崇利己而不顧到其所產生的後果，然而他的利己觀念也和洛克與魁奈一樣，是附屬於神的仁慈這個觀念之下的。把互利的本能深植於人類心中的就是神的仁慈這個觀念，他稱這種本能爲「妥適感」，由此而產生了分工、交換與塵世的富饒。**神意**的隱祕意旨是要把自利附屬於自我犧牲之下。一個人有意識的企圖促進其自身的利益，但在同時他也不知不覺受到這種神聖本能的指引，如同蜂巢裡的蜜蜂一樣，促進了普通的福利。假如到後來他想到了這一層，這也僅是——和一個哲學家的事後見解相仿——一種託辭、一種僞善的，爲他那有意識的自私驅使他去做的事合理化而已。

亞當‧史密斯說，「因爲每一個人必然要竭盡所能的設法把他的資本用來支助國內的工業，並指引這工業的產出具有最大的價值；每一個人也必然努力的勞動，使這個社會的年度收益儘量增高。實際上，他通常並沒有意圖促進公眾的利益，也

2　見於亞當‧史密斯所著《國家財富的性質與超因之探討》（*An inquiry into the Nature and Causes of the Wealth of Nations*，簡稱《原富》，作於1776年，至1904年而有坎能版），第一卷，第5、12、15等頁。本書係由坎能（Edwin Cannon）版引述得來。

並不知道他把公眾的利益促進了多少。他之所以偏好支助國內工業尤甚於支助國外工業只是爲他自身的保障著想；他之所以要指引這工業的產出具有最大價值，也只是爲他自己的利得著想，在這種情況之下，和在其他的種種情況之下一樣，他是受到一隻看不見的手之指使，去促進某項目標，而此項目標卻並非他的意圖之一部分。縱然此項目標並非他的意圖之一部分，但其對於這個社會所發生的影響也不會變得更壞。由於追求他自己的利益，他往往更有效的促進了公眾的利益，比他有意識的促進還更有效，我從來沒有看見那些自稱爲公眾之善而從事貿易的人們做過多少善事。實際上，這是商人之中一種不多見的僞裝，所以也不必多費唇舌加以勸阻」。[3]

　　這種有意識的自我逐利是獸類所不能知曉的，獸類的行動是出於無意識的本能。但在人類生物之中「理性與語言的官能」創造了私有財產的本能以及對調、互易與交換的偏好。這種本能與偏好是

　　「一切人類所共同的，在動物的其他族類之中都看不到，這些族類似乎都不知道這一種或任何其他一種的契約。……沒有人見過一隻動物以其姿態或自然的呼喊向另一隻動物表示，這是我的，那是你的；我願意把我的這一件交換你的那一件。……然而每一個人差不多無時無刻都需要他的同類

3　同前書，第一卷，第421頁。

弟兄給予協助，假如盼望單獨由於他們的仁慈而獲得此項協助，那是徒然的。要想達到他的目的，他最好是設法引起他們對他有利的自愛之心，使他們知道，替他做這件他需要他們做的事是為了他們自身的利益。任何一個人向另一個人建議做一筆交易，他是提出這樣的一種辦法：把我所要的那一件給我，你就可以取得你所要的這一件，這是每一筆提議的意義；照這種方式我們相互之間才能獲得我們所急需的大部分良好幫助。我們所企盼的正餐並非得之於肉販、釀酒師或麵包師的仁慈，而是得之於他們關照他們自身的利益。……沒有人願意完全倚賴與他同類市民的仁慈，除非他是一個乞丐」。[4]

所以，無論其為同情或自利，在兩者事例之中總還是互利，這是神聖的**上帝**深植在人類天性之中的妥適感所產生。有一些人提出異議，認為亞當·史密斯在他的《原富》與《道義情操論》裡面所講的互相矛盾，這是由於忽視了他那神聖仁慈的神學所致，這種神聖的仁慈相等於洛克與魁奈的理論中塵世的富饒。休謨的自利與正義是來自**稀少性**，而亞當·史密斯、洛克與魁奈的自利與正義則是來自**富饒**。如果有豐富的自然資源，則每個人取得他能力所及的事物絕不會損害到任何另一個人，只須他的取得是以自己的勞動和另一個人的勞動相交換就行了。假如他不滿意於這建議之中的交換條件，另一個人也有豐富的另類選擇。而且，提出建議的這個人在他的建議不能獲

---

4 同前書，第一卷，第15，16頁。

得接受時，也不至於受到損害，因為他也有同樣豐富的另類選擇。所有餘留下來的物品足夠讓別人用相同的方法取得他們所能取得的。在這個富饒的世界裡，自利絕不會損害到任何一個人，這是洛克所指出的，不過，在一個稀少性的世界裡，則一個人的自利確能損害到別人，這是休謨所指出的。但亞當・史密斯的世界卻不是一個**稀少性**的世界。

　　現代的經濟社會提供了我們檢測休謨與亞當・史密斯雙方說法的工具。一個繁榮的週期便是亞當・史密斯的**富饒**，一個衰落的週期便是休謨的**稀少性**。

　　所以，亞當・史密斯的《道德情操論》與《原富》實際上是一致的。在前一部書裡，他所處理的是一個富饒的世界，*因為*別人的德行而作自我犧牲，以滿足他們的想望。在後一部書裡，他所處理的還是同一個富饒的世界，*無論*別人的德行或惡行而作自我犧牲，以滿足他們的想望。同情與交易的偏好這兩種情操皆應附屬於另一種較高的代行人，即「妥適感」之下，這是在富饒世界裡一種神聖的合宜感、良心與和諧。同情是自我犧牲以促進一些人的幸福，這些人的德行足以令人欽敬。交易的偏好則是自我犧牲而使那些惡行被憎惡感所反對的人們也可以同受其益。這兩種情操是互相補充，而不是互相抵觸。其中的每一種情操都需要作自我犧牲，不過，在一個注定的富饒世界裡、在兩種情況之下所作的犧牲都是無關緊要的。[5]

5　博納爾（James Bonar）把亞當・史密斯的觀念追溯到曼第維利（Mandeville）的《私人惡行，公眾德行》（*Private Vices, Public Virtues*）。參閱博納爾所著《哲學與政治經濟在歷史上的關係》

　　但是，這個注定的富饒卻不能和歷史上的事實相吻合。倘使亞當・史密斯調研一下普通法在英國的成長過程，如同科克與布萊克斯東所說明的一樣，倘使他接受了休謨的**稀少性**原則作為解釋，以替代當時流行的自然神教（deism）之仁慈與富饒，那麼，也許他就可以發現他的「理性與語言官能」有另一種不同的後果。他必然不是看到一種神聖的互利本能深植在個人的心中，而是看到這種互利的本身也是集體行動的歷史產物，是集體行動實際上在利益衝突之中創造利益相依時所產生，這並不是一隻看不見的手指導著個人的利己心趨向於全體

―――――――――

（*Philosophy and Political Economy in Some of Their Historical Relations*，1893年），第154頁以次。其所推測的這個起源似乎也講得通，不過，這是因為亞當・史密斯的交換癖好在一個富饒世界裡勝過對別人惡行的憎惡，正如其不願對別人德行的同情那樣。維納（Jacob Viner）認為亞當・史密斯在他的《道德情操論》裡所派給「仁慈」的僅是經濟事項中「不甚重要的角色」。參閱維納所寫的一篇論文《亞當・史密斯與自由放任》（Adam Smith and Laissez Faire），載於《政治經濟期刊》第XXXV期（1927年），第198、206頁。但是，我們在上文已經講過，亞當・史密斯在他的價值理論裡實際上是譏諷仁慈，而在經濟事項之中也僅是派給一種偽善的角色。他可以一貫的這樣做，因為在任何一種情況之下促進「公眾效用」的既不是個人的仁慈，也不是個人的自利。這是神的仁慈及其相等的塵世富饒，也和魁奈的說法一樣，這是在促進公眾福利這方面把道德的秩序與其相背的經濟秩序視為同一。讀到下文我們就可以知道他排斥了所有的集體行動，而訴諸神學以提供公共福利所必需的塵世富饒。

的福利，而是普通法的法庭上一隻看得見的手，接收了當時當地認為良好的習俗，並且把這些良好的習俗強制實施於那些執拗不馴的人們，使其遵從休謨的「公眾效用」。在集體行動管控、解放並擴大個人行動的制度史裡面，他必然可以求得種種理由來解釋，何以在十八世紀的英國，人類這種動物已經達到了一個階段，而能夠說，「這是我的，那是你的，我願意把我的這一件交換你的那一件」。

　　但是，亞當‧史密斯卻沒有求助普通法。他不知不覺的把他那時代的普通法加以具體化與永久化，成為一種適合生存於社會生活之中的妥適感。他把他那有意識的注意力專注於成文法，他是把**神意**的成文法替代了**重商主義**的成文法。也和洛克一樣，他熟悉普通法的當時習俗，而把這些習俗視為與神法相等。

第二節　自由、保障、平等、財產

　　亞當‧史密斯認為**重商主義**政策依其所做直接運作，並依其所允許間接運作。在直接方面，這是政府用保護關稅、獎勵金、殖民與航海條例、公司組織特許狀等來支助私人商業的政策，在間接方面，這是許可私人的集體協定，使其得以訂定規則或遵循習俗防止個人之間從事於無限制競爭的完全自由。並且，照他的想法，一個政府對維護天然自由制度所必須負起的責任僅在於「保護這個社會，免受其他獨立社會的冒犯與侵略」；並保護「這個社會的每一成員，免受其他成員的不義行為與壓迫，也就是說，負責建立一種確切的正義行政」，其中

包括個人，但卻不包括集體契約的強制執行；「負責建立並維護某些公共工程及公共機構……因為這些工程與機構的利潤不能補償對某一個人或少數人所支出的費用」。[6]此項責任之中排除了所有的獎勵金、保護關稅、公司特許、貿易管制、勞動立法與童工法等。

然而他的政府觀念也並非和無政府主義者在後來所建立的自由放任完全相同。這是主動的把每一個人和另一個人分隔開來的政府。照人類學的說法，每一個人都是不容許別人接近的禁忌（tabu），不過，每一個人都可自願的在短暫時間以內撤除此項禁忌，[7]也可自願的讓政府為別人的利益而強制他履行他的諾言。假如能做到這一點，則每一個人就有了「完全的自由」。完全自由的意思是說，一個人可以自由的用他所喜愛的方式求取他的自我利益。他可以自由地選擇，或是用他自己的身體，或是用他所擁有的大自然對象，或是用他本人勞動的產出，再或是用他在交換中所受取的別人勞動的產出，去做他所要做的事；而國家將運用其實質力量幫助這個人實施他的意志。縱使自由可能獲得國家的助力而強制實施，但是天賦的「妥適感」卻足以防止自由的濫用。

這種以法律為後盾的自由利己概念是和「保障」概念不可分離的，因為，假如不能確切預期別人在未來時日也和在現時

---

6 參閱亞當・史密斯的《原富》，第二卷，第185頁。

7 參閱法蘭克（Frank, Lawrence K.）所寫的一篇「經濟學的解放」（The Emancipation of Economics），載在《美國經濟評論》，第XIV期（1924年），第17-38頁。

一樣的被隔開，或是不能預期他們必然去做他們所允諾的事，那麼，像人類這樣一種依賴於預期而生活的生物不會有從事生產、儲蓄或交換的動機。

這還意味機會均等，因為，倘使某些人被隔開了，不能和別人接近，而後述的別人卻沒有被隔開，仍然可以和前述的這些人接近，則前述的這些人並沒有自由，而後述的別人卻有了自由，如果這句話在邏輯上是對的，則我們所得到的結果正是重商主義或地主主義，這是亞當·史密斯所要斥責的，因為這種主義是容許特權階級侵犯勤懇節儉的的商人、製造業者與農場主的自由，而他卻是把生產、節約與交換寄望於這些人。

簡而言之，要想達到個人自利的目的，不但必須隔離別人，還必須用契約把他們約束起來，使每一個人皆能按照最有利於他自身的方向而操作。亞當·史密斯的自利，其意義並非完全與自由放任的政府相同；這是自由、保障、平等與財產在普通法上的意義，而由洛克的獨立審判予以強制施行。實際上，這是指司法的而非指立法的統治權而言。

不過，立法機關並不是干涉自由與平等僅有的集體行動。照亞當·史密斯的想法，凡是各種習俗與私人協會締結的協約、訂立規章或君子協定以限制個人的競爭，皆在同等禁止之列。他說，「同一行業的人們甚少會因娛樂與消遣而集合在一起，他們交談的結果總是陰謀背叛民眾，或是設計抬高物價」。他就是這樣的譴責同業之間的協會與按照現代商業倫理共同相忍謀生的協定。因為這些都是和「完全自由」狀態相違的。這一類的集會雖不能為「自由與正義」而一概加以阻止，但法律總「不該助長這種集會的便利，更不該使其成為必不可

無」。他恨不得要在現代生活之中排除所有的城市居民徵信錄
與電話姓名簿，因為不該替這些人的姓名設置一本「公共登記
冊」，有了這本登記冊「很可能使那些素不相識的人們聯合起
來」。由於徵信錄與電話簿的協助，這些人就會同意放棄他們
的完全自由而甘受規則的約束。同樣的，有若干規章是要「同
業的人們自己課徵自己，而把課徵得來的款項儲存生息，以供
他們的貧困、疾病、寡婦及孤兒之需，因為有了這種規章，他
們就必須有管理、提供這樣集會的共同利益」，[8]如此說來，
雖是慈善組織與互助保險也都違反了自由。

雇主與其所雇用的工人亦復如是。「雇主們由於人數較
少，更容易集合起來；……實際上，我們甚少聽到這種的集
合，因為這實在太普遍了，某些可以這樣說，這是一種沒有聽
到講過的事物自然狀態」。這一類的集合通常是「把勞動工資
降低到（自然的）比例之下」，[9]假如不是雇主們放棄他們的
完全自由而聽命於他們自己所訂定的規則，則此等情事將不會
發生。

然而，對利己的完全自由所加的一切束縛，其最足以令
人憤恨的是一項規定，使「多數人的行為約束全體」。在自由
貿易之中要想建立一個有效的組合必須是能取得每個貿易者全
體一致的同意，而要想使這個組合得以長久維持也必須是每個
貿易者繼續保持同一的心智。但是一家公司的多數股東卻可能

8　見於亞當・史密斯的《原富》，第一卷，第130頁。

9　同前書，第一卷，第68-69頁。

訂定一部內規，以相當的處罰來限制競爭，比任何一種自願的組合更為有效、更為持久。「假如說公司是貿易更好管理所必需，這是一種毫無根據的託辭。對一個工人所施行的真實及有效紀律並非他那公司所規定的紀律，而是他的顧客所規定的紀律」。[10]

　　亞當・史密斯是要恢復個人們在完全的自由與平等方面所應享有的自然與神聖權利，他對於習俗的性質、或公司的內規、或運營中業務團體的工作規則、或我們近代所稱為「商業倫理」的強迫、或使商業穩定化的例規、或公平競爭共同相忍謀生的政策、或現代「尾隨領導者」訂價的例規、或工會的行規等也並沒有誤解。凡此種種皆以集體管制個人的自由，不讓他隨心所欲的去做，來限制個人的產出。所以，亞當・史密斯的所謂自由，其意義不僅是免除立法方面所加的法定強制，並且要免除習俗、貿易例規、商業倫理、集體壓力或集體議價所加的道德或經濟強制，這樣的自由頗近似現代歸咎於削價者（pricecutter）、不加入工會者（scab）或破壞罷工者（blackleg）的罪行，這種人由有限的資源之中，或是由消費者的有限購買力之中，取得超出其所應得的份額。亞當・史密斯的勞動是塵世間未曾得聞的一種自由勞動。

　　其所以然的原因在於亞當・史密斯的理論是一種**神的仁慈**、**普遍富饒**、**理性時代**與**妥適感**的理想主義。這不會招致不

---

10 同前書，第一卷，第130-131頁。他的所謂公司，除股份公司以外，還包括著行會與類似的同業協會。

成比例的生產過剩，也不會發生公司或其他集體活動所造成的人為稀少性。有了這種富饒、仁慈與妥適的理論，他和魁奈一樣，譴責政府所規定的一切法令規章、一切關稅、一切習俗的禁制，甚至於對課稅以支持義務教育其必然列為政策也提出異議。[11]他建立了純個人主義的自利與完全自由的神法，而主張廢除那些束縛個人的習俗與工作規則；他以寬宏天意的指導之手及其代行人的妥適感替代整個歐洲的管制政策，甚至宣言反對一般的同情情操，使民眾聯合起來照顧他們的窮困、疾病、寡婦與孤兒。在這方面他表示他那時代的情操，而法國革命也廢除了教堂、地主、協會、工會，[12]使他的觀念得以實現。亞當・史密斯在拿破崙（Napoleon）獨裁政治所允許的範圍接近創造了「無政府時代」。

亞當・史密斯既是要廢除所有經濟事項的集體行動，他就不得不趨向於理論主義。倘使集體行動果真被廢除了，這位理論家勢必要在個人的心中求取一套足以保持社會繼續前進的本能。把這些本能安放在個人心中的必然是為人類謀幸福的一種外在力量。這種外在力量必然是上帝。要想達到他這個目的所需要的只是三種本能——同情、物物對調及交換與妥適感。這三種本能在經濟事務之中替代了所有的集體行動。

亞當・史密斯對財產的看法也和洛克一樣，認為這是法律保障勞動者，使其能保有他本人勞動的物質產出以供他獨自之

---

11 同前書，第一卷，第131-136、437-462頁，及第二卷，第249-299頁。
12 1791年所頒行的製鞋法（*la lois chapelier*）及其他立法條例。

用，而抵抗全世界的人。這是*有形體*財產的物質概念、殖民地概念或農業概念，洛克與魁奈的概念亦復如是。這不是以稀少性概念為依據，而是依據有使用價值的物品在實質上的持有。亞當·史密斯不能像休謨所建議的那樣，以稀少性原則作為**財產**的基礎，因為倘使那樣，他就得要背棄**上帝**，透過限制供給量藉口造福群眾合理化重商主義壟斷與優先權的例規。但是他給自由所下的定義已經把個人財產的全部意義包括在內。自由包括專供自己使用而持有的實質物品，對於這些物品他可以隨心所欲的予以使用或濫用。這包括出賣或不出賣此項財產的自由，包括按照自己的能力酌定價格的自由，也包括未來時日的保障以及在法律之前與其他的人一律平等。

　　不過，這種私人財產是嚴格的個人財產，他很細心的把這種財產的意義和公司財產或聯合財產的想法分清，和業主的意志必須順從習俗、貿易例規或內規也分清。所以，假如我們要用到「個人財產」這個用詞，我們必須先有一個基本觀念，必須先能明瞭亞當·史密斯所用那些表面上似乎歧異的許多用詞，例如：「勞動」、「個人」、「利己」、「交換」、「生產力」、「節儉」、「商品」，甚至「國富」之類，其立意為何。他的勞動者必然是一個有形體財產的個人擁有主；他的商品必然是屬於個人擁有；他的**國富**是個人財富的總和。所以他的財富含有雙重意義，既是物質，又是這物質的擁有權。他的利己必然是一個不受限制的個人擁有者自由的意志。簡而言之，「個人的有形財產」這個用詞不僅是指可能屬公司財產的私人財產而言，這也是亞當·史密斯對個人生產財富，並將其與別人交換的意願，所具有的觀念。

　　美國最高法院在詮釋《憲法》第十四次修正案時接受了這一種財產的意義，只是沒有如同亞當・史密斯一樣，將其局限於個人財產或是將公司財產除外而已。[13]到後來，最高法院又更進一步，因為要把現代的商業例規納入財產與自由的意義之內，以對抗立法機關，所以就連交易與訂定價格的自由也具有財產的意義。這個法院追隨洛克與亞當・史密斯對**上帝**、**大自然**及**理性**的觀念；但卻擴大了財產的意義，把公司、交易甚至非公司組織的協會以及按照交易時所定價格買賣的權利也一併包括在內，這種意義的延伸就是隱形財產的基礎，由此而產生了運營中的業務團體這個觀念，此類業務團體的生死存亡繫於有利交易的預期。這可以說是財產在目前美國憲法上的意義，直至1890年以後才具有的意義。這不但包括亞當・史密斯的個人自利，由於將亞當・史密斯所排除的協會權利一併納入，所以財產的意義成為一個具體化的協會——無論其為股份持有人或債券持有人的協會——團體的自利，可以把所有的稀少對象供其專用。這麼一來，財產的意義便包括了制止別人的法人自由、讓與別人的法人自由、向別人取得的法人自由及與別人合併的法人自由。其中的每一種權利與自由都不適用於實質的事物，而是適用於這些事物的擁有權，因此之故，財產的意義也就成了各個人與各個業務團體之間交易的預期。

　　於是財產的意義就由實質事物擴大為交易、擴大為重複交易預期，且由使用價值擴大為稀少價值，表現為價格。亞當・

---

13 參閱康芒斯的《資本主義之法律基礎》（1924年），第11頁以次。

史密斯的財產與自由的意義之中並未包括交易與稀少價值。後者是重商主義的罪惡。前者則是已經包括在自由之內。重商主義的理論與實務和他站在敵對地位，這些理論與實務完全是以事實上的稀少性與公眾的效用這種託辭爲基礎。他說，這種託辭，用來合理化聯合管制個人交易，實際上是僞善的，個人爲其本身的自利而從事於勞動與積累的完全自由才是顧全公眾福利的忠實方法。在他看來，稀少性的這個原則是把經濟理論聽從物質的自然、政府的政治管控，或行會與公司的壟斷例規任意支配——凡此種種皆融入在他的「重商主義」意義之中。

因爲要反對我們可能稱之爲**集體稀少性**或**協定稀少性**的這種錯誤教條，所以他就另外建立一種個人生產力的教條，這種生產力的運用並非由於個人財產制度，而是由於個人財產的自然法則，這不會受到政府、公司、習俗或任何其他聯合行動的管制。所以，他的三項主要論題——生產力、節儉與有效需求，使他產生了一種觀念，認爲在富饒的世界裡，個人的意志是受到完全自由的誘導而從事於生產、積累與交換。這成爲個人的有形財產，和任何形態的公司，集體或政府財產相反，和人爲稀少性的世界裡重商主義或社團主義的政策所強迫實施的管控相反。

亞當‧史密斯在用個人財產替代公司財產或集體管控時，排斥了休謨以稀少性爲財產的現實基礎的說法，他和洛克一樣，將其建立在大自然秩序、神的仁慈與富饒之上。所以，實際上他是以起因於財產普通法的**個人稀少性**來替代集體稀少性，集體稀少性是起因於統治權、協會或公司的規定與限制，這是由成文法的授權與允准而產生的。在他的想像之中，財產

的基礎不在於*事實*上的稀少性，不在於*事實*上的習俗，而在於他所主張的個人對其自身勞動產出應該享有擁有權的這個*合理化理由*。也和洛克一樣，他的合理化理由溶入了事實。

但是，我們要把財產對象、財產權利與財產的合理化理由之間的區別劃分清楚，這是亞當・史密斯所沒有做到的，而且也無可避免，因為他的社會哲學是宇宙間一種道德秩序的哲學，在這裡，習俗與其合理化理由是不可分的。總而言之，他的理性觀念和洛克相近似，也是**幸福**與**合理化理由**的結合。

假使我們分清了這種區別，那麼，如果把**財產**作為有形體的事實看待，這就是排除他人而專擅保有的實質事物，因為這些事物是稀少的；至於財產權利則是集體的保障、強制、自由與曝險，這些都是伴隨著專擅的保有而俱來的。亞當・史密斯合理化此種財產權利是以勞動為基礎。但是，財產的本身——或是更恰當些，稱之為資產，其中包括有形、隱形與無形的財產，並與權利及理性有別——只是個人們的稀少性情況，決定了及按照當時盛行的規則與其他的個人交易。亞當・史密斯想像不到其後發展成為各種形態的公司或協定運動所共有的集體財產，這時，個人自由與個人財產已經隸屬於業務團體的集體規則之下。照休謨的理解，稀少性終究是食物、衣著、住屋與土地的稀少性，然而在一個商人、工人、貸款者、借款者、地主或佃戶看來，稀少性卻是所有權者的稀少性。這些所有權者就是買主、賣主、放款人、借款人、地主與佃戶，他們擁有或預期可能擁有這些食物、衣著、住屋與土地。其所以必須給付價格，只是因為這些所有權的稀少性，這種價格也並不是食物、衣著、住屋或土地的價格——誠如麥克勞德在後來

（1856年）所說，[14]這是一種權利的價格，有了這種權利政府才能排除他人而獨自支配這些食物、衣服、住屋或土地。如果作爲商業上的當前事實或是作爲經濟學的主題看待，則稀少性實在是有合法管控權者的稀少性，而不是財貨的稀少性。只有就獸類的想望方面來說，稀少性才是食物的稀少性。如果就人類的想望方面來說，稀少性卻是現實的與潛在的食物擁有者稀少性，這些擁有者願發布命令，使代理商從事移轉擁有權，及使勞動者生產使用價值。

　　這種區別和亞當‧史密斯那個時代的一般常識相背。不過，現代的不在地的地主擁有權、公司、財團、工會、高度融資與批發銷售已經變更了亞當‧史密斯時代的常識。財貨有物質的面向，由勞動者處理；而擁有權則有稀少性的面向，由商人協商。商人們是稀少性的專家。在小規模製造業者，商人與農場主各自做他們的工作、積累與交換的時期，這種區別是不甚顯著的，也是無關重要的。

第三節　勞動痛苦、勞動力、節省勞動

　　亞當‧史密斯賦予勞動的重要性比洛克又更進了一步，他不僅是與洛克一樣從一個自由勞動者對其自己的產出所應享有的權利之中引申了財產權，並且還使他的**勞動**具有三種意義，在他看來，這三種意義是相等的，但是到了後來這三種意義卻把經濟學分成了三個學派，一個是**李嘉圖與馬克思的勞動力**

---

14 參閱本書第九卷，第一節〔參〕，有關麥克勞德的一段。

派，一個是**凱蕾與巴斯夏的節省勞動學派**，還有一個是新古典的**勞動痛苦學派**。

這三種意義具見於他論述商品眞實價格與名目價格那著名的一章：

「每一件事物的眞實價格就是一個想要取得這件事物的人實際上所花費的，也就是取得這件事物所必須的辛勞與煩惱。對一個已經取得這件事物而欲將其出讓或交換其他事物的人，這件事物的實際所值就是他本人所節省且以之加在別人身上的辛勞與煩惱。凡是以金錢或財貨購買得來的事物都是以勞動購買得來，其數量相當於我們自身的辛勞所能取得的。這筆金錢或其他財貨實際上是節省了我們的辛勞。這筆金錢或財貨之中含有一定數量的勞動價值，我們將其交換當時認爲含有同等數值的事物。勞動是第一種價格，是支付某種事物的原始買價。世界上所有的財富在最初購取時所用的並非金或銀，而是勞動；一筆財富對其擁有者的價值，對那些要想以之交換某種新產品的人們的價值，恰相等於使他們能夠購買或支配這筆財富所需要的勞動數量」。[15]

---

[15] 見於亞當・史密斯的《原富》，第一卷，第32-33頁。有一件事意味相當的深長，那就是席默爾（Georg Simmel）所著的《貨幣哲學》（*Philosophie des Geldes*，1900年）在相同的觀念之上建立了與**大自然**相「交換」。這個觀念可以回溯到十七世紀的培蒂（William Petty）；參閱帕爾格瑞夫（Palgrave）的《政治經濟辭典》（*Dictionary of Political Economy*）。

　　因為亞當・史密斯是把「勞動痛苦」（辛勞與煩惱）、「勞動力」與「節省勞動」這三種意義的數值視為相等，所以其中的每一種都可以用作價值之衡量。亞當・史密斯既是不肯接受休謨基於稀少性所作財產的解釋，既是認為各種形態的集體管控供給都是重商主義的人造價值，於是他就把產出自動限制的原則建立在**勞動痛苦**的基礎之上。痛苦變成了他具體化的稀少性。

　　哈烈威（Elie Halévy）舉出一個倫理上的理由來說明何以亞當・史密斯要把價值認作勞動的而不是稀少性的功能。[16]他說，普芬道夫（Puffendorf）曾經把一件事物的價值認定為適合於滿足想望的功能，而把這件事物的價格認定為稀少性的功能。亞當・史密斯的老師赫奇森（Hutchson）則是把價值認定為適合於產生愉悅的功能，並認定其為取得困難的功能，他把後述的取得困難視為與稀少性完全相同。我們看到後來追隨邊沁的經濟學者所用簡明術語之中這些意義應該稱之為效用與稀少性。但是我們又看到亞當・史密斯所追隨的是洛克。洛克心智中有的是財產權利與自由在司法方面的理論，這和1689年英國革命以前國王的專擅要求權正相背反。他以生產力的勞動力理論與懲罰罪惡的勞動痛苦理論合理化這種權利。

　　亞當・史密斯同意這種「自然及不可侵犯」的財產權，不過，值得注意的是在他認定價值為勞動痛苦的功能而不是稀少

---

16 參閱哈烈威所著《哲學激進理論的形成》（*La formation du radicalisme philosophique*），共三卷（1901年），見於其第一卷，第172頁以次。

性的功能時，他已經把稀少性加以具體化，成爲勞動痛苦，和赫奇森的「取得困難」相等。勞動痛苦是一種立即呈現於勞動者面前的事物，這個勞動者感覺到勞動的痛苦——他感覺不到稀少性，也感覺不到他的勞動力——他感覺到勞動痛苦伴隨天然資源的稀少性而增高，伴隨天然資源的富饒而減低，假如稀少性是一個哲學家的事後見解，則痛苦就是亞當‧史密斯的人類感受。

亞當‧史密斯把**勞動**作爲**痛苦**與力量解釋的兩種意義[17]成爲後來馬爾薩斯與李嘉圖所以分道揚鑣的原因，馬爾薩斯採用了亞當‧史密斯的**勞動痛苦**，而李嘉圖則是採取了亞當‧史密斯的**勞動力**。[18]二者皆爲同一具體化的稀少性在主觀與唯物論上的兩種意義。不過，在馬爾薩斯與李嘉圖之後的一百年之間這種差別又更進了一步，**力量**的唯物論意義變成了**克服大自然的力量**，在馬克思接受了這種意義之後，便導致**俄國革命**；而我們則僅看到這種意義導致了未經具體化的**效率**原則。**痛苦**的主觀意義在亞當‧史密斯與馬爾薩斯手裡原本是**價格**的具體化，而到後來經濟學者們把亞當‧史密斯「名目」價值的**貨幣**用來替代**勞動**時，貨幣就成了不是支付給**大自然**的價格，而是去除具體化的購買力，這可以支配別人的服務，而終於成爲衡量**稀少性**的制度上原則。

因爲亞當‧史密斯使勞動具體化幾乎把所有後來分成各

---

17 亞當‧史密斯的第三種意義，「節省勞動」，成爲凱蕾在1837年加以具體化的稀少性。參閱本書第八章，第六節〔參〕，(二)服務價值。

18 參閱本書第八章，第七節「李嘉圖與馬爾薩斯」。

個學派的種種概念與原則合爐而冶，所以當我們分析亞當‧
史密斯的**勞動**意義時，必須知這些學派的理論。惠特科爾
（Whitaker, A. C.）曾經指出，早年勞動經濟學者們把價值的
起因、價值的**調節**與價值的**衡量**這三種不同的觀念混淆了，他
對於這三者的區別有一部分是根據維塞爾（Weiser, Frederich
von）的提示，認爲亞當‧史密斯是把兩種互相矛盾的理論，
哲學理論與實驗理論，強行合併在一起。[19]然而亞當‧史密斯
的哲學性看法，實際上並不是哲學，而是具體化。這包括勞動
和大自然的具體化，這種具體化管控他的實驗看法，使他所求
得的成爲一種悖論，認爲歐洲的經濟政策在歷史上的實際發展
恰與「大自然秩序」相反。這種具體化的大自然秩序是根據神
的理性原則而產生，其意圖在於謀求財貨的富饒與人類的幸
福，他論述實驗與歷史的兩章則是企圖表明人類如何以集體行
動顛倒了大自然秩序。他所謂的「歸納」方法根本不是歸納。
這是蒐集一些事例，用以證明人類如何顛倒了事件的大自然序
列。「自然」應從自由、保障、平等與財產開始。但是人類偏
要從奴役、不保障、不平等以及個人服從集體行動開始。

　　亞當‧史密斯予以具體化的勞動便是如此。在想像之

---

19 參閱惠特科爾的「英國政治經濟中勞動價值理論的歷史與批評」
　　（History and Criticism of the Labor Theory of Value in English Political
　　Economy），載在《哥倫比亞大學歷史，經濟與公法研究學刊》
　　（*Columbia university Studies in History, Economics and Public Law*），
　　第XIX期，第二號（1904年）；及維塞爾的《自然價值》（*Natural
　　Value*，1893年譯本），第27頁。

中，勞動是和那與人一同工作的仁慈大自然交換，這時，勞動者相互之間各以其產出作交換，但卻不是按照大自然秩序，而是在集體行動的規定之下違反大自然秩序交換。因此之故，他的勞動與大自然的具體化實在就是把我們所說的議價、管理與分派交易全部加以具體化，但與集體行動毫無牽涉，他認爲集體行動是人爲的，是違反大自然的。正因爲有了這許多具體化，所以他的經濟理論變成了人與自然之間的關係，而不是一個人與其同類的人之間的關係。

這麼一來，亞當·史密斯的**價值起因**便在於人類處理物資的個人意志，這些物資皆係由神的寬宏意志所供應；他的價值調節觀念是認爲有一個神的政府制定了法律來處理自然與人類，假如集體行動沒有用工作規則來替代神的命令，則必可達到調節的目的；至於他作爲衡量價值之用的勞動，則是在不受貨幣與集體行動干擾的情況之下一種固定衡量標準的具體化。

起因、調節與衡量這三種觀念是分割不開的，因爲，如果要把起因或調節予以數量化描述，那就非用衡量的用詞不可。現代的物理科學已經捨棄了起因與調節這兩種觀念，而僅以重複與衡量爲滿足。在受到數學的影響之下，這也變成經濟學中所採取的態度，但是我們卻認爲這是一項錯誤。

顯而易見的，假如把經濟學作爲一門有關人類意願的科學看待，則起因與調節絕不可能從這門科學裡消除。起因、調節、甚至連同衡量這三種觀念皆係出自人類的目的，物理科學企圖將人類的目的排除，這是對的。不過，經濟學所處理的既是人類的交易，則此等指向於未來的目的正是其所要研究的主題。洛克、魁奈與亞當·史密斯從事於探求起因並沒有錯——

他們錯在把自然與勞動加以具體化而將其作爲起因、調節與衡量，他們應該求之於交易、習俗與集體行動的工作規則。他們把*因果*安放在**神意**的意圖之中，而實際上這是該如同休謨與皮爾司所做的一樣，安放在人類的意圖之中。他們替他們的*調節*求取一項終極的或基本的起因，在洛克、魁奈與亞當・史密斯看來，這就是一個仁慈宇宙的大自然法則。他們按照此項終極的，大自然的起因求取一個*衡量*的標準，這便是由神的仁慈所指導的勞動與大自然，而實際上的衡量則是習俗與法律上一種純人爲的及集體的設計，任意地建構了一些單位，用來把宇宙萬物與人類活動化約爲數字。

壹、價值的起因

　　亞當・史密斯說：「我們必須觀察，**價值**這個字詞有兩種不同的意義，有時是表示某一特別標的物的效用，也有時是表示保有這標的物所能購買其他財貨的力量，前者可稱之爲『使用價值』；後者可稱之爲『交換價值』。具有最大使用價值的事物往往僅有極少甚至沒有交換價值；反過來說，具有最大交換價值的物品往往僅有極少甚或沒有使用價值。沒有一種事物比水更爲有用；但是水卻難以購買任何其他事物，可能用水交換得來的事物極少極少。相反的，一粒鑽石很難有使用價值，但其所能交換得來的往往是極大數量的別種財貨」。[20]

　　因此之故，亞當・史密斯就把使用價值排斥於經濟理論之外，而他的後繼者亦復如是，他們認爲經濟這門科學所要研

---

20 見於亞當・史密斯的《原富》，第一卷，第30頁。

討的僅在於交換價值。不過，現代的科學管理已經把使用價值
帶返經濟科學裡來，亞當・史密斯之所以排斥使用價值必然是
因爲他對使用價值另有一種不同的意義。的確，我們可以看到
亞當・史密斯把使用價值觀念應用於他所有的推理之中。事實
上，他的整個哲學都是基於某種使用價值的理論而建立，我們
要把他將其公式化的各種方式加以分析。

　　誠如上文所暗示，這必須把他的**價值**這個用詞分析爲兩種
成分，使用價值與稀少價值。[21]因爲，我們由現代統計的條件
可以知道，價值是一定數量的使用價值*乘以*每單位的稀少價值
所得之積，使用價值是按其本身的物質單位計算，而稀少價值
則是按貨幣計算。比方說，一定數量號稱爲小麥的*使用價值*，
其*價值*相等於蒲式耳的數字乘以價格，或是說，乘以每一蒲式
耳的稀少價值。[22]因爲亞當・史密斯的分析是以神的富饒與人
類的罪孽這兩個前提爲依據的，所以我們在這兩個前提之中可
以看得出他的使用價值與稀少價值的意義。

　　(一) **使用價值的起因**——我們在上文已經用過勞動痛苦這
個用詞，認其爲相等於亞當・史密斯的「辛勞與煩惱」，而與
勞動力有別。亞當・史密斯並沒有分別的爲勞動力或使用價
值發展出一種理論來，因爲他的富饒理論是來自大自然的仁
慈，而他的勞動痛苦理論是相當於洛克的懲罰罪惡，所以他不
需要另一種理論以說明克服大自然的抗拒力量，他不像李嘉圖

---

21 關於第三種成分——**未來性**，可以參閱本書第九章。

22 參閱費雪（Fisher, Irving）所著《資本與收益的性質》（*Nature of Capital and Income*，1906年），第13頁以次。

那樣，在思索大自然的吝嗇時，需要這種理論。然而，檢驗亞當・史密斯的生產與交換理論，我們可以推定他把勞動力視爲使用價值起因的意思，按照這樣推定，則他的使用價值觀念也就是洛克的那種二元論觀念，認爲內在的心智複製外在的世間萬物。外在的物質世界就是使用價值。內在的心理世界就是幸福。

　　不過，亞當・史密斯的勞動痛苦，其數量卻相等於勞動力的數量。因此之故，勞動力所創造的產出數量其中含有等量的痛苦。這樣的相等便是洛克的複製理論，我們可以稱之爲**心理並行論**（psychological parallelism），和我們的**功能心理學**（functional psychology）及**交易心理學**有別。**心理並行論**是沿著洛克內在心智複製外在世界的這個觀念。

　　我們繪製了四幅圖解（附圖二、三、四、五），以說明我們想像之中亞當・史密斯的原始價值公式與後來各派經濟學者所列的公式，其中的每一種在下文的適當處還得要詳加說明，不過，所有的這些公式都是基於稀少性對富饒的同一經濟概念。爲說明起見，這條基線可以說是代表小麥這種商品按蒲式耳計算的稀少性或富饒。由基線上的某一點以箭頭標示著向右移動便是小麥的數量朝富饒方面逐步增多。由這一點向左移動，則便是小麥的數量朝稀少性方面逐步減少。向右是富饒的增進；向左是稀少性的「增進」；所以富饒就是稀少性的遞減，而稀少性也就是富饒的遞減。

　　依照亞當・史密斯與李嘉圖的說法（附圖二），產出的數量增多就是使用價值的數量增加，與之並行的是人類幸福的增加，在其背後的假設是說，人類的想望通常是無限的，亞當・

圖二　心理並行論（亞當・史密斯與李嘉圖）

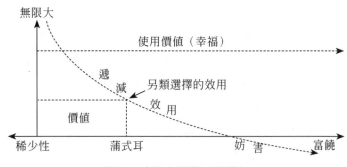

圖三　功能心理學（愉悅）

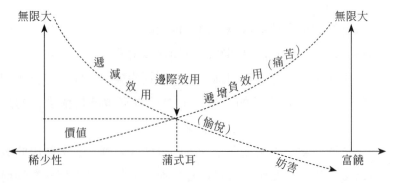

圖四　功能心理學（愉悅、痛苦）

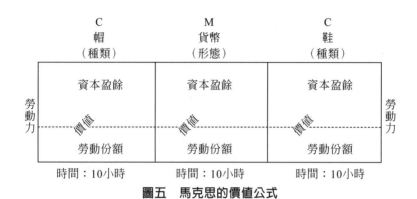

圖五　馬克思的價值公式

史密斯之所以排斥使用價值是因為，在他看來，這種價值是指*主觀*的無限幸福，並非指與之並行的*客觀*使用價值。

　　不過，*客觀*的使用價值與產出數量實是同一事物，因為產出無非是一定數量的使用價值而已，所以，在他看來，產出的數量增多，就是一定數量的勞動痛苦或勞動力的同等增加，也就是一定數量的使用價值依其*主觀*幸福的意義等比增加。這種心理並行論實際上並非完全並行，因為幸福可能由於神的仁慈而無償的增加。

　　附圖二是要表示在亞當‧史密斯之後四十年李嘉圖是多麼輕易的捨棄了亞當‧史密斯的勞動痛苦而僅採納亞當‧史密斯的勞動力，實際上，此項變動牽涉到**大自然**終極哲學上一種微妙的變動，由大自然的神聖富饒變成馬爾薩斯在1798年所提出的人口過剩與大自然吝嗇。但此項變動卻並沒有牽涉到使用價值與幸福並行的任何變動。富饒的增進是生產富饒所必需的勞動力數量之增加；這和物質產出的數量增多相同，其屬性，小麥的使用價值，也有同一比例的增加，這也是人類幸福

擴大的比例。

其所以並行的理由是極明顯的，只須與附圖三比較一下就可以證明。亞當‧史密斯與李嘉圖皆無*每一單位*的效用遞減這個概念，我們把這個概念稱之為功能心理學，因為這是依賴稀少性與富饒的程度而定的。這種心理狀態是在本世紀的中葉以後才由戈森、傑文斯、瓦爾拉斯與孟格爾等分別發現的。到了此刻，我們可以看到（對於特定的一種產品）主觀的幸福（愉悅）並非無限，這是隨著富饒的增進而*每單位*遞減，隨著稀少性的「增進」而*每單位*遞增的。朝著富饒的方向前進，主觀的幸福可能轉為「妨害」，猶如流水可能將容器淹沒一般。朝著稀少性的方向前進，水很可能具有「無限大」的效用，在一個無水的沙漠裡，甚至可以影響到生或死。

這種功能心理學是亞當‧史密斯或李嘉圖所不知道的，所以，除了一般幸福的意義之外，說不出使用價值的意義。然而亞當‧史密斯卻有一種使用價值及其並行的幸福意義，但僅限於他的「國富」。為證實這種使用價值的意義起見，我們要引述坎能（Edwin Cannon）的話。

坎能指出財富（wealth）這個用詞在語源學裡只是「福祉」（weal）字詞的較長形態，[23]而且，按照較為古老的意義講，財富也是表示一種福利，這種福利「完全依賴保有或按期受取某種外在對象，例如麵包、肉食、衣著或金錢，所以，不僅是把這個字詞適用於這一類對象的本身，並且適用於接近該類對象的身體及心智狀態」。亞當‧史密斯採用這個語詞時，

---

23 見附圖二。

其意義爲外在的對象，而不是主觀的福祉，這種意義「極其普通，所以編輯辭典的人也忘了說明其較爲古老的意義」。[24]

　　這種意義和我們在十六、十七世紀所見到的相一致，洛克在這方面可說是已經登峰造極。公共福祉與共有財富在當時可以作爲同一經濟數量而交替使用，其中的每一個都含有政府的政治意義。[25]到了亞當・史密斯手裡，他所排斥的「使用價值」這個用詞也有與此相似的意義，福祉與財富——福祉就是幸福或福利的主觀價值，這是和客觀的使用價值或財富相並行的，如附圖二所示。

　　但是坎能又曾指出，到了亞當・史密斯、李嘉圖與所有物理經濟學者們的手裡，除勞德戴爾伯爵（Earl of, Lauderdale）以外，財富還可能是指交換價值[26]——這是一個致命傷的意義引申，因爲價值的這個三重意義，福祉、財富與交換，成了普魯東、馬克思與美國綠背紙幣倡導者所理解的自

---

24 參閱坎能的《1776-1848年英國政治經濟的生產與分配學說史》（*A History of the Theories of Production and Distribution in English Political Ecoonmy from 1776 to 1848*，1894年），第一卷，第2頁。

25 在《論英格蘭王國的公共福祉》（*A Discourse of the Common Weal of This Realm of England*，撰於1549年前後，最初發表於1581年。至1893年，拉蒙德（Elizabeth Lamond）由手抄本重印出版）。這部書裡，這些意義的可以交替使用頗爲明顯。這部書通常認爲是W. S.所著，但其人不詳。

26 見於坎能的前述著作，第5頁以次。參閱勞德戴爾所著《公共財富的性質與起源之研究》（*An Inquiry into the Nature and Origin of Public Wealth*，1804年）。

相矛盾意義，並且在實際上已經成了所有的紙幣理論家所共同理解的意義，他們要求貨幣的供給量應相等於人類所生產或爲人所保有的價值富饒度（使用價值）。[27]

由上文所述，我們可以下一個結論：和亞當‧史密斯與李嘉圖的心理使用價值相並行的是一種物質使用價值，用蒲式耳、加侖等物質單位爲之衡量，相當於亞當‧史密斯的社會財富或國家財富的意義。這種使用價值的特點是，其*每一單位*的價值並不因富饒而遞減，亦不因稀少性而遞增，這和後來的遞減效用意義相反，那是*每一單位*隨著富饒而減低，隨著稀少性而增高的。使用價值就是富饒價值，而功能價值則是稀少價值。簡而言之，使用價值是亞當‧史密斯的主觀意義，這是他客觀地用財貨與財富所指稱的價值，隨著富饒而俱增。

如果是這樣，才可能把使用價值或財貨描述爲隨著物質與文化的差異而變動的價值，這不是隨著供給與需求而變動的。物質的差異就是種類的差異，例如：鞋子或小麥；品質的差異，例如：春麥、冬麥；第一級、第二級；以及變質、折耗、耗竭或磨損的差異。文化的變異就是我們的「文明價值」，因爲這不是在供給與需求方面的變動，而是在式樣或時尚、宗教或道德，文明上的發明或發現等方面的變動，把所渴望的對象變更了，由弓箭變爲炸藥、由馬匹變爲汽車、由繪畫變爲電影。這些文明價值遞減的使用價值可以稱之爲**報廢**，而其遞增的使用價值可以稱之爲**創作**。

---

27 參閱本書第九章，第八節〔壹〕，講凱洛格（Kellogg）。

　　換言之，使用價值是一種物質的與文明的屬性，而不是人或物稀少性的屬性；不過，也和稀少性一樣，有一種心理的說法。[28]心理的價值決定於其物質的品質，而非決定於其數量；決定於幸福，而非決定於稀少性；決定於現有的文明，而非決定於供給與需求，所以，給使用價值下定義的方法該和給對象的色彩、形態、重量、體積或容積相同。實際上，使用價值確有數量的維度，不過，這種數量都是物質數量，皆各有其物質的衡量單位，例如：布匹的碼、木材的堆（cords，128立方英尺）、電力的瓩時（kilowatt-hours）。[29]

　　由此可知，在物質的使用價值這個意義之中，雖有客觀的與心理的兩種說法，並因此而產生事物之間一種關係的觀念，認為這些事物足以滿足人類的想望以及想望的本身，但卻沒有一種觀念是認為這個人在此時此地實際依賴某項使用價值或多或少的數量。這是洛克二元論的觀念，我們稱之為**心理並行論**，不過，這也是兩種語言所假設的福祉與財富——福祉是心

---

28 現代的經濟學者受到享樂派經濟學者的影響，通常要把早年使用價值的意義解釋為遞減效用。這麼一來，他們使效用有了雙重意義，一個是早年的意義，其*每一單位*並不因富饒的增進而遞減，另一個是後來的意義，其每一單位*卻*是因富饒的增進而遞減。我們認為後來的這個意義是古典派經濟學者們及其後繼者馬克思所不知道的意義。

29 博姆-巴維克在他的《資本實證理論》（*The Positive Theory of Capital*，1891年英譯本）裡面，把這些「技術」上的關係排斥於政治經濟學之外，然而我們卻是在這種關係之中找到了效率與管理交易的概念。

理語言所表示的幸福，而財貨的富饒則是經濟語言。

　　亞當・史密斯所關心的是*不同*商品，其交換價值互異，他並不注意在不同的情況之下或是按照不同的數量生產*同*一商品所需痛苦的增加。生產一蒲式耳的小麥所需的痛苦數額（或其相等的力量）較大於生產一蒲式耳的馬鈴薯之所需。所以，必須用兩三個蒲式耳的馬鈴薯才能交換到一個蒲式耳的小麥。李嘉圖把勞動痛苦轉爲亞當・史密斯同等數量的勞動力，在他的心智之中也有同樣的交換價值。小麥含有二或三倍於馬鈴薯的勞動力，這可以說明小麥與馬鈴薯交換比例的所以然。

　　在享樂派經濟學者注意到*同*一商品的數量增多則其*每單位*的效用遞減之後，發生了一個不同的問題（附圖三）。假如*每單位*的效用因供給增多而遞減，其*每單位*的負效用或痛苦將不會因生產這增多的供給量所需的疲勞增加而隨之俱增呢？此項疏忽是奧國享樂學派的缺點。這一派的經濟學者斷言，由於機器代替了勞動，我們已經跨越亞當・史密斯所描述的原始時代「痛苦經濟」階段而達到「愉悅經濟」。但是，因爲生產同一商品的增量產出，其所需要的勞力增加，所以痛苦不但是依然存在，並且還有所增多。於是過去的古典派經濟學又捲土重來，而成爲新古典派，這一派學者的概略公式如附圖四所示。倘使根本沒有供給，則效用（不是使用價值）可能要升高，例如在水的這個事例之中，升高到無限大，顯然的，並沒因生產水而有勞動痛苦。但是，假如勞動增加，則*每單位*的勞動痛苦，其強度亦必因*每單位*的愉悅減低而增高。

　　然而樹木絕不會長到像天那麼高。達到了某一點，假定爲邊際效用的這一點，供給必然要停止增加，因爲遞減的愉悅已

經與遞增的痛苦相等。

所以，邊際效用有兩種說法：一種是奧國享樂學派的說法，另一種是新古典派的說法。在前者無痛苦的經濟裡，一種商品的遞減愉悅達到某一個下降點時，另類選擇的商品所提供的愉悅超過了這一種商品的遞減愉悅；由於在各種商品所具有的遞減效用之間做選擇而達到了均衡（附圖三）。在可以互相替換的商品之間做選擇的這一點，設定了各種商品的同等邊際效用，且成為均衡點。到了1890年，這一種說法在博姆-巴維克手裡成為「效用成本」的原則，或是說，在另類選擇物之間挑選其較優的一種而獲得的邊際利得。[30]

但是，按照新古典派的說法，所謂邊際效用係指同一商品繼續生產的痛苦與繼續消費的愉悅互相抵消的這個平衡點而言（附圖四）。

到了十九世紀末，由於把使用價值的意義變為遞減效用，而把痛苦的意義變為遞增負效用，所以亞當‧史密斯的並行論也就成為功能心理學。**價值**的概念和從前一樣，仍然是一個二維的概念，不過，此時是用邊際效用或稀少價值來乘產出的數量或使用價值，而在從前則是用勞動痛苦來乘使用價值的數量罷了。

亞當‧史密斯在經濟理論過程中，也就是在個人服務之中，其之所以找不到一個適當地位來安置使用價值，還另有一種理由。因為，很明顯的，這種服務是無形體的，是隨做隨滅

---

30 參閱本書第八章，第六節〔參〕，(一)服務成本與產品成本。

的。然而這種服務當然也具有功用，其有用性在服務完畢之後仍然繼續存在。亞當・史密斯及其後繼者皆認為只須將「生產性」與「非生產性」勞動分別清楚就夠了。一個內科或外科醫師、一個律師、政治家或政客、一個牧師或神父、一個教師、一個音樂家或演員、一個科學家、一個家庭僕役、一個家庭主婦都是「非生產性」，因為他們的勞動功效不能表現為一件商品，不能將其儲存起來，不能在市場上出賣，或直接與其他商品，或別人的服務交換。要想衡量這種服務的*價值*，其唯一的方法就是以貨幣計算，例如：工資與薪金，再不然就是以其直接交換的商品計算。因此之故，勞動的本身只能作為一種商品看待，其價值也只是交換價值。專人服務具有交換價值，而其使用價值僅能表現在別人的幸福之中，且也沒有像噸與碼之類的衡量單位可以用來衡量幸福。

「具體表現」在商品之中的勞動則迥不相同。勞動可能給予這件商品一些附加的價值，不過，因為這件商品的「使用價值」也被視為一種心理上的價值，所以這附加的價值只能作為附加的交換價值而予以衡量。

近一百五十年來的經濟理論化過程，對如何給專人服務以適當地位這個問題始終感到困惑。假如這種服務是使用價值，則除用金元計算外我們又怎能加以衡量呢？然而，金元只能衡量這種服務的稀少價值，而不能衡量其使用價值。金元所衡量的是這種服務的供給與需求，或是衡量其議價能力，再或是衡量習俗的力量，但卻不是衡量這種服務的有用性。這一個半世紀的理論化過程引用了種種的概念與設計，希望能使專人服務的有用性與「生產性」勞動的有用性在使用價值的一般概

念之中同化。有一種概念是「平均人工時數」（average man-
hours），這是馬克思所提出，而在科學管理的理論中達到了
精確的程度。另有一種概念是以人工時數計算的「經常」勞動
（overhead labor），這並不增加任何一件特定商品的使用價
值，而是增加一個運營中的業務團體所產全部商品的全部使用
價值。這種經常費用的概念是現代部分對整體的關係公式中的
一項特例。再有一種概念是科學家，發明者與工程師的心力勞
動，如果將其作為某一個特定機構的「經常」勞動看待，這就
是所有各種勞動之中生產力最強的一種，因為這種勞動可以擴
大創造使用價值的能力，尤勝於其他人類能力合併起來所創造
的總和。與此齊肩並列的一種可以稱之為國家經常勞動的教
師、牧師、神父、政治家、政客、警察等的勞動，這些人的工
作，如果作為一個整體看待，足以擴大一個國家全體的能力，
以增進使用價值的產出，至於他們所接受的報酬是否取之於稅
捐，抑或是取之於其他來源，則在所不計。

　　還有一種概念是把使用價值這個用詞本身的意義加以
分析，使其含有基本、形態、時間與地點四重「效用」的意
義。[31]基本效用就是必須加以利用的大自然力，其利用的方法
在於形態、時間與地點的變更——如何、何時與何地成為必需
——而不問其所給付的交換價值、價格或工資為何。內科醫
師、外科醫師、家庭僕役、家庭主婦，甚至於音樂家與演員的
這種所謂專人服務就是在原本無用的自然元素之上增加其形態

---

31 這也就是使用價值。

的、時間的與地點的用處。這些服務可能直接增加事物的物質使用價值，但是，因這些服務而受取的報酬則是在於完全不同的方面，在於議價能力、習俗、稀少性、機會、另類選擇以及在提供服務的時間與地點，經濟上是否依賴或獨立的各種情況。

　　正因為在替人服務與管制別人的力量之間、在生產與取得之間、在使用價值與稀少價值之間有這樣的矛盾，所以各個學派的經濟學者們才會分裂，不過，亞當‧史密斯卻能聽任這樣的矛盾敞開著，而不加以調解，這是因為他有**個人主義**對抗**重商主義**該議題的先入之見而導致的。

　　既然缺乏隨後一百年間所提出的這些精密想法，亞當‧史密斯對使用價值的起因又是如何的一種觀念呢？這就是任何一種足以增進富饒的事物。亞當‧史密斯認為有五個因素足以增進富饒，皆與限制富饒的勞動痛苦有別。這五個因素就是：**勞動力、分工、交換、儲蓄**與農業方面**大自然的仁慈**。

　　爾後，馬克思把洛克與亞當‧史密斯所隱含的勞動力加以闡發，認為這是手工的、心智的與管理的力量。如果要把這種力量講得精確些，我們該將其化約為動作的用詞，這麼一來，手工力量就是指運用神經、肌肉與骨骼使一個人的身體或其他物體移動的力量而言。說得更恰當些，這是物理的力量，而不是「手工」的力量。這是以直接的衝擊來移動事物、自我或別人的一種物理力量，這是物質的強迫力，甚至是暴力。

　　但心智力量則是直接的移動某些物體，使其運用本身的物質強迫力，在一個遠隔的空間或未來時日間接的移動其他事物的力量。工具、機器、原動機、飛機等都是起因於心智力量。

如果把管理力量也以動作的用詞而言，這就是運用物質、心智與本身的力量以移動其他事物或人的一種力量。

合併起來而言，這三種力量可以更恰當的稱之為人力，實際上，這就是洛克、亞當·史密斯與馬克思使用**勞動**的意義，因為他們的勞動者顯然是一個物質的、心智的與管理的勞動者，唯有人力才能增進使用價值的富饒以及國家的財富。

然而這種人力的最大生產力卻是起因於**分工**；分工容許專業化，分工必須有交換。亞當·史密斯的全部著作都在論述以各式各樣的分工提高生產力，從工廠的劃分開始，演進為工業的、區域的與國際的分工，無一不需要產出的交換。

因此之故，亞當·史密斯認為**交換價值**是勞動力所必須採取的「形式」，必須這樣才能使勞動力因專業化而產出最大數額的使用價值。如果勞動力是使用價值的起因，那就必須在文明的環境之中才能運作。這種環境決定了具有使用價值的產品所應採取的種類與形態。

然後馬克思再把亞當·史密斯的使用價值觀念之中所隱含的這些起因、種類與形態等意義用公式表示出來（參閱前文附圖五）。在洛克與馬克思所用的術語裡，*起因*或「本質」就是**勞動力**。使用價值的*種類*決定於物質的與文明的條件，例如帽與鞋。在亞當·史密斯看來，價值的*形態*可能有兩種，生產性與非生產性勞動，前者是用於交換的產出之起因，後者是即時消費的產出之起因。二者皆有其功用，不過，生產性勞動所創造的使用價值其形態為交換價值，而非生產性勞動所創造的使用價值其形態則為即時消費。

所以，照馬克思的說法，生產性勞動的形態就是分工所必

須的交換價值，而非生產性勞動的形態就是沒有交換價值的消費財貨。前者也就是「商品」的意義。商品是具有交換價值形態的使用價值。[32]凡是毋須成本而促進交換價值的任何事物皆能促進生產，因此，銀行制度與紙幣，乃是用不費成本的媒介來替代昂貴的黃金，並由此而擴大生產。[33]

在這方面亞當·史密斯與魁奈不同。魁奈是隸屬於一個農業社會，在他看來，這個社會的繁榮，其關鍵在於具有高昂交換價值的農產品富饒。亞當·史密斯則是和洛克相似，隸屬於一個農業兼製造業的國家，其繁榮的關鍵在於以農產品交換製造品。魁奈把當時的情況描述爲商品的流動，而亞當·史密斯則是描述爲區域的與職業的分工。

亞當·史密斯說，我們姑且承認每個國家的歲收是在於「其工業所能取得的維生物資數量」，然而，「如果採用貿易與製造的方法，必然可以每年輸入更多數量的維生物資，多於這個國家的土地在其當時的耕作狀況之下所所能提供的數量。一個城市裡的居民雖是通常沒有他們自己的土地，但卻可能由他們的工業取得別人土地上所生產的原物料，其數量不僅足以供給他們工作所必須的原料，並且足以供給他們生存所必須的物資。一個城市對於其本國境內鄰近地區的情況也就是一個獨

---

32 參閱馬克思的《資本論》（*Capital*，1909年科爾〔Kerr〕譯本，原書出版於1867年），第一卷，第一章。並參閱本書第八章「效率與稀少性」。

33 見於亞當·史密斯的《原富》，第一卷，第279-283頁。

立的州或鄉村對於其他獨立的州或鄉村的情況。……少量的製造品足以購買大量原物料。……相反的，一個沒有貿易與製造業的國家通常不得不花費其大部分原物料去購買別個國家極小部分的製造品。[34]

一如魁奈所力爭的，這些農產品的低廉交換價值和製造品的高昂價值，只要是沒有受到人為稀少性的干擾，不會壓迫到農場主。這些價值都是自動的，所以也都是自然的交換價值，都是分工之後、專業化與交換而增強生產力之後所產生的結果。倘使農場主們不得不從事他們自己的製造工作，則他們的農產收穫數量必將減低。這是由於地域性的分工增強了他們的生產力，所以他們的產出交換價值雖屬低廉，仍對其自身有利。他們由生產力增強之所得大於他們由價格低廉之所失。亞當·史密斯對於城市與鄉村之間、國家與國家之間、本國與其殖民地之間貿易所作的卓越歷史研討，旨在說明，如果能聽令交換價值與勞動生產力的差別相一致，則貿易雙方可互受其益。

不過，這卻變更了生產力的意義。魁奈是把生產力以具有交換價值的商品*量體*（bulk）為主體——只有大自然的生命力才能增加這個量體。而亞當·史密斯卻是將生產力以具有交換價值的商品之*使用價值*為主體——人力增加大自然所生產的原料之使用價值並不擴大其量體。正因為他們二人的見解不同，一個是認為財富在於具有交換價值的商品之量體，而另一個是

---

34 同前書，第一卷，第175頁。

認為財富在於這量體上所增加的使用價值，所以，在實際上亞當‧史密斯與魁奈二人對生產性與非生產性勞動的意義只有一部分的相同，差異頗大。照亞當‧史密斯的說法，生產性勞動者是為與別人交換而從事生產的人；魁奈的大自然生產力也是為交換而生產，非生產性勞動者是為自己或別人的*消費*而從事生產的人，但在魁奈看來，這使大自然變為非生產性。照魁奈的說法，要想成為生產性，則**大自然**必須增加具有*交換價值*的事物之量體；但照亞當‧史密斯的說法，**勞力**必須增加具有交換價值的事物之有用性。[35]

所以，在亞當‧史密斯看來，生產性勞動就是產生使用價值的勞動，而其形態則為交換價值。他認為只有交換價值才能構成國家的財富，因為這種價值僅存在於分工致使具有交換價值的使用價值擴大富饒。

但是，交換價值的這種*形態*卻是毫無意義，除非是這種形態足以擴大使用價值的富饒。亞當‧史密斯的交換價值觀念提供了他和重商主義鬥爭之中一項最重要的發現，那就是有效需求與貨幣需求之間的區別。有效需求在於生產財貨以供交換，而不在於貨幣的占有，這種生產必須具有交換價值的形態，否則就不成其為有效的需求。重商主義者曾論辯說，增加了貨幣供給量就足以增加需求。但亞當‧史密斯卻說貨幣是按照供交換之用的財貨（使用價值）生產的比例分布於各個國家與各個地區。能給勞動與商品創造有效需求的並非貨幣——而是商品。並且，創造商品的也不是貨幣，而是勞動。因此，以交

---

35 同前書、第一卷、第30頁以次；及第二卷、第161頁以次。

換價值的形態生產使用價值的生產性勞動才是對別種生產性勞動的有效需求；所以，交換價值不但是實質事物的形態——並且是使各個階級的生產性勞動者互相提供以增強其生產力的誘因。不過，我們講到這種誘因的意義時，我們已經把這個意義轉移到貨幣價格，而這種貨幣價格卻是亞當‧史密斯所要排除的。[36]

　　亞當‧史密斯的有效需求，其關鍵在於分工，這是把貨幣與遞減效用一併消除。分工使魁奈的流通觀念轉爲「有效需求」的關係。魁奈無法以大自然用詞來構成這樣一個觀念。他有兩種流通——貨幣是朝一個方向流通，而財貨是朝相反方向流通。但亞當‧史密斯已經把貨幣從他的交換價值意義中消除，按照魁奈的說法，商人與製造業者只是憑籍重商主義賦予的特權，把一些數量的財貨在其流通的行程任意中提取出來。但，按照亞當‧史密斯的說法，製造業者是把商品的使用價值積累起來而不予消費，並由此而創造了有效需求，這就是說，創造了一種力量，在交換之中不但可以支配別種商品，並且可以支配勞動。勞動擴大具有交換價值形態的使用價值，這就成爲對勞動本身以及對勞動所生產的其他使用價值的需求。並且，因爲消費者所要的是使用價值，而不是那成堆的物質，所以對勞動的需求總量也就是積累使用價值的擴大總量，這些使用價值是資本主所積累而提供給勞動者作爲給養與維護之物資，以交換其更進一步的生產使用價值。無論是對勞動的有效

---

36 參閱本書第九章，第七節〔肆〕，(二)商業的供需法則。

需求，抑或是對其他產出的有效需求，當然也包括國外輸入品在內，皆受到資本主所積累及可用於交換的使用價值數量的限制。在生產的當時立即消費的使用價值絕不會把這種支配的力量，或是亞當・史密斯稱之爲有效需求的部分留存下來。這種使用價值已經不復存在，並且其交換價值或誘導別人生產商品的力量亦皆隨以消滅。但是，所有創造出來而可以運輸、可以積累的這種形態的使用價值卻成了對於勞動及其他商品的有效需求。這種使用價值實際上出現於市場，並產生需求作用；同時，凡是消費掉而沒有留存等量再生產並出現於市場的使用價值都是非生產性的。

如此說來，亞當・史密斯所用「生產性」這個用詞就是相等於有效需求，而「非生產性」這個用詞也就是說不能創造有效需求。能給商品與勞動創造有效需求的不是貨幣而是商品，不是稀少性而是富饒，不是分配而是生產；並且還必須以交換價值的形態來創造。[37]

由亞當・史密斯的有效需求這個觀念可以求得結論說，人世間絕不會有「生產過剩」的情事發生，這個結論是後來彌爾（James Mill）予以完善的。[38]這是由使用價值概念所求得而合於邏輯的一個結論，這種使用價值的每一單位並不因富饒的增進而遞減。在亞當・史密斯看來，假如說在一個宿命注定爲和諧與富饒的世界裡竟然有生產過剩的情事，這便是對神的仁

---

37 參閱亞當斬密的《原富》，第一卷，第313頁以次。

38 參閱本書第八章，第七節「李嘉圖與馬爾薩斯」。

慈有令人不快的思慮。一直等到發現了效用遞減及貨幣重回經濟理論之後，實際上是等到馬爾薩斯創造了一種新的**上帝觀念**之後，對富饒的環境之中竟然發生因失業而餓死的情事才能提出一個合理的解釋。

正因為有了這種有效需求的觀念，所以亞當‧史密斯才能由交換價值、分工與生產性勞動之中求得使用價值富饒的另一個重要起因——那就是**節省**、**吝嗇**與**儲蓄**。在這方面，亞當‧史密斯是追隨著杜爾哥，[39]並由此而給一百五十年來的經濟科學建立了物質上與法律上相等於儲蓄的程序。[40]

法律上相等於儲蓄的是財產私有。物質上相等於儲蓄的，照亞當‧史密斯的說法，是勞動與農業產出的保存，即便是少數幾天的保存也行。這種儲蓄並非蓄積貨幣，而是蓄積使用價值。商人是以商品的形態儲蓄。農場主是以蔬菜、穀物與牲畜的形態儲蓄。製造業者則是以機器與商品的形態儲蓄。法律上相等於儲蓄的是擁有權，物質上相等於儲蓄的不是貨幣，而是商品、修整與機器。之所以要儲蓄是因為這些事物或其預期產出具有交換價值，且對其他財貨與服務形態的使用價值產生有效的需求。

在李嘉圖之後的經濟學者們大都是把生產看做努力克服

---

39 參閱本書第九章，第四節，貳、資本與資本財貨。

40 這種推論是以清除貨幣為基礎的。這是物質儲蓄的觀念，而不是金錢的投資或債務。後來把物質儲蓄與金錢投資視為同一的這種假設受到了韋克塞爾追隨者的責難。參閱本書第九章，第八節「由邊際生產到資本收益」。

大自然的抗拒而產生滿足想望的服務。但亞當‧史密斯則是把此種觀念包括在由財產所誘導的自願性概念之中。所以，他的「生產性」勞動就是創造可以銷售的商品的勞動，這種商品可能儲蓄起來到最後成為以其使用價值為限的有效需求。另一種人力是非生產性的，因為這種勞動只是創造立即消失的服務；再不然，如果是物質產出，則在家庭中即行消失而不會走出家門影響到市場。他的使用價值就是毋須貨幣的介入即可供未來交換之用的存貨。在他看來，生產不僅是使用價值的生產。他認為使用價值是一種有實質的存在且可以積累起來以供在交換中轉讓之用的屬性。生產就是生產交換價值——表面上這句話似乎是悖論荒誕，不過，假如我們考量一下，亞當‧史密斯所最關心的並不是稀少性也不是貨幣，那麼，這句話就不是悖論了。他所最關心的是創造使用價值富饒的自願性，之所以要創造為的是對於其他國家的商品與服務可能產生有效的需求。[41]要想達到此一目的，就得藉助生產力、節儉與交換，這不是單憑願望的無效需求或單憑貨幣的購買力所能奏效的。亞當‧史密斯認為商品是用商品購買而不是用貨幣購買。

如此說來，生產性勞動就是有效需求的生產，而非生產性勞動則是隨時消失，並未餘留任何事物，使資本主因其有效需求而予以儲蓄。所以，亞當‧史密斯並沒有遇到按照後來報酬遞減與遞增的意義解釋的生產、效率與勞動力等技術問題，也沒有遇到平衡各種因素、勞動管理以及膨脹與緊縮信用與貨幣

---

41 使普魯東與馬克思之間發生論爭的正是這句近似荒誕的話。參閱本書第八章，第八節「馬克思與普魯東」。

的種種問題。在他看來，生產與積累無非是工作、儲蓄、交換的自願性並由此而增進使用價值富饒的結果——貨幣僅是一種毫無色彩的媒介而已。

　　此項**節儉**教條標示著魁奈與亞當・史密斯之間最主要的差別。在魁奈看來，積累就是大自然生產物質數量的積累，但在亞當・史密斯看來，這卻是勞動加於物質數量之上使用價值的積累。一個是大自然資源的保存，而另一個則是節儉。因此之故，亞當・史密斯雖是同意魁奈，認為所有的家庭僕役、政府官員、君主、專業階級、音樂家、陸軍、海軍等的非生產性，這些人的工作顯然是有用的，也具交換價值，然而亞當・史密斯之所以認定其為非生產性的理由卻與魁奈不同。在亞當・史密斯看來，這些階級的工作「在其完成的瞬間立即消失」，並且，「因此而無法儲存」。在魁奈看來，他們的工作不能增加實質事物的量體，並且是由這些事物的量體之中將其交換價值的數額減去。魁奈把這種推理方法同樣的適用於「工匠、製造業者與商人」。這些人都是非生產性的，因為他們不能增加物質的量體，而反使其量體有所削減。但在亞當・史密斯看來，這些人的工作都是生產性的，因為這種工作並非在其完成的瞬間立即消失，而且，還因為這種工作產生了額外的使用價值，具有與他們所消費的使用價值相等的額外交換價值。積累就在於以商品的形態把這種額外使用價值儲存起來，可以供交換之用而換取相等的其他使用價值。[42]

---

42 參閱亞當・史密斯的《原富》，第一卷，第314頁；第二卷，第173-

　　舉例言之，大自然由一個蒲式耳的種子生產出五十個蒲式耳的小麥，但是，當這小麥以麵粉的形態從磨坊主人那裡送回來時，這個農場主卻看到他必須交出幾個蒲式耳的小麥才能換取一個蒲式耳小麥所製成的麵紛。魁奈對剋扣農場主的小麥加以譴責，認為這是磨坊主人非生產性勞動的交換價值。而亞當·史密斯則是加以推崇，認為這是磨坊主人的生產性勞動所貢獻的額外使用價值之交換價值。在魁奈看來，磨坊主人是非生產性的，因為他的消費小麥是削減了小麥在市場上的量體。但在亞當·史密斯看來，磨坊主人是生產性的，因為交還農場主以換取其小麥的麵粉所擴增的使用價值，恰相等於農場主交給磨坊主人的小麥之較低使用價值。磨坊主人把麵粉超出於小麥的額外使用價值儲存起來，其數額相當於他出售給農場主而不供自己消費的麵粉。他的勞動既生產使用價值來與農場主交換，則其勞動當然也是屬於生產性的一類。

　　由此觀之，亞當·史密斯的節儉教條和他的勞動力、分工、交換價值與使用價值等教條是不可分的。在亞當·史密斯看來，魁奈的流通過程，其本身就是一種儲蓄過程，而不是削減財貨量體的過程，因為這是以擴增交換價值的形態來擴大使用價值的過程，這種價值既經擴大之後就被「貯藏起來，以備必要時的運用」。所儲蓄的並非事物的量體——而是增生了具有交換價值的使用價值。

　　175頁。上文曾說過，我們所用的使用價值這個詞和亞當·史密斯的「財富」相同。

　　把具有交換價值的使用價值貯藏起來的這種儲蓄，不但區別了生產性的勞動與非生產性的勞動，並且分清了生產性的消費與非生產的消費、分清了積累與消費、分清了財富與貧窮、分清了有效的需求與貨幣的企求。生產性的勞動就是以儲蓄的方式積累具有交換價值的使用價值。生產性的消費使用價值就是在消費之後至少有同等數額的生產性勞動所生產的使用價值積累起來以資替代。這種積累僅是儲蓄，而財富則是富饒，不獨是使用價值富饒，並且是具有交換價值的使用價值富饒，其形態為儲存的商品、修整與機器富饒。唯有在以具有交換價值的商品作為企求之後盾時，才能產生有效的需求，這也就是亞當‧史密斯「生產性勞動」的意義。

　　有一點必須視為理所當然，那就是到了最後，所有積累的這些商品，其本身生產可供消費的使用價值，而這些修整與機器亦將擴大使用價值的數量，也進而增加其交換價值的數量。這種最後的使用價值之富饒導致幸福，但當其到來時，必然是心理上的，而且因消費者的品味而異。因此之故，亞當‧史密斯便把使用價值排斥於經濟學之外。這時候的重要價值在於以交換價值形態而貯藏起來的使用價值，也就是其有效需求的持久力量。具有交換價值形態的使用價值必須擴大其數量，而最後消費者的使用價值則可聽任個人的心理予以決定。

　　這種概念和現時仍然流行的常識觀念完全相同。即便是在今日，一個國家的「生產性」勞動仍然是限於生產市場上具有交換價值的商品，而生產專供家庭或農場之用的物品所作勞動還是被認為非生產性。

　　不過，這和亞當‧史密斯的交換想法卻有一點不同，亞

當‧史密斯也像魁奈一樣，在他的交換價值意義之中排除貨幣。貨幣只是一種不穩定的價值尺度。但是現代生活與債務則以銷售換取貨幣為主。這是資產和負債的通貨膨脹與緊縮。這種變幻不定的情況並不注意使用價值、勞動痛苦或勞動力。如果把貨幣視為表面的事物而予以排除，勢將使正統派的經濟學無法處理現代的經濟。

然而亞當‧史密斯卻保留了魁奈的一項奇特殘餘，也就是現代的一般常識與「農業經濟學者」們所保留的殘餘，這是從洛克較為深入的洞見又行倒退回來。洛克曾經用數字表示，在農業裡**勞動**所生產的占價值總額的99%，而**大自然**所生產的僅及1%。魁奈也曾用數字表示，**大自然**在農業生產了全國所產價值總額的100%，而**勞動**則絲毫無所生產。亞當‧史密斯是把使用價值排除於他的經濟理論之外，而到後來李嘉圖才將其包括於經濟理論之內，[43]所以亞當‧史密斯看不到實際上獨力生產使用價值的是**勞動**，或是更確當的稱之為人力。同樣的，因為他假設著**大自然**的仁慈與富饒，與馬爾薩斯及李嘉圖的假設相反，所以他未能將人力所生產的使用價值和**大自然**所生產的物質量體完全分清。

他說，「在農業裡，大自然和人類一同勞動；她（自然）的勞動雖是毋須花費成本，但其產出卻有其價值，和那最

---

43 參閱馬卡羅和所刊《李嘉圖的著作》（*The Works of Ricardo*，1888年），第169頁。並參閱本書第八章「效率與稀少性」。

昂貴的人工一式無二。……地租……可以視爲大自然力的產
出，地主把自然力的使用借給了農場主。……在製造業裡所用
的沒有一種同等數量的生產性勞動能夠產出如許之多的再生產
品。在製造業裡大自然並沒有做一件事，所有的事都是人做
的。……所以農業所用的資本不但比製造業所用的同等資本推
動了更多數量的生產性勞動，並且使這個國家的土地與勞動每
年的產出增加了更大的價值，使這個國家的居民實質財富與收
益增高，和這筆資本所運用的生產性勞動數量成正比」。[44]

　　所以，亞當‧史密斯在農業的較大生產力方面對魁奈的讓
步，實際上是遺棄了洛克。洛克曾經使勞動成爲全部價值99%
的生產者。亞當‧史密斯的退讓是承認農業裡的勞動比製造業
裡的勞動更具生產性，但卻不肯像魁奈那樣說，前者全部是
「生產性」而後者全部是「非生產性」。他說：「提供了三個
子女的婚姻當然是比僅提供兩個子女的婚姻更具生產性；同樣
的，農場主與鄉村勞動者的勞動也比商人、工匠與製造業者的
勞動更具生產性。然而，一個階級的優越成果卻不能使另一階
級成爲無生產力或非生產性」。[45]

　　但是，我們卻要下一個和魁奈與亞當‧史密斯皆不相同
的結論，那就是，勞動所生產的並非量體——而是這量體的有
用性。大自然繁殖了量體，但是她也許偏好繁殖莠草而不肯繁

---

44 見於亞當‧史密斯的《原富》，第一卷，第343，344頁。

45 同前書，第二卷，第173頁。

殖食糧。大自然培植一批小麥的農作物嗎？抑或是人類利用一些大自然力量、剷除其他雜草而培植出這一批小麥的農作物來呢？大自然的力量用以培植小麥，難道是比用以移動一艘海洋定期航船每小時30英哩，或一架飛機每小時200英哩更具生產性嗎？再不然，**人類**的才智難道不是在生產之中做了一些自然從來未曾想到的事嗎？所以，雖是在農業裡李嘉圖也不得不把大自然的富饒轉為大自然的抗拒，以駁斥亞當·史密斯認為大自然在農業裡比在製造業裡更具生產性的謬誤，而退回到洛克的見地。這種謬誤是由於混淆了大自然增加量體與人類指使天然資源趨於使用價值的增高。

在亞當·史密斯之後四分之三世紀，馬克思追隨著李嘉圖完成了他那唯物論的勞動力與使用價值分析。然而，雖在今日，物質量體與使用價值的混淆仍有待於澄清，因為**效率**的社會意義已經代替了大自然力量的生產力這個概念。[46]

由於他的分工與其相應而至的產品交換，亞當·史密斯又給財產求得在倫理學上進一步的合理化。洛克的合理化只是證明勞動者對於個人所生產的事物得享擁有權，至於對別人的產出藉由貨幣的介入而取得的擁有權卻難以為之合理化。亞當·史密斯用分工充實了合理化理由而毋須貨幣的介入：假如產品交換有完全的自由，則勞動者要留心，使其所放棄的勞動數量相等於，或「假想為相等於」其在交換之中所受取的勞動數量。所以，沒有一個人能使自己成為富有而使別人不能成為同

---

46 參閱本書第八章「效率與稀少性」。

等的富有，因爲一個人所積累而投入交換的本人勞動，要和別人所積累經由交換受取得來的別人勞動數量相等。在這裡，亞當・史密斯的理論又犯了錯，因爲他忽視貨幣、信用與議價能力，有些人確是藉此搾取別人財富並使自己致富。不過，由於消除了貨幣，所以他的分工與完全自由和洛克的富饒與神的仁慈不但合理化一個人自己產品的私人財產，並且也合理化經由交換手段而取得別人產品的私人財產。

　　休謨的稀少性與公眾效用概念亦復如是。如果以富饒替代稀少性，則休謨視爲個人行動之動機的「公眾效用」或公眾福祉必將全部消失。並且，假如消除集體行動，個人完全自由的結果僅在於使別人同樣的富有然後自身才能致富，那麼，只有在遇到最例外與緊急情事時，始可容許政府加以干預。[47]倘使保持這種完全自由與自然富饒的自然狀態不變，則每個人只好用他自身的辛勞與煩惱作爲衡量他自己產品與別人同等產品的尺度。這並不必須有公眾效用或公眾福利的概念，因爲**神**的無形之手透過富饒與物物對調和交換的本能操作已足以獲致公眾的利益。亞當・史密斯的哲學是一種**富饒**哲學，不是休謨的**稀少性**哲學。

　　(二) **稀少價值的起因**

　　1. *心理的與所有權的稀少*——我們已經說明**勞動**具有**痛苦**與**力量**的雙重意義，到後來這種意義使李嘉圖與其追隨者以及

---

47 參閱亞當・史密斯的《原富》，第二卷，第32、43、83、184-485等頁。指戰爭、修築高速公路等情事而言。

馬克思等輩都和亞當·史密斯與馬爾薩斯分道揚鑣。李嘉圖的
這一派通常被稱爲唯物論的經濟學者，而亞當·史密斯與馬爾
薩斯則是屬於一般心理學的經濟學者一類。不過，我們還可以
把這兩派作更恰當的區別，而稱之爲心理學的與所有權的經濟
學者。假使作爲勞動苦痛看待，則「眞實價格」就是辛勞與煩
惱的犧牲數額。如果作爲勞動力量看待，則「眞實價格」就是
勞動者*擁有*及*出售*給雇主的精力數量。前者是屬於心理上的，
而後者是屬於所有權的。

　　亞當·史密斯把勞動者描述爲一個手頭貯藏著一定限度
的「舒適、自由、幸福」的人，而在他和**大自然**作具體化交換
時，「放棄」其中的一部分。這就是必須給付於大自然並使
每件事物能有價值的「眞實價格」、「原始價格」與「眞實成
本」。在亞當·史密斯看來，這並不是具體化──這是「眞
實」。

　　但是到後來李嘉圖與馬克思對勞動者的看法卻和普通法上
的看法相同──同樣把他看做一個自由勞動者，他有自己的身
體，或是更恰當些說，他有物質的、心理的與管理的能力，可
以在公開市場上出售這些支配能力。這種勞動力也是一種有限
度的貯藏品，不是貯藏的幸福，犧牲幸福招致痛苦；而是貯藏
的生產財貨與服務的力量，犧牲這些力量就是擁有權的割讓。
這也是洛克的觀念，他是由普通法得來的。他的勞動者是一個
擁有勞動力量的自由勞動者，這個勞動者把這種力量和天然資
源「混合」在一起時，其產生的結果就是他的私人財產，假如
他願意，他可以將其出賣給別人。

　　其所以要由亞當·史密斯的意義轉爲李嘉圖和馬克思的意

義是因爲有了一種與亞當・史密斯和洛克截然不同的**大自然哲學**所致。這是由仁厚的**大自然**轉變爲吝嗇的**大自然**，起因於馬爾薩斯的人口過剩論。[48]在李嘉圖與馬克思的手裡，這是由神學轉爲唯物論，孔德也許要把這種轉變描述爲由神學變做形上學。[49]這是涉及稀少價值大自然起因的意義變更。李嘉圖是客觀的發現此項大自然起因在於大自然對勞動力的抗拒；但在亞當・史密斯看來，大自然係指富饒而言，所以他是主觀的發現此項起因在於人類天性的抗拒辛勞與煩惱。

到了馬克思的手裡，他把李嘉圖所隱含的直言不諱的表明出來：勞動者是自由的，所以他擁有自己勞動力量。不過，他不是如同亞當・史密斯那樣的加以具體化，把這種力量出賣給大自然，而是如同李嘉圖所理解的那樣，出賣給雇主。

這顯然是普通法上的財產觀念。普通法在處理擁有權的移轉時，並不注意痛苦或幸福。其所注意的僅在於意志。這個勞動者是*意圖*將其勞動力出賣給雇主嗎？他在交換之中所期望受取的究竟爲多少？這種意圖的邏輯並非來自痛苦或幸福，這是來自當時當地所流行的做法和習慣，以早年的*違約求償*（assumpsit）與*按勞求償*（quantum meruit）等教條爲依據。

我們稱之爲所有權稀少性的就是這種稀少價值，[50]稀少性

---

48 參閱本書第七章「馬爾薩斯」。

49 參閱本書第一章，第三節後段的「孔德」。

50 參閱劉衛林所寫的「法律制度對於經濟學的影響」（The Effect of Legal Institutions upon Economics），載於《美國經濟評論》，第XV期（1925年），第665-683頁。劉衛林也和休謨一樣，把所有權稀少性

的意義有三個歷史階段：一、亞當・史密斯所謂勞動者抗拒勞動痛苦的心理階段；二、李嘉圖大自然唯物論抗拒亞當・史密斯的勞動力；以及三、馬克思自由勞動者的所有權抗拒以低廉工資出售其自身的勞動力。

每一種意義的背後，實際上也就是這種意義所來自的根源，總有十八世紀的普通法對一個自由工資勞動者的概念，這個勞動者並非毫無財產，他擁有並出售他的人力，按照當時當地在市場上所能獲得的任何價格出售。再進一步回溯，就是孔德所描述的幾個歷史階段，在這幾個階段裡，研發了一些觀念，我們已經加以修正爲亞當・史密斯的具體化階段，李嘉圖與馬克思的唯物論階段，以及按照各種制度實際施行的交易階段。

亞當・史密斯採取了常識的觀點而不加調研，認爲人類的想望無限，所以人類的幸福僅限於爲滿足想望而生產出來的使用價值總量。不過，亞當・史密斯雖是在一方面認爲使用價值相等於「某種特定對象的效用」，但卻沒有把一切有用對象的富饒與單一有用對象的富饒分清，也沒有把使用價值的主觀與客觀意義分清。

然而，亞當・史密斯的觀點是另一種常識觀點，這種觀點雖爲所有的物理經濟學者所共知，但卻未曾納入他們的分析之中，之所以如此的理由只是因爲他們沒有把整體與部分之間

作爲法律與經濟學相關性的基礎。肯尼斯（Knies）與伊利在這之前已經提出過與此類似的概念。

的區別分清。一直等到亞當・史密斯之後約一百年才由後來的
心理學派經濟學者將其分清。每個人都知道，人類對某一特定
對象的想望不是無限的，不過，這種想望卻是隨當時當地可能
獲得的數量之增加而遞減，甚至常成為妨害而不是效用、成為
痛苦而不是幸福。每個人也都知道這種對一特定對象想望的主
觀強度是隨當時當地可能獲得所需的數量之*減少*而遞增，甚至
攸關人的生死。個人對一件特定對象的這種依賴性我們稱之為
稀少價值，這是屬於功能心理學的一類，洛克那個時代所流行
的是內在心智與外在萬物的二元論，對這種功能心理學是不注
意的。所以，物理經濟學者們或是忽視這一類功能上的事實，
或是將其估計得異常之低——如同魁奈對他的「虛構財富」那
樣，再不然，就是以具體化或唯物論替代。

　　但是，亞當・史密斯的觀點也可以訴之於常識。一方
面，勞動力是使用價值的起因，趨向於富饒與較低價格，而另
一方面，勞動痛苦卻限制使用價值的供給，趨向於稀少性與較
高價格。勞動力與勞動痛苦之間的差別也就是一種因富饒而增
高的價值起因，與另一種因稀少性而增高的價值起因，二者之
間的差別，勞動力產生了使用價值，勞動痛苦產生了稀少性價
值。假使任何一件增加富饒的事物都是使用價值的起因，則任
何一件限制富饒的事物也就必然都是稀少價值的起因。

　　所以，亞當・史密斯的稀少價值一部分是公開的，而另一
部分是隱含的。他的公*開*稀少價值就是限制產出的人為壟斷，
其起因在於阻止個人進入特權行業的集體行動。他的*隱含*稀少
價值則是在沒有集體行動的自然狀態之下個人限制產出，這種
自然稀少價值的起因在於勞動痛苦。

　　他把公開稀少價值與壟斷視為同一，也把壟斷與集體行動視為同一，至於這是國家的或是私人聯合的集體行動則在所不問。這就是他的重商主義的意義。「實際上任何一種壟斷似乎就是重商制度唯一的引擎」。[51]所以，亞當·史密斯不能像休謨那樣，把私人財產歸因於稀少性，因為他已經把稀少性和重商主義的集體行動視為同一了。集體行動是稀少性的人為起因，因為這種行動限制個人的產出。然而，稀少性既是一件明顯的事實，他就必須在神深植於每個人心中求取稀少性的起因。

　　在這方面，亞當·史密斯唯有遵循常識而進行。稀少性在通俗的、經驗的預料中相等於來自無論為何種原因的取得；稀少性的程度愈高，勞動痛苦亦愈大，或是以努力強度為條件，或是以工作更久為條件。這句話也可以適用於交換價值。生產一種富饒的事物以交換稀少的事物，其所需的痛苦數量相等於取得該稀少對象所需的痛苦數量。所以，勞動——詮釋為痛苦、努力、辛勞、煩惱、取得困難——是隨著大自然的稀少性而遞增，隨著大自然的富饒而遞減。假如這種產出是富饒的，像空氣或水，則其取得並無多大或根本沒有痛苦，其價值亦因之而微不足道。假如這是稀少的，像鞋或帽，那就需要在強度上或時間上相當數量的痛苦，其價值亦因之而高昂。因此之故，倘使我們能夠消除一切人為的稀少性，比方說，取消私人或政府的集體行動，則所想望的對象，其大自然稀少性的程度必相等於以生產的直接方法或交換的間接方法取得這些對象

---

51 見於亞當·史密斯的《原富》，第二卷，第129頁。

所需要的勞動痛苦數量；稀少性愈大，勞動痛苦就愈多，愈富饒，則勞動痛苦愈少。勞動痛苦是常識之中稀少性的具體化，也就是稀少價值的起因。這種起因可以立即「自薦」於每一個人；亞當‧史密斯就是因此而把稀少性的具體化來替代休謨「哲學家事後見解」的稀少性。

不過，休謨的「事後見解」並非心理上的稀少性——這是所有權的稀少性。顯而易見的，站在所有權的立場上和站在心理的立場上可能求得收入對支出相仿的稀少性比例。假如把勞動者視為一個自由勞動者，自己擁有自己的身體，包括物質的、心智的與管理的能力在內，那麼，他所擁有的僅是極其有限、極其受制及稀少的勞動力存量。這時，他所支出的不是勞動痛苦，而是他割讓的勞動量，因此而減少他那有限的人力供給量，這種人力由於稀少，所以有權取得排除他人而獨自保有的一切稀少對象共同的名稱——財產。這就是洛克的觀念。洛克的勞動者是一個自由勞動者，擁有他自身的勞動力，當他把他的勞動力和大自然的豐富資源混合在一起時，其所產生的使用價值收入成為他的財產增加，以補償他所支出同等數量的財產。然而，洛克並沒有像較為現實主義的休謨一樣，把稀少性觀念注入他的財產意義之中，因為他是傾向於神的富饒與人的原罪這方面的。但他也沒有如同亞當‧史密斯那樣走回心理的根源。

休謨的詮釋比較正確。他把所有可以區別為財產、法律與倫理的一概歸納在**稀少性**這個簡單觀念之中。亞當‧史密斯又將其劃分為他的三個觀念：一、具有使用價值的實質對象；二、如同洛克一樣，把大自然具體化為仁慈及富饒；以及三、

洛克的倫理合理化。

　　然而，假如我們把**財產**，無論其屬於私人所有或聯合所有，一概視爲預期的交易之重複，則財產就如休謨所主張，僅是稀少性的功能之一，除非是稀少的或預期其爲稀少的事物，否則不會存在財產權利。[52]財產的價值永遠是稀少價值。人類受到了稀少性的催促，或是個人或是集體爭取擁有權，正如其爭取生存一樣的出於本能，其所含有的三重意義可以劃分爲財產的**標的物**（對象）、財產的**本能**與財產的**普通法**。這種本能對別人也許具有毀滅性，正如其對自我具有防護性一般，而「本能」的這個字詞也是極爲貼切，因爲這也可以詮釋爲一切生物的行爲，無論是獸類或人類，皆因資源稀少性而啓動。財產的本能，就是稀少性的本能，而財產的標的物也就是稀少的事物。

　　所以，凡是一個永續性的人類社會總要設定種種規則來治理個人追求稀少事物的排他性專有；這些規則是來自重複的例規與爭議的裁決，既經權威性的判決後便成爲財產的普通法。亞當・史密斯也像洛克與魁奈一樣，對仁慈的神其主觀的要把神聖財產權利賜給勞動，和歷史上實際給予此種權利的習俗或法律，二者之間看不出有何區別。休謨卻是把事實與其合理化分清了：事實是稀少性的結果，合理化是人類自身對公眾效用、公眾福利或公眾需要的觀念。然而，除非先把科學與神學分清，否則的話，事實與其合理化是無法區別的。時至今日，

----

52 這種區別一直等到亞當・史密斯之後八十年才由麥克勞德提出。參閱本書第九章，第一節〔參〕，講到麥克勞德的一段。

這種區別始終沒有釐清，仍舊和洛克、魁奈與亞當‧史密斯的時代沒有不同。合理化被當做事實而陳述，亞當‧史密斯使我們看到了其所以然的原因。

　　誠如洛克所爭辯的，說到底，事實只是用字詞表達的心理構想，這是企圖把實際發生的事件作為訊息傳達給別人。然而，正因如此，所以說服的這項元素便成為事實的一個組成分子。其說服性在於導致別人接受的能力。因為每一件事實都是由繁複的經驗之中選取特定質性所形成的心理構想，所以這件事實的說服性是從選取有說服力的質性來完成。亞當‧史密斯選取了勞動痛苦作為他的取得與積累的說服意義。勞動痛苦的含義模糊不清，概括著一切經濟的、法律的與倫理的意義，並且有充分的訴求，博得別人的同意。每個人都可能承認其為人類天性中的一件基本事實，所有的活動皆以此為根據。勞動痛苦有一種倫理上的訴求，和那些物質的、稀少的與所有權的意義分割不開。簡而言之，勞動痛苦是一件事實，是稀少性的具體化，是合理化亞當‧史密斯以個人的勞動替代**重商主義**的協力行為。

　　我們稱之為**議價能力**的就是指上文所述普通法上的**所有權稀少性**而言。亞當‧史密斯也曾注意及此：

　　　「誠如霍布斯先生所言，財富就是力量。不過，一個人取得了或繼承了一筆巨額的財富並不一定就能取得或繼承任何民事的或軍事的政治力量。也許他的財富可能提供他取得這兩種政治力量的手段，但是單憑這筆財富的占有並不一定能把這兩種政治力量之一轉讓給他。財富的占有所能立即並直接轉讓給

他的只是購買力，這種力量可以支配當時在市場上所有的勞動
或勞動產出」。[53]

　　亞當‧史密斯所評述的所有權稀少性始終是當前有待解決
的問題。我們自必要問，假如從亞當‧史密斯與原始的「古典
派」經濟學者開始，到現代的新古典派經濟學者爲止的這一百
年之中，他把稀少性具體化爲痛苦的這種說法何以仍能保持其
爲經濟理論的基礎呢？這個答案必須求之於重商主義的議題，
求之於以個人主義對抗集體主義的議題。集體的交易導致人爲
的稀少性。勞動的痛苦導致大自然的稀少性。亞當‧史密斯把
他的勞動痛苦因分工與個人完全自由的運作代替重商主義的理
論與實務，並且代替了一切的集體行動。重商主義，無論其爲
政治性的或是透過私人協會，總是人爲的限制供給，而勞動痛
苦則是自然的限制。
　　然而實際上所發生的情事是，亞當‧史密斯的**重商主義**
以各式各樣的政治黨派、關稅、私人公司、財團或工會的集體
管控形式，變得異常之強大，超出了亞當‧史密斯所能想像。
稀少性是起因於同一政治的與所有權的集體行動，和他所斥爲
重商主義人爲壟斷的集體行動相同，這不是由於具體化的勞動
痛苦，而他則是把勞動痛苦宣稱爲神聖的正義法則。今日的經
濟學是在一個相對稀少性的世界裡所有權稀少性的修正**重商主
義**，而不是在一個富饒的世界裡把稀少性微弱具體化爲**勞動苦
痛**。

---

53 見於亞當‧史密斯的前述著作，第一卷第33頁。

2.*自由與富饒*——亞當‧史密斯的缺點在於他所用的字詞含有雙重意義——一個倫理的意義和一個經濟的意義。他的倫理意義是說，假如沒有集體行動而獲得的就是*正義*，凡是實際上經由集體行動而獲得的就是*不義*。他的經濟意義即是：沒有集體行動而獲得的謂之*自然富饒*，實際上由集體行動強施的謂之*人為稀少性*。

他所用的「自由」這個用詞就有經濟的與倫理的兩種意義，經濟的自由富饒，而倫理的自由則是免於集體的強迫。自然狀態就是自由的狀態，因為這是富饒而沒有集體行動的狀態，他的稀少性，其意義亦復如是。其倫理的意義是以勞動痛苦作為合理價值的調節器。其經濟意義則是集體行動的人為稀少性。

所以，在亞當‧史密斯看來，痛苦的反面並非愉悅而是自由，痛苦愈少則自由愈*增*，因為自由的意思就是另類選擇的富饒。痛苦愈增則自由愈少，因為痛苦的意思就是另類選擇的稀少。誠然，這是自由的經濟意義。不過，亞當‧史密斯卻認為這樣的自由就是集體行動的反面：他認為集體行動愈增則自由愈少，或是說，集體行動愈少則自由愈增，因為自由就是集體行動的免除。這便是他自由的倫理意義。

亞當‧史密斯終極的一個缺點是他把所有權的稀少性具體化為心理上的稀少性。所有權的稀少性是普通法與成文法所規定財產擁有者的保證與自由，其中包括僅有其自身勞動力的擁有者在內。個人們並非在大自然所提供另類選擇間做挑選——他們是在擁有者所提供的另類選擇間做挑選。你總不能在街上行走而把你所要的任何事物按照其邊際效用的比例據為己有。

無時無刻沒有一個所有主和警察們站在旁邊監視著。勞動者們也不能按照痛苦的數額而選擇工作。他們的工作與否要看習俗與法律容許那些所有主提供或扣留的另類選擇而定。財產的價值在於其稀少價值。所以，這個所有主在自由競爭的條件之下（這是指避免集體行動的自由而言），可以自由拒絕生產某種商品，或是自由扣留生產出來的商品而不讓別人使用，這是他在交換過程中維持這商品的稀少價值唯一的方法。

所以，即便是在集體的強制已被消除，及所有權的自由在普通法上已臻完善時，情勢也仍是所有權的稀少性，既可以自由提出與接受誘導，用生產力來創造富饒，及接受誘導，制止過度的富饒。不過，必須是可供選擇的*賣主*富饒，才能構成買主所有權的自由，也必須是可供選擇的*買主*富饒，才能構成賣主所有權的自由。工作者與雇用散工者皆有同等的*所有權*自由，因為每個人都是同樣的自由，可以工作或不工作，也可以雇用或不雇用——政府官吏的職責在於置身事外，不加干預，及防止別人干預。但是，他們之中的每個人卻可能沒有同等的*經濟*自由，因為工作者的可供選擇也許是極繁重的一種，這可能要擴大勞動痛苦總量作為必須給付的代價，同時，雇用散工者的可供選擇也許是無足輕重的一種，只須從幾百或幾千個勞動者中取其先行者來填補他那業務團體裡的工作就行了。[54]

在買主與賣主、地主與佃戶、金融業者與商人的一切交易

---

[54] 參閱康芒斯的《資本主義之法律基礎》，第58頁附註；《考培基對堪薩斯訟案》（Coppage v. Kansas），檔號236 U. S. 1（1915年），並參閱本書第八章，第六節〔參〕，(六)威逼的限度。

之中都可以舉出與此類似的例證。要得「完全自由」，不但必須免除法律上的義務，還必須有經濟方面機會的富饒。

這許多所有權稀少性的事例與所有權自由不同，並且變幻多端致於相反，但在亞當‧史密斯的私人財產概念之中完全被消除了，因為他假設——在所有基於重商主義的立法強制而生的稀少性既經消除之後，在具有經濟壓迫性的聯合財產以及所有的不平等皆已消除之後——平等的個人們之間的分工可以藉由生產力、節儉與交換創造這類的富饒，使任何人皆不復留存繁重的另類選擇，在亞當‧史密斯之後七十五年，凱蕾與巴斯夏等輩的**樂觀主義者**就是接受了這個觀念。[55]

也像魁奈一樣，亞當‧史密斯的心智之中有一種**重商主義**以集體行動造成稀少性的立法政策，而在這方面亞當‧史密斯之所以有自動稀少性這種對比想法是因為他未能把剝奪自由的立法意義與普通法的意義分清。在立法造成的稀少性情況之下，有意競爭者的選擇自由為法律上禁止競爭的義務所限制，而有意消費者或生產者的選擇自由又為相應而至的財貨稀少性或之前生產者所提供的原料稀少性所限制。亞當‧史密斯假設在立法的稀少性既經消除之後，則一切的稀少性藉由與勞動痛苦的數量相等而歸於消除，其結果是達到立法自由的同時可以達到經濟自由。

然而，私人財產的普通法，其本身就是建立在資源稀少性的基礎之上，而亞當‧史密斯卻認為這是基於一個人自身的勞動對其產出的自然權利。並且，財產稀少性的意義依舊存在，

---

55 參閱本書第八章，第六節〔參〕，(二)服務價值與產品價值。

成為對別人的想望把相對稀少的事物予以扣留。假如自由的經濟意義是在可取得的富饒可供選擇間作挑選，則自由與稀少性呈相反的變化，至於這種富饒是起因於缺乏優越的權威施加的強制，抑或是起因於自動的分工，則在所不問。如果有選擇的完全自由，那就不會有稀少性，因為其所渴望的對象像空氣一般的富饒，所以，在供給量富饒的情況之下，一切的選擇意識皆會消失。假如是完全的稀少性，這就表示根本沒有供給，那麼，也就不會有自由。這是休謨的「事後見解」。

然而亞當·史密斯的觀念卻是一種處事常識與經驗的觀點。一個工作者發現，除非是接受繁重的條件，否則就找不到工作可做，他在工作的稀少性與自由的喪失之間並無區別。實際上，他也有他的所有權自由，可以拒絕工作，因為他擁有自身的勞動力。在另一方面，機會的擁有者也有同等的所有權自由，可以拒絕雇用這個工作者。每個人都有倫理意義的自由。相反的，那些社會主義者與共產主義者就是基於這種差別而發明了「工資奴隸」這個用詞。

但是，在所有權自由的背後還有經濟意義的自由。工作者的選擇自由隨工作的富饒而增進，隨工作的稀少而減少；相反的，他因此而受到的勞動痛苦隨富饒而減輕，隨工作的稀少性而加重。不過，為之規定的是財產的普通法，而非大自然仁慈的富饒。這種規定可能是良好的，也可能是惡劣的，可能是明智的，也可能是愚昧的，可能是公正的，也可能是不公的。這擴展自由，尤甚於限制自由。然而，這卻不是痛苦，這是運營中的業務團體的集體行動。

貳、價值的管制者

　　號稱爲**重商主義**的不同實驗政策沿著反對封建制度對立面的君主政治與市場的興起而發展，伴隨著製造業者與商人藉以謀生的交換價值有賴於管控供給或需求的這種經驗而發展。英格蘭的中央集權政府提供了此項管控，不但管控國外與殖民地的市場，並且管控國內市場上製造業者與商人的地方行會。這種管制規定總是以公眾福利爲其合理化的依據——按照亞當‧史密斯的說法，這是一種僞善的合理化，因爲這只是有利於享受特權的少數人，這些人把他們所代表的私人福利與公眾福利視爲同一。洛克是以議會代替君主來實施集體管控，而亞當‧史密斯則是在實際上而非在哲學上以司法代替君主與議會。

　　他們二人都是以恢復神聖仁慈的自然法則爲其立論根據，不過洛克是以之替代國王獨斷的供需規定，而亞當‧史密斯則是以之替代國會與行會獨斷的供需規定。所以，亞當‧史密斯必需有一種自然的供需管制者以替代集體的管制者，他並非在普通法的法庭上而是在每一個勤奮節儉的製造業者與商人的心中找到了這種管制者。

　　「……個人們的私人利益與激情自然而然的使他們把自己的貯藏品在正常情況下做最有益於社會的運用。但，假如他們由於這種自然的偏好而運用了太多的貯藏品，則此等用途的利潤降低與其他用途的利潤升高必然立刻使他們改變這種錯誤的分配。所以，如果沒有法律的干預，人類的私人利益與激情自能導引他們把每個社會的貯藏品分配於這個社會所經營的各種

不同用途，盡可能的接近於整個社會利益最適當的比例」。[56]

如此說來，亞當・史密斯對於虛構財富的這個問題是同意魁奈的。**虛構財富**自行糾正，因為到了必要時，個人們就不得不違反他們自然的偏好，將他們勞動的方向，由價格下降中的產出轉向價格上揚的產出。不過，魁奈是因大自然產生財富，把這個問題認為無關緊要而擱置不論，亞當・史密斯則顯示勞動如何的生產財富。

亞當・史密斯說，第一、自然狀態是一種完全自由、保障、平等、財產與流動的狀態，沒有貨幣與債務的任何干擾。每個人都可以迅速的由某一職業轉移到另一職業，他並不受習俗、習慣、恐懼或任何集體限制的束縛。誠如派里圖（pareto）後來所說，這是**社會**的「分子」概念。

第二、整個社會的想望是無止境的。這個假設具有兩種方式的利用，或是在需求方面，或是在供給方面。亞當・史密斯在這兩方面都用到了。在需求方面是以他的有效需求觀念為基礎，在供給方面則是以勞動痛苦為基礎。二者合併的結果便有趨於均衡的傾向，毋須藉助集體行動。

到後來，彌爾（James Mill）又把需求與供給的等量加以公式化，[57]而李嘉圖也隨後跟進，不過，比起亞當・史密斯，

---

56 見於亞當・史密斯的《原富》，第二卷，第129頁。

57 參閱彌爾所著《為商業辯護》（*Commerce Defended*，1807年）；並在《政治經濟體的要素》（*Elements of Political Economy*，1821年）一書中亦曾復述。在此以前，賽伊（Jean Baptiste Say）在他的《政治經濟

彌爾只是講得較為清晰，而無所增益。如果用我們自己的字義重述，就是說，一個人的想望既然無止境，則藉由創造更富饒的使用價值，這個人的幸福便能達到超出想像之外的限度。所以，倘使各種不同的使用價值皆能按照新開展的想望而比例的增加，則其交換價值絕不會降低。每一種產品皆能擴增別種產品的需求，即便容許生產擴展到最高限度也不致於生產過剩。比方說（假設流動性是完全的，並且去除時間因素），倘若由於分工的結果使每一種物質產出皆能因施用一倍的勞動生產力而增加一倍，則每種增加一倍的事物對於其他事物的有效需求也必然增加一倍，而不致變更其每單位的交換價值。

　　不過，即便是在這種無限需求的理論裡，也還是必須有一項因素，這一項因素可以有效的限制太過富饒的產品供給，及擴增有所不足的產品供給，這樣才能使所有的價格各自按照其所含有的此項管制因素數額的比例來調節。到後來，李嘉圖在邊際勞動者中發現此項因素。亞當・史密斯則在勞動者的辛勞與煩惱中發現此項因素。他把他的勞動痛苦作為稀少價值的*起因*，藉其限制產量來運作；他把他的勞動痛苦作為稀少價值的*管制者*，藉其調和各種不同行業的產量，而使各行業的勞動痛苦一律相等來運作。做為稀少價值的*起因*，當收益被認為相對而言是太低於痛苦的數量時，產出就受到限制，如果以之作為稀少價值的*管制者*，則在收益多於痛苦的行業裡，其產出必然

論》（*Traité d'economic politique*，1803年）裡面也曾講過，見於該書的英譯本，第四版，第76頁以次。

擴大，而在收益少於痛苦的行業裡，其產出必然受到限制，這麼一來，每一單位的收益其所受的痛苦終歸均等。所以，如果作為稀少性的*起因*，則痛苦是對特種行業發生作用，但如作為*管制者*，則是對所有的行業皆能發生作用。

李嘉圖所認為管制價值的邊際勞動者是一個最低生產性的勞動者，這符合他那大自然吝嗇的理論。邊際勞動者是一個為抵抗大自然最大阻力而工作的勞動者。這個勞動者在自由市場上以帶有流動性的勞動，用競爭方式來管制大自然較為豐厚的行業裡其他勞動者所產物品的交換價值，並且也管制了所有產品的交換價值，因為所有的勞動者都是由低報酬的行業轉到高報酬的行業。效率最低的勞動者，其生產力管制了所有的勞動者所產物品的交換價值。

但是，照亞當・史密斯的說法，作為價值管制的並非效率最低的勞動——而是最痛苦的勞動。一個人是宿命注定的必須勞動——其所以然的理由是因為他的原罪。他不得不放棄一部分的舒適、自由與幸福而使財貨得以生產。不過，這也必須做得公平。在他為他同類的善而從事於生產、積累與交換使用價值的活動之中，絕不可以使任何一個人被迫而受到比別人更多的痛苦。重商主義的現狀不但是缺乏效率，而且也有欠公正，因為這是用集體行動任意的限制個人，不讓他們受到那隻看不見的手自動的管制，那隻手曾經把依痛苦公正分配比例原則放置在每個人的心中。

此項原則便是在收入的使用價值與支出的勞動痛苦之間的比例，換句話說，就是為換取使用價值而給付的「真實價格」。人們的私人利益與占有物導引他們把自己的勞動按照適

當比例分配於各種不同的行業，不靠集體行動，使收益對痛苦的比例在實質上永遠相等。

　　然而，要想達到這個管制的目的，亞當·史密斯就必得把他在開端所說一個孤立的人排除掉，而代之以所有個人在任何時間與地點的*平均勞動痛苦*。於是他的這種平均勞動痛苦不但是價值的管制者，且是價值的衡量，如下所述：

　　「在任何時間與地點，同等數量的勞動可說是[58]對一個勞動者具有同等的價值。在這個勞動者普通的健康、體力與精神狀況下，在他普通的技能與靈巧程度下，他總必須放棄他的一部分舒適、自由與幸福。他所給付的價格必然是一直相同，無論他因此而受取的財貨數量多寡。誠然，實際上其所能購得的財貨數量有時多亦有時少；不過，所變動的是這些財貨的價值，而不是用來購買這些財貨的勞動價值。在任何時間、任何地點，凡是難以獲得或需要更多勞動才能獲得的事物總是昂貴的（稀少），而凡是易以獲得或只須極少勞動就能獲得的事物總是低廉的（富饒）。所以唯有勞動，其本身的價值永不變動，這是唯一終極及真實的標準，可以在任何時刻與地點用來估計及比較所有的商品價值。這是這些商品的真實價格；至於貨幣，僅是其名目價格而已」。[59]

---

58 坎能的附註說，在亞當·史密斯的著作第一版裡，這一句的原文是「在任何時間與地點，同等數量的勞動必然是……」。

59 見於亞當·史密斯的《原富》，第一卷，第35頁。

在消除集體行動的自然狀態之下，所有價值的管制者與價值的衡量都成為平均的勞動痛苦。亞當・史密斯消除了人與人之間因性格不同而生的差別，並且也消除了重複實現時因疲勞程度不同而生的差別。他的平均痛苦並不受歷史上時間變遷的干擾。在中古時代和在十八世紀完全相同。在任何時期與地區，平均勞動者在同一時間單位之內都是放棄同一部分的舒適、自由與幸福。這是平均的痛苦，無視於個別的人、勞動時數、疲乏、時間、地點或種族。因此，這不但是自然狀態中價值的管制者，並且是任何社會情況之下衡量價值的穩定單位。勞動痛苦並非特定個人所受的特定痛苦——這是賦予辛勞與煩惱的數學公式。

有一點必須注意的是，亞當・史密斯並沒有李嘉圖的微分觀念，他以有了這些平均數字為滿足。不過，即使他具有李嘉圖的微分觀念，他所能求得的結果也還是一樣。李嘉圖認為造成、管制及衡量價值的勞動力是效率最低的一種邊際勞動者。也許這就是相等於最痛苦的勞動痛苦。但是實際上亞當・史密斯所運用的並非微分——他用的是平均數，而且這些平均數可以同時適用於勞動痛苦與勞動力。果真如此，則每一單位的平均勞動痛苦可以想像為相等於每一單位的平均勞動力。而且，這似乎就是他的觀念——每一個平均單位的勞動力總附帶一個平均單位的勞動痛苦。換句話說，每一個單位增高使用價值數額的力量伴隨一個同等單位抗拒施用這種力量的痛苦，這不僅是具體化，並且還是唯物論。

當然，假如事態滯留在這一點上，則一切事物勢必歸於停頓，而任何事物皆不能生產出來。但是實際的事態並非滯留

在這一點上，除非是怠惰的、年老的與年幼的勞動者。亞當·史密斯的典型勞動者私人財產保障的利誘，懷抱著工作、積累與交換的壯志，其比重已經超過對痛苦的抗拒。因此之故，亞當·史密斯可以由勞動力量轉到勞動的痛苦，而無害於他的理論體系，因為私人財產創造了工作自願性，足以克服工作的痛苦。然而這種自願性卻不能毫無限制。到了最後，痛苦終必挺身而出，拒絕更進一步舒適、自由與幸福的支出。

　　亞當·史密斯殫精竭慮的求取平均勞動痛苦，這是必須的，因為他要以此為合理價值的管制者與真實價值的穩定衡量。平均勞動痛苦足以使一個平均勞動者「在他普通的健康、體力與精神狀況之下」由某一種行業迅速轉到另一種行業，並因此而減少這些不同行業給予勞動者痛苦的差別。這可能使不同職業之間的不平等趨向於均等，以「補償某些行業裡的較小金錢利得，而抵消其他行業裡的較大金錢利得」。據他說，職業間的差別在於艱苦的程度、清潔或汙穢、光榮或屈辱、學習藝能的便易或困難、雇用的有規律或無規律、對工人信任的大或小以及成功的可能或不可能。[60]凡此種種皆附帶金錢收益的差別，無論這種收益是職薪或利潤，不過，亞當·史密斯卻把這些金錢上的差別消除了，因為他消除了貨幣，而代之以商品的直接交換價值。但是，假如這些交換價值與平均勞動痛苦的差別互相符合，則有其合理性。這種平均勞動痛苦，由於其限制較為痛苦的職業裡勞動的供給量，而擴大較不痛苦的職業裡

---

60 同前書，第一卷，第102頁以次。

勞動的供給量，所以這管制了交換的差別，而使其與痛苦的差別相一致。

如此說來，他的價值管制就是在不容許集體行動與貨幣介入的情況之下「眞實價值」的管制者。假如這種集體行動被消除了，則代之而顯現的將是神的仁慈、富饒、完全自由、完全平等與保障，這樣就可以做到交換價值按照其眞實價值而管制。

亞當・史密斯的「眞實價值」就是「合理價值」，但卻沒有組成合理價值的那些主要元素，這就是說，沒有集體行動、稀少性、貨幣、習俗與集體意見。按照法院、陪審團、委員會、仲裁會等安排的例規，構成為合理價值的是集體行動的概念，以貨幣計算而由具有理性的人士一致的意見所求得——其所以具有「理性」是因爲這些人士遵從當時有支配力的例規。合理價值隨新環境的組合與集體的管控而變動，並且是由於效率、稀少性、習俗、政治與主要利益的變遷而在演進過程之中。但是，亞當・史密斯按照勞動痛苦計算的眞實價值則是在任何時間的一個自動原則，規定了行爲的準繩以謀求人類的善，然而卻沒有集體的行動。這是他把阿奎那的「公正價格」與法院及仲裁會的集體行動予以具體化的對等物。

合理價值這兩種意義之間的區別隨著自願性的兩種概念而轉變，一種是運營中業務團體的集體意志，另一種是私有財產的個人意志。亞當・史密斯想得十分正確，他認爲在一個富饒世界裡個人財產有完全的保障，以抵抗暴力，所以不會發生對稀少性的衝突，在這樣的世界裡所需要的只是個人的自願性與神的仁慈在分配這種富饒時把合理價格計算出來就行了。

　　亞當‧史密斯既經證明稀少價值的自動管制者與勞動痛苦的數量相同之後，他就進行探討何以勞動市場上的勞動價格（交換價值）在目前的情況之下不能和交換其產品所付出的勞動痛苦數量相一致的理由。所有的這種不相一致我們發現皆在於各種人為稀少性的不同面向，受到了習俗、統治權或其他集體行動的管控，而不能聽由勞動痛苦數量作自動的管制。誠如上文所述，這些都是統治權所強迫實施的人為或集體稀少性，而這項統治權則是由集體主義的原則所產生，與完全自由的原則互相抵觸。這一類的限制之中包括公司（行會）排他的特權、長期學徒制，競爭者之間的協定，由公眾負擔其費用的義務教育、國定工資、定價、關稅、為保持貿易順差而課徵的獎勵金，以及實施恤貧法以阻止勞動與資金（資本）的自由流動等。[61]

　　不過，縱使消除這許多重商主義者對自由的干擾，還有兩類所有權的請求者，一類是地主，另一類是資本主義的雇主，雖在完全自由的情況之下，他們還是要阻止勞動痛苦與工資之間的準確相稱。這一些額外的請求者提出了所有權稀少性這項因素而成為**私有財產普通法**的事例之一。「在任何一個國家的土地全部變成私有財產時，地主們也和其餘的人一樣，專愛到他們從來沒有播過種子的土地上去收割，甚至要求把這塊土地上的自然產出作為租金」。「把土地的租金當做因使用這土地而給付的價格看待，則此價格自必是一種壟斷的價格」。[62]所

---

61 同前書，第一卷，第120頁以次、第437頁以次；第二卷，第141頁以次。

62 同前書，第一卷，第146頁。

以，只要是給付地租的場合，都可以證明價格是受到所有權稀少性的管制，而與勞動痛苦無關。

亞當・史密斯的利潤概念亦復如是。這是單獨由各個擁有者之間對資本的供給與需求來決定的。在這裡，不會發生勞動痛苦或勞動力的問題，甚至也不會發生所謂「監督與指揮」的勞動問題。利潤和「數量、艱苦以及這種假設的監督與指揮勞動所必須的創意無關」。[63]利潤的管制有兩種方式，皆為所有權稀少性的特種事例。第一種方式是由運用資金的價值來管制，第二種方式是由雇主的組合來壓低工資。[64]

資金的價值就是原物料與勞動者維生的數量，也就是「流動商品」，這須和雇員人數相關，在亞當・史密斯所舉例證中，每一雇員由35鎊起，到360鎊止。[65]顯然的，照亞當・史密斯的說法，從*每一雇員*得來的利潤如果利潤率相同，則後者應超過前者十倍以上。

稀少性決定利潤的第二因素是集體稀少性。利潤率又因雇主們聯合管控他們財產所具有的的組合能力與自願性而變——這種自願性與能力通常是大於勞動者所具有的。[66]

然而對工資卻另有一個第三原則，可保持其超出自然價格之上。這就是在天然資源相較於人口特別的富饒下，財富成長大為增高，令對勞動的需求亦隨之增加，例如「人手稀少」

---

63 同前書，第一卷，第50頁。
64 同前書，第一卷，第68，69頁。
65 同前書，第一卷，第50頁以次。
66 同前書，第一卷，第68，69頁。

的北美洲，相較於中國這種近似於停滯的國家，就是這種情況。[67]

　　所以，雖是在完全自由的狀態下，交換價值也不會和勞動痛苦成比例，因為事實上毋須勞動而僅由私有財產所產生的地租與利潤就能在交換價值之中要求其應得的份額；至於工資的本身，其所以有高低的不同，則是由於人口的壓力而不是由於勞動痛苦的差別。

　　不過，所有的情況還不僅限於上述幾項，在這種情況之下，縱然具有完全自由的狀態，交換價值總是決定於所有權的稀少性，而不是決定於勞動痛苦的數量。要使商品價值相等於各個行業的勞動痛苦，還必須有三種一般性的情況。「第一、這些就業在鄰近地區必須是人所共知而建立已久的；第二、這些就業必須是在其正常的，或是可以稱之為自然的狀態之下；第三、這些皆必須是從業者所僅有的或主要的就業」。[68]換言之，要想使工資相等於辛勞與煩惱，即便是所有權的地租與利潤以及人口的壓力皆已消除，仍然還是需要公開性（publicity），正常性（normality）與獨立性（independence），其中的每一項都是在習俗或貿易例規的偽裝之下把稀少性的集體管制這個因素引進來。

　　亞當·史密斯說，假如缺乏了公開性而變為祕密，即使所有的競爭者雖皆有移動的完全自由，他們也無法向工資或利潤較高的地區移動，正常性或「自然狀態」是把生物學的稀少性

67 同前書，第一卷，第73頁。

68 同前書，第一卷，第116-118頁。

因自然力而發生的變動消除，因為，照亞當‧史密斯的說法，「正常性」就是缺乏需求量的季節波動以及農業豐歉變化的季節。

「獨立性」的這一項條件就是要消除所有的各種補充產品（complementary products）與整合工業（integrated industries），在這些工業裡，一個勞動者為維持他本人的生活而勞動，其所受取的代價通常不及他的主要產出之所值，例如：家庭工人或佃農的產出、某些家庭向房客所收取的房租，以及不供膳宿的僕役代地主所做的勞動之類。換句話說，個人雖有完全的自由，並且有普通法為之保證，但在祕密、季節波動與整合工業的補充財貨這些情況之下，工資總是決定於稀少性，而不是決定於痛苦。[69]

即使亞當‧史密斯承認了所有這些例外，還是有一個問題依然存在，那就是，集體的行動，包括習俗在內，難道不是決定勞動與商品的價值嗎？亞當‧史密斯排除集體行動只是作為一個「假設」。他的完全自由狀態是「假設」沒有干擾、沒有例外、沒有義務、沒有貿易例規、沒有習俗、沒有習慣、沒有祕密、沒有季節、沒有補充財貨或整合工業，沒有貨幣或契約的集體執行，以便使每一個勞動者皆成為聽受痛苦增量指引

---

[69] 同前書，第一卷，第116-120頁。上文（本章第一節，附註⑤）所述維納的那篇論文裡把亞當‧史密斯的「大自然秩序」詮釋為包括許多例外，但照我的詮釋，這些都是*排除於*「大自然秩序」之外的。我認為亞當‧史密斯是排除了勞動痛苦所不能說明其原因的一切習俗、一切集體行動與一切例外情事。這些都是「人為」的，而不是「自然」的。

的物質單位。這樣的一套勞動原子必然可以很快的轉移其勞動力，如同水流一般的準確，由價格低於痛苦的產出轉移到價格較高的產出，因此發生提高前者價格與壓抵後者價格的趨向，並造成一種均衡的狀態，使每一種產出的供給都受到如此管制，致某一種產出所付出的平均勞動痛苦，其每一單位的報償必能與另一種產出所付出的每一單位勞動痛苦相等。

這樣的具體化是把人類的天性化約為物質的分子，而給十九世紀的無政府主義者、邊沁、李嘉圖以及享樂派經濟學者開闢了道路。

參、價值的衡量

但是，亞當・史密斯的觀念之中卻有一種極為真實的事物——這就是在消除集體行動之後價值的固定衡量。「他所給付的價格（以辛勞與煩惱為給付）必然一直是相同，無論他因此而受取的財貨數量多寡。誠然，實際上，其所能購得的財貨數量 有時多亦有時少；不過，所變動的是這些財貨的價值，而不是購買這些財貨的勞動價值」。[70]

所以，勞動痛苦雖是亞當・史密斯應用在自然狀況中價值的*管制者*，但在此時他又將其作為價值的*衡量*而應用在多樣形式的集體行動與現行貨幣價格的實際狀況之中。他用這穩定的平均勞動痛苦不僅是衡量現實社會的不平等、不公正與偶發事件，並且還用來衡量隱藏在貨幣價格背後的地租、利潤與工資。

---

70 見於亞當・史密斯的《原富》，第一卷，第35頁。

「這一點必須注意，所有組成價格的各個不同部分，其真實價格總是按照其所能購買或支配的勞動數量以為衡量。用勞動來衡量價值不僅是衡量可以化約為勞動的那部分價格，並且也衡量可以化約為地租、化約為利潤的那部分價格」。[71]

假如勞動變為更有效率或是貨幣變為稀少，則所有的貨幣價格可能要持續跌落。假如勞動變為更缺乏效率或是貨幣變為更加富饒，或以紙幣來取代，則所有的貨幣價格也可能要持續增高。有某些價格可能上升，而其餘價格則是下降。價格可能因壟斷而升高，或是因競爭而降低。價格可能是強求的，也可能是合理的。勞動痛苦可以用來衡量這些價格是否與合理價值相背離或相一致。所分歧的只是*這些貨幣價格*的價值，而並非勞動痛苦的價值，這種的分歧可以按照購買時所需痛苦的大或小數量加以衡量。

所以，亞當‧史密斯的價值衡量是以真實價格與名目價格的歧異為主題。真實價格就是痛苦的支出，而名目價格則是貨幣的支出。其差別在於個人的感受與群眾集體同意的人為衡量單位之間的不同。

假如我們檢驗一下人為的單位，可以發現這些單位已經由習俗或法律予以標準化，化約為各種維度的數字以供經濟科學之用，例如使用價值的數量，稀少性的程度、產出的比例、時間的跨度之類。凡此種種實際上在其背後皆有強烈的人類感

---

71 同前書，第一卷，第52頁及註腳。

受，諸如幸福、艱辛、愉悅、痛苦、希望、畏懼、正義、不公
等，而這些感受才眞是對人類這種生物的眞實價值。但是，我
們卻沒有由習俗或法律加以標準化的任何單位，可以用來衡量
這些感受。

　　所以，一切的衡量都和貨幣一樣，皆是屬於名目的，一
如所有衡量單位皆是人爲的。這些都是語言的一種形態——數
字的語言。實際上，這些衡量都是一些符號，標示著當時發生
的強烈感受，但卻不能衡量這些感受——只能衡量表面上的行
爲。亞當‧史密斯希望創造一種感情單位，以便衡量經濟生活
的正義與不公。當他面對著實際生活事務時，他才發現他是用
長度、面積、重量、稀少性、生產力與時間之類的單位來衡量
交易。所有的這些單位都是名目的，沒有一種是眞實的。

　　不過，上面這句話只有在一切經濟衝突與合作的行爲皆是
名目的而唯獨在個人感受方面是眞實的情況之下才可以適用。
在經濟學裡，衡量的單位都是集體的一些設計，用來衡量交易
的正確、保障與正義這三大社會理性。假如社會與交易是眞實
的，則此等衡量單位也都是眞實的。

　　每一筆交易總得要用到三種衡量，一種是物質衡量，另
一種是稀少性衡量，還有一種是時間衡量。物質衡量又可以分
爲兩類，財貨數量與產出或收益比例。稀少性衡量也有兩個時
間維度，現在時刻與未來時間的跨度。一直等到馬克思與科學
管理出現，才把產出比例化約爲可以衡量的維度；一直等到博
姆-巴維克的時代，才把未來時間的跨度劃分開來，成爲一個
可以衡量的維度。

　　每一種衡量單位必須和所要加以衡量的維度屬於同一性

質，使用價值是「財貨」的預期效用，這些效用是以噸、碼、蒲式耳等物質單位衡量的。稀少價值則是財貨的價格，而這些價格則是以金元這個稀少性單位衡量的。在所有的交易之中通常可以看到二者同時並存。小麥每蒲式耳$2.00金元。棉布每碼10美分。生鐵每噸$30.00金元。蒲式耳、碼、噸是衡量使用價值的數量。金元與美分則是衡量其稀少價值。我們並非用物質維度單位來衡量小麥的稀少性。小麥的價格只是小麥的稀少性維度，這是用金元這種稀少價值的標準來表示；而小麥的有用屬性則是用容積的標準——蒲式耳——與品質的標準——特定品質的小麥——來衡量。

習俗與法律能使每種單位標準化，成為交易之中正確、保障與正義的必備條件，假如發生了爭執而由法院為之裁決，則法院的決定所根據的是公認為合法的物質單位與法律所創造的稀少單位。用來衡量法定償付與合法履行的就是這些法定的單位。交付小麥的合法執行是如此之多的合法蒲式耳。繳納價款的法定償付是如此之多的合法金元，或法院認為等值的事物。亞當·史密斯的自然狀態之中沒有法定償付，也沒有法定衡量單位，因為這些都是人為的單位。

習俗與法律已經使某種商品、黃金，成為標準化，不過，這僅是在物質維度方面而不是在稀少性維度方面的標準化。其物質維度是23.22喱（grains）的純黃金為一美元。其稀少性維度則是這美元在市場上的一般購買力。這兩個維度是可以分開的，就連在宣布其為法定償付的法律裡，也往往要將其分開。法償紙幣已經替代了黃金的物質數量而成為相對稀少性的衡量。不過，如果按照亞當·史密斯個人感受的意義解釋，

則無論其爲紙幣的面額或黃金的喱數都不是眞實價値或名目價值的衡量——這些都是經濟交易所用的法定衡量，這種交易必須要正確、保障與正義。在孤立的個人和自然力打交道時，這兩種法償都不能用來衡量眞實價値。二者皆是物質與稀少性維度人爲的單位，而由習俗、法律與法院的集體行爲予以強制實施。亞當・史密斯用勞動痛苦來衡量合理價値，他所衡量的是心理上的稀少性，而貨幣所衡量的則是所有權的稀少性。痛苦的單位也許可以衡量自然狀態之下的主觀感受，但貨幣卻是在政治、法律或其他形態的集體行動狀況之下衡量經濟能力、機會均等、公平與不公平的競爭、合理與不合理的價値。合理價値就是合理的稀少性價値，而以貨幣爲其衡量。

　　亞當・史密斯所犯的錯誤在於以事物的開端爲出發點，或是時間上的開端，或是基本上的開端，他不是以運營中的業務團體在某一時刻的橫斷面爲出發點，這種業務團體由於過去的增殖，業已建立——姑且不論其如何建立，正在向一個尚未完成而可能變動的未來前進。

　　亞當・史密斯所作努力也和洛克與魁奈相仿，是在事物的本質與神的理性中努力找出在任何時間都有其固定性和穩定性的終極，然而，依照我們所知道的而言，人類的目的根本就沒有這種穩定性。每一件事物都是瘋狂的飛翔著，絕不顧慮人類的保障與預期。我們所知道的唯一穩定性就是人類自身以集體行動所創造的。衡量單位是一種穩定的工具，但卻並非存在於大自然之中。這些單位都是人爲的構築物，是人類爲求正確與保障而設計的。亞當・史密斯找不到他的痛苦單位，這是因爲人類從來沒有矯揉造作的構築這樣的一種單位。但是人類在時

間進程中卻已經以集體行動構造了一種稀少性單位——法償貨幣或法院認定的與其等值物。在亞當・史密斯之後，經濟學者們花費了一百多年才知道這種純人為的、集體的與「名目」的衡量單位——貨幣的稀少價值——之重要性，而多方設法加以穩定化。之所以必須予以穩定化的理由是因為社會需要使現時的與預期的交易更加正確、保障與公正的緣故。首先是把黃金的物質維度按照洛克與牛頓所創造的重量化約為一個穩定的衡量單位，又過了將近二百年才設法按照其購買力使黃金的稀少性維度穩定化。實際上所發現的是，亞當・史密斯名目價值的表面衡量竟然是在這個集體行動支配著個人行動，並非個人，對世界裡變動中的稀少性所作至關重要的一種衡量。

從此以後大家才知道必須認定交易之中所用的這些稀少價值是為一個久已運營中的業務團體而創造，並且是經過了幾百年的習俗、財產與統治權而後存在；在其實驗期間有時幸運、有時不幸，但卻可以人為的加以衡量，而且到後來也許可以用集體的管制使其穩定化。

因此，我們不能說亞當・史密斯的*平均勞動痛苦*是虛妄的。這是平均購買力的具體化。正因其如是，所以這是一種確切的平均方法，其效果頗見成功，可以用來構成物價平均變動的「指數」，無論其為商品、工資、股票、債券或其他事物的價格。這種指數所用的單位是未經具體化的金元購買力，而不是勞動痛苦。指數是按平均數編製的，在現代的實例之中，指數的平均數就是貨幣的稀少性與商品、工資或證券不同的平均稀少性之對比。照亞當・史密斯的例規，商品的平均稀少性是按生產的平均痛苦計算。平均的原則，僅作為一項工作規則，

其本身是足夠的健全。他的錯誤在於把貨幣具體化為平均勞動痛苦。

這種錯誤起因於他的努力求取真實價值按照人類的幸勞與煩惱計算的穩定衡量，而不是求取稀少價值按照貨幣計算的穩定衡量。他希望避免「金錢」經濟，而代之以一種「自然」或「福利」經濟。此項意圖相當良好，可惜太過基本了一些。較為膚淺但更切於實際的程序應該是在金錢經濟裡藉助稀少性衡量的穩定化，而持續歷史實驗上求取合理價值的種種方法。因為，構成「福利」經濟的終究還是合理價值。

假如我們此刻把維塞爾與惠特科爾對價值的起因、管制者與衡量所做的分析（見本節前文）比較一下，可以看到這三者是如何的不能分開。衡量不可能與管制分開，因為要想達成管制的目的必須藉助於衡量。並且起因也不是事先所能決定，這是人類的意圖，得受衡量與管制的影響。亞當‧史密斯描述價值的起因，認為是得之於統治著人類與自然行動的一種仁慈與公正的意圖，他的這種起因實際上就是把他本人的意圖轉移給大自然。他的管制者是在理想之中沒有集體行動而只有自由、保障、平等與財產的一種公正價值管制。他的價值衡量是他批評當時重商主義人為的、任意的價值與金、銀及紙幣等離奇行徑所應用的合理價值衡量。

第四節　社會效用

亞當‧史密斯爭辯著說，休謨的公眾效用觀念只是一個哲學家的事後見解，而不是個人維護正義的直接動機。所以，

他必須在每個人的心中找尋一種事物，足以自動的促進公眾福利，且除此以外，他所找尋的這種事物還要不是由任何形態的集體行動安放在每個人心中的才行，因為所有各種集體行動必須實際排除於他的道義與經濟架構之外。

所以，他所找尋的這種事物必然是一位圖謀人類和睦與幸福的外在神聖**上帝**安放在個人心中的。不過，在安放時還必須是不知不覺的，使這個人本身也不知道他心中有這件事物是專供此項目的之用的，必須是這樣，他才可能有意識的按照他所愛或恨的去行事，或是為謀求他自身的私利而說服別人，使他們相信他所提供的這筆交易足以促進他們的私利，尤甚於他們所能促進他個人的私利。

亞當‧史密斯在探尋神所深植於人類心中的這些動機時，我們發現他無法將其簡至少於這六種動機：同情、利己、妥適感、物物互調與交換的偏好、阻止生產過剩而管制產量的勞動痛苦、以及一種神聖的或自然的權利，這種權利可以避免幾乎一切的集體行動，除非這是由於詐欺與暴力或是由於國家的自衛而施行的懲罰。

每一種深植於個人心中的本能或動機，在其和別人交往時，形成為一個相當清晰的意見或假設，而這些別人也有相似的假設。亞當‧史密斯有關勞動痛苦的假設如下所述：

他說，貨幣與財貨「含有某種數量的勞動價值在內，我們將其與另一種財貨相交換，在假設之中這另一種財貨當時也含有同等數量的價值。……不過，勞動雖是一切商品交換價值的實質衡量，然而這些商品的價值卻通常不是用勞動來估計。要

想確定兩種不同數量的勞動相互之間的比例往往是一件難以辦到的事。兩種不同的工作所花費的時間通常不能單獨的用來決定此項比例。其所忍受的艱苦程度，與其所運用的靈巧亦各有別，凡此皆必須加以計算。一小時的艱苦工作，其所需的勞動可能較多於兩小時的輕便業務；或是說，把需要十年勞動才學得成的手藝施用一小時，其所含的勞動也可能較多於普通一學就會的行業裡一個月的勤奮。但是要給艱苦或靈巧求取一種精確的衡量並不容易。實際上，在把不同種類的勞動所製產品相互交換時，通常雙方皆必須酌留一些加減的餘裕。這並不是靠精確的衡量來調整，而是由市場上的討價和議價來決定，按照一種粗略的均等互相交換，這種均等雖不甚確切，但在普通生活之中用來經營業務也已經是足夠了」。[72]

所以，說到底，在交換之中決定價值的顯然不是勞動痛苦而是交易，這種交易可能是說服性，也可能是威逼性，還得要看當事人的一方是否比另一方更為艱困、更少智慧，更有效率或更沒效率，或是要看他有無比對方所提供的更好另類選擇，再或是要看他是否比對方更處於嚴重的競爭之下而定。這許多的不平等已經排除於自然狀況之外，在自然狀況之下每個當事人都完全自由，完全與對方當事人平等。亞當‧史密斯在論述時放棄了他的勞動痛苦這個標準。勞動痛苦僅是個人的意見。無論是休謨的主觀公眾效用，抑或是亞當‧史密斯的同情、

72 同前書，第一卷，第32-33頁。續前第三節，〔參〕的引述文。

利己、妥適感、物物互調與交換偏好或自然權利，都只能在某一處加以調研，那就是在交易之中，至於這交易是屬於議價、管理或分派，則不在考慮之列，並且是在集體行動之中加以調研，這些集體行動所形成的或是成文法或普通法、或是習俗、或是政黨、營利事業、勞動工會、農民合作社、銀行以及實際上所有提供社會條件的各種協會組織，在這個條件下個人們從事於商品的生產、訂價與消費。

我們可以把亞當·史密斯的理論以及一百五十年來仿效亞當·史密斯的學者們所發表的理論定名為「基本主義」（fundamentalism）。他們的主張是以人與**上帝**的感受為基礎。交易與習俗太過膚淺了、太過接近於行為主義了、太過熟悉、太過平凡了。在他們看來，經濟學必須追溯到更為基本的事物——**上帝**、**大自然**、**理性**、**本能**、**物理學**、**生物學**的終極本質。最為人所熟知的事物必須到最後再予調研。

然而，成為國家與個人的工資、利潤、利息、地租、雇用、失業、福利、悲慘，正是這些集體行動所管控而為人所共知的交易。

只是因為有這許多種集體行動管控著個人行動，所以休謨的公眾效用才能以行為主義的形態出現而受到觀察與衡量，亞當·史密斯某些作為公眾效用的替代物也才能由基本主義顯現為交易主義。

在亞當·史密斯發表其《原富》的同一年，邊沁也為其後的一百多年建立了方法論，使經濟學者們可以排除法律與習俗，並將亞當·史密斯的幾種替代物合併為一——那就是愉悅。

第六章

邊沁對布萊克斯東

　　使**經濟學**和**法律**、**習俗**分開的是邊沁。1776是「了不起的一年」，在這一年之中產出了邊沁的《政府瑣談》（*Fragment on Government*）、亞當・史密斯的《原富》、瓦特（Watt）的蒸汽引擎與傑弗遜（Jefferson）的《獨立宣言》（*Declaration of Independence*）。其中的第一項是幸福的哲學，第二項是富饒的哲學，第三項是富饒的技術，第四項是革命性的將幸福應用到政府。在此之前十一年，布萊克斯東發表了他的《論英格蘭法律》（*Commentaries on the Laws of England*），同意亞當・史密斯的**神聖起源**，但卻發現在塵世間英格蘭的**普通法**已集其大成。邊沁的*瑣談*是他對布萊克斯東的批評，他把**最大的幸福**與**立法的法典**替代了**神聖起源**與**普通法**。[1]繼此以後，他在1780年又發表了他的《道德與立法》（*Morals and Legislation*），並於1789年加以修正，在這部書裡，他消除了義務，而逕由幸福導出倫理學。此後的一百多年之間，政治經濟的本身乃與法律相分離，而法律的本身亦與幸福相分離[2]。法律是以過去的習俗與神的正義為基礎，而經

---

[1] 邊沁並未創始最大幸福原則——他是得之於普瑞斯特利（Priestley）。參閱鮑琳（Bowring）所寫的「最大幸福原則的歷史」（History of Greatest Happiness Principle），見於邊沁的《義務論或道德學》（*Deontology, or the Science of Morality*，1834年）由鮑琳所刊行，第一卷，第298頁。

[2] 參閱博納爾著《哲學與政治經濟的歷史關係》（*Philosophy and Political Economy in Some of Their Historical Relations*，1893年），第218頁；及卡透（Carter, John C.）所著《法律，其起源、成長與功能》

濟學則是以現時的幸福與個人的願望爲依歸。邊沁傳授給大彌爾，大彌爾傳授給李嘉圖，所以邊沁說李嘉圖是他精神上的徒孫。[3]他的徒曾孫則是一百年以後的享樂派經濟學者。實際上，邊沁的確是十九世紀經濟學的倡導者，導使經濟學與法律、習俗及倫理學相隔離。

據邊沁說，布萊克斯東曾經表示，並且公然承認，要想基於「最大幸福」這個準則的要求來改革英格蘭的法律，他是一個「既有決心又有毅力」的反對者。他並不是爲法律作詳細的解說，而是「合理化」這些法律，認爲這些法律是由支持習俗的「權威」得來，或是由一種「原始的契約」有關民衆服從君主這部分得來。他的「合理化」也就是他的「理由」。邊沁說，布萊克斯東「自願負責爲他的合理化舉出理由來，……單憑*理由*的這個觀念已經足以預兆其必能獲得認可。」他雖是正式採用別人的理由，「他也讓這些理由變成他自己的」。假如布萊克斯東檢測一下英格蘭的法律，觀察其有無促進或阻止民衆幸福的**趨勢**，那麼，他的*理由*絕不會引導他作「這樣的*具體化*，……似乎**法律**變成了活的生物」，或是引導他「機械式的

<hr>

（*Law, Its Origin. Growth and Function*，1907年），第233-240頁，在這部書裡他說明了當時美國法律界的領袖們排斥邊沁的幸福原則所根據的理由。卡透是爲大公司合併的新習俗作辯護，與早年頒行的反托拉斯法正相背反。

3 見於《邊沁著作全集》（*The works of Jereny Bentham*，1843年由鮑琳所刊行），第一卷，第498頁。本書下文再予引述時簡稱爲邊沁《全集》。

古代崇拜」，由於古代崇拜，所以認爲「在法律顯得公正時予以合理化，其功績尤勝於在法律顯得不公正時予以申斥」。[4]

這麼一來，邊沁便把習俗與權威所支持的傳統視爲同一事物，並因下述理由而予以排斥：判斷每件行爲並非根據其能否符合古代的習俗，而是根據其對一般幸福所產生的效果。邊沁宣稱，他的《政府瑣談》是引導整個人類掙脫權威與祖先智慧在法律方面之束縛的第一部出版物。[5]

假如排斥了習俗，那麼，邊沁合理化法律的理由又是從何處找到的呢？他是在他的*願望*（wishes）之中找到的。據他說，這也就是布萊克斯東找到合理化理由的所在。布萊克斯東只是*願望*法律一如舊貫而已。

邊沁說，布萊克斯東爲市政法規所下的定義並不是權利與義務的描述，而是表示何者爲對、何者爲錯的一種意見。按照布萊克斯東的說法，「市政法規是一個國家的最高權力所規定的民事行爲規則，命令人作一切對的行爲，而禁止人作一切錯的行爲」。[6]據邊沁說，布萊克斯東的這種意見是以大自然法則爲基礎，是由一個具有無限權力、智慧與善良的**實有**所發布的命令。然而，事實上這僅是布萊克斯東的願望而已。邊沁

---

4 同前書，第一卷，第229、230頁（《瑣談》第一版序言）。

5 同前書，第一卷，第280頁（《瑣談》緒論）。

6 參閱布萊克斯東的《論英格蘭法律》，緒論，第二節，第44頁，1888年庫利（Cooley）所編，原始的初版爲1765年。關於布萊克斯東的普通法理論，我在我的《資本主義之法律基礎》裡已有所論述，本章主要是講到這位十九世紀經濟學的創始者——邊沁。

說：「大多數的人們滔滔不絕的談論著大自然法則；然後再告訴你，他們的感覺是以何者爲對、何者爲錯；並使你了解這種感覺就是大自然法則的一些章、一些節」。[7]

所以，假如說布萊克斯東是願追隨祖先智慧，則邊沁就是願提升一般的幸福。

「當我說在每一種法律裡所追求的終點或目標都應該是整個社會的最大幸福[8]這句話的時候……我所要表示的究竟是什麼？——沒有別的，這只是表示我的一種願望、一種渴望，期盼在這個社會裡實際上握有政府權力的那些人能夠按照我所說的去做……我講這句話是把當時在我自己心智中閃過的一件事陳述出來……至於判別這句話的正確程度爲何，那是屬於讀者的事，假如他認爲值得，就不妨形成他的判斷」。[9]

邊沁說，布萊克斯東的願望隱藏在「錯」這個字詞的雙重意義之中，一種是倫理上的錯，與倫理上的對相反，另一種是法律上的義務，和同等法律上的權利（right）*有相關性*。不過，邊沁認爲法律上的權利卻可能是倫理上的錯，而法律上的錯也可能是倫理上的對。*對*是良心的責備，*權利*是法律的強迫。奴隸制度的歷史足以顯示此種矛盾。實際上布萊克斯東並

7　參閱本書第三章，「魁奈」。

8　邊沁認爲「絕大多數」的最大幸福可能導致多數專制，所以他代之以全體的最大幸福。

9　見於邊沁《全集》，第九卷，第4頁（「憲政法典」的緒論）。

沒有用變更、程序、新奇或歷史等概念作為普通法的基本特徵。法律永遠存在於神的理性之中，這就是他大自然法則的意義，一個法官的職責即在於探求此種理性而將其應用於當前的特殊事例。這個法官在判決爭議時雖是變更了法律的本身，但卻沒有創造新的法律；他僅是探索著大自然的正義，這種正義無時無刻都存在，只不過爭訟者與法官前此未曾知悉而已。布萊克斯東的概念就是洛克被動心智的複製概念。

但是邊沁也並不知道普通法的基本特徵在於歷史的程序或變更，他永遠是把他的法典建立在普遍幸福的這個原則之上。由於忽視了歷史，所以他對於布萊克斯東以及對於他本人所作終極分析都是邏輯上的分析。法典與普通法無一不是基於願望而建立的。布萊克斯東是願法律能和他所想像的相同，在他看來，這似乎是神聖而自然的。邊沁則是願有所差別，並且他也這樣講。這是在一個變更與實驗的理論中唯一的另類選擇。因為，要想替代基於習俗的新奇變更，與實驗上足以適應其他變更的這種理論，所作歷史研究，變更的本身就是調研與實驗的主題，所以，為法律與經濟學而留存的唯一基礎只是**願望**。布萊克斯東與邊沁都是願望者，而不是科學家。

法典與普通法的區別要回溯到法律與經濟學所用演繹與實驗這兩種思維方法之間的差異。法典所用的方法和演繹法相近似，因為這兩種方法都是以一個固定的社會組織架構為出發點，而所有的個別案例皆為其變體；但實驗法卻是以一個穩定性的通則範圍之內所有的變更與新奇為出發點。在法典所用的方法裡，每一件特殊案例都是其本身的獨立變化；對此所作的判決絕不能使法典有任何變更。但是一件特殊案例針對其特殊

情況予以處理之後，這件案例並沒有作爲先例的持續效力。裁判者的心智在處理第二件案例時，再回到這個法典原來的清晰拘束力。

　　然而實驗法卻是按照普通法所用的方法，由法官造成的法律，每一件特殊案例既經裁決之後，其本身就成爲法典、法令或法規的變更，因爲這件特殊案例的本身已具有作爲先例的持續效力。這時，如有新的案例發生，這就不僅是回到某種固定法典，或是回溯到法律或經濟學中久經存在的最初原則，甚至也不是發現一項前所未知的神聖意旨，而以之適用於當前這件案例所能了事的。這必須在許多相互衝突的先例或經驗之中予以推理，這許多先例或經驗有的是朝這件案例的某一方向作判決，也有的是朝這件案例的反方向作判決。所以，在一個施行普通法的國家裡，法典、法規或法令的本身必然要作實驗性的變更，隨民眾的例規與爭議的裁決而變更。[10]

　　邊沁很坦白的說明，他的思維方法是成文法的法典方法，這是在上者所加於民眾之身的法律，並不是用普通法的實驗方法，那是由民眾的本身得來的法律。其所以然的原因是由於他的「效用原則」與排斥習俗所必然產生的後果。普通法是民眾之間變化無定的習俗所產生，而他的效用概念則是君主認許或不許的情感，效用是一種「心智的行爲」，是一種「心理的運用」；「當其應用在行動時，可能認許此一行動的效用，認許其爲此一行動的一種質性，足以左右所加於此一行動的認

―――――――――

10 參閱本書第十章，第四節，肆、分析的與功能的法律與經濟學。

許或不許的衡量」。此一行動的這種質性在於其「趨向……或是趨向於增高，或是趨向於減低這個有關當事人的幸福……不僅一個人的每一行動是如此，就連政府的每一措施亦復如此」。[11]所以，邊沁的「效用原則」不僅是他把愉悅與痛苦描述爲統治人類的主人，並且是他說明君主應該約束其臣民順從君主對於何者爲其幸福的觀念。習俗與普通法的先例對君主絲毫不能加以限制。

邊沁對別人說他的法典是自由裁決的這種推論，以一種*感情用事*的（ad hominum）論證，責備施行普通法的法庭也是同樣的自由裁決。鼓勵著這些法庭使其憑藉擬制（fiction）以變更法律的也是「願望」。在一個法律家的目光之中，「擬制」是普通法「推進」的證明。但在邊沁的目光之中，這卻是法庭故意的「掠奪」創造法典的立法權。照普通法的法律家說，其所以藉助擬制，爲的是要促進正義。法庭的職權只限於執行現有的法令、法典或法規。在英國的現行制度之下，法庭缺乏變更這些規則的立法權。所以法庭往往要

「爲正義起見而假定事實眞相與實際不同，以期避免此等法令規章應用於當前事實所將招致的不義。……擬制的運用是普通法求取正義的異常例證，這是毫不遲疑地隱藏事實，或佯裝爲隱藏事實，事實是法律的規則已遭受到變更，但其文字仍

---

11 參閱邊沁《全集》（「道德與立法」的緒論），第一卷，第A1頁及註腳。

舊不變」。[12]

但是，邊沁又說，

「法律的擬制可以下個定義為——故意的作假，其目的在
於為某些人也由這些人盜竊立法權，這些人根本不能或不敢公
然要求此項權力——並且，倘使不造成這樣的欺瞞，他們就無
法行使此項權力。……所以實際的情況是藉助虛偽謊言、掠奪
才在每種場合得以建立和進行」。[13]

邊沁就是這樣有意識的排除了普通法根據實驗以創造法律
的方法，亞當・史密斯僅是予以忽視，而置信心於立法的統治
權。

布萊克斯東所依賴的擬制之一就是原始契約的擬制。邊沁
說：「在民眾這方面是允諾對國王的普遍服從；而在國王這方
面則是答允永遠以有益於民眾幸福的特殊態度來管理他們」。
不過，真實的檢測既是在於確定民眾可以在那一點合理拒絕服
從，那麼，何以又必須要有這樣的一個擬制呢？

「……簡而言之，只要是服從所可能發生的傷害較少於

---

12 參閱包維歐（Bouvier）的《法律辭典》（Law Dictionary），「擬制」
　條。在美國有一種較為簡易而更加普遍適用的方法，那就是，單憑常
　識來改變法令或法規之中的字詞意義。

13 參閱邊沁的前述著作，第一卷，第243頁（「瑣談」第二版序）。

抗拒所可能發生的傷害，他們就該服從，……把整個團體合起
來說，只要是對他們有利益時，服從就是他們的義務，過此以
往，則可以不必……假設遵守諾言所將產生的恆常與普遍效果
竟然是傷害。這時人們的義務還是要遵守諾言嗎？這時訂定法
律並實施懲罰，以逼迫人們遵守諾言，這是對的嗎？……這時
重行湧現在我們心頭的，除了效用原則以外，還有什麼其他原
則呢？此項原則提供了我們一個理由，這個理由並非依賴於其
他更高的理由，這個理由的本身就是每一個例規點其獨一無二
的，最爲充分的理由」。[14]

這麼一來，邊沁對於法典的信賴終於產生了*革命*，同
時，普通法的方法逐漸消除了契約的強迫履行，也就是在特殊
案例之中，這種契約被發覺爲不義時，也就不再予以強迫履
行。

然則那個設定法典以替代實驗的**效用**，其意義爲何呢？
邊沁修正休謨公眾或社會效用的觀念。據邊沁說，休謨用這個
用詞有幾種意義，有時候這個用詞的意義就是「有用性，把這
種有用性作爲目的看待，至於這個目的究爲何物則非所問」；
有時候這個用詞是指「一件物質用具，例如：一部機器、一幢
房屋或一件家具，所含有的質性而言，這種質性其效用有助於
所欲達到的目的」；又有時候這個用詞是指「做爲目的看待
的愉悅」而言，但卻並非表示避免痛苦也是一種愉悅，也絕不
是暗示「幸福觀念與效用觀念互相連結而不可分」。休謨並沒

---

14 同前書，第一卷，第271-272頁。

有從「效用」之中導出一個「對或錯」的準矩，或是導出一個
「『何者應該做、何者不應該做』的答案」。所以，休謨並未
能將效用的*現實*是什麼和*應該*是什麼分清。休謨列舉了各種德
行，但卻僅是予以分類，而沒有表示「這些德行有助於幸福的
比例。……他逐項的介紹了愉悅、痛苦、渴望、情感、愛情、
激情、興趣、德行、惡行以及其他的稱謂，異常之蕪雜，絲毫
沒有表明其相互間的關係或隸屬的意圖」。[15]

不過，邊沁卻簡化這種蕪雜，他把效用所有這些意義轉變
為單獨一種的力或**能量**，這種力量足以迫使人行動。

「自然把人類配置於『痛苦與愉悅』這兩個有統治力的主
人管轄之下。只有這兩個主人才能指示我們應該做什麼，才能
決定我們將做什麼。在他們的寶座上牢栓著的一邊是對與錯的
標準，而另一邊是原因與結果的鎖鍊。他們管轄著我們所做的
一切事務、所說的一切話語、所想的一切意念；我們企圖擺脫
我們的臣服所做的任何努力，適足以指實並加強我們的臣服。
在言詞上也許一個人可能假裝著要和這兩位主人的統治斷絕關
係，但在實際上他卻是無時無刻不臣服於其統治。效用原則承
認這樣的臣服，並且推定其為一種制度的基礎，這種制度的目
的在於藉助理性與法律之手以培植福祉的組織。凡是企圖對這
樣的臣服提出質疑的制度無非徒託空言而不是具有意識的、只

15 參閱鮑琳的「最大幸福原則發展史」（History of the Greatest Happiness Principles），見於邊沁的《義務論》，第一卷，第291-294頁。

是即興而不是理性的、只是在黑暗之中摸索而不是在光明之下
行進的」。[16]

　　邊沁是要使這個問題更進一步的簡化，所以他把私人效用
與公眾效用視爲同一，但休謨卻是要使二者對立。休謨由稀少
性之中不但導出自利或私人效用，且導出自我犧牲，這就是他
的公眾效用，而在此刻邊沁則是由亞當‧史密斯的自利與富饒
之中導出公眾效用。「最大幸福」就是所有的人最大自利的總
和。休謨的稀少性必須把自我列於別人的善之下，而邊沁的富
饒卻可以容許把自我儘量的擴大而無損於他人。這樣的富饒也
就是美國人目睹政治與財政的腐敗而漠然無動於衷所常引述的
理由之一。在邊沁看來，亞當‧史密斯的理論是對的，其中唯
一的錯誤是亞當‧史密斯與布萊克斯東所同意的一個細節，那
就是原始大自然狀態的這個合理化理由，邊沁代之以效用。不
過，邊沁的所謂效用並不同於休謨的所謂效用。這是一種富饒
的效用，而不是稀少性的效用。

　　第一，「社會」並非一個有組織的協會，爲共同的善而限
制著每個人——這也是一個擬制。邊沁說：「社會是一個擬制
的*團體*，由個別的人們所構成，這些人似乎就被視爲這個社會
的*成員*。然則社會的利益又是什麼呢？——就是構成這個社會
的成員其利益之總和」。[17]他並且用**議會**來替代社會。

---

16 見於邊沁《全集》，第一卷，第一頁（「道德與立法」的緒論）。
17 同前書，第一卷，第2頁。

　　第二，這個社會的財富在於「組成這個政治社會——國家——的某些人，各自所持有的財富物質之總和。這種物質的每一個原子，只要是這個人增加在他的儲存品之中而不是取之於他人，就都是全國財富的儲存品有了這麼多的增加」。[18]如此說來，邊沁的財產概念實際上是有形體的財產；他的國家財富概念排除稀少性與議價，而僅包括私人生產的使用價值總額。

　　其當然的結果是，社會的利益僅是個人利益算術的總和——這並非做為運營中業務團體的成員各個人之間交易的預期。而且公眾效用也僅是私人效用的*總和*。所以，邊沁的效用就是亞當·史密斯的主觀使用價值，相當於邊沁的「財富之享用」，和客觀使用價值相平行，相當於邊沁的「財富之物質」。[19]最大幸福就是最大享用，最大享用就是最大富饒，而最大富饒也就是最大數量的使用價值（財富）。因為富饒，所以公眾效用與私人效用為同一事物，但如照休謨的說法，則因為稀少性，所以公眾效用與私人效用是對立的。

　　一百多年來所流傳的這種社會概念簡直*不成其為一個社會，而是人口的構成分子*，[20]這是古典派與享樂派經濟學者們的見解，受到馬克思主義者，基督教社會主義者以及現代社會哲學的反對。由於其以愉悅與痛苦為出發點，所以社會僅是個人的*總和*，而財富也僅是物質財貨的*總和*。這麼一來，經濟學便和倫理學相分離，但休謨卻沒有這樣做，因為照邊沁的看

18 同前書，第三卷第40頁（政治經濟手冊）。
19 參閱本書第五章，第三節，壹、使用價值的起因，附圖二。
20 參閱本書第十章，第二節，講到派里圖的一段。

法，個人與個人之間對財富之取得並無稀少性關係。如果要作倫理方面的考量，經濟學者就不得不採取另一個出發點，而稱之爲倫理學。由於略去了休謨的「稀少性」原則，所以便成爲個人與社會的二元論，成爲經濟學與倫理學的二元論。

不過，這個二元論是以兩種倫理學起源理論爲依據的。一種是在富饒世界裡個人的最大愉悅理論，在這樣的世界裡一個人可能取得他所想要的一切事物而無損於人。另一種是在稀少性世界裡社會的利益衝突理論，在這樣的世界裡一個人如果要取得他所想要的一切事物就*可能*會有損於人。假如以後述的理論爲依據，則倫理學就是由經濟爭議的裁決發展而成的歷史過程，這不會產生倫理學與經濟學的二元論。假如以前述的爲依據，則倫理學就成爲邊沁的個人願望，而個人與社會的二元論也就無可避免。

假使我們的出發點在於交易而不在於個人、在於稀少性而不在於利己，則其差別是顯而易見的。在這裡我們是從社會關係的本身出發，這種關係並非許多自利的相互和諧，而是*自我*利益與*集體*利益不可分開的關係，這需要有全體一致行動的規則與規定，管制每一個爭議者在其本身與別人共同享有的有限機會之中所應取得的份額。這時的個人們，假如其利益在於財產或自由，他們就不再是*人口裡的原子*，而是成爲一個*共和政體*的*市民*，受到稀少性的誘導與認可而集合在一起；他們的會員身分預期他們和別人作有秩序的重複交易，而這些交易在每天、每小時以及在無窮盡的未來時日裡，不但決定了所生產的數量，並且決定了在可能獲得的有限總量之中各個人所得的份額。

　　邊沁把願望的計算方法列成了公式，用這種方法可以算出構成為人口整體利益的個人利益之「總和」。在這個公式裡，他構想了一個共同的分母，就是愉悅的單位，也是避免痛苦的單位，並因此而成為願望的單位，將其作為一種尺度，既可以用來衡量亞當・史密斯的主觀使用價值，又可以用來衡量布萊克斯東的習俗與法律，以及邊沁自己的法典。每一件事物的價值，從食物到宗教，從對到錯，都可簡化為下述滿足願望的可變單位數來加以計算，而求得一定的效用數量，也就是愉悅的算術加總。在其後的一個世紀裡，這種計算方法幾乎具體的成為享樂派經濟學者的計算法。我們把他所列舉的摘要簡述如下。[21]

　　(一) 起因於習俗或商品的愉悅或痛苦感覺的強度。

　　(二) 感覺延續時間的長度。

　　(三) 危險的程度，或該感覺的確定性與不確定性。

　　(四) 未來性，或是在實際發生感覺以前預期其將經過的時間遠近程度。

　　(五) 豐饒性，或是在此感覺之後將有同一種類的感覺隨之發生的機會。

　　(六) 單純性，或是在此感覺之後不會再有不同種類的感覺隨之發生的機會。

　　(七) 範圍，或是在人口調查中所列舉的人數，這些人由商品或習俗獲得的愉悅總量，及遭受的痛苦總量。

---

21 參閱邊沁《全集》，第一卷，第1-16頁（道道與立法）。

這時，假如一個立法人員、州縣長官或市民私人要想考量他所計畫的行動在法律上、倫理上或經濟上的一般趨向，他可從任何一個最直接受到影響的人開始，並考量其最初所產生的痛苦或愉悅之「*價值*」（*數量*），這就是說，先考量最初痛苦或愉悅的豐饒性與單純性，然後再把所有的愉悅與所有的痛苦價值（數量）「加總」起來，同時又計算一下相關的人數，就可以求得此一行動在愉悅方面的一般良好趨向；或在痛苦方面的一般不良趨向。[22]

說真實的，邊沁是十八世紀理性時代的最高峰，也是十九世紀古典派與享樂派經濟學的最高峰。

邊沁接下去又說，上文所述與愉悅有關，這種愉悅該是個人以及政府所願獲得的*目標*。不過，這種愉悅與痛苦也是一些*工具*，其中含有達到目標的力或**能量**。把這種力量作為工具使用，便成為**動機**與**認可**。

動機常在行動之先，因為一個人總是注視著這個行動的預期後果。在我們想像之中的先後順序似乎是這樣：(一)可能產生痛苦或愉悅的預期事件；(二)現時對產生這種苦樂的信念；(三)現時信念所招致的現時苦或樂；(四)避免預期痛苦或獲得預期愉悅的現時動機；(五)避免預期痛苦或獲得預期愉悅的意志所引起的行動。

邊沁並未將此種順序與心智*結構性*概念聯繫起來，予以聯繫的是大彌爾（James Mill），大彌爾是邊沁的學生，也是李

22 同前書，第一卷，第16頁。

嘉圖的老師。大彌爾用「觀念的聯想」來解釋邊沁的痛苦、愉
悅、信念、動機與意志的順序，傳到他的兒子約翰・史都華・
彌爾（John Stuart Mill）手裡，又利用拉瓦西爾（Lavoisier）
最近發現的化學「親合力（affinities）」——這是邊沁的牛頓
派物理學所不知道的——而稱之爲「智力物理學」或「心智自
發性化學」。[23]痛苦與愉悅可能是由同一個外在來源所發生的
感覺，但是，觀念的聯想卻能把某一個人吸引到某一個方向，
而把另一個人吸引到另一個方向，要看每一個人的「喜好」而
定。邊沁解釋了心智的功能[24]而大彌爾的觀念聯想則是解釋了
心智的結構。心智的結構與功能是由感覺到觀念；然後再到觀
念的聯想，並同時發生苦、樂、渴望或憎惡的感受，再然後
到體力的行動。這樣的觀念聯想足以使預期的愉悅和獲得愉悅
的經濟工具連接起來。這是把洛克的微粒子觀念轉爲化學的類
比。

「小提琴的聲音是使我的耳朵感到愉悅的立即起因；音樂
家的演奏是這聲音的起因；我所用來聘雇音樂家的金錢又是這
一次演奏的起因。在這種情況之下，金錢就是感覺的起因的起

---

[23] 參閱大彌爾所著《人類心理現象分析》（*Analysis of the Phenomena of the Human Mind*，1828年）；本書是從約翰・史都華・彌爾爲之作序的1869年版本引述得來，見於其第一卷，第IX頁。

[24] 參閱米切爾（Mitchell, Wesley C.）所寫的「邊沁的巧妙計算法」（Bentham's Felicitic Calculus）載於《政治科學季刊》第XXXIII期（1918年），第161頁。

因的起因，或是說，轉折了兩次的起因。……心智……對追求
起因有濃厚的興趣；假如感覺是痛苦的，我們就要阻止這種起
因，或將其移去，假如感覺是愉悅的，我們就要提供或將其留
住。因此之故，產生了一種習慣，要迅速越過感覺把我們的注
意力固著於其起因」。[25]

有一點可以看得出，那就是，由於事實上邊沁與大彌爾是
用*物理學*與*化學*的類比來解釋心智的功能與結構，所以他們不
能提出「效用遞減」的稀少性概念，因為物理學或化學裡面不
會有這種概念的。邊沁也見到了這一點，但是他卻聽其懸而不
決。[26]其結果是，邊沁雖藉助強調痛苦與愉悅的方法，*似乎*已
經引進一種心理因素，但這僅是智力方面連續產生的觀念，與
外在的物質力量相關聯，其所引起的並非痛苦與愉悅，而是苦
與樂的*觀念*。因此之故，在他談到痛苦與愉悅時，他所說的是
引起觀念的一些實質對象。換句話講，邊沁的效用概念在本質
上就是洛克與亞當・史密斯外在的世間萬物與內在的心理複製
並行主義。這種人類意志的被動的、智力概念可以合理化韋伯
倫的妙論，他說一個享樂主義的人──這是邊沁的人，也就是
一個十九世紀的「經濟人」，就好比是

「一位苦與樂計算天才，像一顆渴望幸福的同質小球，

---

25 見於大彌爾的前述著作，第二卷，第187-188頁。

26 參閱米切爾的前述著作，第170-171頁。

在刺激的撞擊之下擺動著，雖是讓他移開原地，但卻仍能保持完整無缺。他是前無古人，後無來者。他是人類之中一個孤立的、確定的數據，經常保持安定的均衡，除非是遭受到撞擊力的打擊，這種衝擊力可能把他移向這一方或另一方。在基本空間之內，他自己督促自己繞著他本人的精神軸心而勻稱的旋轉，一直要等到遭受力量呈平行四邊形向他突襲，他才會按照其結果所產生的一條線路前進。在這種衝擊力量既已耗用完畢之後他又復歸靜止，和從前一樣，仍然是一顆怡然自得的渴望小球。就精神方面來說，這個享樂主義的人並非一個創始人。在生活過程之中沒有他的席次，除非在某種意義上說他是屬於受到外在的、與他相反的環境所強加給他的一個排列順序」。[27]

　　意志既已有了這種物理學與化學的類比，既是因痛苦與愉悅的力量而移動，則其當然的結果是，能使一個人行動的力量，其本身也取得**認可**的這個稱號。邊沁說，認可「是強制力或*動機*的來源：這就是說，*痛苦與愉悅*；這些苦樂在和某種行為方式相連接時，就能產生*動機*的作用，並且實際上也是足以產生此項作用的唯一事物」。[28]

---

27 見於韋伯倫所寫的「經濟學何以不是一門進化的科學」（Why is Economics not an Evolutionary Scinece），轉載於《科學在現代文明中的地位及其他論文集》（*The Place of Science in Modern Civilization and Other Essays*，1919年），第73-74頁。

28 參閱邊沁《全集》，第一卷，第14頁（道德與立法）。

邊沁又接下去說，「愉悅與痛苦所由生的來源共有四種不同的類別；分開來講，可以稱之為*物質的*、*政治的*、*道德的*與*宗教的*來源；因為其中的每一種苦與樂對行為的法律或規則皆可能給予約束的力量，所以全部都可以稱之為*認可*」。[29]

「物質認可」是對一個人產生作用而屬於物質性的力量，「任何一個人類生物的意志都無法介入而故意的予以修正」。不過，其他意志或甚至『在與當前生活相關的宗教介入時』，其所用到的也就是這一類的認可。換句話說，物質認可就是土地與商品；物質的認可相當於使用價值這個物質用詞，這時已經成了效用，或是說，預期愉悅的認可與預期痛苦的避免透過物質的財貨產生了作用。

假如沒有任何其他意志的介入而這些物質認可單獨的產生了作用，則此等認可便是財富，或更恰當些稱之為「財富的物質」，通常有兩種形態：維生之物與享樂之品。[30]假如這種認可必須經過一個法官或另一個人「按照君主或國家最高統治力的意志」然後才能產生作用，則此等認可便不是「財富的物質」，而是「保障的物質」。在邊沁的心智之中大概有監獄、軍用品、槍砲與警員棍棒之類的存在。這些都是政府認可，透過其特有的物質使用價值*形態*而產生作用。不過，倘使這些認可產生其作用。

「必須經過社會上這類偶然聚合的人們之手，這位當事人

在他的生活過程中恰巧和他們有所關聯，必須按照每個人自動自發的喜好，而不是按照任何既定或協定的規則……其約束力才可以說是『由道德的或民眾的認可所發出』」。

　　如此說來，邊沁的道德認可並非習俗的認可，也不是協定行動規則的認可，而是在一群人口分子之中個人們的「偶然」遇合，所有的議價或談話恰巧發生。

　　同樣的，宗教認可是由一個「優越而看不見的實有」所發出，把預期愉悅與痛苦的動機運用於「現時的或未來的生活」。假如是運用於現時生活，則宗教認可就是經由「大自然力量」所具體形成的物質工具而產生其作用，這一類的工具大致是教會建築物、聖經以及道具等——這是使用價值的另一種特殊《形態》。在這裡，所有協定的信念、信仰伙伴們的運動、異教徒的審判等，凡是我們歸納在習俗與普通法名稱之下的許多事物也都沒有出現於邊沁的分類之中。這些信仰伙伴也就是「偶然聚合」的人們。[31]

　　邊沁的著作有一大部分和政治的認可有關，這種認可都是經由物質使用價值的槍砲與監獄而產生其作用。他的「道德認可」是作為偶然事件而發生——「偶然」擊中了別人，使這些人為偶然的願望所激發，而像他本人一樣的見諸行動。

　　這種道德的認可也有一部分為邊沁所容納而列於「同情

---

[31] 參閱前書，第一卷，第14頁（道德與立法）；第二卷，第192頁以次（報應論〔*The Rationale of Reward*〕）及第3卷，第33頁以次（政治經濟手冊）。

的認可」這個名目之下，這就是「某一個別人心中的愉悅與痛苦，這個相關的人對那個別人的幸福出於同情的愛心產生了興趣」。不過，邊沁是把這種同情和亞當・史密斯對調、互易與交換的本能同樣看待。

「除非是獲得他的幸福所依賴的那些人友善的感情，否則他怎能快樂呢？除非是使他們相信他把自己的友善感情拿出來交換，否則他怎能獲得他們的友善感情呢？要想使他們相信，最好的方法是把這種友善感情實際上交給他們；如果實際上把這種友善感情交給他們，則爲之證明的就是他的言語與行動。大自然的第一條法則是希望我們自身獲得幸福；而愼重與有效仁愛的聯合呼聲又增加了一條……由別人的幸福之中求取你自身的幸福……一個人爲他自身取得了愉悅或是爲他自身避免了痛苦，這是*直接地*影響到他自身的幸福；一個人爲別人提供了愉悅或是爲別人防止了痛苦，這是*間接地*促進了他自身的幸福」。[32]

如此說來，同情就是幸福的有利交換。

同情雖是可以這樣解釋爲自利，但義務卻不可能作如此解釋。這是單方面的讓與，並不能以交換獲得愉悅，這只是爲別人而忍受痛苦。

---

[32] 見於邊沁的《義務論》，第一卷，第17、19頁。

「事實上，談到義務是一件極其無聊的事；這個字詞的本身就含有令人不悅與厭惡的成分；縱使我們談到了義務，這個字詞也不能成爲行爲的法則。一個人，一個道學者，坐在一張圈椅裡，高談闊論的大講其有關義務的教條，甚至講到各式各樣的義務。爲什麼沒有人愛聽他所講的呢？這是因爲每一個人都在想著利益……在道德的範圍以內，凡是對一個人沒有利益的事，這個人就沒有去做的義務」。「如果把利益與義務按照最廣泛的意義加以考量，則顯而易見的，在一般的生活過程之中爲義務而犧牲利益不但是行不通，並且是不相宜；即便說這是可能辦得到的事，人類的幸福也不會因此而有所增進。我們可以很穩當的斷言，除非是能夠顯示某項特定行動或行爲對這個人有利，否則要想使他相信這是他的義務，那就等於徒費唇舌」。其所以然的理由只是因爲義務並非立法及其獎懲的物質認可所必不可缺的有效動機。「凡是以關係人的幸福爲目標的法律總得要設法把法律宣稱爲一個人的義務轉爲謀求這個人的利益」。[33]

照此說法，休謨是對的。義務的意義是發源於「稀少性」，而不是發源於邊沁的「富饒」。

邊沁說，「愉悅的獲得與痛苦的避免是一個立法人員所期待的*目標*；所以，他應該明瞭愉悅與痛苦的價值。愉悅與痛

苦是他工作所必須的『工具』；所以，他應該了解愉悅與痛苦的力量，從另一觀點看來，這種力量也是愉悅與痛苦的價值」。[34]

這麼一來，「價值」這個用詞已經由亞當·史密斯的痛苦轉移到邊沁的愉悅，更恰當些說，就是減卻痛苦之後所餘下的愉悅算術淨收益。促使人類行動的力量正是這種愉悅的淨收益。其統治權是憑藉兩種認可而行使，這兩種認可就是**想望**和**享樂**。

「想望以各種各樣的痛苦為武器，甚至是以死亡為武器，支配了勞動，砥礪了勇氣、鼓舞了遠見、發展了人類所有的官能。伴隨著想望獲得滿足而俱來的享樂已經形成為一筆取之不竭的獎勵基金，頒發給那些能克服障礙而完成大自然計畫的人們。……在未能形成法律觀念以前，想望與享樂已經在這方面做了最優良的協定法律所要做的每一件事」。[35]

我們由此可以看到邊沁是用三種方式來消除**習俗**。他用想望與享樂的統治權來替代習慣與習俗。他用「偶然聚合」的個人來替代習俗與運營中業務團體的集體行動。他用立法機關來替代普通法。

---

34 參閱邊沁《全集》，第一卷，第15頁（道德與立法）。
35 同前書，第一卷，第302頁（民事法典）。

　　這樣的替代附帶的消除了他的「道德認可」與「宗教認可」；因為這是讓這兩種保持其為個人們偶然群集的形態，這些個人們是按照科學法則而互相撞擊，並沒有希望或預期作重複的交易，這種交易或是在一個運營中的業務團體裡、或是在一個家族裡、又或是在一個兄弟會或教會裡，足以使具有相同信念與利益關係的人們結合在一起。

　　其結果餘留下來的僅有兩個認可的來源：**財富**與**議會**——財富的物質使用價值與統治權的物質力量。財富提供了物質的認可，以管控人類從事於商品生產、交換與消費的各種行為。議會也提供了物質的認可，以創造並保護私人財產。這是亞當・史密斯為後來的經濟學者所簡化的說法。在個人與立法機關或地方長官之間，沒有從中介入的集體行動、沒有習俗的規則、沒有普通法。邊沁是把經濟學、倫理學與法律合併成為個人的愉悅與痛苦，他也把各種的誘因合併統列於**認可**這個概括的名稱之下。認可就是任何一種的愉悅與痛苦，無論其為物質的、道德的、立法的或經濟的，一概作為外在的行動誘因看待。

　　縱使承認愉悅與痛苦享有高於一切的優勢，我們也得要推定在處理實際事務時，這種一般化未免太過籠統。愉悅的種類與質性是各自不同的。這一點邊沁也承認，不過，在他看來，種類的差別是無足輕重的。在經濟學裡所遇到的兩種最重要差別，一種是基於個人與個人之間相互提供的誘因，另一種是基於各式各樣的集體行動所提供的誘因。在每一種之中都可以見到痛苦與愉悅，而這些苦與樂皆是具有決定性的重要動機。要想保留二者之間的區別，我們可以把前者稱之為**誘因**，而把後

者稱之為**認可**。[36]誘因是有關個人之間的交易；**認可**是有關習俗與**集體誘因**的規則。邊沁和亞當・史密斯一樣，沒有一個適當地位可以安置集體行動，並且實際上也沒有適當地位可以安置議價、管理與分派交易的說服、威逼與命令。他所涉及的僅是個人、統治權與商品；他沒有把個人行動與集體行動之間各不相同的種種愉悅與痛苦分別清楚。他那有統治權的主人是愉悅與痛苦，而不是習慣與習俗。

邊沁的化學類比所能做到的是使痛苦與愉悅有物質上的存在。這種物質上的存在就是——貨幣。米切爾已經說明這是如何做到的。他引述了邊沁未發表的手稿，那是哈烈威（Elie Halevy）於1901年發掘出來的。

「如果在兩種愉悅之中，一種是由貨幣的占有所產生，而另一種卻不是，一個人寧願享受這一種愉悅而不享受另一種，此兩種卻被視為相等。不過，因貨幣的占有所產生的愉悅必然與產生此愉悅的貨幣數量相同，所以，貨幣便成為愉悅的衡量。然而，另一種愉悅既是與此種相等；則另一種愉悅也必然與產生此種愉悅的貨幣數量相同，所以，貨幣也是另一種愉悅的衡量。在痛苦與痛苦之間是如此；在痛苦與愉悅之間也是如此……假如我們要相互的了解，我們就必須用一種共同的衡量。事物性質所能提供的唯一共同衡量是貨幣。凡是不能滿意於此種工具之準確性的人們必得要訪求另一種更準確的工具，

---

36 參閱本書第二章，第二節〔貳〕，(六)經濟與社會關係公式。

否則就得要向**政治與道德告別**」。[37]

　　如此說來，邊沁在他那未曾發表的手稿裡又放棄了他所用的願望單位，他竟然疏忽而未予發表，對所有的享樂派倫理學與經濟學是一件很不幸的事。因為，米切爾又接下去說，

　　「這一位理想之中完全唯利是圖者，其心理的運用公式可以轉爲邊沁在享樂主義中通用的公式，只須把金錢用詞改爲心理用詞就行了。如果用愉悅來替代利潤，用痛苦來替代損失，用情感單位來替代金元，用享樂計算法來替代會計，而把自利詮釋爲使淨愉悅而不是使淨利潤極大化，此項轉變就完成」。[38]

　　所以，邊沁的「全體最大幸福」是以商人的最大金錢利潤爲終點。然而用貨幣衡量的卻不是愉悅或痛苦——而是稀少性。在愉悅與痛苦變爲金元與分幣時，這已經是由幸福轉到相對的稀少性，然後這種稀少性再成爲人類行動的力量，起因與管制者。愉悅與痛苦太過基本了。我們的問題比較膚淺，但卻是在貨幣與信用的經濟裡受到稀少性、未來性、習俗與統治權的影響實際在做的行爲主義問題。邊沁的愉悅與痛苦把此項區

---

37 米切爾由前述著作第169-170頁所引述。

38 見於米切爾所寫的「經濟活動之合理性」（The Rationality of Economic Activity），載在《政治經濟期刊》，第XVIII期（1910年），第213頁；並參閱博納爾的前述著作，第218頁。

別搞得模糊不清。在他看來，愉悅既是積極的愉悅收益，又是消極的痛苦避免。不過，後者是另類選擇的挑選，而前者則是收益的取得。取消是選取較大的收益而遺棄較小的收益，或是說，選取較少的支出而遺棄較多的支出。[39]取得與避免不能相加在一起，這是同一行動的兩種維度——這就是向一方面而避免向另一方面行動。

邊沁的愉悅與痛苦又混淆了個人交易與集體管控、誘因與認可、自利與倫理、稀少性與幸福、感受與貨幣之間的區別。經濟學的問題比較膚淺——問題在於表面。不過，這些問題卻較為特殊——都是有關買與賣、借與貸、雇用與解雇、管理與被管理、原告與被告的問題。誠然，這些問題皆可能化約為愉悅與痛苦——然而這卻太過基本了、太過令人難以捉摸了，因為這些問題已經分解為願望。但是集體與個人行動的例規與價格，其關鍵卻在金元與數量。

邊沁的「統治者」也不是習俗或構成其「社會」的這一群人集體行動所產生的結果。他的個人們實在是一群人口，而不是一個社會；他們是「偶然聚合」的個人，而不是一個運營中的業務團體；他的統治者是一個局外人，而不是這個社會的一分子。他的統治者顯然是十分專制，因為這位統治者可以自由選擇他所要制定的法律，而不受習慣、習俗、公司、工會、政治黨派等的約束，此輩皆擁戴這個統治者居於其位，而預期他能按照他們的囑咐行事的人們。邊沁「希望」這位統治者採

---

39 參閱本書第八章，第六節，貳、選擇與機會。

取一般幸福的原則。但是這位統治者的所作所爲卻迥然不同。**英國憲法**是出自征服與普通法。普通法則出自民眾的習俗，不過，這些習俗必須是國王任命的法官所認可的。到了此刻，政治黨派可能罷免國王並選任法官。集體的商業組織管控了政治黨派，習俗與團體，管制了政客與民眾，其力量之強大尤勝於痛苦與愉悅。

邊沁把統治權化約爲保障，和他把愉悅化約爲貨幣的手法相似。在邊沁看來，政治經濟不但是一門科學，也是一種藝術。這是一門有關愉悅與痛苦的科學。這也是立法機關運用苦與樂爲工具以謀求「最大財富與最大人口」的一種藝術。[40]這個目標是「終極的起因」；而苦與樂的認可則是「有效的起因或手段」。[41]一個立法人員在深研政治團體的幸福由何組成時，總可以看到幸福是四重的——給養、富饒、平等與保障。[42]給養與富饒屬於政治經濟的範圍，保障屬於法律的範圍；至於平等則是從屬的，因爲一個國家的農業、製造業與商業在保障照顧之下繁榮起來，這個國家就持續趨向於平等。立法人員們通常顯示一種喜好，要在*衡平法*（equity）的名義之下順從平等的建議，他們對於衡平所作的讓步比對*正義*所作的還要多些；不過，這種衡平觀念不但空泛，而且發育不良，這似乎是一個本能的問題，而不是一個計算的問題。[43]

---

40 參閱邊沁《全集》，第三卷，第33頁（政治經濟手冊）。

41 同前書，第一卷，第14頁（道德與立法）。

42 同前書，第一卷，第302頁（民事法典）。

43 同前書，第一卷，第307頁；並參閱威廉士（A. T. Williams）所著《盧

如此說來，政治經濟所需求於法律的盡在於保障，「自由」只是保障的一個分支而已。「人身自由是防止招致軀體損傷的一種保障。政治自由是……防止政府成員們不義的一種保障」。照邊沁的想法，自由就是背棄習俗，而把行為建立在效用之上。在他所著的《高利貸之抗辯》（*Defense of Usury*）這部書裡，他說，為防止民眾按照他們的自由願望給付與收受如此高利率起見，一個道學家所訂定的規則與誡律或一個立法人員所發布的禁令都是以「盲目的習俗」為唯一的依據。然而「習俗」都是一個任意的指引。而且，在各個時代與各個國家裡，習俗也各不相同。要想判定借款人與放款人的每一方在這種情勢之下是否皆能獲得最大限度的幸福，其唯一標準在於「當事人的同意所顯示的互相便利」，而不在於鄰人們的習慣、不在於立法人員的認可。[44]

然則與政治經濟有關的給養及富饒，其屬性為何呢？這種給養與富饒是如何在保障與自由護衛之下產生的呢？邊沁說，二者皆在於實質對象，而不在於由其他民眾得來的服務。這些實質對象是在物質認可的壓力之下所創造，而此物質認可就是想望與享樂。「直接的立法難道不能增加這些自然動機永恆而無可抗拒的力量嗎？但是法律卻可能間接提供給養，藉助在個人勞動時保護他們，在他們勞動完畢之後將其勞動的果實保留

梭、邊沁與康德作品中的平等概念》（*The Concept of Equality in the Writings of Roussean. Bentham and Kant*），此為哥倫比亞大學師範學院叢書第13種（1907年）。

[44] 參閱邊沁《全集》，第三卷，第4頁（高利貸之抗辯）。

給他們」。[45]

　　但是，想望與享樂並非限於給養，「……在長出了最初的穀穗之後，（這些想望與享樂）……又得要建立富饒的穀倉，永遠的增多，永遠的豐盈。……富裕……此項運動既經啓動以後很難遏阻」。

　　此所謂富裕又在於什麼呢？在於由一個人自己的勞動所創造的富饒，而不在於因別人的勞動而付給他們的價格。因為，「社會的財富假使不在於組成這個社會的人們財富之總和，又在於什麼呢？」[46]

　　我們可以說這句話是十分眞確的──不過，正如邊沁把社會想像爲由獨立自足的人類單位所組成那樣，他把社會財富想像爲這些人所擁有物質單位的總和。這個總和相等於「大量的幸福」。在愉悅與痛苦之中既經消失了貨幣之後，在「財富」的概念之中既經消失稀少性與「資產」之後，其結果產生了財富與幸福的物質概念，這種概念也許可以適合於殖民地或原始時代的孤立農場主，適合於自然資源與有形財產的富饒，但卻不能適合於一個社會，在這個社會裡，一個人的財富（「資產」）是從市場上的買與賣得來，並且有一種價格制度，由資本主、農場主、勞動者、商人、銀行業者與政府的協同一致運動所主宰。那，法律的主要對象、保障，其所提供的又是什麼呢？

---

45 同前書，第一卷，第304頁。

46 同前書，第一卷，第304頁。

「只有法律才能創造固定而持久的占有，可以恰當的稱之
為財產。只有法律才能使人們習於受先見之明的，在最初時雖
要忍受一些痛苦，但是到後來就會感到舒適與溫和；只有法律
才能鼓勵人們從事於勞動——在目前是無用的，並且非到未來
時日也享受不到。……法律並不是對一個人說，如果你工作，
我就獎賞你；而是對他說，如果你工作，我就保障你擁有你的
勞動果實，透過阻止別人的手把這些果實奪去，因為這些果實
是你的勞動自然及充分的報酬，假如沒有我，你就不能保有這
些果實。……財產觀念在於確實的預期——在於按照這事物自
然情勢從對象獲得某種利益的說服力。……立法者應該對這種
預期致最大的敬意。……假如他們不干擾這種預期，他就是對
社會幸福盡了一切基本義務」。[47]

所以，保障就是勞動者對他的勞動產出享受擁有權的保
障。但是邊沁又說，有人提出異議，認為勞動者並沒有財產，
且巴卡利雅（Baccaria）也曾講過，「財產權利是一種可怕的
權利，也許是一種不必要的權利」。邊沁說，這句話竟然是出
於這樣一位賢明的哲學家之口實在令人十分詫異。沒有財產的
窮人總得要比「處身於自然狀態之中」的境況優裕得多。其當
然的結果是，這位立法者

「理當維持實際上已建立的分配。……假如保障與平等是

---

47 同前書，第一卷，第307頁以次。

處於對立的地位，則毫不遲疑的：平等應該立即退讓。……平等的建立是一個口吐火焰的怪物……要求平等的呼聲只是一種託辭，用來遮掩怠惰侵犯勤懇的搶劫行為而已」。[48]

　　由上面的這些話我們可以知道邊沁的財產概念是指土地、建物、工具等有形體的財產而言，這些都是專供個人自己使用而保持，絕不是現代社會的隱形財產，那是在於進入市場並管控稀少性的服務以取得財富（資產），強迫履行契約而給付稀少價值之用的財產。他的論證絲毫不能應用於現代社會，在現代社會裡一個人的財產（資產）是被價格而不是被立法所牽制的。而且這種應予反對的平等教條也不能詮釋為議價能力的平衡，或機會均等、或公平競爭，而是說所有主的物質占有平均分割。他的心智中所見到的是原始的土地再分配主義，[49]這種「均平」（levelling）制度在邊沁看來不但是行不通，而且建立此種制度的渴望，其根源「不在於德行，而在於惡行，不在於仁愛，而在於惡意」。[50]

　　我們由此可以得到一個結論，那就是說，邊沁的效用概念一方面接受了亞當‧史密斯的富饒，而另一方面排斥了布萊克斯東的習俗與休謨的公眾效用，他為經濟學者提供了下述這種分子論的推理方法：人類是一種*被動*而自私的實有，在效用的

48 同前書，第一卷，第311-312頁。

49 參閱康芒斯與其同事合著的《美國勞動史》，第一卷，第522頁，論1829年美國勞動黨最初的土地再分配主義。

50 參閱邊沁的前述著作，第一卷，第538-361頁（論均平制度）。

名義之下爲自利而行動。社會是個人的*總和*，他們的愉悅與痛苦能因商品的數量而增加、而減少、而平衡。在這種會計系統裡用來*衡量*苦與樂的是貨幣。自利並不會危害到任何人，這是因爲*富饒*之故。藉由*觀念的聯想*，這種苦與樂可以歸因於物質的商品。因爲貨幣是由制度的集體行動人爲創造出來的，所以也是*名目的*，當我們用創造及構成財富的物質勞動與物質商品單位來陳述我們的理論，或用構成效用與負效用的苦與樂單位來陳述時，我們更接近我們所要衡量的這件事物；在這兩種情況的任何一種之下，我們陳述我們的理論時用來衡量幸福的，都不是貨幣這種名目的、集體的單位，而是用苦與樂的維度，其所產生的作用，猶如物理學與化學定律一般的固定不變。政治經濟學從普通法與習俗方面得來的只是一些無用的*傳統與祖先智慧*。政治經濟所需於成文法與法典的僅是占有物與契約的*保障*。這種保障就是必須保持事物的原狀，因爲，要想引進平等所作的任何努力不但是不可能，而且是含有惡意的。政治經濟的法則，只須顧到保障，和萬有引力一樣的準確。這些法則可以機械的由感覺、觀念、愉悅、痛苦予以推論而得，如同物理學的均衡與化學的親合力一般——這些都是現有商品生產與消費的主觀*複製*。

　　邊沁的計算方法脫漏了兩個項目——稀少性與習俗。之所以被脫漏，一則是由於誤解，二則是由於這兩個項目不能符合當時所已知的僅有科學——物理學與化學——的模型。稀少性是人盡皆知的，不過，這和政府、壟斷以及重商主義的公司所作協同行動發生了聯繫；而實際上稀少性只是私人財產的本身而已。重商主義既經受到了擯斥，稀少性已經不再是制度形態

的財產，而是供需均衡預定法則的物資形態，此項法則對液體的個人原子產生了作用，猶如海洋之中的波濤一樣。

並且，習俗也被當做了普通法的古老傳統看待——和布萊克斯東所描繪的普通法相似，時至今日，法律家們認為我們已經從習俗的時代走到自由與契約的時代，所以他們仍然是這樣的予以描繪。至於商譽、貿易例規、運營中的業務團體、契約的標準格式、銀行信用的使用、現代穩定幣值的措施以及其他種種這類習俗——皆被稱為「例規」，似乎習俗與例規之間也有著區別。然而這二者之間實際上並沒有差異，只是習俗與例規在強迫一致性與准許變通性有程度的差別。在美國和英國，使用銀行支票的例規，其強制力不亞於在封建地主的物業上工作的習俗。一個商人使用黃金或白銀而不使用支票的自由絕不會多於中古時代一個佃戶跟隨羅賓漢（Robinhood）去做歹徒的自由。他空有同樣多的契約自由。假如他拒絕收受或給付銀行支票，他就根本不能繼續經商。關於其他的許多貿易例規，情形也正相同。倘使一個工人要到八點鐘才來上工，而別人在七點鐘即已到來，他就難以保持他的工作。這是一項「例規」，或是一種「習俗」。不過，這也和銀行支票的使用一樣，「例規」的強制力與習俗相等。因為習俗並不僅是人類知識未開時期所發生的情事；這是預期交易的重複，所有的個人們都必須遵從，如果他們預期和別人打交道以謀生或致富。休謨把私人財產化約為**稀少性**原則，其本身也就是一種進化中的習俗；因為私人財產是所有各種變動的交易之重複，由這些交易而取得，割讓並許可在現行的規則之下使用某種稀少的或預期其為稀少的事物。

　　邊沁與布萊克斯東搜索過去的習俗。這是真實的，卻徒勞無功。習俗發源於過去，但是這些習俗在過去已經有了變動，並且到現時還在變動之中，這不是其所僅有的特徵，習俗也是以經驗為依據的一種*預期*，預期這些例規在未來時日的重複出現，正因其如是，所以才會有協同行動的力量，強迫個人行動趨於一致，這種協同行動在目前也和往常一樣，都可以適用習俗這個名稱，而不適用個人主義的、無強制力的用詞——「例規」與「習慣」。

　　當然，在情勢變遷時習俗也可能有所變革。正因其具有這種可變性，所以習俗才會有演進中的變動。普通法的本身只是按照當時流行的習俗而裁決爭議，每一項裁決皆能發生先例的作用。在眾多相互衝突的先例之中法官有選擇的機會，所以，普通法常因「人為的選擇」而變更、而「成長」，其趨向在於未來的後果，這不是布萊克斯東的**上帝**呼聲，也不是被邊沁形容的祖先智慧。

　　邊沁和分子論的經濟學者們甚至不把生活標準作為習俗看待，最先將其作如此看待的是約翰・史都華・彌爾，現代的工資仲裁是按照生活標準的不同而設定工資與薪津之間的差別，這顯然是將其作為習俗看待。在早年的經濟學者們看來，生活標準就是物質上生存的最低限度，如同保持一部蒸汽引擎運轉所需煤炭的最低限度一般。這不是習俗，這是心理學。

　　倘使邊沁的計算法裡面包括了稀少性與習俗這兩個項目，那麼，他的個人、社會、商品、財富以及統治權等概念勢必受到破壞。這時，每個人的活動必將成為所有其他個人活動所產生的功能，而不僅是物質財貨因生產而增加，因消費而減

少。一個國家的財富總量也不僅是某一時點物質財貨的總和。
這必然要同時成為各個人與各個業務團體的「資產」，這些資
產是經過各種財貨擁有權的分配程序而後取得的，經過生產者
個別的與集體的在保持、扣留、議價與挑選另類選擇的交易之
中所作各種各樣的活動而後取得的。

　　邊沁認為僅是祖先智慧而予以消除的習俗在這時自必也
要返回成為強求、差別待遇與經濟威逼的例規；成為機會與議
價能力的不均等；成為公司、控股公司、工會——實際上是成
為國民經濟決定價格與數量的良好與不良例規。統治權的功能
也必然不僅在於保護生產者與原物料擁有者，而且要重行成為
重商主義的政策，按照政治黨派與優勢的經濟利益關係者認為
最有利於某些階級與國家的方式來支配個人協會甚至國家的活
動。

　　一直等到心理派經濟學者們的時代，稀少性原則才開始
在苦與樂的經濟心理學之中取得其第一功能的重要性。邊沁提
出了效用因富饒增進而遞減的原則，不過，他此項原則的應用
卻與價格無關，與個人的議價交易無關，也與貿易例規及習俗
無關。他的效用遞減原則僅適用於他所研討的保障與個人所占
有的物質財貨在數量上的不均等。一個富人所占有的商品數量
多於一個窮人，這並不能使這個富人的幸福有等比例的增加，
而在占有權均等的情況之下，幸福總量必然要比在占有權不均
等的情況之下多些。[51]此項原則可能導致累進稅或遺產稅的制

---

51 「……在一個國家的總人口之中，各個人從幸福工具的總量或儲存量

度；對於後述的這一種稅制，邊沁是予以擁護的；[52]但是，邊沁和其他物理經濟學者們都沒有把此項原則應用於心理學或價格與市場。因此之故，我們把邊沁列爲一個物理經濟學者，而不是一個心理學派經濟學者。他的愉悅與痛苦無非是商品及金屬貨幣的複製而已。

邊沁把習俗與稀少性消除，而代之以僞裝爲愉悅的貨幣與僞裝爲願望的統治權，這麼一來，他不但是爲古典派經濟學者李嘉圖以及用愉悅替代貨幣的享樂派商業經濟學者們開闢了途徑，且是爲烏托邦派的社會主義者與馬克思派的共產主義者開闢了途徑。烏托邦派接受了邊沁列於「保障」之次的「平等」。馬克思派則是接受了他的「統治權」，而使其成爲「無產階級」的獨裁。在他們的理論裡，習俗與稀少性皆不發生作用。

由於消除了習俗與稀少性，邊沁把經濟學與倫理學分解爲獨立個人的願望。也像洛克與亞當・史密斯以及十九世紀追隨於二人之後整個學派的個人主義道德學者與經濟學者們一樣，他所關心的是個人求得道德上與經濟上判斷的過程和個人的行爲。不過，假如我們考量一下由習俗轉爲普通法、甚至轉爲成

裡面所分得的一份，其不均等的差額愈小——則幸福的總量必愈大；只要是企圖消除此項不均等的措施不至於使保障受到任何打擊就行了」。見於邊沁《全集》，第一卷，第272頁（立憲法典）。

52 「如果這筆財產是由於所有主的死亡而讓出的，則法律可加以干預……設法阻止太大的財產累積在單獨一個人的手裡」。同前書，第一卷，第312頁（民事法典）。

文法與憲法的歷史過程，我們看到這是利益衝突所引起的集體過程，只是他不承認有這種衝突而已。因此，我們不是以個人為出發點，而是以各個人之間的交易以及這種交易的預期重複為出發點——從已有組織的觀點看來，這就是運營中的業務團體，從未有組織的觀點看來，這就是習俗。每一筆議價交易，其本身就是一種集體過程。就其極端簡單的情況而論，一筆交易絕不能分解為個人單位，而至少需要有五個實際的或潛在的人登場，他們相互之間具有幾種關係，那就是均等或不均等的機會、公平或不公平的競爭、道德、經濟或物質的力量以及聯合預期一個第五當事人在可能發生爭議時為之裁決，這個第五當事人就是集體的代表，而這五個人也就是集體的成員。

　　一筆交易就是這幾個相關參與者協力一致達成經濟與倫理的判斷與行為所必經的過程。成為倫理學與經濟學問題的個人「行為」就是許多人所重複、重作與預期的交易，這僅是習俗發展成為有組織業務團體的工作規則其另一個名稱而已。個人主義的經濟學者與道德學者因為缺乏這種達到經濟與倫理判斷的歷史與集體過程，所以他們不得不照洛克與亞當·史密斯的辦法注入神的仁慈這一項原則，再不然就是照邊沁的辦法把這個問題留在個人願望的範圍之內而取代習俗及普通法。

　　但是，因為我們在一開始時就從交易的這個觀點出發，所以我們有一種實際過程可供調研，這樣可以免除洛克或亞當·史密斯的具體化、可以免除休謨的懷疑主義、可以免除邊沁的物理類比，也可以免除布萊克斯東的神聖性與祖先智慧。每一筆交易的本身含有從利益衝突之中求得的利益和諧與衝突的集體管制。這是亞當·史密斯與邊沁所想像的利益和諧，因為這

筆交易是相互提供服務的互惠關係。這也是利益的衝突，一則是由於其為取得有限機會的競爭，再則是由於個人們操作議價能力的不平等。這又是衝突在倫理上的管制，藉由規則的協同運作與爭議的裁決而獲致的管制。從這種管制產生了當時所通行但時刻在變動的機會均等、公平競爭、議價能力平等及正當法律程序的典範，而構成合理例規和合理價格在倫理上、經濟上與法律上的聯合問題。

　　由此而產生了意願的（與邊沁那種享樂的有別）價值概念——這不是個人主義倫理學傳統的意願主義，而是集體的意願主義。這是在稀少的機會之中作選擇的概念；所以，這也是意志的經濟概念，和苦與樂的反省概念相對立的一種概念。這種機會就是自己的和別人的財產；這些財產有賴於協同的行動，不但有賴於國家的行動，並且有賴於公司、財團與工會的行動，以道德的、經濟的與物質的認可來決定這個人在選擇機會、運用力量與競爭時所應有的保障、順從、自由與曝險。這是會員、市民或參與者處身於各式各樣的集體壓迫之下而其壓迫的程度不齊的一種概念——這和邊沁的一群個人原子合併起來組成他那杜撰的「社會」概念恰正相反。這種既是個人又是協同行動的概念、既是管理又是被管理的概念——正相反於邊沁被動的個人，受到偶然的認可與外在的統治而行動。這是布萊克斯東習俗、普通法、常規、祖先智慧、甚至愚蠢的概念，在貨幣、信用、債務、稅捐、例規與價格的範圍以內產生其作用——正相反於邊沁那許多精明的「計算天才」，以區別「許多幸福」。

第七章

馬爾薩斯

「理性時代」到了法國革命而終結。「愚蠢時代」隨馬爾薩斯而開端。戈德溫（Godwin, William）這位無政府主義者在1793年[1]曾建議，把法國革命的原則輸入到英國來。馬爾薩斯這位神學者在1798年提出的答覆是**人口過剩**的原則和**上帝**的新觀念。

最先在1751年提出人口過剩的是富蘭克林（Benjamin Franklin），他認為這是工資制度的起因。[2]他有一個切於實際的目的。這是一種論證，用來對抗英國重商主義禁止美國製造業的殖民政策。英國並毋須恐懼美國製造業的競爭，因為在這麼一個天然資源極其富饒的地區，絕不會產生工資制度。富蘭克林回溯到生物的稀少性，而終止於所有權的稀少性。

「總而言之，動植物的繁殖是永無止盡的，除非是這些動植物過分擁擠在一起而互相妨礙其維生的物資。倘使地面上沒有其他的植物，必然有單獨一種植物，比方茴香，逐漸的散播而遍布於各地；倘使大地上沒有其他的居民，必然有單獨一國的人民，比方英國人，在少數幾個世紀之內予以補充。……

---

1 參閱戈德溫所著《政治正義及其對道德與幸福所生影響之研究》（*An Inquiry Concerning Political Justice and Its Influence on Virtue and Happiness*，1793年），共二卷。

2 參閱富蘭克林的「論人類的增加與國家的殖民」（Observations Concerning the Increase of Mankind and the Peopling of Countries），見於《富蘭克林文集》（司巴克斯〔Jared Sparks〕於1882年刊行），第二卷，第311頁。本書的引述文是由司巴克斯的刊本得來。

在一個全部為民眾所定居的國家裡……一切的土地皆為人所占有且予以高度的改良，則凡是不能取得土地的人們必然要給擁有土地的他人勞動，而到了勞動者人數眾多時，其工資必然微薄；工資既是微薄，則一家人的生活必然難以維持；這種困難勢必阻滯多數人的婚姻，而這些人必將長久度其奴僕與單身的生活。……美國的土地既是如此之豐富而又是如此之低廉，則凡是一個勞動者，只須懂得勤儉耕作，必然可以在短時期內蓄積足額的金錢，購置新的土地作為耕地而養活他的全家，更毋須畏懼婚姻。……目前在北美洲的英國人計有一百萬口以上（其中由海道播遷而來的遙想不會多於八萬），但是在不列顛的本土也許絕不會少一個人，而只會更多，這是由於此等殖民地所提供其本國製造業的就業機會所致。……不過，人數雖有增加而北美洲的疆土卻是如此之遼闊，所以這必須經過幾世紀然後才能使其全部為人所定居；除非是等到全部定居以後，否則此一地區的勞動永遠不會低廉，在這裡沒有一個人甘願長久繼續……做一個行業的熟練工匠，他必然要和那些新近定居者一同去為自己而創業。……隨著殖民地的增廣，對不列顛製造品的需求也會等比例的增高，這樣繁榮的一個市場完全在不列顛人的掌握之中，別國的人無法介入。因此，不列顛不該大限制其殖民地的製造業。……在這裡，奴隸的勞動永遠不會如同不列顛本土工人的勞動那麼低廉。……（美國人之所以購買奴隸）是因為奴隸們可以隨意的長期保有，只要是有機會使用他們的勞動就行；雇用得來的人們通常要陸續離別他們的主人（往往是在這個主人的業務進行之中時），而自己去創業。……所以，如果說這些殖民地是以妨害其母國依賴勞動、

製成品等等的貿易，這種危險實在是太過渺茫；而不值得大不
列顛的注意」。[3]

　　富蘭克林於1751年對英國重商主義的控訴並未引起人們
的注意。馬爾薩斯原先也沒有發現此項控訴，一直等到1803
年他修正《人口論》（*Essay on Population*）以備刊行第二版
的時候才見到。馬爾薩斯於1798年發表的論證並非如同富蘭
克林那樣對英國的自利心作無效的祈求，但是他也和富蘭克林
一樣，有一個切於實際的目的。其目的在於使**理性時代**趨於幻
滅，並合理化現行的制度。[4]

　　法國人按照邏輯把亞當・史密斯的同情、利己、妥適感以
及拒絕協同行動合併起來，而在自由、平等、博愛的名義之下
廢除了地主、教會與所有行會、公司及任何其他協會的集體行
動。戈德溫這位無政府主義者的鼻祖甚至把亞當・史密斯的排
斥集體行動更進一步轉為對**國家**本身的抗拒，把亞當・史密斯
的天賦自由、平等與同情更進一步轉為全體人類的同等完整，
只須將政府有組織的強迫消除就行，這樣的一種強迫提供了亞
當・史密斯所謂財產的保障。

　　五年之後，馬爾薩斯這位神學家提出了人類的自然罪孽來
反對戈德溫人類的自然平等，他希望藉此可以取消基於自由、

3　同前書，第二卷，第312-319頁。

4　參閱馬爾薩斯的《論人口原則及其於社會未來改進的影響》（*An Essay
　　on the Principle of Population as it Affects the Future Improvement of
　　Society*，1798年第一版），第173頁以次。

平等與同情而設計的一切策略。他把亞當·史密斯謀求人類幸福的神聖富饒轉爲神聖稀少性，期盼由「大地的泥土」之中進化出人類的心智與道德的特質。附隨神聖原則而來的不僅是工資制度，並且還帶來了罪惡、災禍、貧窮與戰爭，這個神聖原則是說，人口的增加必然較速於維生的物資。馬爾薩斯稱之爲「人口原則」，實際上這也無非是**稀少性**原則在生物學上的基礎而已。他的所謂「上帝偉大程序」就是以此原則爲基礎。「……按照此項程序來創造並構成心智；這是一種必要的程序，喚醒惰性及渾沌的物質，使其變爲精神；從塵土昇華成靈魂，由土塊之中引出脫俗的朝氣」。[5]

十九世紀的經濟學者們取自馬爾薩斯的只是人口過剩的唯物論基礎，這是他的作品前半部所闡述的，但是馬爾薩斯本人卻認爲他的偉大貢獻在於他那作品後半部所闡述的**道德進化**。經濟學者們是用人口過剩的論證向工資勞動者鼓吹種族自殺。馬爾薩斯本人則是用精神方面的結論來鼓吹人類品格的道德進化，源自他後來稱之爲「生存的鬥爭」。他是第一位科學的進化論者，實際上也是第一位科學的經濟學者，因爲他的理論並非得之於假設，如同亞當·史密斯那樣的顚倒歷史過程，他的理論是得之於對歷史過程本身的調研。由於此項調研，他發展出稀少性的經濟原則，達爾文與瓦雷斯（Wallace, Alfred Russel）在讀過馬爾薩斯的著作後，其所以能立刻構成他們的進化觀念，原因即在於此。不過，他的觀念是**道德的起源**。而

5　同前書，第353頁。

他們的觀念則是**物種的起源**。二者都是起因於**人口的過剩**。[6]

瓦雷斯讀過馬爾薩斯的著作後，隨即說明他自己的推理程序。[7]他是以戰爭、貧窮、惡行、災禍等*積極*的抑制爲出發點，而不是由馬爾薩斯所稱爲*道德*抑制的防阻*意願*性抑制出發。這些非意願性的或積極的抑制所產生的只是達爾文的**生物進化**，而不是人類品格的**道德進化**，後者是馬爾薩斯的目標所在。

馬爾薩斯背離了由洛克傳到魁奈與亞當‧史密斯的神聖仁慈與塵世富饒的古老觀念。馬爾薩斯說，我們不該「從上帝推論到大自然」，我們「應該從大自然溯源而上的推論到自然的上帝」，上帝的思想超出於我們的思想之上，「猶如天堂高出於大地之上一般」。在道德的神聖進化中最先喚起心智的是軀體想望的刺激，因爲心智只是由活動所創造。

「毫無疑義的，這許多刺激絕不能由全人類中撤退而不產生一種普遍的、致命的麻痺，毀滅未來改進的萌芽。……因爲

6　我們所引述的是馬爾薩斯著作的第一版（1789年）。在第二版（1803年）裡，他又強調了防阻的限制，到後來，古典派的經濟學者們就拿來向那些努力請求提高工資的工資勞動者作宣傳。《大英百科全書》裡面達爾文與瓦雷斯的兩條說明了他們是如何的由馬爾薩斯獲得他們的洞見。

7　參閱瓦雷斯所著《我的生平，事件與意見的記錄》（*My Life, A Record of Events and Opinions*，1905年，共二卷），第一卷，第232、240、361頁。

要促使人類全面的耕種大地以推進上天的仁慈設計，所以宿命注定了人口的增加比食物快速得多」。[8]

這麼一來，洛克、魁奈與亞當‧史密斯的神聖富饒變成馬爾薩斯的神聖稀少性。前者是聽任一個人保持其為怠惰的、愚蠢的動物，而後者則是促使人類工作，思想並策劃未來的進步。

不過，非但亞當‧史密斯的富饒與亞當‧史密斯的利己，就連亞當‧史密斯的同情也都是由人口過剩而起。

「生活的憂患構成了另一種刺激，這種刺激似乎是必須的，用一連串的特殊印象來使人心軟化及具人道關懷、喚醒社會同情，使各種**基督徒**德行得以產生，並使仁慈有廣大的發揮範圍。……這也似乎極其可能，道德上的惡是產生道德上的優所絕對必須的」。人口原則「毫無可疑的產生了許多不平的災難；不過，倘使稍為深思，也許可以使我們感到滿意，此項原則同時又產生了更多的善」。[9]

但是，所有的人卻不能有同等的自由、同等的盡善盡美，最適合於知性與道德方面改進的必然是「社會的中間地帶」。奢華與貧窮所產生的是惡，多於善；然而我們卻不能只

8　見於馬爾薩斯的前述著作，第350、359、361等頁。

9　同前書，第361-362、372、375等頁。

有中層階級，而沒有較高與較低的階級。「假如沒有一個人在社會裡希圖上升或恐懼下降；假如勤奮不能帶來獎賞，及怠惰也不會帶來懲罰，則社會的中間部分絕不是目前的這種景況」。[10]

馬爾薩斯說：「戈德溫太過把人類看做僅是一種知性的實有」——實際上洛克、魁奈、亞當·史密斯、邊沁以及其他**理性時代**的哲學家們也都是這樣的看法。假如把人類看做一種「理性的實有」，這就好比「在真空中計算一個物體跌落的速度」。人類實在是一種「複合的實有」，其物質的偏好產生強烈的干擾作用。事實上，這些偏好通常確實支配一個人的理性。[11]

於是馬爾薩斯就把情欲引進經濟學中，相反的，十八世紀的哲學家們，特別是亞當·史密斯與戈德溫等人，則認為「感受」僅是與知性相對立的事物，理性的實有慣常用這種感受來計算力量、或然性、供給與需求、最大幸福與最大利潤。但照馬爾薩斯的看法。

「這個問題……並非僅在於能否使一個人了解某項特殊建議，或是能否用一種無可置辯的論證使其信服。他是一個理性的實有，所以他可能把一項真理帶回家，而深信不疑。不過，同時他又是一個複合的實有，所以也可能決定按照與真理相反的方向去行動，……饑餓……烈酒……婦人往往驅使人們去做

---

10 同前書，第369頁。

11 同前書，第252頁以次。

種種行動，這些行動對社會的一般利益產生致命的後果，雖是在他們做此等行動的當下，對這種後果也是深信不疑」。[12]

　　假如這句話是真實不虛的，則不獨國家的威逼與懲罰為必要的措施，[13]就連私有財產亦屬必不可缺。戈德溫的錯誤在於把惡行與苦難歸因於人類的制度，而不是歸因於人類的天性。

　　「政治的管制和現行的財產管理在他看來都是一切惡行的豐富來源。……然而實際上，如果和那些深藏的不潔起因，那些汙染清泉而使人類生活的整個川流變為混濁的雜質比較起來，這些都是輕微及膚淺的，這些都是浮在表面上的羽毛。……人總不能生活在富裕的正中央。所有的人總不能同樣分享大自然的厚賜。……假設所有苦難與惡行的起因皆已消除。戰亂與鬥爭皆已平息，普遍仁慈替代了自私」。他的論證可以概括起來這樣講，果真如是，則婚姻可以締結而毋須撫養子女，因為，按照平等的原則，倘使父母不予撫養，社會必然要予以撫養。所以，人口的增加是幾何級數，但維生物資是等差級數的增加。他又接下去說：「這時的情景如何？……已經消失的可憎情欲在短短的五十年期間中……將重現。……使社會現狀墮落及如此悲慘的暴力、壓迫、虛偽、苦難以及每一種令人憎恨的惡行與每一種形態的痛苦，似乎都是出自最緊急的環境，由於人類天性之中所固有的法則，與人類的一切規章絕

---

12 同前書，第254-255頁。

13 同前書，第259頁。

對無關」。[14]

戈德溫的社會「得要召集會議」。

「當前的問題不再是一個人應不應該把他自己所不用的事物給予別人，而是他應不應該把他維持自身的生存所絕對必需的食物給予他的鄰人。……迫切的必需似乎是要求在任何情勢之下，必須盡可能的使產出逐年增加；爲達成這個首要的、艱巨的、不可避免的目的，最好是把土地作更妥善的劃分，並保障每個人儲藏品的安全，以最強力的認可抵抗暴力。……所以這是極可能的，必得要建立一種管理財產的辦法，和目前文明國家所施行的辦法並無多大的差異，對威脅社會的種種罪惡，這雖不是恰當的，但卻是最好的一種補救……」。[15]

馬爾薩斯下結論說：「毫無疑義的，這是一件令人沮喪的情事，假如我們反省一下，任何一項特定的社會改革，其巨大的障礙總是帶有我們永無克服之望的性質。……然而……倘若企圖草率處理，那絕不可能產生任何良好的結果。……爲人類著想，我們還有很多的事必須要做，我們必須振作起來，不斷的努力」。[16]

---

14 同前書，第176-191頁。

15 同前書，第195-198頁。「共產主義」獲得勝利之後，俄國的農民在爲都市社會徵集的時候拒絕生產穀物，這就足以證明此一論證爲有效的許多事例之一。

16 同前書，第346-347頁。

　　到後來，他在1821年發表了他的《政治經濟原理》（*Principles of Political Economy*），這部書是他令人困惑但卻是基於人道主義對李嘉圖的唯物論所作答覆。[17]

　　馬爾薩斯用虔誠的言辭把休謨的懷疑所下結論重行講述了一遍，他說，不但是自利與私人財產，就連自我犧牲、同情與正義也都是以稀少性原則爲出發點，這種稀少性原則和他的人口原則並無二致。自此以後，人類的情欲也得要取得一個適當地位，和亞當・史密斯的天賦自由以及邊沁的苦與樂精準計算相並列。達爾文與瓦雷斯都承認他們的理論是淵源於馬爾薩斯。政治與戰爭爲生活與財產所作的奮鬥取代了亞當・史密斯的神聖富饒，而無知、情欲、猜忌、習慣、習俗、稀少性也取代並凌駕了理性、自由、平等與友愛。[18]亞當・史密斯的樂觀主義在馬爾薩斯所認爲「人類生活的憂鬱色調」裡消失了，不過，他又覺得這種色調實際上是「在這張圖畫之中」，因爲他的出發點在於人類天性的艱苦現實，並沒有混淆事實與合理化理由、沒有混淆實際*存在*的事物與他所*希望*的事物、沒有混淆現實的自然與應有的自然。在本章的開端，我們曾經講到他合理化上帝對待人類的態度，實際上這並不是他那部書的開端所講到的。這是這位社會哲學家在他的《人口論》裡所作的結論。

---

17 參閱本書第八章，第七節「李嘉圖與馬爾薩斯」。

18 德國納粹政府精心推敲的感情哲學，胡佛（Calvin B. Hoover）曾經作詳盡的描述，可算是馬爾薩斯此項原則的特殊例證。參閱胡佛所著《德國進入第三帝國》（*Germany Enters the Third Reich*，1933年）。

　　於是馬爾薩斯在**理性時代**既已崩潰之後又宣告了**愚蠢時代**。這個時代從**法國革命**的無政府主義哲學開始一直延伸到**俄國**的共產主義哲學，延伸到**義大利**與**德意志**的法西斯主義與納粹主義哲學、延伸到美國資本主義的個人哲學。**大自然**的概念由洛克**伊甸樂園**的富饒成為達爾文的稀少性與殘存者，之所以殘存並非因為這些人如同馬爾薩斯所希望的，在道德上能夠適應，而是因為他們如同休謨按照哲學所推論的，能夠適應道德的與經濟的環境。馬爾薩斯開始警醒了商業循環、生產過剩、生產不足、失業、集團移民、關稅、壟斷以及地主、自耕農、農場主、資本主與勞動者在政治上與經濟上鬥爭的**時代**，一個將經濟學者分成資本主義式、無政府主義式、共產主義式、財團主義式理論家，在這個時代裡，產生了另一次世界大戰，並帶來了革命、獨裁、關稅、帝國主義、美國的效率缺乏與**美國**激烈排斥**歐洲**過剩的人口——馬爾薩斯的「憂鬱色調」不但獲得了證實，甚至驚人的過火。

第八章

效率與稀少性

第一節　物質與擁有權

在十九世紀的整個時期以內，甚至還可以回溯到洛克那個時代，**財富**這個字詞的雙重意義始終成為各個經濟思想學派互相抵觸的根源。這就是把**財富**視為物質與視為物質擁有權的雙重意義。我們稱之為財富的正統派意義。首先將物質與擁有權分別清楚的是那些異端派的共產主義者與無政府主義者。但是正統學派始終認為財富與財富的擁有權是同一事物。有個典型的例證就是商品的意義：商品就是為人所擁有的物質材料。

這種雙重意義的起因是由於實際上財產慣常是指有形體的財產而言。有形財產顯然是隨著作為擁有權對象的有形體事物而擴大與縮小的。假如我的一匹小駒長大了，我的有形財產也就從一匹小駒的擁有權擴增為一匹大馬的擁有權。無形或隱形財產在早年的經濟學者們的財富意義之中是沒有地位的。他們把這些財產也當做商品看待，而實際上這些財產卻是一些債務或是獲得利潤的機會。即便是對有形體財產的觀念，他們也並沒有把物質和物質擁有權分清。

物質與擁有權意義的矛盾是由「共產主義者」與「無政府主義者」在十九世紀中葉所揭發出來的，但正統派的經濟學者們，包括後來心理學派的經濟學者在內，直到今日仍然繼續保持其正統的雙重意義。

雖是到了1906年這麼晚，財富的雙重意義還是很明顯的出現，在這一年，費雪發表了他的那一部有名著作，論述《資本與收益的性質》（*The Nature of Capital and Income*）。那時，費雪仍然追隨商品經濟學者們當時流行的語法，把財富定

義爲人類擁有的實質對象，[1]不過，這僅是他的經濟科學整個
體系之中的一部分。他的分析並非終止於有形財產這個用詞原
先所假設的擁有權。他又把這種雙重意義一直地延用下去而求
得一些矛盾的結論。他說：「按照這個定義，凡是一件對象要
成爲財富，必須具備兩個條件：這件事物必須是物質，並且必
須是爲人所*擁有*」。

　　費雪又說：「……有些作者還添上了一個第三條件，那就
是，這件事物必須*有用*。不過，效用雖然毫無疑義的是財富的
一種基本屬性，但卻不是一種特殊的屬性，這已經包含在充當
私用（appropriation）的屬性中；所以，這是定義裡面的贅語
冗詞。另有一些作者，像坎能，雖是表明一件對象必須有用才
能成爲財富，但卻沒有表明這件事物必須爲人所擁有。因此之
故，他們就把財富定義爲『有用的實質對象』。然而這個定義
又未免包括的太多了。雨水、風、雲、海灣的潮流、天空的物
體——特別是太陽，我們大部分的光亮、熱度與能量都來自太
陽——無一不是有用的，但因其不能充當私用，所以這些都不
是一般人所能了解的財富」。

　　在這裡，效用有兩種意義：使用價值與稀少價值。費雪
所排斥的是後述的這種意義，他認爲這不是財富的「特殊」意
義，因爲這種意義業已「包含在充當私用的屬性之內」。這句
話固然是正確的，但卻導致了矛盾。誠如休謨所曾指出，擁有
權的基礎在於稀少性。假如某種事物可預期其爲如此富饒，致

1　見費雪所著《資本與收益的性質》（1906年），第3頁。

每個人皆能得到這種事物而毋須取得任何人或政府的同意，則此種事物不會成為一個人的財產。必須是供給量有限，這種事物才能成為私人或公眾的財產。太陽並沒有充當私用，但是如果擁有位置適宜的基地、廠房與住家，則陽光的有限供給量就充當私用。海灣的潮流雖屬有限，但在三英里的範圍之外，按照國際的協定是人人皆可免費使用的。某一個國家，倘使其海軍能在海洋上驅逐其他各國的海軍，則此一國家便可能取得其擁有權。因此之故，所有權的經濟學乃成為普天之下的稀少性經濟學。誠然，在我們界定為工程技術經濟學以及各種物理科學之中，對象皆必須具有使用價值。但是，倘使這有用的事物並非稀少或預期其為稀少，則此等事物絕不會被生產，也就不會發生擁有權的爭奪——這種事物絕不會為人所擁有，無論其為私人或公眾。我們由此可以證明財產價值與稀少價值為同一事物，並稱之為資產，而不稱之為財富；我們認為財富與使用價值相等，這沒有供給與需求的稀少性維度。我們不妨退讓一步，承認這句話和目前「效用遞減」的正統相抵觸。但後述的這種概念實在是使財富與資產混淆不清的根源。

費雪對其他作者的批評也很恰當，這些作者們堅持認為一件物品能成為財富必須是「可以交換」的，照此一說，那就得排除公園、國會議院以及其他種種為人所信託的財富。「財富雖是該為人所擁有，但卻不必持續改變其擁有者」。當然，財富之所以為人所擁有的理由是因為這種財富的稀少性。擁有權的第一要件是稀少性；社會的集體行動制定擁有權交換的規則。

費雪說：「還有好多作者，像麥克勞德，完全刪除『物質

的』這個限定詞，爲的是要把股票、債券與其他財產權以及人
身的和別種的服務這許多『非物質的財富』一併包容在內。誠
然，財產與服務皆不可能和財富分開，而財富也不可能和財產
與服務分開，但財產與服務卻並非財富。如果把這許多事物一
併包進一個用詞，那就得要做三重的計算。一條鐵路、一張鐵
道公司的股票和一次鐵道旅行不是三個可以分開的財富項目，
一個是財富，一個是這財富的權利，而另一個則是這財富的服
務」。[2]

　　這一席話，費雪當然是認清了我們所指出的差別。不
過，他在前文已經把財富定義爲：必須爲人所擁有的一件實質
事物，一條鐵路，而擁有權卻是一種權利。

　　我們甚至還可能更進一步分析，及作四重的計算。我們可
以把這條鐵路當做一個技術上運營中的工廠看待，這個工廠提
供財富的「服務」，成爲一種使用價值的產品，就是旅行。這
也是「財富」。此外，我們還有這條鐵路的擁有權，這又是一
個商業組織，訂定旅行的價格，而爲其擁有者帶來收益，這便
是資產與收益。不過，我們「服務」這個字詞卻含有雙重的意
義，這可能是指管理交易的*產出*而言，所產出的是使用價值無
關乎價格，這也可能是指爲擁有者取得金錢價值的*收益*而言，
這是來自和那些付得起服務代價的人們進行議價交易。

　　由費雪對涂特爾（Tuttle）等輩的經濟學者們所作評語之
中可以看出這兩種意義的重要性，他說，這些經濟學者們「在

2　同前書，第4頁。

意圖完全擺脫具體的對象。他們主張，『財富』這個用詞不是應用在具體的對象，而是應用在這一類對象的*價值*上。有好多話可以用來支持此項爭辯，不過，因為這個問題主要是在於字面上的爭執。這就是說，不在於求得一個適當概念，而在於為這概念求得一個適當字詞，所以背離了經濟學者們現行的語法似乎不甚相宜」。[3]

假如不是因為價值有使用價值與稀少價值的兩種類別，那麼，這個問題的確僅是字面問題，但是因為事實上有了這兩種價值，其結果使*產出*與*收益*之間也發生了差別，這種差別是由於物質與擁有權之間、財富與資產之間的差別而引起的。物質生產的技術止於生出產出，而這產出究為何人所擁有或為何人所享，則非所問。財產權利將這產出轉為收益。這不僅是字面上的差別。這是產出與收益之間的差別、是技術資本與所有權資本之間的差別，前者是擴大產出，後者是取得產出的擁有權及限制其需求或供給。倘使產出的財富（使用價值）其定義已將財富的收益包括在內，而再要把產出轉為收益的財產權利計算一遍，當然是重複計算。不過，之所以成為重複計算的原因只是由於財富原本就有一個雙重的意義——財富與資產。

費雪對工程經濟學或技術經濟學的作用有所說明，但卻是在*收益*與*擁有權*的概念之下，而不是在*產出*與*投入*的概念之下予以說明。他說：

---

3 同前書，第4頁。

　　「財富可以區別爲各種不同的門類。由大地的表面所構成的財富謂之土地；在地面上的任何固定建築物皆謂之土地修整；二者合併起來組成不能移動的財富，這就是不動產。凡是可以移動的一切財富（除了人的本身之外）我們稱之爲商品。還有一個第三門類，則是包括人類——不但包括爲其他人類所擁有的奴隸，並且也包括自由人，這些人就是他們自身的主人」。[4]

　　似這般把人類延伸到其勞動力列爲財富之一的分類方法排除了擁有權、自由與收益等等問題，這是一個道地的工程師財富概念，認爲財富是因投入自然力量，包括人類的天性在內，而產出的使用價值。工程師們在撰述或以哲理說明其經濟學時，他們所採取的方式就是如此。[5]費雪引述了許多的經濟學者，他們都是「把人類包括在財富的門類之中」；計有：達文南（Davenant）、培蒂、肯挪特（Cunard）、賽伊（Say）、馬卡羅和、洛瑟、威爾斯頓（Willstern）、瓦爾拉斯、恩格爾（Engel）、衛斯（Weiss）、達爾根（Dargun）、渥夫納（Ofner）、尼可爾森（Nicholson）與派里圖等人，莫不如是。此外再可以列舉的是李嘉圖與馬克思。實際上給工程經濟

4　同前書，第5頁。

5　參閱英蓋爾斯（Ingails, W. R.）的《現行經濟事務》（*Current Economic Affairs*，1924年）；泰勒的《科學管理原理》（*Principles of Scientific Management*，9111年）；達希葆（Dahiberg, Arthur）的《工作、機器與資本主義》（*Jobs, Machines and Capitalism*，1932年）。

學求得經典結論的正是馬克思。這是整個政治經濟裡面完全合理而必要的一部分，因為這是一種有關生產力與效率而不涉及財產權利或感受的概念。上述的經濟學者皆未能看清何以必須把政治經濟裡的相反領域──效率與稀少性劃分開來，並且他們也未能獲得投入與產出這兩個工程用詞的便利，以便和開支與收益這兩個商業用詞互相對照，而將其中的區別分清。如果把社會視為一個整體，而略去財產與所有權的開支或收益，這便成為社會的生產組織，其行為主義的語言是命令與服從的管理交易；其衡量是工時的投入與使用價值的產出；其經濟學是效率，而其人類則是動力機器。

費雪也知道把人類包括在財富之內是一種悖論，但是他所作的辯論卻大可不必，他只須認清他是同時說著工程與商業兩種語言就行了。在工程界裡毋須辯解，除非說這是工程師為商業經濟或政治經濟而設。困難是發生在解放奴隸時。費雪說：

「誠然，自由人通常不能算做財富；並且實際上這些自由人也是一種形態特殊的財富，其理由有好幾個：第一、因為這些人和一般的財富有別，不能買進，不能賣出；第二、因為這種財富的擁有者估量他自身的重要性總要比任何一個其他的人為高；最後，因為在這樣的情況之下擁有者和擁有物融成一致了」。[6]

---

6 見於費雪的前述著作，第5頁。

　　如果要講的是工程經濟，則此等有關人類的辯解就並非必需。工程師是把人類的能量和其他的大自然力量一律看待的。這種能量就是人力，在一個工程師本人看來，這種能量，本質上，並不是爲人所擁有的事物。然而費雪卻偏要接下去說：人類也和其他財富一樣，是「物質」，並且是「爲人所擁有」。

　　「這些屬性以及依此而生的其他屬性證明把人包括在財富之內是合理的。不過，爲盡可能的對通俗語法讓步起見，也可以作下述的補充定義：所謂財富（就其較狹義而言），我們是指爲人所擁有，但除擁有者本身以外的實質對象。這個定義顯然是包括奴隸而將自由人除外。但是，在應用時，這就比早先的較廣定義要困難些，因爲我們必須把介於自由人與奴隸之間的一些人作任意的分類，例如：家臣、契約奴僕、長期學徒、因償債而收留的黑奴等，……在現代社會裡，大多數的工作者皆是由雇用得來，這就是說，受到契約的相當束縛，在某一個期間以內，縱然僅是不到一小時，他們總是不得自由。簡而言之，自由有好多等級，奴役也有好多等級，而在各等級之間並無固定不移的分界線」。[7]

　　如果能把制度經濟學和工程經濟學分別清楚，則此等迷惑皆非必要。制度經濟學是人對人的關係，而工程經濟學則是人對大自然的關係。工程師的財富概念與所有權經濟全然無涉，

7　同前書，第5-6頁。

所有權經濟體是有關於權利、義務、自由與曝險的歷史與制度性經濟體。假如工程師的財富概念是把擁有權排除，這就是一個十分正確的財富概念。財富只是使用價值的物質屬性，不問這些物質、勞動或產出為何人所有，也不問*使用價值*的供給量是否太多，致令其*稀少價值*遞減致無人在乎是否擁有。一個工程師既然僅是一個工程師而毋須聽命於商人，那麼，他就無限制的生產。時至今日，這位工程師感到詫異，因為這個世界的商業組織不允許他為人類的善而運用他的能力。但是一個商人卻看到了這一點，這個生產組織雖是藉助工程師而使效率增高，效率愈高則財富的生產也就愈多。然而他又看到了另外一點，那是說，站在私人擁有權、收益、供需或給付能力的立場上來說，效率愈高，則其所有權的價值或資產亦愈少。

站在工程本身的立場上而言，所有的人類關係只有單獨一種形態，就是管理交易，在這種交易裡面工作者沒有自由，當時的關係止於命令與服從。一個國家的總人力就是總投入，而對大自然力的物質總管控也就是總產出。但從制度方面來看，所見到的卻是產出的*分派*與保持業務繼續運營的*誘因*。其所用的衡量系統有兩種：一種是工程師的工時，另一種是商人的金元。

有了財富的雙重意義——物質產出（使用價值）的工程意義與由擁有權（稀少價值）取得收益的商業意義——我們便面對著一種情勢，這種情勢顯示出商業經濟與工程經濟之間的抵觸。這就是上文所述「服務」這個字詞的雙重意義。費雪認為服務是由資本或財富得來的「收益」。這是「工具所提供的服務，藉以促進值得渴望的事件，或防止不值得渴望的事

件」。[8]

　　他這樣說，一個造紙商的競爭者「向這個造紙商建議……假如他關閉他的工廠，他就可以得到一筆數額可觀的金額。這個造紙商果然照辦了」，於是「他和他的競爭者所訂的契約便成為他們的一種財產，他所用來履行諾言的財富顯然就是他自己本人和他的工廠，而他所做的服務就是他本人和這工廠的停止活動」。[9]

　　照這種雙重的意義來說，一個造紙工廠不但在造紙的時候，並且在不造紙的時候都產生「財富服務」。由此推論，一個砌磚工人在砌磚的時候和罷工而不砌磚的時候，也都是做了一項服務；啟動一部織布機是服務，而把這部織布機停下來也是服務；限制產出是一項服務，而增高產出亦復是一項服務；增進財貨的稀少性是一種服務，而增進財貨的富饒也未嘗不是一種服務。

　　這許多的矛盾顯然是混淆了產出與收益，混淆了物質與物質的擁有權，混淆了效率與稀少性，混淆了財富與一個擁有者的資產。產出是對別人所做的服務，毋須過問此項服務的價格，收益是擁有者所受取的價格，這是因為在所有權的議價過程中，一個擁有者有權扣留此項服務不給別人，一直等到別人

8　同前書，第336頁。

9　同前書，第28頁。

甘願給付一個滿意的價格。*收益*是資產的所有權取得；而*產出*則是財富的工程上增加，或是克倫威爾的共有財富。限制產出並不是一種服務——這是議價能力。其結果所產生的稀少性也不是一種服務。這是一種取得的手段。效率是一種服務，縱然沒有受到給付，也還是服務。

當用這種矛盾的意義定義財富、資本、收益、服務，則基於此等定義所建立的社會計畫必然是疑問叢生。這是效率與稀少性的混淆、生產與擁有權的混淆、產出與限制產出的混淆、工程經濟與商業經濟的混淆、私人收益與社會產出的混淆，也是資產與財富的混淆。[10]

然而，私人擁有權對社會的服務卻可以另作它解。這並不是由於*生產*，而是由於生產的*管制*。此項管制工作總得要有人去做，或是由**共產主義**的配給去做，或是由**資本主義**的自利去做。這種雙重意義是肇端於魁奈與所有正統派的經濟學者們，其作用是混淆了效率與稀少性的意義。假如工程師的本人繼續的獨立生產，而毫不顧慮到價格的正在下跌，則那個無時無刻不在管控工程師的商人必然要發出命令，限制此種商品的產

---

10 參閱康芒斯的一篇論文「政治經濟與商業經濟；評費雪的資本與收益」（Political Economy and Business Economy; Comments on Fisher's Capital and Income），載於《經濟季刊》，第XXII期（1907年），第120頁以次。費雪在其較後的一篇論文裡（《經濟季刊》，第XXII期，第536頁，曾經聲明，他所考量的只是市場估價的起因，「這種估價並不足以表示對社會的效用」。他說，這種誤差「屬於社會病理學與治療法」的範圍。不過，我們卻正在考量此項治療法的必要。

出；並在能力所及掉轉方向去生產價格尚未下跌的其他商品。倘使一個農場主看到小麥的價格正在下跌，而豬隻的價格正在上漲，他將他的勞力由小麥轉向豬隻。他透過多生產豬隻以供應較爲密集的需求，並少生產小麥以供應較爲稀疏的需求。

如果能把這件事做得好，這的確是對社會的一項服務。十八世紀的經濟學者們相信，只須依賴私人財產及自利，會把*生產的管制*工作做好。不過，他們卻不得不引進**神的仁慈**來指導自利、引進塵世的富饒使自利可以無害於人。十九世紀*唯物論*的經濟學者們也相信管制工作可由私人財產與自利做好，但是他們又不得不引進仁慈的「大自然」法則，支配著一切事物的自然權力，或是將其類比爲牛頓的均衡定律。倘使有了這些法則還覺得不夠，他們就要退回到十八世紀，而訴之於**上帝**，訴之於**愛國心**。[11]

然而，十九與二十這兩個世紀所有的一切情事都和他們作對。蕭條、稀少性與災禍和**繁榮、富饒**與**幸福**同樣的自然，同樣的神聖。所以，他們和所有其他的人皆不得不轉向各式各樣的集體行動，來替代**上帝**或**大自然**，以管制私人財產與自利。他們體會到科學家與工程師僅在管控物質性質方面做得十分良好。他們必得透過集體行動求取一種管控人類天性的方法。

不過，由於他們是憑藉一個理想化的社會與理想化的人類天性，接受神或大自然的指導，以求取*永續的繁榮*，[12] 所以

---

11 參閱本書第二章，第一節「洛克」。

12 參閱本書第十章，第六節「理想典型」；及本書第五章「亞當‧史密斯」。

他們把一些明顯的事實解讀爲由私人財產與自利進行合於*理想管制*生產的原則。一個所有主對社會的服務並非特意去做的，是透過社會的生產力量作適當的分配，及加以經濟的運用，使生產出來的事物恰相等於所想要的數量，不會多*出*一件而犧牲其他的事物，使其產量*少於*所想要的。

由此而引起了生產的雙重意義混淆不清，既是生產，又是管制性的生產，如果作爲社會服務看待，這便是效率與稀少性的混淆。一個明智的商人，或所有主就其依供需比例以管制生產的這一點而論，他是「具生產性」的，這一點主要可由*價格變動*爲之證明。但是，一個科學家或工程師，就其加強人類對大自然力量的管控而論。他也是具生產性的，*至於價格，不在此列*。

正因爲生產力有擴大供給與調和供給的雙重意義，所以我們必須用各種交易中較爲現代的活動用詞替代之。活動需要用到時間、速度、比例、週轉率、重複等名詞。在此刻，我們要將其分析爲**效率**原則與**稀少**原則。所謂效率，按照管理交易的用詞說，就是*每一投入單位的產出率，工時*，這是增高了控制大自然的力量，而不問生產的總數量究爲何。所謂稀少性，按照議價交易的用詞，就是所有主從別人得來的*財產收益率*，這是和所有主以金元衡量的*財產開支率*相對的。缺乏效率的意思就是說，每一投入單位的產出*比例較緩*，議價能力薄弱的意思就是說，每一單位的開支，其收益的*比例較少*。

這是術語的變更，從生產變爲效率，從供給與需求變爲稀少性，之所以作此變更是由於引進了速度、週轉率、有形與無形的供給等*時間*概念所致。此項時間因素的引進使對社會的兩

種服務之間的差別更見明顯。效率是趨向於增進財貨的富饒，或是減低人時成本，或是減少勞動時數。稀少性是把產出分配給付得起的人，而對無力給付的人則扣留不發，或是增多勞動時數，或是對缺乏同等議價能力的勞動者減少給付。[13]

　　在這裡之所以要把**效率**與**稀少性**作各自抽象的論述，爲的是使二者之間的區別得以分清。事實上，這二者是按照限制因素與補充因素的原則而交相限制的。[14]

第二節　眞實價值與名目價值

　　上文的論述，其主旨在於說明財產制度已爲所有各派的商品經濟學者們默然接受，無論其爲古典客觀學派，抑或是享樂、主觀學派，莫不予以接受，作爲他們財富定義的出發點，其結果產生了馬克思與普魯東的革命學派以及稀少性與效率的混淆不清。在轉變爲活動用詞以後，財產的概念，連同議價交易的權利、義務、自由與曝險，遂成爲稀少性在意願方面的同義語，而物質的概念，連同其管理交易，亦成爲效率在意願方面的同義語。眞實價值與名目價值的意義之中也同樣含有意願的與唯物的混淆。二者之間的區別，其關鍵在於認定何者爲重要，何者爲不重要，在一切事物悉皆變動不居時，何者似乎是實在的。我們在第二章裡已曾講過，經濟思想的每一個學派到

---

13 參閱本書本章第四節「投入與產出、開支與收益」；及第五節「由流通轉爲重複」。

14 參閱本書第九章，第九節，參、策略的與例行的交易。

了今日皆各有其追隨者，每一個學派都是在整體之中選取了某一部分以建立其學說的體系，而將其餘部分作爲自明之理，或認爲無關宏旨。實際上，每一位政治經濟的後進都是在他的心智之中重複各個學派的歷史進化，而對經濟理論史的研究也並非一個學術上的好奇——這無非是把我們自己的思維進化作扼要的概述而已。

在我們這種文明裡，每一個人在開始其工作生活的時候總是一個**重商主義者**，因爲貨幣是一件人盡皆知而極端重要的工具，可以用來過活。這個人所能取得的貨幣愈多，他就愈爲富有、愈爲成功，一個國家所能由其他國家取得的貨幣愈多，而其所需償付給這些國家的貨幣愈少，則此一國家也就似乎愈爲繁榮。假如這個人成功了，或是這個國家繁榮了，那就勢必導致繼續其爲重商主義者。每一件有價值的事物都要用貨幣來衡量。

然而，倘使這個人富於思慮，或不能成功，倘使這個國家趨於衰落，或是成爲債務國而無力償付，他開始要問，隱藏在貨幣背後的眞實價值究竟是什麼，或是要問，比貨幣更重要的究竟是什麼？這時，他就要把貨幣區別爲名目價值，或制度性價值，把某種其他事物認作眞實價值。於是他開始迷惑了，而且實際上所有經濟思想的各個學派，凡是伴同著或追隨著重商主義而來的各個學派，也必然要陷入迷惑之中，這就是每個人在區別眞實價值與名目或制度性價值時所遭遇的迷惑。

此眞實價值是不是說，因爲沒有受到威逼或訛傳，所以在各個當事人之間這是一種公允而合理的價值呢？假如爲是，則名目價值就是現實價格，而眞實價值就是其所應有的價格。這

是神學派所提出的答案，其倡導者爲阿奎那，並且也是現代制度派經濟學者的答案。

　　如若不然，我們的眞實價值是指「大自然」價值而言嗎？這種價值是在沒有壟斷、沒有政府干預的情況之下，一切價值完全由勞動與資本的自由競爭來決定時所產生的價值。假如爲是，則名目價值就是稀少價值，而眞實價值就是在以勞動爲價值唯一衡量時所應有的價格。這是亞當・史密斯、李嘉圖與馬克思所提出的答案，並且也是阿奎那的答案。

　　再不然，我們的眞實價值是指我們在消費時所享受到的幸福，或在生產時所忍受的痛苦而言嗎？果眞如此，則名目價值再度是現實的貨幣價格，但眞實價值卻是我們的滿足或犧牲。這是心理學派與亞當・史密斯所提出的答案。

　　再不然，我們的眞實價值是指我們用貨幣所能購買的商品數量而言嗎？果眞如是，則名目價值就是貨幣價值，但眞實價值卻是付出貨幣所取得的商品與服務數量。這是現代經濟學者們所公認的意義。

　　最後，名目價值對一個人來講卻是一種極爲眞實的價值，這個人必得要立即償付他的債務或購買他的食物，而不能等到他把自己的產品或勞動賣出，以換取足夠的貨幣，然後再來償付債務或購買食物。這是商業經濟所公認的意義，也是人們之所以都是重商主義者的理由。

　　我們面對眞實價值各不相同的意義，永遠是和名目價值那種制度的或貨幣的意義相對照，我們又看到各個學派的商品經濟學者們對於名目價值的意義尙能互相同意，唯獨對於眞實價值的意義卻是見解紛歧，由此可以推斷，我們必須深入的探

討名目價值與眞實價值的這許多意義。在仔細的檢驗之下，我們發現這些經濟學者的名目價值實際上就是稀少價值，這是依賴財產制度所產生的價值，其衡量爲另一種稀少價值制度的單位，就是貨幣；他們的依賴眞實價值是指他們各自認爲重要的事物而言，其中包括貨幣的本身。由於把稀少性視爲一項當然的恆常因素，所以在看到與此項恆常性有任何變化時，他們就稱之爲名目價值。

困難之點在於世俗相沿的稀少性衡量不能穩定。這種衡量可能是黃金，可能是紙幣，也可能是信用。金元的使用價值，其物質的維度固定爲十分之九的純金25.8喱，但其稀少價值則是金元的平均購買力。一直等到發明了現代的指數，然後才能衡量貨幣使用價值的變動。每一種的商品，包括貨幣在內，皆各有其變動的使用價值。稀少性的本身也就是想要的總量與可得的總量，在任何一筆或所有的議價交易之中，變幻無定的社會關係。想要與可得的總量泛稱爲需求與供給。然而，我們卻沒有方法可以直接衡量需求與供給。我們僅能衡量供需對交易所產生的影響。這和熱度與重量的衡量相仿。我們是間接的衡量熱度的變動，衡量熱度對水銀柱所產生的影響，在這水銀柱上任意劃分著固定單位的長度。同樣的，我們衡量稀少性的變動也是衡量其對給付一個單位的稀少商品之價格所產生的影響，而在這價格上也是任意劃分若干單位的金元與分幣。

不過，這些單位的本身並非如同長度單位一般的固定。這些單位比較更近似於重量單位，重量單位在高處秤起來總比在海平面秤時要輕些，必須按照其海平面的等重物加以數學上的校正。貨幣單位亦復如是。貨幣單位的變異差也必須按照其

在某一個時點，比方說，1913年或1926年，平均購買力的水準加以校正，這時，其稀少價值的變動與其購買力在水準以上或以下的變動成反比。每一種商品的相對稀少性在基本水準上的變動也就成為這種商品的價格對平均價格的「離散度」（dispersion）。

所以，平均購買力是統計學上的一種替代物，可以用來替代區別名目價值與真實價值的努力。這僅是貨幣稀少價值的衡量單位，貨幣的稀少價值與其平均購買力成反比。價格上升，則貨幣單位的價值下降，或是說，價格下降，則貨幣單位的價值上升。用來作為基線的就是這種平均數，而不是任何真實價值的觀念，由此可以衡量個別價格的離散度。這是一種衡量的理論，而不是一種真實價值或名目價值的理論。

假如這位統計者把1913年的平均購買力作為100，用來衡量以後各年個別商品相對稀少性的變動，不問其所以變動的*原因*何在，而僅按照這種商品對平均數的離散度加以衡量。在以後的某一時期，同一類商品的平均價格也許上漲了10%，這就是表示貨幣的稀少性相較於所有其他商品的稀少性平均數已經下降了9%。

早年的經濟學者缺乏這種平均與離散度指數的數學設計，所以他們就去探求一種事物，不單比僅能衡量名目價值的貨幣更為穩定，又能更真實可靠地衡量真實價值。在最初，因為要和他們的大自然富饒與仁慈的理論相一致，所以他們就不把稀少性視為大自然的稀少性，而視為重商主義政策所造成的人為稀少性。重農派經濟學者代之以各種不同的大自然生產能力，作為決定商品的實質交換價值。亞當‧史密斯代之以平均

的普通勞動量，這是一個財富擁有者用他的金錢或把財富變爲金錢以後所能購買得到的。在亞當・史密斯看來，平均普通勞動不但是價值的穩定衡量，並且還能衡量商品與服務的眞實價值，這些商品與服務就是別人的勞動代我自身所能由大自然的資源之中取得的。

初看起來，亞當・史密斯的這種觀念頗能投合我們的心意。我們在實質上享用必需品、便利品與奢侈品的限度顯然是要看我們所能支配別人代我們服務的勞動量而定。然而，這種觀念卻又顯然不適於標示亞當・史密斯所最關心的人爲稀少性。一個壟斷的擁有者所能支配的金錢愈多，則其所能支配的別人勞動亦愈多，多於他的營運容許別人競爭時。

李嘉圖糾正了這一點。眞實價值並非我們所能支*配*別人勞動的數量，甚至也不是我們所能支配的商品數量，而是在生產商品與服務時所花費的勞動數量，他的名目價值則是按照貨幣的波動價格或是在壟斷與限制貿易所造成的人爲稀少性情況之下生產或購買得來的商品數量。

這句話也頗能使我們信爲眞實。每一件有價值的事物都是勞動生產出來的。實際上，李嘉圖就是把這種生產的勞動成本稱之爲**價值**。他推定這是唯一的**眞實價值**。這可以適用於黃金與白銀，也可以適用於一切的商品與服務，並且還可以用來區別紙幣與實質貨幣，區別人爲稀少性與眞實價值。假如沒有政府所創造的紙幣，沒有人爲的限制與特權，則每一件事物，包括金屬貨幣在內，皆可按照其生產所花費的勞動爲比例而互相交換。實際上，這只是把李嘉圖時代以前五百年那些繁瑣哲學的經濟學者們所發表的理論略加修正而已。倘使沒有人爲的限

制、沒有強迫、也沒有虛僞的陳述，則商品與服務都可以按照
其眞實價值的比例相互交換，而以勞動成本作爲衡量。凡是花
費較多勞動（不是工資）的商品總比花費較少勞動所能生產的
商品價值爲高，所以說，同等的勞動可以換取同等的勞動。

　　李嘉圖變更了眞實價值的意義，由*支配*勞動轉爲主產的
勞動成本，於是乎，他駁倒了**重農主義者**與亞當‧史密斯的謬
論，也駁倒了另一種流傳至今的謬論，那是說，在農業方面大
*自然*是具生產性的。他又附帶的揭發了一種與此有關的謬見，
誤認爲在製造業與運輸業方面大自然也是具生產性的。實際
上，一切使用價值皆是勞動的產出這句命題是和一般的假設背
道而馳，一般的假設是說，大自然協助人類生產財富，所以大
自然也具生產性。在任何地方我們都可以見到大自然的力量正
在做著工作。蒸汽引擎、瀑布、土壤的肥沃度以及酒類因其年
份而增高價值，凡此種種皆是大自然力量所做的工作。假如說
大自然和人類一樣，都具生產性，這句話似乎僅是一種常識，
李嘉圖駁斥了這種觀念，他眞是一位最偉大的經濟學者，在當
時還沒有人能夠領悟。

　　他只是把產出與投入的比例倒轉來解釋而已。有一些我
們可以稱之爲神學派的經濟學者們堅持著說，產出因大自然的
助力而增加，另有一些我們此刻稱之爲效率派的經濟學者，由
李嘉圖爲之倡導，則主張產出率的增高是由於獲得人類發明的
助力，因此克服了大自然的抗拒。舊的觀念可以回溯到洛克、
魁奈、亞當‧史密斯與馬爾薩斯的神學假設，對照李嘉圖就一
人與大自然之間的關係所作唯物論的假設。大自然對人類果眞
是仁慈，並因此而協助人類生產財富嗎？或是大自然對人類含

有敵意，因此而阻撓人類生產財富呢？在任何一種情況之下大
自然的施恩或阻礙都是有差別的。在某幾方面大自然嘉惠人類
的較多，或是抗拒人類的較少，但在其他方面則是嘉惠的少而
抗拒的多。假如同等數量的勞動在一英畝肥沃土地上可能產出
20個蒲式耳，而在一英畝邊際土地上僅能產出10個蒲式耳，
則神學派的經濟學者們會說，在第一英畝土地上大自然產出兩
倍於一英畝最貧瘠土地上所產出的，但李嘉圖所領導的效率派
經濟學者們卻會說，在第一英畝土地上大自然的抗拒力僅及一
英畝邊際土地上的抗拒力之半。再假如電力在不足一秒鐘的時
間以內可能傳達一個消息到3,000英里之外，而一部蒸汽引擎
卻需要四天工夫，則神學派的經濟學者們會按照邏輯說，大自
然用電力協助人類比用蒸汽的張力所協助的更多。但效率派經
濟學者們卻會說，人類發明電力並加以運用之後，其克服大自
然的力量較強於其發明蒸汽引擎時。同是產出與投入數學比例
的比較，但在前一種情況之下是被詮釋為大自然對人類的差別
恩惠，而在後一種情況之下則是被詮釋為人類的力量克服大自
然對人類的差別抗拒。

　　李嘉圖把這種區別劃分得很清楚，他不是把機器與肥沃
度歸入資本或土地的一類，而是將其作為人類勞動的生產力增
強看待。[15]如果我們說一塊不毛之地是不具生產性，我們的
意思是表示，如果人們耕種這塊地，絕無法產出農作物來。
土地是不具生產性，只有人類的心智、體力及管理勞動才具生

---

15 參閱本書本章第七節，講到李嘉圖的那一段。

產性，一個人之所以求取適當地點與大自然物質的擁有權，為的是要使他的勞動更具生產性。倘使**重農主義者**與亞當‧史密斯把**上帝**與大自然視為同一是對的，那麼，這位尊神就是把財富免費供應了某些人，而要逼迫其餘的人去工作以求得財富。假如李嘉圖的話是對的，則一個人所努力爭取並管控以供他自己使用的就是大自然的物質力量，之所以產生差別並非由於上帝，而是由於財產制度，這種制度使某些擁有者獲得了保障，可以享受超越邊際土地以上的差別利益，其擁有權排斥了別人。一個人所圖謀擁有的並非大自然的生產力，而是大自然的差別抗拒。馬克思明白了這一點，他把地租認做一個私有財產問題，而不是大自然生產力的結果。

　　但是，李嘉圖並沒有把他的真實價值概念作詳盡的說明。作細緻說明的是馬克思，他用工時來替代李嘉圖的工月（man-month）或工年（man-year），這麼一來，使生產力轉為效率的變更顯得更加清晰了。此後，我們可以看得出**共產主義**與**資本主義**之間的最後區別在於**價值衡量單位**的選擇。共產主義用工時來衡量價值，所以是一種**差別效率**的理論。[16] 資本主義用金元來衡量價值，所以是一種**差別稀少性**的理論。

　　此種區別可由上文所述財富與資產之間的差異而得知。有一位大規模的皮革製造業者在1921年發覺他所存皮革的價值由於平均物價的下跌而突然跌50%。他不得不借入

---

16 關於**共產主義**與**社會主義**的差別，可以參閱本書第九章，第七節〔壹〕。

$5,000,000，以補充他所損失的資產。但是事態的悖論依然存在，他那形成為機器、建築物、皮革的財富，以及他的工廠效率在數量上或品質上絲毫沒有減低。照李嘉圖與馬克思的說法，一筆財富的眞實價值就是生產這筆財富的勞動數量。現在，這個數量並未減少。然而，**資產**的價值卻是一種名目價值，因爲這僅是一種財產制度，把財產的價值按照他可以出售皮革的價格估計的一種制度。

當然，名目與眞實之間的區別在這裡已經被打破了。某一種意義的資產和另一種意義的財富同樣的都是眞實。除了現代的統計經濟學者還要用到以外，我們已經報廢了名目與眞實這兩個用詞，而代之以稀少價值與使用價值這兩個制度上的用詞，以便與實際情事相符合。使用價值是勞動（體力的、心智的與管理的）所生產的財富，其本身並不因價格跌落而*減少*，亦不因價格高昂而增加。使用價值的變動在於財產的磨損、折耗、貶值、報廢與新發明。但稀少價值則是爲取得合法管控權而給付的價格，這是按照貨幣加以衡量的：價值的本身是**資產**或擁有權的價值；這是以使用價值的數量乘金元價格而得的金元乘積。[17]

價值的這種複合意義既不是名目的，也不是眞實的，而是統計學與會計學。我們不能用此種意義來答覆這個問題：按照終極現實的觀念來說，何者爲眞正的或眞實的有價值？這僅是

---

[17] 包括貼現折扣；參閱本書第九章，第一節，有關麥克勞德與未來性的一段。

一個慣常用的公式，把兩種極容易變動的數值，使用價值與稀少價值，合併起來成為另一種極容易變動的數值——**價值**。所以，**價值**的這一種意義，其轉變的樞紐在於衡量的例規，但衡量卻並非終極的——這不能顯示何者為真正的真實——這僅是一種按照人為單位計算的數字語言，不可能求之於大自然，這是集體行動為謀求交易的便利而設定的。

這麼一來，我們是把衡量的理論和現實的理論分開了。從此以後我們可以把衡量解讀為我們根據倫理假設認其為重要的任何結論，無論這種假設是屬於共產主義、社會主義、資本主義、無政府主義、法西斯主義、納粹主義、工會主義或任何其他主義，皆無不可。李嘉圖與馬克思構想了一種他們的真實價值，然而實際上這只是工時單位，可以用來衡量人類由大自然資源之中創造使用價值能力上的效率之變動而已。

李嘉圖並沒有詳細分析勞動的意義。勞動似乎就是一種商品，猶如一匹馬或一部引擎，由資本主買進、賣出、加煤或飼養。不過，馬克思糾正了李嘉圖的說法，他不但把勞動定義為社會的勞動力量，並且除了體力勞動以外還包括心智的與管理的勞動。然而馬克思及其追隨者也像李嘉圖一樣，繼續強調體力勞動。一直等到十九與二十世紀有了革命性的新發明以及更晚近的科學管理之興起，然後心智的與管理的勞動在生產理論中才取得比體力勞動更重要的地位。因為，一部自動的機器，或是一家自動的工廠，像麵粉磨坊，或是一部現代化的農業機器，再或是土地肥沃度的繼續保持，凡此種種畢竟是什麼呢？這些無非是過去幾代的心智勞動在現時的科學家與工程師們心智之中重行顯現而已。此等事物皆是幾個世紀心智勞動的

成果。據說，有二十萬種的化學混合物都是大自然所未曾知道
的。這些都是心智勞動的產出，其克服大自然抗拒的力量尤勝
於體力勞動，而且，體力勞動的本身也必須兼為心智勞動，否
則的話，猿猴也能做這種勞動所做的工作。管理勞動也是心智
勞動配合制度，這種制度決定了命令與服從的限度。

體力、心智與管理勞動這種進化的重複與協調可以稱之
為**社會人力**，或馬克思的**社會勞動力**。這個用詞的用意在於使
心智與管理的功能在體力勞動之中取得其應有的份量。這是企
圖把工程經濟與所有權經濟劃分開來，馬克思是能將其劃分清
楚的第一人。這並不是如同馬克思所力爭的決定產品的交換價
值，因為交換價值是由稀少性與議價能力所決定的。不過，這
個用詞卻能顯示聯合的人類能量藉由創造社會使用價值，以克
服大自然的抗拒。

如此說來，我們的**人類能力**具有了兩種意義──生產能
力與議價能力。生產能力是體力、心智與管理的能力創造*財富*
的力量，而議價能力則是所有權者的能力在商談轉移財富*擁有
權*尚未決定時把產品或生產扣留不發的力量。一個是創造使用
價值，另一個是決定稀少價值。每一種力量都是人類能力的行
使，這兩種力量在社會裡雖是不可分離，但卻可能由分析或分
工而加以區別，並予以個別的衡量。

第三節　平均數

首先要問的是，我們怎樣才能構成一種單位來衡量一切使
用價值的總數量呢？衡量單位有好幾百種，例如：衡量小麥的

蒲式耳、衡量建築物的尺碼、服裝的套數、鐵的噸數、土地的畝數、電力的瓩時，變化多端，不勝枚舉。但卻有一種單位是這許多事物所共同適用的，正如貨幣的可以普遍適用一樣，那就是李嘉圖與馬克思所力爭而為生產這些事物所必需的勞動力單位。

這是一種數量單位，也是一種時間單位。這可以用來衡量過程的進度、這可以把經濟學由「靜力學」轉為「動力學」。李嘉圖並沒有固定於某一種特殊的時間單位。他用的是工年、工月與工日。馬克思將其改為工時，並開始加以公式化，成為今日科學管理所採用的單位，可衡量勞動者個別的效率，或衡量整個工廠或整個國家有組織的全部勞動的效率。

不過，馬克思的工時是*平均工時*。平均數的使用通常會發生兩種相反的錯誤，這兩種錯誤可以分別稱之為個人主義的與共產主義的錯誤。這些錯誤該加以檢驗，因為我們在經濟學裡要用到許多的平均數。金元價值是金元購買力的反比。勞動效率是勞動的平均生產力。在經濟學裡必須用平均數，因為我們所處理的是集團的運動，這些都是日常談話的共同語法。然而平均數只是存在於心智之中的一種公式。實際上，塵世間並沒有一個平均的人或是一個平均的購買力。所有的盡是些個別的生產者與個別的價格。所以，個人主義的錯誤在於完全排斥平均數的使用，因為真實存在的僅有個別的人或是個別的價格，而科學又不能處理虛構的事物——科學必須處理具體的現實。

話雖如此，但在用到平均數時，我們並不是斷言其真實的存在。我們的使用平均數只是將其作為心智中的一個公式，以供調研與行動之需。以平均數作為公式使用的妥當性要看這

平均數能否符合當前的特殊問題而定。牛和人的平均數在某些場合也許不是那麼管用。但人類的平均壽命卻是人壽保險的基礎。

　　關於平均數共產主義所犯的錯誤恰好相反。這是完全抹煞了個人，而把每個人化約為全體之中能整除那部分的數目。基於此項錯誤，馬克思建構了他的**社會勞動力**概念。個人不再以個人的形態出現，而是重行表現為社會勞動力總量能整除那部分的倍數或分數。一個普通勞動者工作一小時就是這個整體能整除的那部分。一個熟練工人是兩個或三個能整除的那部分，兒童是大人的一半，女人是男人的三分之二，餘類推。個人主義的錯誤其所以排斥平均數是因為真實存在的僅有個人，而共產主義的錯誤其所以排斥個人則是因為真實存在的僅有社會勞動力。

　　然而個人們確實存在，且做為社會的人力存在。這就是我們所謂運營中的業務團體。他們是交易參與者的身分而存在。他們參與管理交易，這就是「運營中的工廠」，用他們的社會勞動力產出了使用價值。他們也參與議價交易，這就是他們「運營中的商業」，每個人取得了這個世界裡社會人力所生產的使用價值之份額，他們參與管理交易的結果就是他們的聯合效率。他們由議價交易所分得的產品是取決於相對稀少性的管控。

　　顯而易見的，假如我們把一間工廠的效率和另一間工廠互相比較，或是假如我們要把同一間工廠在不同期間的效率變動互相比較，再或是我們要把一個國家的效率和另一個國家互相比較，那麼，我們必須先建構一種心理單位，這便是平均工

時。並且，假如我們要比較各個參與者所得的份額，我們又必須建構另一種心理單位，這便是貨幣的平均購買力。

我們不妨檢驗一下馬克思共產主義的錯誤，這使個人完全不見了，真實存在的只有社會勞動力，我們發現之所以致誤的原因是由於他在無意之中建構了一種*加權平均數*。他把一個熟練技工算作3，一個普通勞動者算作1，一個女人算作0.66，一個兒童算作0.5。個人並沒有實質上消失，只是在加權平均數裡面給予他們不同數字的價值而已。共產主義的錯誤是使加權平均數有真實存在。這種錯誤有時候也可以稱之為**形上學**，或是說，讓一個心理公式「實體化」。這是一種時常可以見到的、輕信的錯誤，這是畢達哥拉斯的信徒（Pythagoreans，即信奉希臘哲學家Pythagoras的學說者），他們認為數字真實存在，並且能解決爭議。

不過，在建構加權平均數時可能產生另一種重大的錯誤。這就是使效率與稀少性混雜不清。一位年薪\$20,000的總經理和一個年薪\$1,000的速記員比起來，應該加權20倍嗎？假如我們是要建構一個平均收益的公式，這的確是一種恰當的加權法。但是，假如我們要建構一個平均效率的公式，我們卻不能說這位經理一定比這個速記員更有效率。他們所做的是不同類型的工作，這兩種工作是無法相互比較的，然而每種工作在整體之中皆為其必要的一部分。我們知道這位經理得到更多的薪資，不過，這也許僅是因為經理的人數比較稀少的緣故。倘使經理也和速記員一樣的充足，那麼，他們的薪資就可能不會有高低。在「白領」工作人員裡面，這已經成為一件昭然若揭而令人困擾的事實。並且，一個科學家或發明家的心智工作創

造了一部機器或擬訂了一項計畫，其所增進的工廠效率很可能比所有其他的人員總加起來還要多些，而他所得的薪資也許是比這位經理少，這是因為科學家與發明家的人數比起經理來較為充沛，或是因為他們的議價能力較為薄弱之故。關於他們的相對效率我們所知道的是，就其對這個特定業務團體的工作效率，或是對整個國家社會人力的工作效率而論，他們每個人都是必要的。所以，假如我們建構一個簡單的平均數，把每個人都作為1計算，這並沒有什麼值得加以改正的錯誤。實際上，個人在做同一類工作時，的確是可以和他人互相比較。但在做不同工作時，其唯一可以衡量的差別就是他們的薪餉，但薪餉所能衡量的卻是相較的稀少性，而不是相較的效率。因此，平均工時單位實在是一種簡單的平均數，每個人都作為1計算。

不同的業務團體生產著種類不同或品質不同的使用價值，我們也無法將其效率互作比較。我們不能把一個汽車製造廠的效率和一個服裝製造廠的效率互作比較。我們可能用金元來比較，不過，這樣的比較已經離開了效率而轉到收益能力或議價能力方面。我們所能比較的僅限於生產同種類、同品質產品的不同機構所具有的不同效率，我們也可能比較同一機構在1920年和在1929年的效率。

這種以平均數來做比較的有用性如何，這要看我們**政治經濟概念**的本身而定。經濟學是一種*過程*嗎？抑或是若干力量在求取其層級的*均衡*？這是靜態嗎？抑或是動態呢？假如是一種過程，則我們所衡量的就是*變動*。這是平均數與離散度的指數問題。在衡量效率變動時，*工時*是一種適當的單位。在衡量相對稀少性時所用的單位是金元。前者是表示心智、管理與體

力勞動平均生產能力的變動；後者是表示貨幣平均購買力的變
動。

既已建構了平均工時作爲衡量之後，這種公式又是如何
應用在生產過程呢？馬克思是分析此項技術性社會過程的第一
人，我們現在稱之爲*效率*，不過，他卻稱之爲「*剩餘價值的創
造*」。[18]爲推展他的剩餘價值觀念，馬克思特地建構了兩個
概念，一個是「恆常資本」，另一個是「可變資本」，不過，
假如將其合併起來，這僅是一個效率概念而已。他說：

「……一方面是生產工具，而另一方面則是勞動力量，
此二者只是原始資本的價值，假設在從貨幣轉爲勞動過程中之
各種不同因素時，兩種不同存在方式而已。生產工具所代表的
一部分資本，也就是原物料，輔助材料與勞動機器所代表的資
本，在生產過程裡，其價值並沒有數量上的變更。所以，我稱
之爲資本的永恆部分，或簡稱爲恆常資本。

「反過來說，勞動力量所代表的一部分資本，其價值在生
產過程裡卻有了變更。這一部分的資本不但重行產出其本身價
值的相等數額，並且還產出一筆超出的數額，這是一筆剩餘價
值，其本身可能有變化，可能因環境的情況而或多或少。這一
部分的資本持續不停的由永恆數值轉變爲可變數值。所以，我
稱之爲資本的可變部分，或簡稱爲可變資本。同一資本元素，

---

18 這並沒有列入本書第五章，第三節〔壹〕，(一)的附圖五，該圖是表示
　市場上交換的過程，而不是表示店鋪裡生產的過程。

從勞動過程的觀點來看，可能分別表現爲客觀的與主觀的因素，做爲生產工具與勞動力量，但從創造剩餘價值過程的觀點來看，則又是表現爲恆常的與可變的資本」。[19]

我們切莫把馬克思的恆常與可變這兩個用詞的意義推定爲像古典派經濟學者的「固定」與「流動」資本。他所說的「恆常」資本是指固定資本的*折舊*與*報廢*隨同流動資本一併轉變爲一家店鋪、工廠或農場的產出而言。在他所舉的例證裡，機器形式的固定資本，其總值可能是$1,054，而在某一批產出的生產之中這部機器的耗損也許僅及$54。這種耗損的價值就是資本主在生產這一批產出時所墊支的「恆常」資本。比方說，資本主照此方式在生產過程中所墊支的總額爲$500。這一筆數額「分」爲下述的幾個部分：「恆常」資本$410，「可變」資本$90，到生產過程終了時，這筆原始資本已經擴大，由$500（C）擴大爲$590（C'）。這擴大的$90就是「剩餘價值」。

不過，這恆常資本（$410）是由三種成分所組成的，其中的$312是原物料的價值；$44是輔助材料的價值；而其餘的$54則是上述機器耗損的價值。我們把這幾項稱之爲物料與折舊。其價值總額（$410）就是他「因價值生產而墊支的恆常資本」。

---

19 參閱馬克思的《資本；政治經濟評論》（*Capital, a Critique of Political Fconomy*，1909年譯本，由柯爾〔Kerr〕刊行）第一卷，第232-233頁，下文所引述者同此。

　　因為使用的這部機器，其價值總額是假設為$1,054，而耗用於這一次生產過程的只得$54，所以還有$1,000的價值「繼續存留在這部機器之中」。耗損的價值其所以稱之為「恆常」正是因其並非「固定」的緣故。這一部分的價值是「流動」的，和物料價值的流動完全相同。他的「流動」和魁奈一樣，都是「價值」的*轉移*，而並無增減。基於同一理由，物料（原物料與輔助材料）的價值也是「恆常」資本。這些價值的總額（$410）經過這家店鋪的生產過程毫無增減的「轉移」到產品價值裡去。

　　然而為換取勞動力量而給付的$90卻是「可變」資本。之所以是可變的，理由是因為這是一種積極的力量，持續不停的把恆常資本轉為「可變的數值」。他把這種積極的過程定名為「主觀因素」，而「生產工具」（物料與折舊）則是過程中的「客觀」因素。由資本主購買的「資本元素」這個「觀點」來看，這些因素就是生產工具與勞動力量，而從「創造剩餘價值的過程」這個觀點來看，這些因素則是「恆常資本與可變資本」。

　　如果把整個社會過程延伸到相當一段時期，則馬克思認為與物料及折舊相等的一部分「恆常」資本必然要將「留存的機器」（在他的舉例裡是$1,000）全部耗盡，並將其價值轉移到整個社會的產品裡去。這麼一來，馬克思就透過「耗損」或折舊概念而把這種所謂「固定」資本化約為與「物料」相同的「恆常」資本，因為，無論其為固定的資本或物料的*價值*，終必至於毫無增損的轉移到社會產品裡去。

　　我們要效法近代的經濟學者們，把這種社會過程定名為

社會的技術週轉（Social Technological Turnover）。馬克思的理論顯然是回復到以魁奈的「流通」概念為根據，這種概念亞當·史密斯在代之以分工時已默默的予以捨棄。[20] 馬克思也像李嘉圖一樣，把他的「價值」這個用詞認為相等於勞動力量的數額，而這種勞動力量就是在物料與折舊的「恆常」價值「轉移」到產品「價值」裡去的全部社會過程之中產品所具有的，我們將其改稱為社會使用價值的*產出*，以便和他的社會勞動力量的工時*投入*相對。這又是效率的一種現代意義。

很明顯的，他的「剩餘價值」概念是發源於效率概念。假如因為使用價值的「產出」是勞動所創造，並且是用工時來衡量，我們就稱之為「價值」，再假如因為「投入」是在生產過程之中提供勞動者維生的工時成本，我們就稱之為「可變資本的價值」。那麼，產出與投入之間的差額當然可以稱之為「剩餘價值」，因為這是歸屬於雇主而不是歸屬於勞動者。

有一個需要馬克思予以解答的問題是，如何照顧店鋪*以外*所發生的變動。他的創造剩餘價值過程僅是發生於資際生產的店鋪、工廠或農場以內。他是用兩項考量來照顧這些外界的力量，一項是*社會所必需的*勞動時間，另一項是恆常資本與可變資本之間*恆常的比例*。

他舉出「必需勞動時間」的雙重意義，並予以明確的合理化。[21] 一種意義是生產社會總產品包括「剩餘價值」在內所

---

20 參閱本章第五節「由流通轉為重複」。

21 參閱馬克思的前述著作，第240頁。

必需的勞動時間。這一段時間包括以折舊方法將「固定」資本耗盡所必需的時間在內。[22] 另一種意義是僅指生產「這勞動力量的價值」所必需的時間而言，這就是說，「產出其維生物資的價值」所必需的時間。在這兩種場合，「社會所必需的勞動時間」都「受制於社會情況」。

這些在個別店鋪以外的社會情況，我們可以按照馬克思的語法將其劃分為三類，一類是大自然情況的變動，另一類是發明與報廢的變動，還有一類是物價綜合水準的變動。

他用來作為大自然情況變動之典型的是農業生產情勢的變動。

「假如一個社會生產任何商品所必需的勞動時間有了變動 —— 而同等重量的棉花在歉收之後所代表的勞動較多於豐收之後 —— 則所有早先存在的同級商品必皆受其影響，因為這些商品就像是這一門類之中的唯一個別商品，其價值在同一時間以內皆必然要用社會所必需的勞動予以衡量，也就是說，要用當時存在的社會情況之下生產這些商品所必需的勞動予以衡量」。[23]

這就是說，他的*恆常*資本的價值有了變動。這種資本其所以被稱為「恆常」，並非由於價值不變，而是由於這種資本不

---

22 參閱本書第九章，第五節，有關博姆-巴維克所謂「生產期間」的一段。

23 見於馬克思的前述作品，第233-234頁。

能以較多或較少於其當時所具有的價值轉移到產品裡去。

他説，「假設在某一天棉花的價格是每磅六便士，而在第二天由於棉花歉收的結果突然改變為每磅一先令。凡是以每磅六便士買進的棉花，而在價值高漲以後加工製成的產品必然要把每磅一先令的價值轉移到這些成品中；並且，在漲價以前已經紡織好的棉花，或是已在市場上流動的棉紗，也同樣要把兩倍於其原始的價值轉移到這些產品中」。[24]

縱使棉花的價值不是用貨幣而是用工時來衡量，其結果仍然相同。恆常資本的功能就是在可變的物質天然情況之下，把生產產品所需工時的價值，透過原物料的價值與折舊所消耗的價值轉移到產品中。「社會所必需」的勞動只是李嘉圖在邊際耕作之中部分生產花費最多的產品所必需的*最高*勞動成本（工時）而已。經過自由競爭過程，這種最高勞動成本就把同等的交換價值，同時給予在市場上互相角逐的所有單位，而不問各個單位實際的工時成本為何。注意力既是專注於整個社會的生產過程、專注於社會效率變動的衡量，則個別機構的*差別*效率或差別效率利潤皆不在考量之列。這也是馬克思之所以要排除李嘉圖的地租理論的原因之一。他的「社會所必需」勞動就是李嘉圖的邊際勞動者，這個勞動者的勞動成本決定了所有超邊際

---

24 同前書，第233頁。

產品的交換價值。[25]

　　機器的發明與報廢是另一類在個別店鋪以外引起的「社會情況」。

　　「假如因爲一項新的發明，使某種特定機器可以花費較少的勞動生產出來，則舊的機器自要多少不等的貶損其價值（變爲報廢），而其所轉移於產品的價值也要等比例的減少。在這裡，價值的變動也是起因於以機器爲生產工具的過程以外。既經從事於此項過程，則機器所能轉移的價值絕不會多於其離開此項過程時所具有的價值」[26]。

　　在這裡我們可以說「過程以外」這用詞是指科學家與發明家的「心智勞動」而言，這種勞動包括在馬克思「社會」勞動力量的意義之中。在他看來，這不是店鋪過程的一部分，而是發明與報廢的整個社會過程之一部分，經過自由競爭的媒介而對個別的店鋪發生作用。

　　最後，在店鋪生產「過程以外」的還有物價的普遍上漲或下跌。這也是一類的社會情況，對所有物料、資本設備以及勞動者維生物資的市場價值皆能多少產生類似的影響。在這裡顯然不是如同馬克思在其他社會情況之下所主張的，認爲是恆常資本與可變資本之間的*絕對*差額，這種差額就是他的學說體系

25 並參閱本章第七節「李嘉圖與馬爾薩斯」。

26 見於馬克思的前述著作，第234頁。

之基礎。實際上，這是二者之間的「比例」或*相對*差額。設使
貨幣物價與工資有同等的升降，則顯而易見的，生產總產品所
需的社會勞動力數額與生產勞動者維生物資所需的數額，其二
者之間的*比例*並無改變。

所以，毫無疑問的，如果要想確定社會效率有多大的變
動，也就是說，要想確定他的「剩餘價值」有多大的變動，那
就必須消除任何特殊價格或所有普遍的物價變動。他所說因發
明與報廢而導致技術情況的外部變動這番話可以推論到一切價
格的變動，包括農業的豐收與歉收等變動在內，都是如此。*比
例*是不變的。

他說，「勞動過程的技術情況可能有革命性的變動到一種
程度，從前十個人用十件廉價工具僅能將少量的原物料加以完
成，而到此刻，只需一個人憑藉一部價昂機器之助卻可能完成
多一百倍的原物料。在後述的情況之下，我們在恆常資本（折
舊與物料）方面有了極大的增進，這種資本是由所用的生產工
具價值總額所代表的，同時，在投向勞動力量的可變資本（維
生物資）方面也有了極大的減省。然而這樣的一種革命只能改
變恆常資本與可變資本之間的數量關係，或是說，改變資本總
額之中劃分爲恆常與可變成分的比例，但卻絲毫不能影響到二
者之間本質上的差額」。[27]

如此說來，馬克思是把現代效率概念所有必要因素簡單扼
要地列舉出來而把不必要因素排除掉的第一位經濟學者。他的

---

27 同前書，第234頁。

推理之所以會受到排斥並非由於推理不正確，而是由於他的社會哲學以及他用來維護他那哲學的字詞含有奇特的意義。難怪所有馬克思在俄國的共產黨追隨者要把他們的全部財產作孤注的一擲。從事於技術革命，而不再顧慮到一切「社會情況」，馬克思對這許多情況悉皆予以排除，這是很正確的，因為非此不能建立一個簡單扼要的效率理論，假如要建立一個全面性的理論，那就該把民間的習俗和習慣、國際的糾紛、貨幣與信用、物價的漲跌等等「外在」因素包括進去。正因為是局限於一個適當維度的效率公式，作為社會過程的幾種因素之一，他建構了一項原則，這項原則還是「外界」的工程專業剛進入經濟學裡面來。不過，這些工程師也想在他們的效率概念之上增加一種社會哲學，他們所求得的結論實用上是和馬克思相同，這就是說，求得了**共產主義**，或是說，求得了一種逆轉的共產主義，號稱**法西斯主義**，關於這一點我們還得要在下文予以論述。

　　我們要把馬克思的理論改造成為僅與效率有關的一種理論，我們可以看到這種理論進入整個政治經濟理論作為其中一部分。

第四節　投入與產出、開支與收益

　　有一間服裝工廠在1920年時必須10個工時，*實際操作*的勞動才能生產一套標準服裝，但是到了1929年只需5個小時就能完成同樣的一套。效率增高了100%。在同一期間，平均工資由每小時80個分幣增高為每小時90個分幣，而一套服裝的

蔑售價格則由$33.00減為$24.00。效率是以工時衡量的，而勞動的稀少性或成套服裝的稀少性則是以金元衡量的。

顯而易見的，假如我們把投入與產出這兩個用詞的意義解釋為金元的投入與產品金元價值的產出，將使效率與稀少性變為混淆不清。如果那樣，投入就要變為每小時勞動80或90個分幣，而產出也就要變為每套服裝$33.00或$24.00。因此之故，我們改用開支與收益這兩個用詞來表示以金元衡量的稀少性比例，同時，產出與投入這兩個用詞則是表示以工時衡量的效率比例。每一單位的*產出*所需要的*投入*由10個工時減為5個工時，這是表示效率增高百分之100。用雇主的資產給付勞動的*開支*由每小時80個分幣增多為90個分幣，這是表示勞動的稀少性增進12.5%；出售服裝所獲得的*收益*由$33.00減為$24.00，這是表示成套服裝的稀少性下降了24%。

然而，只要是依照常識用金元而不用工時來衡量效率，只要是經濟學者們毫無差別的用貨幣「投入」來替代貨幣「開支」，則效率與稀少性之間的這種混淆自將發生。經濟學者們何以會用「貨幣投入」來衡量效率的原因，布萊克（John D. Black）在他的《生產經濟學》（*Production Economics*，1926年）[28] 一書中有所說明，這要回溯到李嘉圖與此類似的用法，他用了金鎊，而他所要說的卻是勞動時數。這些經濟學者們並沒有用*實際*的貨幣投入，而僅是用象徵性的貨幣固定購買力，之所以如此的理由是因為要把貨幣排除於計算之外。如

---

[28] 見於該書第314頁以次。

果目的是在於分析及劃分各項因素，這倒確實是一個十分適當的辦法，不過，這麼一來卻引起了社會上種種謬誤的見解。

　　布萊克劃分了「物質」投入與「價格」投入，他主張「如果把所有物質投入完全改用價格為基礎，則此等投入就可以合併為一個投入數字」。他舉例說，

　　「假設使用一部機器32分鐘的價格為\$0.64；32分鐘勞動的價格為\$4.56；640個馬力分鐘的價格為\$1.20；115個蒲式耳小麥的價格為\$140.00；而其所產出的則是25桶麵粉；那麼，每一桶麵粉的投入就是141.20除以25，或是說，\$5.65。所以，只須經過把投入的各個項目一律改用價格為基礎的這個運算，就可以克服各項物質投入的兩個缺點」[29]。

　　這兩個缺點，照布萊克的說法，有如下述：

　　第一，「把生產25桶麵粉所消耗的32分鐘機器使用、32分鐘勞動、640個馬力分鐘和115個蒲式耳小麥相加起來」的不可能性。第二，「……物質投入各項目的缺點在於其本身並不含有價格波動的影響。……在一個工資高昂而機器低廉的時期，製造業者在每一步程序之中自會盡可能的少用勞動而代之以機器；到了情勢相反工資低廉而機器昂貴時，則在許多工序之中勞動將呈取代機器的趨勢」[30]。

---

29 同前書，第315頁。

30 同前書，第314頁。

　　基於價格的衡量，布萊克建構了一個「每單位產出最低合併成本」的公式，這也就是效率的最高點。這種最低成本是決定於「每單位產出所需投入」的固定與可變資本其百分數的總和爲最低的一點。比方說，他那作爲例證的磨坊裡，生產麵粉時「機器投入的最低合併成本」就是在每一蒲式耳的小麥按照一個恆常價格計算而其投入數量爲6,750個蒲式耳的這一點。到了這一點，如果各種生產因素的支付一律按照恆常價格計算，則每一蒲式耳所需貨幣投入的總和必爲最低，其中包括因利息、折舊、稅捐、修繕與養護而投入的貨幣在內。倘使把其他因素，例如：建築物、勞動力、監督、固定與可變機器等，一併加以考量，仍按恆常價格計算，則每一蒲式耳的小麥，其最低合併成本必然是在較9,000個蒲式耳的貨幣成本略少的投入這一點。[31]

　　布萊克的這種組合方法對於農耕業務團體的私人管理，並且實際上是對任何一種業務團體的管理，皆極重要及有用。我們要把這種組合方法作爲出發點，以便顯示由私人觀點轉到集體或社會觀點所應有的變動。

　　第一是物質與擁有權之間的區別，這在上文已經有所論述。不過，「物質」這個用詞並不甚適當。我們代以「使用價值」，以便在這個名稱之下把任何人所做技術一類的有用服務全數包括進去。如此一來，勞動所做的「個人服務」與商品所做的「物質服務」皆成爲使用價值。二者皆爲勞動所提供，不

---

31 同前書，第391-392頁。

過其中的一種是直接的提供，而另一種卻是需要物質介入的間接提供。

「擁有權」這個用詞在集體行動中還包括擁有權的轉移。這並非指物質擁有權的轉移而言，這是指勞動所直接或間接增加的使用價值其擁有權的轉移而言。

這種意義已經和任何主觀的或心理的估價分開。主觀價值是屬於個人主義的。客觀「價值」是只由類比得來的價值。這種價值僅是一些關係或過程，可能因任何理由而變動。「客觀」的意思就是說，不問個人的意志為何，其本身總獨立的變動。因此之故，客觀價值又可以分為二類，物質的使用價值與所有權的稀少價值。一種是得之於集體的勞動力量，另一種是得之於集體管制個人的力量，我們把這種力量稱之為制度。制度之一就是貨幣，這是個人們用來創造、轉讓及放棄債務的一種集體工具。

所以，財產或擁有權也是客觀的，其客觀性不亞於物質、勞動或使用價值。換句話講，所有的情感、感受或意欲皆已全部消除，這時我們採取的立場和一般人公認為純科學所應採取的立場一樣，同是純智力的，不可以附帶任何情感或目的來分析勞動力在管控自然活動的集體行動、分析制度在管控個人活動的集體行動。

因此而產生了勞動成本與所有權成本之間的區別。後者又可以稱之為制度成本。這兩種成本就是人所熟悉的「生產成本」所含有的雙重意義。為保持二者之間的差別界限分明起見，我們將其轉為兩個活動用詞，用「投入」這個用詞代表勞動成本，而用「開支」這個用詞代表所有權成本。勞動成本又

可分爲三種，體力的、心智的與管理的投入。所有權成本亦可分爲兩種，使用價值擁有權的讓渡，與貨幣這個可流通工具擁有權的讓渡。[32]

這樣分析的結果遂有了使用價值的三重關係。這可能是指產出而言，也可能是指開支或收益而言。作爲*產出*看待，這就是有用的技術質性，與勞動投入有關。在這裡，使用價值的意思就是爲「社會」而創造的*財富*。作爲*開支*看待，這就是合法管控權的*轉讓*，或是由生產這使用價值的勞動者予以轉讓，或是由一個從勞動者手裡取得其擁有權的人予以轉讓。在這裡，開支的意思就是個人因轉讓而使其*資產*減少。作爲*收益*看待，這就是擁有權的*取得*，或是*取之於*勞動者，或取之於將其轉讓的另一個原先擁有者；再或是*由*勞動者取之於一個雇主或商人。在這裡，收益的意思就是個人藉助取得而增加的資產。

因爲**貨幣**這種制度如果按照其技術的意義解釋並不是生產性，所以其與個人之間的關係只是雙重的，*開*支或轉讓與*收益*或取得。而且，因爲現代的這個社會主要是一種貨幣信用經濟，所以我們習於把所有權成本與貨幣成本視爲同一事物，如果牢記貨幣成本經常是一種轉讓的成本，和任何使用價值擁有權的轉讓無異，則此種省略也未嘗不可。

在我們上文所舉的服裝工廠這個例證裡，也可以把此種區別分清。製造一套服裝的勞動成本已經由10個工時減爲5個工時，這是減了50%。我們稱之爲每單位勞動產出（使用價值）

---

32 參閱本書第九章**未來性**。

所需勞動投入的減少。不過，雇主給付每一平均工時的勞動所花費的*貨幣成本*卻是由80個分幣增為90個分幣，這是12.5%的增高。我們稱之為換取勞動產出擁有權的貨幣開支。這是生產能力與議價能力之間的差別。既已增強的生產能力把每一工時「財富的產出」（使用價值）增了兩倍，但是勞動者增強的議價能力一方面增加了每小時10個分幣的勞動*收益*，而另一方面卻減少了雇主的*資產*，也是同樣的每小時10個分幣。假如效率是用金元來衡量，則一個抑低工資的雇主必然要比一個提高工資的雇主更有效率，這就如同他採用了機器及較為妥善的組織而減低了每單位產出所需要的勞動投入一樣的更有效率。

所以，在用金元為衡量時，效率含有兩種意義，一種是減少工資，另一種是減少生產商品所必需的勞動數量。前者是利用相對的稀少性優勢的議價能力。後者是利用相對的效率優勢的生產能力。二者皆是生產的「成本」，但卻不是同一種類的成本。我們要加以區別，一種作為所有權成本或開支，這是由議價交易所決定，其衡量為貨幣，另一種不作為成本而作為投入，這是由管理交易所決定，其衡量為工時。

在雇主的銷售業務方面也有與此類似的矛盾存在。假如效率是用金元來衡量的，則凡是能以較高價格銷售的一個雇主要比一個僅能以較低價格銷售的雇主為更有效率，正如其能增加每一單位勞動的產出量同樣的更有效率。提高價格可能是屬於壟斷或人為稀少性的一類，這就是李嘉圖的所謂「名目」價值，然而增加每一單位勞動的產出量卻是減低李嘉圖的「真實」價值。在此刻我們該這樣表示：提高這個商人的銷售價格足以增多他的資產，而增加他經營中的工廠產出則足以增高財

富的生產率。在此刻我們可以把效率利潤和稀少性利潤劃分清楚，對這一點，福爾曼（Foreman, C. J.）在他有名的分析法院判決的混淆中已經做到。[33]效率利潤是得之於增高*每一單位勞動*的產出率，這和減低*每一單位產出*的投入率相等。[34]但稀少性利潤是得之於提高受取的價格，或是得之於壓低支出的價格與工資。

所以，在生產能力與議價能力或購買力之間並無相似之處，必須是用同一貨幣單位，金元加以衡量才會有相同之點。二者之間的差別猶如人與大自然的關係和人與其同袍的關係互不相同。這種差別必須用衡量單位加以檢驗。假如這種數量可以用工時來衡量，這就是克服大自然的能力，如果要用金元來衡量，這就是克服其同袍的能力。我們所用的術語必須能符合這種差別。投入與產出是表示人類克服大自然的力量。開支與收益是表示人克服別人的力量。工程經濟與所有權經濟的區別即在於此。投入與產出是由物理學與工程學得來的用詞。開支與收益是可以符合形成為資產的擁有權之減少或增多的用詞。在一般慣用的用詞成本與價值之中是把上述這些用詞全部搞混了。

投入與產出這兩個互相對照的用詞都是得之於物理學與工

---

33 參閱福爾曼所著《效率利潤與稀少利潤；剩餘盈利的經濟與法律分析》（*Efficiency and Scarcity Profits, and Economic and Legal Analysis of the Residual Surplus*，1930年）。

34 這一點必須和以增加勞動投入量以提高其產出率分清。參閱本節講到「生產力與效率」的那一段。

程學，所以是很適當的。這兩個用詞是用來表明把作為投入的某一類「能量」轉成作為產出的另一類能量。不過，在這裡必須把投入與產出這兩個用詞的三種不同意義分清，這三種意義是科學家、工程師與政治經濟學者所各別採用的。

物理科學家所關心的在於保持宇宙間的能量永存不滅。某一種形態的能量轉為另一種形態而其能量仍然相等。這能量有時表現為電力、有時表現為引力、有時表現為化學作用、有時表現為食物或服裝、有時表現為人類活生生的軀體、有時表現為人類死亡的軀體，然後又再變為他種形態的能量。沒有絲毫的能量損失或是浪費。實際上，在許多的情況下這位科學家的確能夠證明各式各樣的能量在重複投入與產出之中的相等。比方說，每秒鐘一匹馬力蒸汽壓力的投入等於每秒鐘舉起550磅的重量到一呎高的產出，如果再將其作為投入，便等於每秒鐘746瓦特電力的產出，再如果將其作為投入又等於每秒鐘178卡路里熱量的產出，餘可類推，甚至可能類推到等量的化學投入與人類軀體的產出。我們可以把這許多的相等稱之為科學的理想效率，因為，假使能量不滅的理論是正確的，則可以證明所有的能量毫無所失，而僅是由某一形態變為另一形態。

但是一個工程師的看法卻與科學家不同，大多數的能量都損失及浪費了。他所關心的是有用的能量（使用價值），而不是無用的能量。他只須求得實際上的效率就感到滿足了，因為他是把人類的管控引介到宇宙間萬事萬物的運轉之中。據說一部蒸汽引擎的最高效率等於煤炭裡所含有的潛在卡路里量10%；一部複式壓縮蒸汽引擎的最高效率為其卡路里量的25%；一部汽油或煤油引擎的最高效率可能達到汽缸所放出熱

力的40％；而發電機的最高效率則可能達到投入的機械能所產出電力能的90％。又據說太陽所發出的能量約等於穀物秋收季節在一英畝的場地上把15,000噸的重量舉起一呎，而十個人的力量僅能用50個蒲式耳小麥所儲積的力量舉起其中的十分之一呎噸。如此，則人力的效率僅及其1/75,000。一個科學家企圖證明在熱、電、振動、雜草、稻秸、小麥等事物之中有15,000呎噸的能量，而一個農業工程師只須能使穀物由每英畝30個蒲式耳增爲40個蒲式耳，便已感到心滿意足。他所關心的是有用的工作，而不是無益的工作。

這要看這位工程師所想要的是什麼而定。假如他想要嘈雜的聲音，那麼，他就要建造他的馬達和零件，使其盡可能的發出聲響，而其他的產出皆成爲浪費。假如他想要移動一架縫紉機，則所有發出聲響與摩擦的能量又變爲浪費。我們的所謂工程經濟與使用價值就是指此而言。使用價值並非被動事物──這是人類的智慧支使著大自然能量從事於活動的結果，其目的在供人類之用，浪費得愈少愈好。

然而一個政治經濟學者把投入與產出的意義緊縮得更加狹窄，這是因爲他所關心的僅在於人類的能量。工程師的物質投入成了經濟學者的人力輸出。這些都是大自然的力量而由人類的能量轉爲建築物、肥沃土壤與化學混合物。工程師並不問他所投入的是何種能量。只要這種能量在和其他各種能量比較之下其創造使用價值的效率較高，他就予以運用。他本人也不關心爲勞動、物料或能量而給付的價格。那是商人們所要煩擾的問題。倘使按照目前的技術狀況而論，蒸汽力的效率優於人力，他就使用蒸汽力。他把這兩種力量一律看作機器，因此，

我們有了一種稱之為工程師的勞動機器理論，這和商人們的勞動商品理論截然不同。商品理論的關鍵在於因勞動的稀少或富饒而必須給付的價格。這是早年古典派的經濟理念。勞動機器理論的關鍵在於和其他機器比較之下其效率的高低。這是晚近泰勒這位工程師的理論。不過，政治經濟學者們的勞動理論其關鍵卻在於個人以市民的身分參與運營中業務團體的管理、議價與分派交易。人類的勞動表現為一個人，意即表現為一個市民，而不是表現為商品或機器，正因為是表現為人，所以才獨自產生權利、義務、自由與曝險。[35]

一個經濟學者與工程師相異之點在於他僅選取一種能量，這就是以工時衡量所投入的人類能量，而把其餘的各種能量一概轉為人類能量的產出。人與大自然之間的差別是物理經濟學者們所不注意的，他們把**資本財貨**、**土地**與人類動因的貨幣價格合併起來成為同質的投入，不過，這個人也覺得自然力可以用來達到他的目的。[36] 所以，資本財貨的投入就是因使用工具、機器、建築物、道路、未完成品、燃料、飼料、馬、牛、農產品、團體組織與貨幣而給付的價格。土地的投入就是因使用人工的與自然的農作物、森林、牧場、建築基地、鐵道

[35] 有一位勞動界的領袖，由於他和雇主們的聯合，締結了仲裁與失業保險的協定，他說他的會友們現在都覺得他們自身是整個產業界的「市民」，甚至對效率與產業的繼續繁榮比雇主們還更感興趣。並參閱康芒斯所寫的「工業界的立憲政府」（Constitutional Government in Industry），載在《評論之評論》（*Review of Reviews*，1903年）。

[36] 參閱布萊克的前述作品，第383-467頁。

通行權、礦、石坑、水、煤油、瓦斯而給付的租金。人類動因的投入就是因使用體力的、心智的與管理的勞力而給付的工餉與薪資。實際上這些都是歷史的區別與分類，之所以能作如此的區別與分類是因為所有的這許多事物皆已化約為生產的貨幣成本，或是所謂貨幣「投入」，這和工程師的辦法不同，工程師是用貨幣以外的事物來分類的。工程師和商人都沒有分別清楚人類的力量與機械的力量。這兩種力量的產出都是機器的產出。

李嘉圖與馬克思是最先將其分清的兩位學者，這並不是因為他們把勞動者作為一個享有財產權利的市民看待，而是因為他們要使真實價值與名目價值有所區別。因此之故，除非是共產主義者，沒有別人願意追隨他們。然而，假使我們只是把他們的理論當做有關衡量的理論看待，而不是當做真實價值的理論看待，那麼，他們確實是以公式說明了效率的衡量。一個經濟學者的效率原則就是勞動的產出與勞動的投入之間的比例。這個原則所能應用的人類活動就是數以千計、數以百萬計的管理交易，透過組織與協同一致的行動，這種交易造成了財富（使用價值）生產的每一工時速率。對於一切管理交易與一切財富生產之中所有關係的總和，馬克思命其名為**社會勞動力量**與**社會使用價值**。**社會使用價值**就是產出的總量，而**社會勞動力量或社會人力**，包括：心智的、管理的與體力的勞動在內，就是投入的總量。這是整個國家效率的衡量。比方說，我們也可以概略的揣想，在過去的一百二十年之中，美國人口總數增加了17倍，平均勞動時數由12小時減為9小時，這使工時增加了10倍，然而，財富（使用價值）生產總量卻增加了50

倍。果眞如此，則全國的效率按照工時衡量就是增加了將近5倍。1930年每一工時所生產的使用價值（財富）可能已經達到1810年生產率的5倍。這個估計數便是使用價值的產出對社會人力的投入的比例。

　　當然，這是一個平凡無奇的估計數，不過，這也只是一種揣想而已。首先要講的是各種物質上的新發明，例如軋棉機之類，單這一項就增加了勞動者的產出量1,500倍。其次是各種動力的新發明，例如：水力、蒸汽力、電力與汽油等的使用；最後是科學管理方面有關人事與心理的各種新發明。在這一百二十年之中，這些發明所增高的工時效率必然不只5倍。即便是在過去的三十年間，由於機械力與人事管理的應用，平均工時效率也必然有雙倍甚至三倍的增高。

　　這時，我們又有了更進一步的發現──社會觀點與個人觀點之間的差別。使用價值是社會的*財富*概念。稀少價值是個人的*資產*概念。我們在上文所說的這家皮革製造廠商所有形成爲皮與革的社會使用價值，當其價格下跌50%以後，仍然和價格尚未下跌以前一樣多。不過，這種使用價值倘使按照當時所流行的價格出售，這家廠商所能取得的貨幣僅及從前的半數。所以，我們又可以說，使用價值就是社會的財富，稀少價值就是價格，而經濟學者的**價值**則是商人的**資產**，也就是使用價值與稀少價值相乘之積。當我們談論一個「富人」時，我們本能的感覺到這樣的一種區別，但在同時又本能的混淆了這種區別。這個人之所以富裕是因爲他擁有大量對社會有用的實質事物嗎？抑或是因爲他能憑藉這些事物而由社會獲得大量的其他事物呢？假如他能取得其他的事物，我們就要說他富裕；不過，

假如他在全國財富之中所分得的份額較大，但卻不能用來購買很多的其他事物，我們就要說他貧窮。如果我們用生產財富所必需的社會人力來衡量財富，而用貨幣來衡量資產，我們可以把財富的雙重意義分別清楚。資產就是稀少性，而財富則是富饒。

這就是我們所謂**資本主義**的意義，這是一種雙重的過程，一方面是爲別人創造使用價值，而另一方面又是限制這些使用價值的供給，以便創造稀少價值。所以，資本主義不像馬克思的共產主義，[37] 資本主義需要兩種衡量單位：工時與金元，前者是衡量創造出來的使用價值之數量，後者是衡量其稀少價值。前者是衡量財富，後者是衡量資產。資本主義既是一個生產的社會，又是一個營利（貪求無厭）的社會。在用金元爲衡量單位時，資本主義似乎是專以營利爲務，但在實際上卻不僅是營利。[38] 在用到工時時，資本主義是具生產性，而在用到金元時，資本主義又是能營利的。

這使我們回到生產、生產力與效率這三個字詞在意義上的差別。古典派經濟學者及其追隨者的所謂生產是指產出的數量及其相對的需求而言，這一點可由他們所用「具生產性」與「不具生產性」這兩個用詞推想而知。但生產力與效率則是指生產的*比例*而言，至於產出的總量或需求的數額爲何概非所

---

37 列寧與史達林的共產主義使用貨幣，並非將其作爲一種議價工具，而是作爲一種配給工具。如果他們准許自由買賣，則貨幣就成爲議價工具。

38 參閱陶奈所著《營利的社會》（*The Acquisitive Society*，1920年）。

問。再說得明確些，效率就是生產的速度。其衡量為每一工時的產出率，也就是「工時成本」；而生產力則是這個比例乘以工時數之積。同一效率的兩所工廠，有一千個雇員的工廠，其生產力必然是十倍於僅有一百個雇員的工廠。[39]

在這裡發生的一個問題是：金元衡量如何轉為工時衡量。我們所講的仍然是平均數。凡是從事於生產、運送與交割而不是從事於銷售、購買或融通資金的體力、心智與管理勞動，其平均的計時工資就是當日的工時單位。由於其他期日平均工資的變動皆已消除，所以這種平均工時便成為一個恆常的衡量單位。比方說，平均工資是每小時90個分幣，而隨後又變為每小時$1.00，只要消除工資的變動，則工時數字仍然可以確定。這是一種簡單的平均數，因為我們無法分清機器操作者與管理員的個別效率。所有的工作人員都是必不可缺的。每個人都是整個業務團體的一部分。

「生產」的意義在從前是屬於供給與需求的所有權經濟，早年的經濟學者們要說明生產性勞動與非生產性勞動之間的區別，就是用的這一種意義。在他們看來，生產性勞動是為銷售或交換而生產——這是效率與稀少性的混淆。但效率的意

39 這和史畢爾曼（W. T. Spillman）與泰勒（H. C. Tayler）在「產能、效率與生產力之間所作區別相符合，史畢爾曼在他的《農場科學》（*Farm Science*，1918年）裡，泰勒在他的《農業經濟學概論》（*Outlines of Agricultural Economics*，1925年），第133頁以次，皆會作如此區別，不過，其所謂「投入」只限於人類能量的投入，而將其他各種能量的投入轉為人類能量的淨產出。

義卻是屬於工程經濟。一個工程師的本人並不關心產出的數量。他所關心的是生產的*比例*。然而一個商人卻要關心產出的*數量*。在他預料價格行將下跌時，他要限制生產，或是在他預料價格行將上漲時，他要增加生產，同時，他也企望他的工程師能夠增高生產的速度。實際上，後述的增高是工程師的問題。他與價格的漲跌無關。他僅關心產出對投入的比例，而商人則是關心收益對開支的比例——營利的速度。產出對投入的比例是效率或生產力。收益對開支的比例是價格，這是由市場上供應產出的速度與銷去產出的速度二者之間的比例所決定的。一個工程師能使人力產出率對投入率的比例愈增高，則他控制大自然的力量亦愈增強。一個商人能使他的收益率對開支率的比例愈增高，其生產相較於需求愈少，則他支配別人的力量亦愈增強。人克服大自然的力量是生產力，這是以工時爲衡量的。其產出爲財富（使用價值）的增加。人克服別人的力量是以金元（稀少價值）爲衡量的。這是生產數量與想要數量的對比，而產出的限制也就是價格、價值與資產的增加。

正因爲生產與生產力的混淆，所以這些經濟學者才會捨棄李嘉圖的人力，而代之以金元，作爲效率的衡量。這麼一來，生產能力和議價能力就混雜不清了。以低價買進而以高價賣出竟然成爲效率的定義，而實際上這僅是議價能力的定義。後述的議價能力是在於利用勞動與商品在市場上相對的稀少性或富饒的優勢。而前述的生產能力則是在於利用人類的力量在農場中或工廠裡相對克服大自然力量的優勢。假如希望「效率」這個用詞在這兩方面都能適用，那就該先行問清此效率究屬於何種。這是以工時衡量的克服大自然的力量嗎？抑或是以金元衡

量的克服別人的力量呢？這是投入與產出的工程經濟嗎？抑或是收益與開支的所有權經濟呢？這是生產的效率嗎？抑或是議價的效率呢？

古典派的經濟學者們把稀少性與財產認為理所當然。絕沒有人愚蠢到如此的程度，竟然會在有利價格下生產一種超過所要數量的物品。因此，「生產」這個用詞兼具生產與制止生產的兩種相反意義。這樣的意義使謀求利潤的兩種方式變為混淆不清——一種是由於減低工時投入對產出的比例而獲得的效率利潤，一種是由於增高收益對開支的比例而獲得的稀少利潤。其更進一步的結果是混淆了*財貨*的生產或財富與*價值*的「生產」或資產。因為有了生產的這種雙重意義，所以我們要把「工程經濟學」與「商業經濟學」這兩個用詞分別清楚。工程經濟是增加產出量而不問其在市場上的貨幣價值。商業經濟是限制及管制產出量，以期保持或增高其貨幣價值。二者之間的混淆是起因於財富含有物質與擁有權的雙重意義。

由此看來，古典派經濟學者是未能將產出與收益或開支與投入分清。其中的差別被成本與價值的雙重意義所掩蔽了。這些經濟學者的推論總是說，一個人的產出自然就是他的收益。再不然就是這些經濟學者雖明知道有這種差別但卻不加以利用。在收益與產出的混淆背後有人身的自由與擁有權的權利這兩個倫理假設。布萊克說：「按照這個用詞的普通意義解釋，*一個人的力量不能屬於另一個人所有*」。[40] 這種假設在現代

---

[40] 參閱布萊克的前述著作，第447頁。

社會裡頗為真實，不過，有一個要點卻必須注意，那就是，縱然在這樣的社會裡，一個人努力的*產出物*，在現行的工資制度之下，也還是可能屬於某一個別人所有。勞動的產出是在雇主的財產上增加的使用價值。其所以應屬於雇主是基於「有償契約」的教條，根據此項教條，雇主取得勞動的產出可以解釋為雇主對雇員負擔了一筆債務。在這裡所發生的是雙重過程——物質過程與所有權過程。物質過程是勞動力的投入及產出，這和擁有權與資產無關。所有權過程一方面是由雇主的資產之中支出貨幣，這就是勞動者的貨幣收益，成為他的資產；另一方面是由勞動者的資產之中支出貨幣價值，這時產出的擁有權轉讓給雇主，在雇主看來這就是一筆收益，增加了他的資產。

物質經濟學者們之所以未能利用工程經濟學與所有權經濟學之間的差別，之所以把產出即是收益認作理所當然的原因，誠如上文所稱，是由於他們那種相當適合的假設，假設著任何一個人都不願意工作，除非他預期他使用價值的產出可成為他使用價值的收益。這些經濟學者的出發點既是一個孤立的魯濱遜（Robinson Crusoe），則此種假設確是可以視為一項自明之理。當然，魯濱遜的產出就是他的收益，因為別無任何交易的介入。不過，在魯濱遜和禮拜五（Friday）一起工作時，或是有數以百萬計的人們共同工作時，產出卻不一定就是收益。這要看產出屬於何人而定。奴隸的產出是主人的收益。勞動者的產出是雇主的收益。勞動者所投入的是工時。他所產出的是使用價值。雇主的貨幣支出與勞動者的同額收益是貨幣工資。使用價值與貨幣之間並無必然的或自然的聯繫。二者是用兩種不同的衡量制度來衡量，而這兩種衡量制度又是不能轉換的。

產出的變化與投入相反，產出的使用價值與投入的工時二者之間的比例才是效率的衡量。然而，某一個人的貨幣收益卻和另一個人的貨幣開支相等。前者是使用價值（財富）增加的可變比例；後者是每一單位使用價值的可變價格。

「開支」與「收益」這兩個用詞之所以適合是由於其能恰當地描述稀少性因開支而增進與因收益而減退的過程。這和商品與貨幣之間的差別有關。假如一個擁有者的手頭儲存著一批財貨，而將其中的一部分交付給他的顧客，則其所交付的這一部分貨幣價值就是他的商品支出。這是減少了他手頭所存的數量——存貨——並因此而增進了他的稀少性。但是，假如他從一個批發商或製造業者買進了一批財貨寄賣品，則其所收受的數量就是他的商品收益，這是增加他手頭的存貨，並因此而增進了他的富饒。

貨幣的開支與收益亦復如是。他擁有相當數量的貨幣可資運用，其形態或是現金或是銀行存款帳戶。假如他把這貨幣的一部分償付給躉售商，這便是貨幣開支，減少了他可資運用的貨幣數額。不過，倘使他收到了他的顧客一筆貨幣給付，而將其存入銀行，他更是獲得了貨幣收益，增加了他在銀行裡可以運用的貨幣數額。

就個人而論，開支與收益這兩個用詞是有關財貨或貨幣稀少性的變動。這兩個用詞的意義與所有權有關。收益是增加所擁有的數量，而開支則是將其減少。所以，「成本」這個意義模糊的字詞必須辨認清楚，這是貨幣或商品按照其貨幣計算的所有權支出，因此而減少所擁有資產的價值。並且收益也具有與此相當的雙重意義，或是取得貨幣，或是取得商品的貨幣價

值，因此而增加所擁有資產的價值。收益對開支的比例就是取得資產的速度。

因此，假如經濟學者們把所有的種種投入一律化約爲貨幣投入，則他們所求得的是一種混淆不清的結論，認爲最低成本或最高效率就是利息、勞動、折舊、稅捐、修繕費、物料等幾種因素的最低貨幣成本。[41] 這種混淆是日常見到的常識上的混淆，一般的常識總是用貨幣來衡量每一件事物，而且這種混淆也可以寬恕，其辯解的理由是說，經濟科學的理論之中還沒有接受馬克思與科學管理所用的工時衡量，也沒有充分時間來了解工程師的投入與產出概念，以便和開支及收益的所有權與商業概念相對照，並由此而將財富與資產之間的區別分清。李嘉圖在一百多年前曾經很清晰的指出過此種區別，不過，一般經濟學者們在1845年以後總還是追隨著小彌爾（John Stuart Mill），默默地拋棄李嘉圖以勞動力爲價值衡量的方法，而代之以貨幣的價值衡量，這時，正統派的經濟學者和共產主義的經濟學者發生了歧異，正統派的經濟學者接受了通俗的謬誤見解，把最高效率定義爲生產的最低貨幣成本，而實際上最高效率卻是最低的工時成本。最低貨幣成本是每一單位收益的最低開支；而最低工時成本則是每一單位產出的最低勞動投入。

我們可以再回到上文所講的服裝工廠，作更進一步的說明，這間工廠把實際操作的平均勞動時數由每套標準服裝約10小時減爲每套約5小時。在這種情況之下，我們可以說，勞

---

41 參閱布萊克的前述著作，第391-392頁。

動成本如果按照工時成本的意義解釋，已經減了50%。相反
的，這就等於工廠效率增高100%。

同是這樣的情事還可以用其他方式來陳述。在從前，每
一小時的平均勞動生產了一套服裝的十分之一，而到此刻，
這勞動卻能生產一套服裝的五分之一，這種增加是100%。再
不然，還可以說，在從前五個小時的勞動生產了一套服裝的
50%，而到此刻，五個小時卻能生產一套服裝的100%。這是
在五個小時之內增加了一套服裝的100%，相當於效率增高
100%。每一種陳述方法都是另一種陳述方法的倒轉，之所以
可能倒轉來陳述的原因，是由於效率本是一種比例的緣故。假
如每一套服裝的勞動時數減低了50%，則每一小時的勞動所完
成的服裝套數必然是增多了100%。無論如何說法，都是等於
效率增高了100%。

在這裡沒有講到貨幣，沒有講到工資、利潤、價格、貨幣
成本，也沒有講到貨幣收益。這些都是有關事物相對稀少性的
商業問題。我們此刻所考量的只是生產者的技術問題，只是有
關各種生產方法其相對效率如何的問題，及有關勞動工作的自
願性是否堅強的問題。金元是商人所用的稀少性衡量單位——
工時是生產者所用的效率衡量單位。我們用每一工時的投入所
產出的產品來衡量效率；而用金元給付的價格或工資來衡量稀
少性。我們不能用價格或工資來衡量效率，也不能用工時來衡
量稀少性。

這是生產者與銷售者之間的顯著差別，也是製造業者與
商人之間的顯著差別。生產者或「製造業者」的本人是一個產
業科學家、工程師、經理與勞動者。他所關心的問題是如何才

能增多每一工時的投入的產出，意即，如何才能增高工業與農業的效率（產出對投入的*比例*）。不過，在他成爲一個銷售者時，他就一變成爲商人，這就是說，變爲一個營業者。這時，他所面臨的問題是價格與工資——如何才能增高他售出事物所受取的價格，或是如何才能減低他購進事物所給付的價格與工資。商業是同時採用這兩種方式以謀求利潤——效率與稀少性的兩種方式。假如是單獨做爲生產者，這位經理和他的勞動工人如果能夠增多每一小時的勞動投入所產出的財貨數量，則他們就是成功的生產者——效率專家。不過，假如是單獨做爲賣主及買主，則這位雇主如果能夠收受較高價格或給付較低價格與工資，他就是一個成功的商人——稀少性專家。

然而，實際上生產與買賣這兩種業務皆在同一個商業管控之下。這個商業管控究竟應該運用何種功能以謀求更大利潤呢？是應該成爲生產者呢？抑或是應該成爲買主與賣主？

不過，我們必須更進一步，首先把生產者與效率和商業與稀少性分別清楚。時常有人說，現代效率之所以大爲增高，是因爲機器替代了勞動、機器排除了勞動。但是，事實上機器並沒有替代了勞動、機器也並沒有排除了勞動，即使有，也只是暫時的或是在價格下跌減低利潤的時期。實際的情事是直接勞動轉爲間接勞動。一百年前需要九戶農家的家庭才能維持十戶農家的生活，包括他們自身的生活在內。這一百年來農業的效率已經增高了約計三倍。事實上已經有六戶農家的家庭由原先農產品的*直接*生產轉爲農產品的*間接*生產。到此刻，他們是致力於生產煤、鐵、木材、肥料、鐵道、公路、汽船、農耕機器、將財貨輸送到倉庫等類的工作，凡此種種皆爲農產品的間

接生產。事實上，在從前有九戶的家庭從事於農產品的*直接生
產*，而只有一戶的家庭從事於*間接*生產；但是到了此刻，從事
於農產品直接生產的僅有三戶，而從事於間接生產的卻有七戶
之多。農業的效率不應以直接勞動的產出為衡量，而應以直接
與間接兩種勞動的產出為衡量。整個國家對農業效率的增高皆
有貢獻，和已增高的農業效率所解放出來的勞動對整個國家增
加產量的貢獻一樣多。

　　但是這句話只能適用於國家的整體，而不能適用於任何
一個特殊的農業機構。這個特殊機構所用的機器是從器具工廠
購買得來，而這間工廠所用的材料又是從其他的擁有者購買
得來，然後雇工製造並運送這些機器。這個特殊農人所購買的
是某一特定數量的間接勞動，這種勞動是由從前的工業所「儲
積」而提供給他的。這種儲積的勞動歸他使用，作為他在全國
間接勞動之中的份額，連同他自身的直接勞動合併起來生產他
的農穫物小麥。[42]

　　儲積在農場器具、肥料及其他整修裡面的這種間接勞
動，通常因使用與報廢而貶值，必須用新的、更有效率的器
具、肥料與改良物品來替換。倘使這種間接勞動平均在五年之
內耗盡或報廢無用，那麼，這個農人必然要把每年所耗用的、
由其他工業得來的儲積勞動總額按照五分之一，或百分之二十
計算。所以，為求得他實際所施用的勞動共為多少起見，除直
接勞動的工時數以外，還必須加上儲積在他的農場器具、肥料

---

[42] 參閱本書第九章，第七節，伍、利潤差價，有關「材料」的一段。

與整修裡面勞動工時數的每年五分之一。

有一套可以適合於此種差別的用詞就是「實施勞動」（operating labor）與馬克思的所謂「具體勞動」（embodied labor）。一個農場主所用的具體勞動相等於他的農場器具、肥料以及改良物品的折舊與報廢。假如這些事物每年平均貶值20%，則此農場主便耗用了他手頭所存具體勞動總額的20%。這也就是除直接或實施勞動時數以外，他所必須加上去的間接或具體勞動時數，加上之後才能求得他實際施用於生產小麥農穫物的勞動共計多少。這是他每年用於小麥農穫物在全國*總間接勞動*之中的*份額*，加上他自身的直接勞動。

如此說來，這是顯而易見的，假如我們僅用實施勞動來衡量一個農業機構或一間服裝工廠增高的效率，則我們計算的結果必然是過分的誇張。這是一種常犯的錯誤。我們所用的分母——勞動投入——必須加大，不獨包括直接的或實施的勞動投入，還得要包括間接的或具體的勞動投入在內。

這種計算方法可以減免在考量添置機器時表面上的效率增高。上文所說的一所服裝工廠效率增高100%，這是僅根據其直接或*實施*勞動計算的結果。實際上的效率增高並沒有如許之多，因為以添置機器的形態新近增加的*具體*勞動未曾將其折舊與報廢併入計算。倘使併入計算，則直接與間接*兩種*勞動所增高的效率必然不及100%。假如每一工時的*直接實施*勞動因增加了機器之中所含有的間接勞動而使效率增高100%，這並不意味著*實施勞動*的效率增高了那麼多，因為我們還沒有把製造這部機器所需要的額外勞動數額併入計算。我們必須承認過去專供實施生產之用的勞動有一部分已經轉而從事於間接生產，

在我們這個農業效率增高的案例之中，就是轉而構造那部鋼製的機器，以及直接實施小麥生產時所使用的農業設備。

具體勞動的間接生產可以稱之爲**技術資本**（Technological Capital）。這種資本的數量必須用工時來衡量，然後再將其作爲折舊與報廢的*經常費用*加入實施工時數而一併予以分配。

我們之所以把這種按工時計算的資本命名爲**技術資本**爲的是要和那用金元衡量的**商業資本**有所區別。這和古典派經濟學者們的資本相近似，不過，如果將其稱爲「資本工具」或「存貨」則更恰當。

商業資本往往被認作工廠或農場及其設備的市場價值，不過，假如價格、利潤與工資有了變動，則商業資本亦必隨之而變。再不然，有時候也可能把商業資本認作投資的數額，不過，這也是隨著股票、債券與土地的價值而變動，要看預期的利潤與地租而定。商業資本可以獲得利息與利潤，我們稱之爲財務盈餘。[43] 但技術資本卻不可能獲得任何盈餘 —— 這是*產出*，而不是*收益*。商業資本的價值決定於未來的價格與產出的數量，換句話說，就是決定於各種產出的預期稀少性，這是用金元衡量的。但技術資本的數額卻是決定於所有具體與實施兩種勞動在過去與現時的數量與效率，這是用工時衡量的。

因此，我們有了兩種不同的「經常費用」，一種是利息與稅捐等商業經常費用，一般人稱之爲「固定費用」，另一種是

---

43 參閱本書第九章，第七節，伍、財務盈餘。之所以要排除地租的理由可以參閱本章第七節「李嘉圖與馬爾薩斯」。

具體工時的技術經常費用，一般人稱之爲折舊與報廢。每一種經常費用都是日見其重要，和各種工業裡的勞動力量由直接勞動轉爲間接勞動成正比例，也就是和實施勞動轉爲具體勞動成正比例。

此二者又皆在商業管控之下。國家的政策究竟是主張教商人們在自利情況下把他們的機構導向於哪一方面呢？導向於擴大商業資本，抑或是導向於擴大技術資本呢？這句話的意思就是要問，應該導向於擴大利息與慣常利潤的固定費用嗎？抑或是應該導向於擴大折舊與報廢的固定費用？

此外還另有一種經常費用的勞動亦復日見其重要。這就是「白領階級」的經常費用。這也可以稱之爲**實施的經常費用**，而不是**具體的經常費用**。所有的科學家、工程師、經理、祕書、會計員、監督員、設計師、領班等，凡是爲經營工業並增高其效率所必需的人員都是這一部分的人力，就其整體而言，亦可簡稱爲**管理**。管理的日益重要意味著勞動已經由體力漸轉爲文書和管理工作。

毫無疑義的，這些人增高了勞動效率，不過，倘使和一般人在講到增高勞動效率時所做的一樣，把這些人略而不計，那就是犯了兩種錯誤。體力勞動絕不能自行增高其本身的效率。必須把心智的、管理的與體力的勞動合併起來才能使效率增高。這些人必得要合併計算，否則的話，在勞動由體力轉向於管理與心智時，效率增高的計算必然是過分的誇張。用來衡量效率增高的「平均」工時是所有體力、心智與管理勞動的平均數，不論其爲實施勞動、實施經常費用勞動或具體經常費用勞動。

　　並且，在計算平均數時，只要是一個人，無論是總經理或工友、無論是男子、婦人或孩童，皆應作為1計算。誠如前文所說，事實上我們無法斷定一位總經理必然比一名工友更有效率。我們也知道他獲得較多的工資，不過，這是因為經理人員比較稀少，而不是因為他更有效率。假如經理人員也和工友們一樣的充沛，則他們所得的工資就不會比較高。時至今日，「知識分子」的現況是日漸充裕，這也許就是法西斯主義與納粹主義之所以興起的最大因素。倘使知識分子與白領階級的雇員們，比體力勞動者所得到的工資還要少些，這絕不是因為這些雇員的效率降低——這是因為他們變為更充沛。關於他們的相對效率，我們所能知道的是，每個人對於整個業務團體的有效工作都是必不可缺的。[44]

　　有了這些解釋之後，我們又可以再回過頭來談談我們的這家服裝工廠，在僅按照直接實施體力勞動計算時，這家工廠的效率增高了100%。但是，如果按照實施勞動與管理以及折舊與報廢等具體勞動計算，我卻要估計這個機構的效率增高了75%，而不是100%。換句話講，製成一套服裝所需要的工時數降為10：7.5，而不是10：5。如此說來，所有各種平均勞動每一工時的產出增加了75%，就是相當於每套服裝所需要的時數減少了 $33\frac{1}{3}$ %，而不是50%。無論用何種方法計算，效率的

44 關於此一論題可以參閱克拉克（Clark, J. M.）所著的《經常費用成本；商業的社會管控》（*Overhead Costs; Social Control of Business*，1923年）。

增高總還是75%，而不是100%。

在這幾種計算方法裡，都是把產出*品質*的改良認爲相等於產出*數量*的擴大。因爲品質往往也可能用工時計算。假如改良了品質，而*毋須*增加工時，則效率的增高即等於品質的改良。假如需要相應的增加工時才能改良品質，則效率便是無所增進。所謂一套「標準」服裝就是說其品質不變，而所有其他的服裝與所有品質的改良統由這個機構的會計人員將其化約爲與一套標準服裝所需要的相等工時數。這麼一來，由於品質化約爲數量，所以計算起來整個機構的效率增高了75%，或是倒轉來講，每一套標準服裝的產出，其所需要的工時數減少了$33\frac{1}{3}$%。

在這個效率增高75%的機構裡，必然要發生兩種情況。一套服裝的價格也減低了，但其減低的程度絕不致於剝奪生產者效率增高的利得。工人們的物質速度並沒有增進，因爲他們的速度已經由計件工作制加以充分的促進，所以效率的增高應該完全歸功於較多較優的機器與較多較優的管理。不過，其第二種發生的情況，則是勞動時數大爲減少，每小時的工資與薪金大爲增多，而這個機構的利潤也有決定性的增進。假設在效率增高75%時，服裝價格減低了33%，則服裝的*買主*必然是取得了效率增高的全部利得，反之，生產者卻得不到因效率增高而產生的較短時數、較高工資、較厚利潤與增加投資的較大利息增額之利得。[45]

---

45 參閱本書第十章，第七節，肆、價格。

第五節　由流通轉為重複

　　從魁奈起一直到二十世紀，經濟理論的大部分都被魁奈商品與貨幣的**流通**這個類比所左右。在十九世紀的後期，經濟理論開始接受**週轉**的類比。前者是比擬為「流量」，而後者是比擬為「輪轉」。輪轉類比保留了流通類比之中的一個維度——車輪的尺寸代表較為恆常的總數量，但卻增添了另一種數量，這是一種動能，這種動能足以推進、減緩或停止這個車輪。換句話說，就是變更流通的速度。如果把物質的類比消除掉，則所謂週轉實際上就是指交易的*重複率*而言。

　　要想建構這樣的一個公式就必須有一種人為的、有始有終的程序概念，然而這一項程序實際上卻是無始無終。必須有一個總計的，但卻是變動中的數量，這就是車輪的尺寸，而在這一段時期以內，這個數量必須保持不變；並且必須有足夠部分的重複，在這一段期間以內，各個部分的總和還必須相等於總數量。如果作一種有用的物質類比，這就是「速度」，或「週轉」率，不過，假如不作類比，這就是重複率，或再現率。

　　上文所說的這個公式並不是自然的「複製」。這只是一種人工的構成物，由統計的想像力所創造，其目的在於作為管控自然或商業之用。在這方面，這週轉率，或是更恰當些稱之為重複率，實際上已經推翻了經濟機制的一切陳舊物理類比，例如：均衡、流量、趨勢、流通之類，在這些類比之中的時間因素是無法衡量的。這個公式為各種的數學理論開闢了一條途徑，可以用來計算過程、傾向、循環、變動率、速度、遲滯、預測等等，基於這種理論，個人或協同行動可能對此項程序作

相當的管控。事實上，這種重複率的概念已經抹除商品經濟學者與享樂經濟學者們用詞的古老意義。這種概念發源於實際的商業行為，而為經濟學者們的理論分析所共同遵循。

週轉的這個用詞似乎是最先使用於零售業，在這一類的行業常是把週轉率描述為銷售價值相等於手頭存貨平均價值總額所需要的平均期間。手頭存貨的價值是商業「資本」的一部分，而銷售價值則是在這期間以內的總收益。假如一個商人的資本價值總額，包括物料與資本工具在內，其週轉率為每年五次，而其競爭者的資本週轉率僅為每年一次，則此商人的資本所得必然是五倍於他的競爭者，所以，這個商人可以按照較低的價格或較高的利潤從事於銷售。近來，這種觀念已經應用於勞動的週轉，不過，我們此刻所關心的主要是應用於所有權與工業的週轉。週轉率就是重複的速度。

所有權週轉是擁有者的權利轉移比例。一筆相對恆常的銀行存款，假設為300億金元，在一年之內所轉移的擁有權，其價值假設為7,500億金元，這就等於全部金額在25天之內週轉一次。這是表示銀行貨幣總額因給付商品與證券擁有權的轉移而記入存款人帳戶的借方每年平均約為12次，不過，假如沒有這個公式，則貨幣數額必然是永恆的相同，猶如流量一樣。這種所有權的週轉率，或是交易的重複，可以分別的稱之為資產的週轉。這是用金元衡量的，也就是稀少價值的週轉。

不過，技術或工業的週轉卻要用工時來衡量。我們在上文已經估計過120年來全國的效率增高五倍，這種效率的增高是由發明與管理得來。大多數的發明都需要大量的資本機器設備，而這些機器又得要花費很多的勞動來建造，使其成為

中間產品，然後才能讓終極消費者獲得更多數量的消費財貨。因此之故，舊的現象表現了新的重要性——折舊與報廢。財富總額在表面上可能有每年4%的增加，但其中含有新的機器，用以替代折舊與報廢。舊機器的消失與新機器的替代，其比例便是工業的週轉，相等於博姆-巴維克的「平均生產週期」（average period of production）。米切爾曾經估計過，「美國人民工作所用的人造設備代表著相當於全國以金錢謀生者努力三或四年的價值」。[46] 但在其他國家，此項估計數字高達六或七年，因為我們所包括的不僅是設備，並且還包括已完成而即將交給最終消費者的物料在內，所以我們毋須作更進一步的調查，就可以立即估計此種物質週轉率為五年一次。

換句話講，假如用工時衡量的產品其物質的週轉是五年一次，則用金元衡量的擁有權週轉約為五年70次。議價交易的所有權轉移速度為技術速度的70倍。合法管控權的轉移速度高於財貨生產70倍。

正因為有了這種工業與所有權週轉的雙重公式，所以才會有運營中業務團體的概念，這種業務團體具有兩方面，一方面是運營中的工廠，而另一方面又是運營中的商業。運營中的工廠就是全部固定資本與存貨，這是以其生產所需的工時數衡量的，其整體是相對恆常，但其所由組成的各個部分卻可能按照各種不同的週轉率發生變動。運營中的商業就是全部資本資

---

[46] 參閱米切爾的《商業循環；問題及其解決》（*Business Cycles, the Problem and Its Setting*，1928年），第98頁。

產，這是以貨幣衡量的，其整體也是相對恆常，但其所由組成的各個部分卻可能因買賣而持續不停的變動。所有權週轉與工業週轉之間的相關性，及運營中的工廠與運營中的商業之間的相關性，按照限制與補充因素的原則，[47]構成爲一個運營中的業務團體。

「內部經濟」（internal economy）與「外部經濟」（external economy）這兩個用詞往往被人用來區別運營中業務團體的這兩方面。[48]不過，「內部」經濟的結果必然成爲管理交易的工程經濟，以生產使用價值；而「外部」經濟則成爲議價交易的所有權經濟，以維持或在可能範圍內擴大資產的總值。二者是互相依存的，其差別也就是如同效率與稀少性之間的差別。

週轉的這個類比在別處的應用可見之於使用價值的最初意義，這種價值是指由物質財貨的使用所獲得的幸福而言，正因其如此，所以無法加以衡量，而爲經濟學者們所擯棄。但是幸福卻具有雙重意義，既是一個人對其全部占有物所獲得的享受，又是對其中各個部分諸如糖或麵包之類所獲得的享受。一個人的全部幸福可能因其占有物的富饒而增進，而由糖或麵包得來的部分幸福則是因這些物品本身的富饒而遞減。所以使用價值這個用詞原先是指全體而言，但到後來卻有了部分幸福的

---

47 參閱本書第九章，第九節，參、策略的與例行的交易。

48 參閱福爾曼的《效率利潤與稀少利潤：剩餘盈利的經濟與法律分析》（*Efficiency and Scarcity Profits; an Economic and Legal Analysis of the Residual Surpius*，1931年），第100頁以次。

意義，而被稱爲效用遞減，要想保持全部幸福相對恆常，就必
須在可能範圍內變更或替換各個遞減的部分。

由於未能了解此種全體與部分的關係，所以心理學派的評
論家在一開始時就否定了效用因富饒增進而遞減的原則，因爲
幸福顯然是隨著富饒而增加的。週轉的類比調解了這種矛盾。
幸福的整體雖是隨著富饒而增加，但其中各種不同的部分幸福
則是因其本身的富饒而遞減，所以各個種類的幸福是按照不同
的再現率而重複。[49]一直等到十九世紀的中葉，才由享樂派
的經濟學者們發現這種部分對全體的關係，這是週轉的類比之
中的特例。[50]

不過，由於遞減效用的發現又產生了另一種雙重意義，那
就是使用價值的意義。每一種商品，無論其爲土地、機器、勞
動或食物，都要受制於效用因富饒增進而遞減這個原則。並且
還要受制於使用價值因耗損、折舊、報廢與消費而遞減。二者
之間的差別原本是很明顯的，但在同是用貨幣來衡量時卻變爲
模糊不清。因此之故，使用價值或財富這個用詞就有了生產的
物質過程與購得的議價過程的雙重意義。一個是以工時衡量的
物質週轉，而另一個則是以貨幣衡量的所有權週轉。

這種意義的混淆又遭受到更進一步的隱蔽，因爲事實上
使用價值和稀少價值顯然都要看買主的想望而定。一個不能滿

---

[49] 普萊（Plehn, Carl C.）曾經講過「再現法則」，認爲可以應用於「收
益概念，成爲循環的、可供消費的收入」。見於《美國經濟評論》第
ⅩⅣ期（1924年），第1-2頁。

[50] 參閱本書第五章，第三節〔壹〕，末尾有關亞當·史密斯的部分。

足想望的使用價值是毫無用處的，並且，假使生產的數量比想要的數量更為富饒，這也是沒有效用的。這就是無用性的雙重意義。所以，「想望」這個字詞的本身就具有雙重意義，我們可以將其區別為**文明價值**與**稀少價值**。弓和箭已經不再有使用價值，除非是供人娛樂之用。炸藥與槍砲已經取代了弓箭的地位；有襯圈的裙子已經不再有使用價值，貼身的裙子已經取而代之。我們可以把這種文明價值的變動歸類為報廢，這是在發明與時尚兩種意義之下的報廢。這種變動憑藉競爭的力量而產生其作用。發明創造了新的使用價值，由於其效率較高或有所變革，導致舊的使用價值報廢。這些都是文明的變遷，而文明只是把所有的習俗作為一個整體看待的名稱。我們稱之為文明價值，因為這些都有心理上的根據，文明的變遷也就是報廢舊的使用價值與發明新的使用價值。

構成文明總變遷的這些習俗上的變動和古代的習俗有別，古代的習俗通常要持續好幾世紀之久。而這些變動卻可能是突如其來的、一掃而空的。據說，卡內基（Andrew Carnegie）曾經把一座耗資百萬金元的鼓風爐於其建造完成之後的六個月內予以報廢，為的是要以一種新發明的連續過程取代它，這種過程能使鐵礦在其冷卻而變為生鐵之前變為製成鋼。已往的習慣在六個月以內報廢了，所有卡內基的競爭者皆不得不採納新的習慣，否則就得要被逐出這一行工業。

除了報廢以外，使用價值又因折舊而遞減，但稀少價值則是因富饒而遞減。折舊有種種名稱，因使用價值的性質而異。這是機器的磨損、土壤肥沃及其他天然資源的枯竭與折耗。這是使用價值的「耗盡」，必須由人力予以替換。技術週轉的意

義即在於折舊、報廢與重行創造。

我們此刻所講的也和平常一樣，都是平均數。週轉率或速度是整個業務團體或國家的平均比例。所以，這可以分爲各個部分許多不同的週轉率，綜合起來構成爲全體的平均比例。古典派學者與通俗人士用來表示這種差別的用詞是流動資本與固定資本。流動資本是指原物料、半成品與製成品而言，在其停止流動時，這些物品已經到達最終消費者之手。固定資本是指土壤的肥沃度、建築物、機器、公路、橋梁等而言。

不過，這樣加以區別並不十分適合於過程的進行。實際上根本沒有任何固定的資本，一切的一切皆在流動之中，只是週轉率互有差別而已。裝在櫃裡的一堆煤炭在當時是「固定」的。其週轉率，就其存量的多寡與其在這業務團體裡的耗用而言，也許是每年十二次，或每月一次。所有流動資本中的其他存貨莫不皆然。但是建築物或機器卻可能需要一年、十年、二十或三十年用折舊與報廢的方式替換一次。其週轉率可能是三十年一次，或是說，每年3%。其他的固定資本亦復如是。一家工廠的固定資本，其報廢與折舊的平均週轉率可能是每十二年一次，或是說，每年8%。

一般人士在固定資本與流動資本之間所作區別——以及早年經濟學者所作區別——是把折舊與報廢這件重要事實隱蔽了。有好多農人所經營的合作性電話公司，業務相當的繁榮，對於本公司的社友們收費低廉，等到這間公司的空幻「固定」資本因折舊或報廢而必須替換時，突然發現其自身已經陷入破產的絕境。有些郡往往發行三十年期的債券來構築一條水泥道路，而這條道路在十年以內卻必須整個的翻修，在另一個十年

週轉期開始時，又得要發行一批三十年期的債券。到了最後，這條道路背負了三倍於其成本的債務。時常可以看到有些公司在其財產貶值或報廢時配發極高的紅利，然後再發行債券或新股以誤引新的資本，來擴充其自稱為繁榮的業務。

在所有的這一類事例之中，他們所做的就是通常所謂「用資本發給紅利」。比較正確的說法應該是，發給紅利而不隨著新發明的來臨維持或擴大其效率。假如這位工程師發覺這家工廠的平均週轉率是10，他就必須在紅利裡設法扣留這家工廠總價值的10%。如其不然，紅利便是「用資本發給」，而不是用銷售總額的收益發給。其結果使鐵道與公用事業皆必須有一項公共規定，禁止「用資本發給紅利」這種不良例規。那是一種詐欺的手段，號稱為「高度資金融通」（high finance），而實際上只是理財人員利用通俗的一種幻覺，以「固定資本」來替代資本設備的快速週轉而已。

相反的，現代的大公司卻有一個顯著優點，就是規定要提「折舊準備」，並且在有了超額利得時，董事會通常要拒絕宣布超額紅利，卻於折舊準備之外再建立一筆「公司盈餘」，然後宣布這擁有權的「股票紅利」，而不作為每年收益的紅利處理。我們要在**利潤襯墊**（Profit Cushion）這個名目之下考量近年來發生的這種現象。[51]

由此可知「固定資本」的週轉是等於折舊與報廢的比例。因為現代的機器大都是高度的快速，特別是因為有了新發

---

51 參閱本書第九章，第七節〔伍〕，(七)利潤襯墊。

明而遭受到報廢，所以一部機器之中所含有的勞動工時可能很
快的消耗掉。因此之故，如果僅以實施勞動工時數來衡量效率
的增高，則其結果是被誇大。上述服裝工廠的例證中，*實施勞
動的效率在十年內增高了100%*，或換個說法，勞動投入減少
了50%。這兩種說法都是誇大其詞。實際上這工廠已經引用了
新的改良的機器。誇大的程度要看固定資本中所含有的工時數
及其折舊率與報廢率而定。我們在上文已經效法馬克思，把這
種工時數及其折舊率稱之為「具體經常費用」，這是用工時衡
量的。

　　這麼一來，我們基於週轉的類比，已經把馬克思用工時
衡量的「恆常與可變」資本轉為一家運營中的工廠，其大小相
當於循環而可變的勞動投入與財富的產出。馬克思的「可變資
本」成了勞動投入對勞動產出的可變比例，也就是這家工廠的
變動效率。「固定」資本與流動資本（物料）合併起來成為單
獨的一個平均週轉率概念，這是把宇宙間物質能量轉為有用產
出的活動之平均週轉率。一家工廠變動不定的效率就是在一個
平均期間之中其產出總量與其實施勞動及具體勞動的投入總量
之對比，在這個期間內所有的固定資本與物料皆已全部耗盡。

　　由此我們可以把財富增加的過程和資產增加的過程分別清
楚及予以衡量。財富增加是由於增高產出對投入的比例，資產
增加是由於增高收益對開支的比例。假如服裝的套數，這是財
富的產出，每一工時增加了75%，那麼，這種增加就是這種形
態的財富增加率。

　　一個農人使用收割、打穀與裝袋的合併機器，比起從前使
用分開的馬匹、收割機與打穀機，如果按照工時衡量，其所花

費的成本較少；但是在此刻兩個人每小時所能產出的小麥卻比從前二十個人所產出的還更多。效率是利用過去所累積的心力與體力，而減少現時的人力。但在專利期滿以後卻沒有一個繼承人能夠繼承心力的財產權。因此之故，用來衡量技術資本數值的工時，僅限於實際創造這種資本所耗用的工時。

正因為有伴隨著這一類交易而來的種種詐欺與錯覺，所以財富週轉與資產週轉之間的區別更顯得重要。這和資本這個字詞的雙重意義有關，技術意義及所有權意義。一個是早年的所謂資本，另一個則是資本化。不過，商人們是把資本化稱為資本。一個是作為資產解釋的資本，而另一個是作為財富解釋的資本。一個是稀少價值，或預期的*收益*，而另一個是使用價值，或預期的*產出*。之所以混淆的原因，是由於用了同一衡量單位，金元，這單位不但可以衡量商人的資本數值，這是資產（稀少價值），並且可以衡量社會意義的資本數值，這是財富（使用價值）。如果用工時來衡量，則固定資本與流動資本皆為財富，而產出對投入的速度增高也就是效率增高。如果用金元來衡量，則二者皆為資產與負債，而收益對開支的速度增高也就是這個商行的資產增殖率增高。

第六節　能力與機會

壹、物質占有與合法占有

講到這裡，我們必須把能力和機會區分清楚。能力是行動的能力，機會是行動時得取捨的有限另類選擇。不過，能力的運用有兩個不同的方向，一個是克服大自然的力量，另一個是

克服別人的力量，二者可以分別稱之爲生產能力與議價能力。
所以，那些必須予以取捨的有限另類選擇也有自然機會與所有
權機會之別。

　　這種區別雖是極爲明顯，但在經濟理論中卻被財富的雙重
意義所掩蔽了，我們在前文曾說過，這種雙重意義就是兼指實
質事物與這事物的擁有權而言。不過，擁有權這個用詞也具有
物質占有與合法占有的雙重意義。布萊克所用的就是這種雙重
意義，他說：

　　「我們許多的想望是和事物的擁有權有確切關聯，而與
這事物本身的財產無關。在多數的場合，必須先取得財貨的擁
有權，然後這財貨才能正正當當用來滿足我們的想望。關於
衣服、牙刷或膝犬[52]（譯者按：此謂可以抱置膝上撫弄的小
狗），不會有人提出異議。對更大範圍如土地、房屋、汽車、
書籍、圖畫、樂器等，這句話尤其顯得眞實。所以，我們必須
把占有視爲滿足想望的第四種決定力量。這種分類法不但適用
於物質財貨，並且適用於服務」。[53]

　　在這裡用到的擁有權（ownership）與占有（possession）
這兩個字詞具有物質的與所有權的兩種不同意義，其物質的意
義是說，一個人擁有大自然的物資以供他自己使用於生產或消

---

[52] 他的其餘三種是形態（包括本質）、地點與時間。
[53] 見於布萊克的《生產經濟學》，第29頁。並參閱本章第九節「孟格
　　爾、維塞爾、費雪、費特爾」。

費，其所有權的意義則是說，排斥別人及把他們所想要而非其擁有的事物扣留不給他們的權利，[54] 就經濟上，這和物質的意義剛好相反。我們絕不能不聲不響的走上街或是走進鄰人的田地裡，把我們生產或消費所需的任何事物隨意掇拾起來。我們必得和這事物的擁有者先行談條件。所以，在經濟學裡用到占有這個字詞的雙重意義就是物質管控與合法管控。必須先行商談合法的占有，然後才能取得物質的占有。

這似乎是物理經濟學者與享樂經濟學者們的疏忽。他們的意思常指物質占有，而不是合法占有。這種意思包含在他們財富的雙重意義中——既是物質，又是擁有權。不過，倘使這位經濟學者竟然企圖生產或消費而不先行取得合法占有，那麼，他要被關入監牢。如果我們在事先取得了合法占有，則我們就有機會因物質占有而增加財富的生產或消費。由於取得了合法占有，我們也就有權排拒別人、有權可以商談擁有權的轉移。物質占有只是持有，合法占有能有權保持或扣留不發。前者是在大自然力量之間做選擇的機會，而後者則是在買主之間或賣主之間做選擇的機會。

實際上基於此項區別我們不但可以分清**物質**與**擁有權**，並且可以分清**財富**與**資產**，分清**財產**與**財產權利**。財富是心智、

---

54 擁有權與*占有*這兩個字詞在*法律*上的技術性區別，對於此刻所要考量的經濟意義無甚關係。每一個語詞都是指排除別人的權利而言，倘若未經擁有者或占有人的允准，別人不得進入（也就是使用）這財產。因為有這種法律上的區別，所以我們要用「合法管控」這個較為概括的用詞，這可能是指合法擁有權而言，也可能是指合法占有而言。

管理與肉體的能力在原本無用的大自然原物料上所增加的使用價值。不過，假如這種天然物質是如同空氣一般的富饒，可以毋須經過請求而取得，則此等物質當然沒有稀少價值，絕不會有這樣愚蠢的人竟然要堅持這種物質是他所專有，而成為他自己的財產。空氣雖是天然物質之中最為有用的一種，但卻由於富饒而沒有價值，所以也不會有人要主張將其歸屬於一己所專有。然而，倘使空氣變為稀少，例如在北方地區把空氣加溫，或是在南方地區把空氣冷卻，再或是供無線電通訊之用的波長，則對其擁有權必將產生相互衝突的要求。甚至還得要組設一個**無線電委員會**來予以分配，在限定的時間以內把限定的波長專供某些個人使用。波長是財富，而其合法占有則是資產。

　　照這樣我們可以把財產與財產權利分清。財產是對稀少或預期其為稀少的自然物質供個人使用而予以獨家管控的要求權。財產權利是政府或其他業務團體的集體活動，將預期其為稀少，而其專用可能發生衝突的事物，指派給某些個人所獨享，而對抗別人的要求權。如此說來，財產不但是對某種稀少事物的要求權，並且還是若干要求之間的衝突，而財產權利則是管制這種衝突的協同行動。

　　當然，我們在這裡也得要把分析和合理化分清。分析是稀少性、財產與財產權利之間的關係。財產權利的合理化是何以要保持這種權利或予以變更的事先原因。我們此刻所關心的是合理化。所有的分析其主旨在於表明「占有」的雙重意義。按照其物質意義解釋，這就是克服大自然的力量。按照其所有權意義解釋，這就是賦予個人的一種集體力量；可以把個人所主張專供其一己使用的事物對別人扣留不發。按照前一種意義解

釋，這是效率的先決條件，而按照後一種意義解釋，這又是議價能力的先決條件。[55]

貳、選擇

但是，無論用何種意義解釋，能力本身所表現的最後形態必然是選擇，選擇是在稀少機會間做選擇。按照物質意義來說，這是在大自然的也就是物料或物質的，機會之中做選擇。按照所有權意義來說，這就是在買主或賣主、借款人或放款人、勞工或雇主、出租者或承租者之中做選擇。這也就是在擁有權的讓渡與取得之中做選擇。按照物質意義來說，選擇是屬於克服大自然的力量之增強。按照所有權意義來說，選擇是屬於克服別人的力量之增強。前者是相對的效率，後者是相對的稀少性。

如果把占有按照物質意義解釋，則財富的生產或消費就是由於在大自然的機會之中做選擇。布萊克曾經說過：「選擇是生產的一種形態」。假如我們的選擇是指選擇的這一項行為而言，不是僅指引起此項行為的對另類選擇之主觀估價而言，那麼，布萊克所用的術語把消費包括在他的生產意義之內，是很正確的。

他說，「在開始吃之前必須先做一次決定或選擇，究竟

---

[55] 財產與財產權利之間的區別是從麥克勞德的說法推演得來，參閱本書下文，第九章，第一節〔壹〕。

吃些什麼。……在商品生產或服務生產之中所要選擇的也許就是使用何種商品或服務。……毫無疑義的，這就是生產。不過，一個人爲他自己選擇食物、衣服或娛樂，這也必然就是生產」。[56]

　　如果我們要探討何以選擇的行爲能生產財富，我們必須更加深入的檢驗在另類選擇之中做取捨的意義。這是我們運用我們人力中心智、管理與體能的能力採取何種方向與多少力量的選擇。按照這種意義解釋，則對大自然物資採取行動的每一次選擇，其維度是三重的。在選擇的一刹那間，同時發生的是實踐、取消與放棄執行，這可由下列的公式看得出來。[57]

選擇公式

　　在AC這個方向，人力或管控大自然力量的能力也許被認爲較大於另類方向AB。不過，在這個方向運用個人的能力卻不被認爲有用。所以，這是在兩個另類方向之間做選擇。排斥的一個方向我們稱之爲**取消**，採取的一個方向我們稱之爲

56 見於布萊克的前述著作，第41頁。

57 參閱康芒斯的《資本主義之法律基礎》，第69頁。

實踐。

但是，只有在緊急或加足速率的時候**實踐**才會和這個方向的人力總量相等。實際執行與可能實踐之間的差距我們稱之為**放棄執行**。所以，每一次的選擇都是另類選擇的雙重抉擇，**實踐**的選取既受到**放棄執行**的限制，又受到被取消掉的次優另類選擇的限制。實踐是實際的努力，把當時所有的另類選擇因素之一付諸實施。取消是把認為對所欲達成的目的不能生效的另類選擇因素予以排斥。放棄執行是推動實踐的限度，毋須運用全部可能的能力，這是受到意志的限制，因為使用太多的能量被認為有違其所要達成的目的。

如此說來，每作一次選擇總有三重的限制。第一，才能或可能有的能力，無論其為管理的或肉體的能力，得接受心智方面先見的指導。第二，選擇一種較高或較低程度的力量，這時實踐較少於這個方向所可能運用的全部能力。第三，選取某一個方向的實踐，而取消別個方向的實踐。

人類的能力既經這樣的化約為其所僅有的物質維度，但是我們又有一種意志的意願指導，正因其如此，所以選擇才具生產性，我們稱之為**行動的意志**。意志管控大自然能量運行的方向，藉由在實踐中選擇使用人類能力的程度，藉由放棄執行不可過多使用非必要的力量，藉由取消用之於另類選擇的方向。因為選擇就是實踐、放棄執行與取消，所以選擇具生產性。

必須先把選擇的行為作如此分析，然後限制與補充因素在財富生產之中，成為管理交易之指導的原則才會具有重要性。假如我們是明智的，我們必須在放棄執行的限度內選取實踐，在作此項決定的當下與地點認其為限制因素，而把所有的補充

因素暫行取消，[58] 雖然，到後來也許要陸續選取這些補充因素作爲當時的限制因素。對大自然力量的限制與補充因素予以選擇的這過程我們稱之爲大自然機會的選擇，或財富的生產。

不過，選擇又有合理性、習慣性與偶然性之別，必須分清，這一點布萊克已經做到了，[59] 實際上所選擇的也許不是眞正限制因素，果眞如此，則所作努力成爲白費。合理性或科學性選擇的程度我們稱之爲**適時性**，這和習慣性與偶然性選擇恰正相反。這種選擇的領域是心智的與管理的能力。這種選擇因人而異，但在僅以體力勞動之中卻達到了最低限度。因爲此項**適時性**就是對實施人類能力的選擇達到了有效的程度，在適當時間、適當地點，以適當方式與適當數量選擇了可變的限制因素。

所以人類對大自然物質力量的選擇有三個限制因素，人力、機會與適時性。人力是心智的、管理的與肉體的能力；機會是大自然力量的限制與補充因素；適時性是適當的時間、地點、形態與人類能量的程度所作的實踐、放棄執行與取消。這種選擇的工程過程是管理交易所特有，但其原型則是魯濱遜，在他看來，值得關心的只是物質占有。如果用最高可得的效率予以衡量，這就是在現有的有限能力範圍以內，按照現有可用的大自然機會，採用最優良的適時性判斷，以最少的工時投入而產出最大的使用價值。在管控大自然力量方面所作這種維度

---

[58] 參閱本書第九章，第九節，參、策略的與例行的交易。

[59] 參閱布萊克的前述著作，第41頁。

的選擇，其成果我們稱之爲效率。

奇怪的是，同樣維度的選擇也可以見之於經濟力量或相對稀少性方面，這就是占有這個字詞的所有權意義。在這方面，**議價能力**的維度也還是實踐、取消與放棄執行。我們稱之爲**經濟的**或**所有權的機會**，這是相對稀少性所提供的機會；而把其餘的稱之爲「物質的機會」，那是由相對效率所提供的機會。機會是屬於客觀方面，而能力與選擇則是屬於意願方面。選擇機會的分析，其進入經濟理論之中是逐漸的，通常總是將其推定爲自明之理而毋須再加調研，然而我們在這裡卻要設法標示其發展的各個階段。因爲機會的選擇才是價值的法律意義，這是和生產成本的物質概念相對立，也是和愉悅與痛苦的享樂概念相對立。

參、機會

(一) 服務成本與產品成本

博姆-巴維克對西尼爾的節欲理論所作評論之中，[60]曾經講到近代「效用成本」與「機會成本」原則的起源，我們發現後述的這種成本相等於合理服務成本的司法教條。博姆-巴維克用的是享樂派語言，「效用成本」，這是由物質服務得來的愉悅——我們可以簡便地用貨幣所有權的語言將其轉爲「機會成本」。

---

60 參閱博姆-巴維克的《資本與利息：經濟理論的批評史》（*Capital and Interest: a Critical History of Economical Theory*）（原著於1884年，斯馬脫〔Smart, W. H.〕於1890年有英譯本），第275頁以次。

　　博姆‑巴維克把幸福的喪失分做兩種，一種是「積極的」，這就是「我們自身所遭受的積極損傷、痛苦或煩惱」，另一種是「消極的」，這就是「我們捨棄了我們原本可能獲得的幸福或滿足」。這種另類選擇的取消就是他的效用成本。

　　這兩種衡量成本的方法是不能累加起來的。這一種不能和另一種相加。這兩種是另類交替的。博姆‑巴維克說：「因爲在現時的經濟生活裡，我們有無數的可能性使我們的工作產生效果」，所以用勞動的痛苦作爲犧牲的衡量「幾乎是從來沒有遇到的事」。時至今日，「在絕大多數的場合，我們估計我們的犧牲都不是以工作的痛苦，而是以我們所放棄的利益或優勢爲衡量」。[61]

　　這麼一來，博姆‑巴維克已經把他的經濟哲學由西尼爾的節欲與稀少性經濟轉爲愉悅與富饒經濟，可以在較大與較小的愉悅之間從事選擇。此項原則的普遍性是無可置疑的。我們選取（可能微有修正，下文再予考量）較大愉悅而排斥較小愉悅。我們獲得了的盈餘。

　　博姆‑巴維克爲這種捨棄掉的優勢取了一個悖論的名稱，稱之爲「消極成本」或「效用成本」，而把亞當‧史密斯與西尼爾的所謂犧牲、痛苦或煩惱稱之爲「積極成本」。然而「積極」與「消極」這兩個用詞在這裡適用的意義又和數學上的正與負意義不同，因爲在這裡所要表達的顯然是意願在另類選擇的愉悅之間做取捨的意思，所以，我們要用他那取消另類選擇

---

61 同前書，第284頁。

愉悅的「效用成本」這個用詞，以便和數學的「積極成本」或
古典派的積極痛苦相對照。積極成本或痛苦可能使人產生一種
*淨收益*的觀念，而愉悅的積極*收益*卻是爲與痛苦的積極*開*支相
對照而設。但是效用成本的這種概念可能令人產生一種*盈餘*的
觀念，這是在取消掉的較小愉悅與實際取得的較大愉悅互相對
比時所獲得的盈餘。

假如我們撇開博姆-巴維克所論述的那種物質與愉悅的自
然經濟，轉向貨幣社會的所有權經濟，則上文所說的這番話更
容易明瞭。在這種社會裡每一件事物都必然是屬於某一個人所
擁有，凡是要想取得這件自然事物的人必須先和這事物的擁有
者商談價格。如此一來，我們就可以把「效用成本」這個心理
用詞轉爲一個貨幣用詞——「機會成本」。在這裡的活動並非
心理的，而是行爲主義的。這是同意合法管控權的移轉而結束
談判的行爲。[62] 機會成本發源於眾多出售機會之間的選擇。
比方說，在我們的議價交易公式裡，[63] 賣主S面對兩個機會，
可以出售給兩個相互競爭的買主。他不能在一筆交易裡同時出
售給這兩個買主，因爲在每一筆交易裡他僅是提供一件不管大
或小的商品可予出售，所以他必須在這兩個買主之間做選擇。
買主B出價$100，買主$B_1$僅出價$90。倘若賣主S不能勸誘買主
B，使其給付多於$100的價格，則S必然要接受$100，以交換
他的商品，同時，他也拒絕了B_1的出價$90。就S本人而論，這

---

62 參閱本書第二章，第二節〔貳〕，(十一)商談心理學。
63 參閱本書第二章，第二節〔貳〕，(一)議價交易。

$90就是他的機會成本——其意義是「消極」的,甚至有點悖論,因為此成本並非按照開支的積極意義解釋,而是按照在可以用貨幣購買的許多現有財貨供給之中,他取消取得較小份額這種另類選擇意義解釋。

然而S所花費的積極成本只是(假設為)$80,這是在早先的一筆交易裡,他身為買主所給付與賣主的數額。所以,*機會成本*與*積極成本*是不可以累加的。實際上二者之間有*積極開支*與*另類收益*的差別。買主B_1代表著S出售其商品*次好*的所有權機會,而買主B則是代表當時所可能有的所有權機會中*最好*的一個。因此,我們稱之為機會成本。

在此刻我們已經面臨「盈餘」與「淨收益」之間一種應予分清而通常未予分清的區別。*淨收益*就是S在*兩筆交易裡*的總收益(收到B的$100)與總開支(付給先前賣主的$80)之間的差額——在這個事例之中便是$20。但是這個事例之中的盈餘卻是在同一筆交易裡面,兩個*總收益*之間的差額,一個是B所提供的收益$100,另一個是$B_1$所提供的另類較少的收益$90。在這個事例之中的*盈餘*為$10。盈餘是不能和淨收益累加的,否則的話,那就變成$30。盈餘與淨收益是衡量價值的兩種方式,一種是以成本為衡量,而另一種則是以機會的選擇為衡量。

從「盈餘」這方面來說,盈餘收益便是一種「不勞而獲」的收益,或「準租金」(quasi-rent),這就是$10,其起因在於毋須成本,而僅在兩個所有權機會之間可以自由選擇,這兩個機會是由兩個所有人,B與B_1,在*同一市場、同一時間*所代表。而淨收益則是在*兩個市場、不同時間*一個積極開支,

$80，與一個積極收益，$100，二者之間的差額，$20。換句話講，盈餘是在一筆交易裡面兩個出售機會之間的差額，而淨收益則是在*兩筆*交易裡面積極開支與積極收益之間的差額。

我們可以看到法院構成其服務合理成本概念是基於盈餘的數值，而不是基於淨收益的數值，是基於機會成本的衡量，而不是基於積極成本的衡量。數理經濟學者們在理論方面用到統計時，其對於此種區別的了解，仍停留在最初開始的階段。[64]

不過，為保持此種區別起見，必須有一個用詞，既可以表明其為積極成本，及有別於服務的機會成本。我們特別的稱之為「產品成本」，而把機會的概念稱之為「服務成本」。產品成本是成本的古典派觀念或是痛苦觀念，這是貨幣或痛苦的積極*開*支，藉以交換財貨或愉悅的積極*收益*。但服務成本則是意願所取消的*另類收益*，因為一個人是受到限制的，他無法同時兼得兩種收益而只能選取其中較大的一種。所以產品成本是*開*支，而服務成本是*另類收益*。所有的商業實際上都是基於另類收益或服務成本的原則來運行，至於產品成本則僅是「加價」的因素之一而已。一個賣主總是在可能範圍之內企圖獲得這樣的價格。

我們之所以能形成機會成本的概念，首先應該歸功於格

---

64 參閱莫頓（Morton, W. A.）在伊列所（Ellis, L. S.）所著《糖業稅則》（*The-Tariff on Sugar*）的附錄裡所說的一番話，這本書是羅來基金會（Rawleigh Foundation）於1932年12月所刊行。

林（D. I. Green）與達文波特（H. J. Davenport）。[65]達文波特說，格林雖是「確切闡明此項教條的第一人」，但卻不是「予以有系統應用的第一人」。這一點達文波特做到了，他把古典派與享樂派的領先理論家加以詳密的檢驗，俱見於他所著的《價值與分配》（*Value and Distribution*）一書，讀者們請參閱。他發現博姆-巴維克與奧國學派早已認識此項原則，不過，他們並沒有「毅然決然」的堅持，他又發現後來的幾位經濟學者也曾講到或隱含此項教條，但卻命其名為「替代成本」（displacement cost），或「準租金」，特別是馬歇爾的「代用成本」（substitution cost）。

我們追隨達文波特的詳盡分析並參照往昔的理論，將其化約為上文所述的公式，而稱之為「機會成本」、「分配成本」或「分配份額」（distributive share）。這些用詞可以很確切的描繪出每次議價交易中主動的選擇過程。每一個賣主所選擇的就是社會產出總量之內一切由買主以貨幣形態提供給他的另類選擇份額中最大的。這可以稱為他的「分配份額」，也就是他所接受的份額。不過，在選擇時他必須放棄或拒絕社會產出總量之內其次一個較小的份額，這是由次好買主以貨幣形態提供給他的份額。這就是「分配成本」，和代用成本、替代成本

---

65 參閱格林在《經濟季刊》第Ⅷ期（1894年），第218頁所發表的「痛苦成本與機會成本」（Pain Cost and Opportunity Cost）；達文波特所著《價值與分配，評論性與建設性研究》（*Value and Dislribution, a Critical and Constructive Study*，1908年）；及《企業經濟學》（*The Economics of Enterprise*，1911年）。

或格林與達文波特的機會成本幾乎完全相同。「分配份額」是他對某一份額社會產出的要求權，也就是他作爲「貨幣收益」的購買力而實際受取的份額。機會成本是他對他所拒絕的那個較小份額的要求權，假如解釋爲一種意願，不肯接受較小份額，以取得其所接受的較大份額，則此被拒絕的份額就成爲一種「成本」。二者之間的差額就是準租金、盈餘或不勞而獲的收益，只需選擇而毋須成本即可取得，但卻稱成增加其淨收益的要素之一。

(二) 服務價值與產品價值

誠然，倘使一個人有機會在兩項總收益之中選取其*較*大的一項，他就可能獲得一筆盈餘，而增加他的淨收益，不過，假如他有機會在兩項總開支之中選取其*較*小的一項，他是否也可能增加他的淨收益呢？我們可以在凱蕾1837-1847年的著作裡訪求此種分析的起源。巴斯夏於1850年接受了凱蕾的分析，甚至按照其原來的文字與例證加以傳播，卻沒有聲明其爲凱蕾所作的分析。[66] 實際上他們兩位所做的分析還得要回溯到亞

---

66 參閱凱蕾的《政治經濟原理》（*Principles of Political Economy*，1837年）；《過去、現在與未來》（*The Past, the Present and the Future*，1847年）；巴斯夏的《和諧經濟學》（*Harmonies économiques*，1850年），本書的引述文是由《政治經濟的和諧》（*Harmonies of Political Economy*）（1860年史特靈〔P. J. Stirling〕譯本）得來。凱蕾的主張在先，見於他的《社會科學原理》（*Principles of Social Science*，1858年），第一卷，第iii頁。這裡是由1868年的版本引述得來。凱蕾的主張有蓋德與烈斯脫的《經濟學說史》（*History of Economic Doctrines*，

當‧史密斯的「節省勞動」概念，亞當‧史密斯認為這和「勞動成本」及「支配勞動」完全相等。[67] 凱蕾與巴斯夏都是用亞當‧史密斯的這種概念來推翻李嘉圖的成本與地租教條，不過，凱蕾是用來支持保護關稅，而巴斯夏則是用來駁斥無政府主義者普魯東，並支持自由貿易。

凱蕾與巴斯夏用「服務價值」這個用詞來分清他們「節省勞動」的意義。我們曾經檢驗過美國法院和商人們的價值理論，法院的理論是得之於商人的習慣，我們發現這就是他們所謂「價值」的確切意義。法律的與資本主義的價值理論是一種*節省勞動理論*，所以，在古典派與正統派經濟學者的「積極」成本或價值理論裡固然是找不到，就在共產主義、無政府主義、享樂主義、或異端派的信徒與叛徒們的理論裡也是找不到。

不過，「節省勞動」是貨幣或貨幣價值的具體化，而法律的與資本主義的理論卻是一種貨幣價值的理論。凱蕾與巴斯夏雖是把貨幣消除，以便求得他們的節省勞動概念，然而他們又把節省的勞動轉為節省的貨幣。因此之故，在說明他們的理論起源的同時，我們也說明了法律的與資本主義的價值理論。我們發現他們深嵌於我們這個交易公式之中的理論，顯然是機會選擇的一種意願理論。

巴斯夏也和凱蕾一樣，在開端時就用到一種與博姆-巴維

1913年），第327頁，及韓奈的《經濟思想史》（*History of Economic Thought*，1911、1930年），第304頁為之證明。

67 參閱本書第五章，第三節。

克相反的社會哲學。並不是在*富饒*的機會裡面我們選取其最合
算的一個，而毋須顧慮到犧牲的痛苦，巴斯夏一開始就說機會
稀少性，而必有所犧牲的痛苦。在這些機會裡面我們要選取其
*最少麻煩*的一個，而不問在金錢或愉悅方面的積極收益爲何。
他說的沒錯，這是發源於普遍稀少性的法則，換言之，就是想
望超過了供給，所以必須用勞動來生產供給。不過，因爲勞動
對一個由交換取得產品的買主是不滿的，這產品的價值和他自
己生產這些產品的「勞動成本」不成比例，而是和他親自生產
這些物品，而不仰賴從別人取得*必需花費*的勞動成比例。這些
產品的價值是以亞當・史密斯所謂*節省*勞動爲之衡量，而不是
以李嘉圖勞動*成本*爲之衡量。他是用勞動的形態予以陳述，但
是就用貨幣的形態予以陳述也未嘗不可。

巴斯夏說，「……價值絕不是」如同李嘉圖以及後來馬
克思與普魯東的勞動成本說，和提供這服務的人所*實踐*的勞動
成比例。而是和享受這服務的人所*節省*的勞動成比例。據我所
知，關於價值的此項一般法則是理論家們從來沒有發覺過的，
但在實際上卻是普遍地流行。……此項法則的原理與基礎不在
於*服務者*的努力，而在於*接受服務者*所節省的努力。[68]

所以我們不妨把巴斯夏的「主觀價值」稱之爲「消極」
價值，或是給予一個悖論的名稱，稱之爲負效用價值（dis-
utility-value），這就是說，能使自己*避免*更麻煩的另類痛苦
的價值，正如博姆-巴維克的消極成本或「效用成本」一樣，

68 見巴斯夏所著《政治經濟的和諧》（1860年譯本），第114頁。

那是說，使自己*捨棄較小另類愉悅的成本*。倘若轉為貨幣的用詞，則在技術上可以稱之為「負機會價值」（dis-opportunity value），相等於服務價值的法律概念（這也是凱蕾與巴斯夏的概念）。

這和通俗的「妨害價值」（nuisance value）意義相同，那就是說，一個人要教別人把一個足以減低他所擁有財產價值上的擾亂行為移去所必須給付的代價。這個用詞已經獲得法律的認可，可以駁回反對商譽價值的要求。[69]

我們認為這個技術用詞負機會價值或通俗用詞妨害價值實際上是價值的「分配」意義，而不是價值的消極意義。這是使自己有機會對別人選擇較小開支而避免較大開支的一種價值。假如為取得這樣的機會而必須有所給付，則其所給付的就是妨害價值。似這般的情況可於議價交易公式之中見到（本書第二章，第二節〔貳〕，（一））。

在我們的公式裡，買主B或B₁都有兩個另類選擇可供取捨。他可以按照$110的價格向S購進他所需要的商品，也可以按照$120的價格向S₁購進。他以買主的身分，為謀求他本人的利益起見，可以在兩個使他不愉快的另類選擇之間選取其不愉快的程度較次的一個，而以$110給付與S。二者之間的差額足以衡量妨害價值。按照$110出售的這個賣主為他做了一項服務——這項服務就是*免除*他給付$120的次壞另類選擇或妨

---

69 參閱康芒斯的《資本主義之法律基礎》，第202頁；「統一煤氣公司」（Consolidated Gas Co.）對紐約州訟案，檔號157 Fed.（1907年），第849頁。

害。此項服務的價值是免除他多給付$10，而使他的淨收益增加了這一筆*盈餘*。這$10就是他如果不和S接近而必須付給S₁的妨害價值。在後述的情況之下這並非「不勞而獲的收益」，而是由於在兩個另類選擇的積極成本（開支）之間可以*毋須*花費的自由選擇其中較少的一個，所以才能不勞而獲的「節省」，一項「準租金」，這兩個另類選擇積極成本是法律制度所加在他身上的，逼迫著他給付，然後才能取得他所需，供給有限而又屬於別人所擁有的這件商品。

法院所建立的「服務價值」與「妨害價值」概念就是以這種兩害相權取其輕的概念為基礎。不過，因為在其他情況之下價值具有兩種意義，一種意義是預期貨幣收益的*積極*價值，另一種意義是避免較高另類選擇貨幣開支的分配或*消極*價值，所以我們需要一對用詞以便保持此項區別。這一對用詞就是「產品價值」與「服務價值」。產品價值是古典派與享樂派的價值觀念，認為這是用財貨或痛苦的積極開支交換得來的貨幣或愉悅的預期積極收益。服務價值是意願所取消的較高另類選擇開支，假如不能取消，這就是妨害價值，因為一個人是有其侷限的，他不能同時忍受兩筆開支，所以他必得要選取較少的一筆，或是在無另類選擇時給付妨害價值。產品價值是屬於收益的一類，而服務價值則是屬於較高另類選擇開支的一類。產品價值是*淨收益*的一項因素，其另一項因素是產品成本。服務價值是一項意願的*盈餘*，其另一項是服務成本，二者皆足以增加淨收益。

在經濟理論之中服務價值這個概念並非新奇事物——這是李嘉圖在國際貿易裡「比較成本」教條的一個新名稱與新應

用。李嘉圖曾經說過，「同一法則能管制一國之內商品的相對價值，但卻不能管制兩個以上國家之間商品交換的相對價值」。[70]凱蕾是以李嘉圖的「兩種法則」為基礎，而由此建立他的保護關稅理論，和李嘉圖與巴斯夏所主張的自由貿易恰正相反。他說，在一個國家裡，例如在美國，積極勞動數量或可做為相對價值的衡量，和李嘉圖的主張相同，因為所有的勞動都有「同等的力量，支配大自然的服務。在紐約或費城，兩個木匠的產品通常可以交換兩個石匠的產品」。在法國、英國或印度的不同地區、不同勞動者所產出的產品也大致相等，在國境以內都可以按照勞動時間的比例互相交換。

然而這句話卻不能適用於國外貿易。「在波士頓一個勞動者的時間，其價值略相等於匹茲堡、辛辛那提或聖路易一個勞動者的時間；但是在巴黎或哈佛爾（Havre）一個勞動者時間的價值卻不相同。……義大利人努力一年的所得還不如英國人努力半年所得的多」。[71]凱蕾的這一席話就是李嘉圖的比較成本教條。

但是，誠如李嘉圖在擁護自由貿易時所主張的一樣，國外貿易確是有利的，因為每一個國家所輸出的都是本國勞動效率較高的產品，而其所輸入的則是本國勞動效率較差的產品。由於國外貿易，這個國家可以*節省*其本國成本較高的產品所必需的較多勞動，而將其施用於輸出成本較低的產品。只須由這個

---

70 見於《李嘉圖著作全集》（*The Works of David Ricardo*，1888年馬卡羅和所刊行），第75頁。

71 見於凱蕾的《社會科學原理》（1868年），第一卷，第155頁。

教條再向前邁進一步，那便是凱蕾所說，外國人所做的服務，其價值的衡量在於國內所「*節省*」的另類選擇勞動數量，這種勞動就是這個國家假如要生產其所輸入的財貨所必需的。[72] 凱蕾與巴斯夏把兩個勞動成本之中選擇其較少的一個這種觀念擴展成為普遍適用的價值法則，可以同時應用於國內與國外的貿易，且因此把李嘉圖與馬克思以積極勞動成本做為價值衡量的教條轉為李嘉圖的以比較勞動成本做為價值衡量，轉為亞當・史密斯的以「節省勞動」做為價值衡量。由於稱之為以其所取消的*較高*另類選擇勞動成本來衡量的「服務價值」，而不稱之為以其本身所需勞動成本來衡量的「產品價值」，所以他們兩位在這張地圖上顯示出一種普遍可以見到的事物，而不是李嘉圖僅能見之於國外貿易之中的事物。不過，這麼一來整個的價值概念都改變了，由古典派與共產主義的積極勞動成本變成較少另類選擇成本的競爭性選擇。

令人詫異的是，達文波特如此輝煌的發展了機會成本單方教條，卻沒有同時把負機會價值教條一併予以發展。這或許是因為他也和多數的經濟學者們一樣，把凱蕾與巴斯夏的說法斥為不相干的非非之想，而專心致志於古典派與享樂派經濟學說的緣故。他認為負機會價值是「競爭」而拒斥這種概念。但是另一種價值又何嘗不是起因於競爭。達文波特曾經利用凱蕾的一項貢獻，這項貢獻立即為經濟學者們所共同接受，那就是他

---

[72] 凱蕾在他最初的理論之中是一位主張自由貿易者，但是到後來他發覺這種價值教條是支持保護關稅，以抵制國外的低廉勞動。

用「再生產成本」來替代早年經濟學者的「生產成本」，[73]
不過，他對這一點並未加以特別注意。實際上，凱蕾的「再生
產勞動成本」是一種全新的概念，非但不是相等於李嘉圖與馬
克思的「生產勞動成本」，並且與之相反。這根本不是勞動成
本的一種理論，而是在兩個另類選擇勞動成本之間選取較少一
個的機會理論。一般經濟學者與法院皆已普遍的予以接受，但
卻並未注意到其中的矛盾，這和亞當·史密斯未曾注意到勞動
成本與節省勞動之間的矛盾如出一轍。按照一般的應用，這種
理論已經成為理想上對另類選擇的意願概念，在想像之中建構
了一個「理想典型」，認為在自由競爭的情勢之下價格會是多
少，至於李嘉圖所主張先前的生產積極勞動成本究竟為何則非
所問。這種理論的普遍性是不容置疑的，且在化約為經濟理論
的終極單位之後的議價交易公式裡更容易顯示得出，這個公式
裡有四個相互競爭的參與者，正在企圖選擇，不但賣主要在兩
個總收益之間選擇較大的一個，並且買主也要在兩個總開支之
間選擇較少的一個。[74]

　　由此可以聯想到達文波特之所以忽視負機會價值的另一
理由，這是因為他未能持續利用*總收益*與*淨收益*之間的差別。
假如他能把構成淨收益的兩個要素，總收益與總開支，時刻牢
記在心，那就對一個在兩筆總開支之間選取較少一筆的概念，
和需要一個在兩筆總收益之間選取較大一筆的概念同樣看待。

---

73 參閱達文波特的《價值與分配》，第322頁。

74 參閱本書第十章，第六節「理想典型」。

實際上，他也曾用提請注意的方式插進一句話，說明在兩筆總
收益之間做選擇的機會成本切莫和我們稱之爲*職業成本*的相
混淆，那是在「兩筆淨收益」之間做選擇，代表兩種不同的職
業。他說，「……所謂機會成本的教條，如果有正確的了解，
根本不是指出在某種另類選擇職業或活動之中能淨得多少的問
題，這僅是指出在這種職業或活動之中必須淨得多少，……
然後才能繼續的做下去」。[75] 換言之，這不是變更職業的選
擇，而是在惠顧這同一業務團體的許多買主之中做選擇。賣主
所選取的是給付較高價格的買主，被拒絕的買主可以用來衡量
這個賣主的機會成本或服務成本。不過，這似乎是忽略了同一
個人在其身爲買主時所做的一套單方選擇，這是在兩個賣主之
間所做的選擇。這兩個賣主是原物料的賣主或勞動的賣主，這
時，按照*較低*價格售與買主的這個賣主必然會被選取，而被買
主*取消*的這個賣主就可以用來衡量負機會價值或服務價值。

　　達文波特似乎是把這一點當做不言而喻的實際競爭而忽
略過去。誠然，買主*確實*是在多少相互競爭的賣主之中選取其
討價較低的一個，他把這種討價稱之爲「競爭」，不過，賣主
也是在多少相互競爭的買主之中選取其出價較高的一個，這種
出價又何嘗不是競爭。照達文波特的說法，機會的選擇不該和
競爭相混淆，因爲他把賣主視爲競爭者，然而他的機會成本也
還是一個賣主在兩個買主之間的選擇。這兩個買主也還是競爭
者，這一點可以由我們的公式得知。競爭是賣主之間的對抗，

---

[75] 參閱達文波特的前述著作，第92-93頁。

也是買主之間的對抗，買主在兩個賣主之間的選擇亦無異於賣主在兩個買主之間的選擇。競爭與機會在交易的買賣雙方都是一樣的可能發生。

如果把法院對合理服務成本與合理服務價值的判決研究一下，還可以提供更進一步的解釋。這兩種概念在法院的判決裡都有出現，倘使把這些判決加以研究，必然是如上文所稱，可以顯示其排斥李嘉圖派與古典派經濟學者們的積極生產成本與積極產品價值觀念，因為這些都被看做私人事務，除非是有不公平的競爭或差別待遇之嫌而由公共業務團體介入。為求得後述的這種公眾福利議題的數值起見，法院得藉助比較方法，以別人在同樣的市場上所受取或給付的另類選擇價格作為衡量，這些價格皆可能表現為合理的另類選擇，假如買主或賣主們處於現有供給、需求、習俗以及民眾在類似情況下的一般例規，並且可以在同樣另類選擇中自由取捨。倘使化約為經濟術語，這便是李嘉圖的比較成本、凱蕾的再生產成本與服務價值，或是較為技術性的負機會價值，也就是達文波特的機會成本或服務成本。在法律的論壇上，這個比較與分配概念，服務價值，和與此相似的一個比較與分配概念，服務成本，都是一樣的時常引起爭辯。[76]

服務價值這個概念之所以被刪除還有一種更接近於事實的解釋，就是因為凱蕾與巴斯夏給了一些荒謬的意義。在他們

---

[76] 關於這種法律教條的歷史發展，可以參閱本書第十章，第七節，參、稀少性、富饒、穩定化。

兩人看來，這是得之於李嘉圖的一個老相識用詞，卻和李嘉圖的一般教條極不相合，但是在巴斯夏所濫用的標題資本主義與凱蕾所濫用的標題保護主義之下，卻忽然的發現這個用詞足以投射一道新的光環。為推究此種荒謬意義的根源起見，我們必須檢驗一下另類選擇取捨的意願概念，其合理而確當的意義為何。

(三) 難以接近的另類選擇——自由意志與自由選擇

巴斯夏在說明他的服務價值概念時，把一向攻擊地租、利息與私有財產的普魯東拉回「一個原始森林裡，在他們面前的只是煩人的沼澤」。[77] 他對普魯東說，「這一塊土地和最初開墾者所面對的完全相仿。你要多少就可以取得多少。……你必須親自耕種這塊土地。凡是你所能使這塊土地生產出來的全部皆屬於你。我只有一個條件，你不可以求助於你以受害者身分所代表的這個社會……」。接下去他又說，「一個勞動者在從前用600天的工作所難以獲得的財貨數量」，到此刻只須用15天的工作就能取得。[78] 所以，600天的工作是地主與資本主以食物形態提供給勞動者的「服務價值」。積極的勞動成本或*生產*成本是15天的勞動。這是李嘉圖與普魯東的價值觀念。不過，「社會」從原始的沼澤狀態造成了現時的較低*再生產*成本，因而*節省*下來的勞動就是這585天勞動的盈餘。勞動者所給付的是*再生產*成本，而不是*生產*成本。這個差額——585天

---

77 見於巴斯夏的上述著作，第一卷，第201頁。凱蕾也曾用與此類似的例證來反駁李嘉圖的地租理論。

78 同前書，第201-202頁。

的勞動——是地主與資本主提供給勞動者的服務價值，爲報償
此項服務起見，則地租、利息或利潤當然算不得什麼了不起的
給付。

同樣的，當初鐵路運費率的規定尚屬幼稚的那個時期，
鐵路的法律代表們也曾把農民們帶回75年以前而辯稱，鐵路
所提供的服務就是*如果沒有鐵路*，這些農民用馬車在滿布灰塵
的道路上搬運小麥所必須花費的。倘使照這樣估計則每一噸里
至少要花費50個分幣，而鐵路的收費僅相當於每一噸里3個分
幣。所以，鐵路爲農民所提供的服務價值爲50個分幣，而其
所收費率僅是微不足道的3個分幣，農民所獲得的盈餘竟有47
個分幣之多。因此，再要削減鐵路的費率便是不公。

這也是商人們出自本能的一種論證，他們說明其對勞動所
做的服務價值是在於提供了就業的機會，或他們在爲顧客服務
的價值作廣告時，其所強調的總是在於「服務」，而不在於價
格的減低。

這樣的論證固然是好，但卻容易發生錯誤，這種錯誤可
以說是*誤於非同時並存的另類選擇或是難以接近的選項*。實際
上，這是有關人類意志的一種錯誤。意志總是局限於當時當
地。巴斯夏所說的勞動者並不是在*現時*的食品成本與一千年前
的食品成本之間做選擇。使用鐵路的農民也不是在*現時*的鐵軌
上運輸與50年前的泥濘道路上運輸之間做選擇。否則的話，
這便是在鐵路運輸和那難以辦到的選項，把他的小麥用馬匹與
卡車運往市場，二者之間做選擇。這根本「不成其爲選擇」，
他並非在一個可辦到的和一個難以辦到的另類選擇之間做取
捨，也不是在一個過去已消失的和一個現時現地所存在的另類

選擇之間做取捨。他是在同一時間同一地點兩個能辦得到的另
類選擇之間選取其中麻煩最少的一個。假如第二個另類選擇竟
是極不合理的麻煩，這就成爲他的大不幸，不過，萬一事實上
眞是如此，那便是在當時的環境之下實際的服務價值，即使單
就常識上說來，未免駭人聽聞而已。

果眞遇到這樣的情況，則其唯一可行的辦法就是在想像之
中建構一個「合理」服務價值的「倫理典型」，[79]這是一種
想像的「再生產成本」，在現時的環境之下由一條幻想中的另
類選擇鐵路來運輸。不久之後，卻發覺鐵路方面所提出的論證
也和巴斯夏的論證一樣，都是一些荒誕不經之談。之所以是荒
誕的理由在於就常識觀察，我們並非在不能接近的另類選擇之
中做取捨。這是自由意志而不是自由選擇的荒誕。此合理性也
許是想像的，但在一開端時所用的方式必然是這樣。要想使其
能始終貫徹，必須加以廣泛的調研。[80]

正因爲有了這些難以接近與非同時並存另類選擇的錯
誤，所以凱蕾與巴斯夏贏得了「樂觀主義」學派的稱號。他們

---

79 參閱本書第十章，第六節。

80 關於過去四十年間對服務成本與服務價值的論爭特別可供參閱的有
黎帕萊的《費率與規定》（*Rates and Regulation*，1905年），第167
頁；沙夫曼（Sharfman, I. L.）的《鐵道規章》（*Railway Regulation*，
1913年）、《美國鐵道問題》（*The American Railway Problem*，1921
年）、《州際商務委員會》（*The Interstate Commission*，1931年，
共二卷），及格拉瑟的《公用事業經濟學大綱》（*Outlines of Public
Utility Economics*，1927年）。請查閱這些書的索引。

都是樂觀主義者，因為他們處理並非有限的人類意志。比這種難以接近的另類選擇較為正確的是巴斯夏對其他可以接近的另類選擇所提出的例證，法院裡有關合理價值的理論就導自巴斯夏的這種價值理論。他說：

「我在海灘上散步，偶然間拾到一顆華麗的鑽石。於是我擁有一筆巨大的價值。何故呢？我是不是即將給予人類極大的利益呢？我曾經專心致志的從事於長久而辛勞的工作嗎？這也不是，那也不是。然則這一顆鑽石又何以具有如此之多的價值呢？毫無疑問的這是因為我把這粒鑽石轉送給他的這個人認為我提供了他一項極大的服務——異常之大，使許多富人都渴望獲得，而只有我才能提供。這個人的判斷也許會受到別人的駁斥——就算是的。他的判斷可能是基於自傲或虛榮，也就算是的。然而這種判斷總必然是一個要據此以採取行動的人所構成，這已經足以支持我的論證了」。[81]

在這裡可以應用我們的專門術語。決定價值的方法計有三種：

1. 從賣主方面看來，這顆鑽石的價值是「產品價值」，並且也是在任何一種供需情況之下，只要是他能將其出售給買主，他所實得的價格。至於「這產品的成本」在賣主看來則是我找到這顆鑽石所花費的輕而易舉的勞動。二者之間的差額就

---

81 見於巴斯夏的前述著作，第一卷，第113-114頁。

是賣主的淨收益。這是古典派與正統派的說法，其所用的用詞是「積極」價值減去「積極」成本。這就是*淨收益*的概念。

2. 不過，再從*賣主*方面看來，其「服務成本」或「機會成本」卻是第二個富人所提出給付的*較低*價格，這個價格受到了賣主的拒絕，因為他有了較優的另類選擇。二者之間的差額是賣主的*盈餘*。這是博姆-巴維克、格林與達文波特的說法。

3. 相反的，從*買主*方面看來，「服務價值」或「負機會價值」就是這顆鑽石的發現者，倘若不肯按照較低價格賣給他而「*減輕*」他的費用，他所不得不給付的*較高*價格。這時，二者之間的差額是買主的*盈餘*。這是凱蕾與巴斯夏的說法。

由巴斯夏的分析再邁進一步，在這顆鑽石的發現者看來，「積極」成本雖僅是找到這粒鑽石所費微不足道的勞動，但卻有一種「負效用價值」。這是用採掘鑽石所必需的較大勞動成本來衡量的。巴斯夏曾經抽象而鄭重的說過，這是*海灘*對這位發現者所提供的「服務價值」——這是大自然的許多「無償服務」之一——*節省*了他從事於採掘的較大勞動成本，再不然，照博姆-巴維克的說法，這顆鑽石的買主毫無疑問的是由這一顆鑽石獲得了較大的滿足（收益），大於由相等的食物消費所能獲得的滿足。在他看來，被拒絕的食物其「效用」就是選取鑽石的享樂而捨棄另類選擇的食物所花費的「效用成本」。

由難以接近的選項或非同時並存的另類選擇這種錯誤可以聯想到另一種與服務價值有關的錯誤。據說，一個人要想選取麻煩最少的另類選擇，他不但必須拒絕「一個較為次劣」的另類選擇，並且必須拒絕*所有的另類選擇*，從一個較為次劣的開

始，到「最爲惡劣」的一個爲止。所以對他來講，服務價值是所有一切被取消了的另類選擇之*總和*，當然，這樣的一種價值可能在想像之中升高到無限大。

這種錯誤可以稱之爲*無限另類選擇的錯誤*。只有一個不受侷限的實有才能在同時同地享用所有可能獲得的另類選擇。不過，那時他根本不需作任何選擇——他必然是同時兼而得之，無視於空間或時間。經濟學者們對於自由市場的著名分析可以用來糾正這種錯誤。

使凱蕾與巴斯夏的「樂觀主義」學派變爲荒誕不經的，正是這許多難以接近、非同時並存與無限另類選擇的錯誤。但是，倘使應用於經濟學者們在市場上受到侷限的實有，他們的發現像達文波特成爲對經濟理論的一項顯著貢獻。一個受到侷限的實有是經濟學者們的，這個實有在選擇當下僅限於由世界上無限可能性中選取其一。他所認爲最優與次優，或惡劣與「更劣」的事物也許會犯錯，這是他的過失。然而無論如何，在同一時間他僅能取得其中之一，不過，假如他是富裕的，則他所取得的一個量體可能較大，假如他是貧窮的，則他所取得的一個量體可能較小，如此而已。在同一時間同一地點他不能兼得兩個另類選擇。

所以，他是被迫處於選擇的困境中。在採取選擇行動以前的心理過程，我們稱之爲商談心理學，尤其是這種過程出於本能時，他必然是拒絕所有較爲遙遠的另類選擇，而把他的選擇範圍緊縮爲「兩個最好」或兩個「最壞」的另類選擇，以他的有限資源僅能取得其中之一。於是最後的困境已解決，而商談亦於此告終，不再思慮而見諸行動。此種行動便是選擇行動。

這必須和先前的「心理行動」或「選擇」心理分別清楚。這是
選擇的實際行為，站在行為主義的立場上，我們可以將其化約
為實踐、取消與放棄執行。

要想衡量選擇的這項主動利益，或是以他所捨棄的次優
收益，這是他被迫選擇的「成本」，或是以他所取消的次劣*開
支*，這是他有機會取消這個次劣另類選擇開支的「價值」。經
濟學上的有限選擇就是行為主義在兩個可以接近的另類選擇之
間取其較優者的取捨。由於取消或捨棄二者之一，他已經把世
界上所有其他另類選擇悉數遺留下來。

上文已曾講過，博姆-巴維克對西尼爾的節欲理論所作評
論之中犯了一種與此相反的錯誤。因為他的理論是在現代機會
富饒的情況之下所產生，他不由自主的從經濟考量中消除痛苦
與犧牲，所以我們不是在一些痛苦之中做選擇，而是在一些
愉悅之中做選擇。因此，在他看來，所有的成本都是效用成
本——取消掉的次優另類選擇*收益*。不過，他所做的並非在*實
際上*消除積極痛苦與積極成本，而是用一般的手法推定其為永
恆不變，以便在*實質上*予以消除，這和巴斯夏把積極愉悅與積
極收益推定為永恆不變而予以實質上的，但並非實際上的消除
是同一種手法。我們認為，此種疏忽是起因於未能認清淨收益
為總收益與總開支這*兩個*變數的產物。由於把*開*支推定為永恆
不變，所以博姆-巴維克認為可變的是愉悅的效用或總收益。
但是，由於把*收益*推定為永恆不變，所以巴斯夏又認為可變的
是負效用或總開支。

達文波特的機會成本顯然也是同樣情形。他在實質上消除
了開支或痛苦，認其為永恆不變，所以他的選擇是在另類選擇

的收益之間所做的取捨。

　　然而這種實質消除過程只是替代費力的實際消除方法一種心智設計。在每一次的移轉之中，當事人的一方必然有一個可變的總收益，其數額與另一方的總開支相等，因為這僅是擁有權的移轉而已。不過，一筆交易是由兩個移轉所構成。假如其中之一保持為永恆不變而予以實質消除，則可變的必然是其中的另一個。在*銷售*的重複裡面被認為可變的是貨幣總*收益*。在購買的重複裡面被認為可變的是貨幣總*開支*。但是產生淨收益的實際維度的卻是兩筆交易之中兩個可變數的聯合。

　　在這裡我們要回想到前文所說另類選擇之取捨的第三種概念，就是在兩個淨收益之間做選擇。這種機會的淨收益概念與總收益的概念迥不相同。機會成本是指一個賣主在兩個買主所提供的兩個*總收益*之間所做的單次選擇而言，但在*淨收益之間*的選擇則是一個人的*兩次選擇*，這個人既是買主，又是賣主，當其身為買主時，他是在兩個總開支之間做選擇，而當其身為賣主時，他是在兩個總收益之間做選擇。基於此一理由，我們把淨收益的選擇稱之為*職業成本*，而不稱之為「機會成本」。因為，且先考量一下一個人的境況，這個人在銷售時取得總收益，而在購買時承受總開支。很明顯的他是占據了一個例如職業的地位，甚至是取得了整個運營業務團體的地位，一方面要購買物料與勞動，而另一方面又要銷售製成品。在社會機制裡面，這種地位就是他的職業，所以「職業成本」必須是*兩種職業之間的選擇*，這時，選擇者捨棄*淨收益較少的職業而選取淨收益較多的職業*。他是在職業之間做選擇，而不是在購買其產品的買主之間做選擇，也不是在出售勞動與原物料的賣主之間

做選擇。他是變更他的職業——不是變更他的顧客、勞工或物料。

這個概念充分適合於一種經濟情況，在這種情況下一個人脫離某種工作而改就別種工作，或是在一個整體機構裡面捨棄某一項職務，例如：製造腳踏車，而移轉到另一項職務，例如：製造汽車，然而這個概念卻把同一人保持其同一職務的情況給掩蔽了。在這裡所發生的是議價的社會現象以及賣主與買主之間的社會關係，凡是來到法院求取解決的爭執問題皆是由此而起。「職業成本」隱蔽了總收益，這是因服務的提供而給付的社會成本，同時也隱蔽了總開支，這是提供給別人的服務。所以這種成本使效用成本、機會成本的分析或服務成本的法律概念變為不可能，也使負效用價值、負機會價值的分析，或巴斯夏及法庭的服務價值變為不可能。只有在總收益與淨收益恰巧相等的情況之下，由於積極成本已經被契約所消除，就像在約定利息或約定地租的情況那樣，然後總收益才會和淨收益互相一致。因此之故，在這種情況之下的職業成本恰與我們所定義的機會成本相符。不過，在所有工作與運營中業務團體的情況之下，淨收益是由總收益與總開支這兩個變數所決定，理論上必須把購買與銷售分開，因為現實的例規是將其分開的。[82]

現在我們可以總括起來說明博姆-巴維克與達文波特何以未能完成他們的機會理論。由於憑籍分配成本（效用成本或機

---

82 參閱本書第九章，第七節「利潤差價」。

會成本）他們消除了積極成本（痛苦或貨幣開支），但他們卻沒有消除積極價值（愉悅或貨幣收益），所以也沒有憑藉分配*價值*（負效用價值或負機會價值）。原因在於未能將作爲淨收益的價值和作爲總收益的價值二者之間的差別分清。

在此項疏忽的背後隱藏著上文所提出的兩種原因，何以這個負機會價值概念未能像凱蕾與巴斯夏一樣的將其發掘出來。一種原因是由於樂觀主義的假設，認爲我們是生活在富饒的愉悅經濟之中，所以並非在一些痛苦之間做選擇。另一種原因是由於古典派理論的個人主義假設，認爲我們是追求最大可能的*淨*收益，而不問其對別人所產生的影響爲何。前者是消除了積極成本，推定其爲相等而予以忽視。後者是把積極成本隱蔽在個人主義的淨收益觀念之內。然而實際上這種積極成本卻隱蔽不了，假如我們是由交易的社會觀念出發，而不是由個人出發，則所有的說服、威逼、議價能力等社會關係必將暴露而公開。

機會與職業之間的區別其意義即在於此。把這裡所定義的機會觀念替代職業觀念，則將被隱匿的總收益與總開支觀念顯露出來。這揭示利益相反的潛在議題以及因此而必須由法院或類似的裁判機關爲之帶來合理利益調合的原因。個人概念是一個人站在他的私人職業立場上對*淨收益*所構成的概念。這是個人問題，與其他個人並無衝突，毋須裁判機關爲之解決，並且也不涉及有關公眾利益的議題。

但交易概念則是說兩個人之間的總收益與總開支相等，在這裡有利益的衝突。一筆交易之中，賣主的總收益就是買主的總開支，而所謂淨收益或損失則是一*個*人在兩筆交易裡面總

收益和總開支彼此有一方超過對方。假如作為價值與成本而用相等的用詞表示出來還是一樣。賣主的積極價值就是他的總收益，也就是他在銷售時所受取的價格；在這筆交易裡買主的積極成本就是他的總開支，也就是與他所給付的價格同一數額。因此，總收益的增加是賣主的利得，也是買主的同額損失。每一個價格之中的利益衝突是無法制止的。這就是所以要有議價、妥協與州政府的干預以協調利益衝突的理由。

然而*淨收益*的增加卻隱蔽了買賣之中的利益衝突。買賣是對社會的一部分商品產出及服務合法管控權實際上的合法移轉。其本身涉及商談、對別人出價或要價的選擇、供給與需求的部分或全部管控、誘導、說服、威逼、強迫——簡而言之，就是必須議價。從魁奈那時代起，經濟理論所用到而為人所熟知的用詞，諸如財貨的「流通」、收益的「流量」、「交換」等，皆是得之於物理與工程的類比，把經濟方面的議價行為和這一類利益衝突完全隱蔽了。這種隱蔽之所以未經人們發覺，一部分是因為未能把擁有權的移轉和事物的交割分清，而另一部分是因為其出發點在於個人主義的淨收益觀念，所以在這個問題裡面看不到決定淨收益的議價。

不過，由於以總收益與總開支的概念持續重複為出發點，意即以交易的重複為出發點，而不以自我本位的個人為出發點，所有的議價、管理與分派交易以及其中所固有的利益對立都顯露出來且能予以某種衡量。在淨收益之間做選擇的這種概念是買主與賣主所*皆有*的個人主義概念，這種概念隱蔽了議價活動，無論其能否調合對立的利益，但在總收益之間或在總開支之間做選擇的這種概念，卻可能用「機會成本」或「服務

成本」及「負機會價值」或「服務價值」來衡量，這可以作爲
議價交易之中一個人從另一個人取得利益或受到損害的衡量。
管理與分派交易之中也有利益衝突存在，因爲稀少性原則在這
些交易之中也是占有一席之地。

上文所述有關議價活動的分析使我們把商譽（good-
will，即顧客的善意）和競爭的意義分別得更加清楚。假如在
議價交易之中除掉所有誤導的廣告、欺詐、偏袒、壟斷與威
逼——這樣才能構成一個有意願買主與一個有意願賣主的價格
概念，每個人都有選擇的自由——我們就可以求得商譽與公平
競爭的概念。顧客的善意就是一個自由買主甘願付給這個業務
團體的價格，和他在別處因同樣服務而給付的價格*相等*或*較
高*，意即一個「公平的價格」。而所謂自由競爭則是這個買主
所願給付的價格，僅能和他在別處因同樣服務而給付的價格*相
等*或*較低*，意即一個「打過折扣的價格」，甚至是破產拍賣的
摧毀性價格。在這種情況之下，個人們的相互交易其利得與損
失的幅度以及社會後果，已經成爲對公眾日益重要的一個問
題。

所以，我們要問機會選擇的概念之所以產生並替代了古典
派的生產成本觀念，究竟是起因於何種歷史環境？這個問題使
我們聯想到十九世紀的前半期由個人變爲社會的那一次值得注
意而在當時斥之爲異端的過渡。

(四) 由分工轉爲勞工聯合與公眾目的

在1840年代的十年之間，「勞工聯合」風行一時。我們
在別處也曾講過，這個十年和以前的十年是「美國歷史上的膨
風時期」（hot air period）。所有的經濟學者、改革家以及重

視實利的人們都開始考量到「聯合」。[83] 這種組成的形式有種種不同的名稱與形態，各因其創始者不同的志趣而異。他們之中大多數是稱之為合作；無政府主義者稱之為「互助」；歐文（Robert Owen）或馬克思稱之為**社會主義**或**共產主義**；孔德稱之為「社會學」；重視實利的商人們稱之為結合的自由；勞動者稱之為工會主義；而凱蕾與巴斯夏則稱之為「勞工聯合」。在他們看來，這都是「社會」，與政府有別。生產財富的是「社會」，不是個人的加總。

此一時期不但是對亞當·史密斯的分工的一個反動，分工是亞當·史密斯用來替代政府的重商主義，並且也是對亞當·史密斯敵視各種形態管控個人的結合與聯合的一個反動。亞當·史密斯的分工使每個人皆成為財富的獨立與唯一生產者，而他的聯合概念也和邊沁一樣，只是把個人的產品和別人的產品*加*在一起，然後再和他人交換。不過，到了此刻，一個合作社會的新聯合主義則是先生產財富，然後將其歸各個人擁有進而互相移轉。

由這種新構成的社會概念萌生了一些天真的想法與荒誕的謬誤。凱蕾與巴斯夏把他們的社會概念看做從石器時代起直到現時止，歷史上一切社會服務的無限增殖，相當於形成為土地、固定修整與機器的價值增殖。不過，奇怪的是，在他們

---

83 參閱康芒斯與其同事合著的《美國勞動史》，第一卷，第403頁以次；及康芒斯的「格里列與共和黨勞工階級的起源」（Horace Greeley and the Working Class Origins of the Republican Party），載在「政治科學季刊」第ⅩⅩIV期（1909年），第225頁。

看來，社會就是擁有歷史上全部增殖財富的資本主和地主。
但，照他們的論證所說，這些社會價值的增殖雖非現時勞動者
所擁有，這些勞動者卻又可以自由的運用，而「節省」自身的
勞動，假若不是因為有了這種價值增殖，他們就被迫要親自從
事這些勞動，似乎每個人皆必須把過去的社會歷史重演一遍，
然後才能獲得現時的必需品與奢侈品。無論他們稱為之社會財
富、社會價值或服務價值都沒差，因為照李嘉圖與馬克思的說
法，其價值是其中所含有歷史來的勞力數額。[84] 像這樣用社
會增殖的價值來節省現時勞動幾乎是無窮無盡的，誠如巴斯夏
在上述的沼澤例證中所估測，增殖的價值高達現時生產農作物
所需實施勞動數額的60倍。站在當前這一代任何一個受侷限
的實有所能做到的立場上看來，這確是無窮無盡的。我們稱之
為社會價值無限增殖的錯誤，和上文站在個人的立場上來看，
曾稱作難以接近或非同時並存的選項是同樣的錯誤。

　　凱蕾就是用這種錯誤方法來反駁李嘉圖不勞而獲的地租與
馬爾薩斯悲觀的人口法則。人口膨脹並非發生於農業生產由較
高邊際趨向較低邊際之時，而是發生於由較低邊際趨向較高邊
際之時。殖民的開始是在丘陵的頂部不甚肥沃但較易耕作的土
地上，用原始簡陋的工具操作，並向需要巨額資本設備的較肥

---

84 比較晚近一點，安德森（Anderson, B. M.）對這種社會概念曾經有與
　 此相似的陳述，可供參考，見於其所著《社會價值：在經濟理論上作
　 批評性與建設性的研究》（*Social Value: a Study in Economic Theory,*
　 Critical and Constructive，1911年）；及《貨幣價值》（*The Value of*
　 Money，1917年）。

沃土地擴展，這種設備大都是過去的社會勞動力量爲排水、修築道路、砍伐樹林、深耕作畦等所創造，這就是社會所創造物質資本及其克服大自然所增力量的增殖。沒有一塊肥沃土地是可以由個別的定居者在其現時開墾狀況予以*再生產*的，因爲，倘使要再生產這樣的一塊土地，這個定居者得要遍歷從他的祖先起直到現時爲止的各個歷史階段。即便是李嘉圖不勞而獲的地租增量，無論其數額有多麼大，也絕不會相等於人類歷史上社會把擁有者的這塊地，使其能有現時的收成所花費的價值。所以，凱蕾與巴斯夏的推理方法也和馬克思的一樣，是消除地租、利息與利潤之間的區別。在這幾種社會產品的功能分類之中，其每一種與其全部，很明顯的皆不足以回報社會在歷史上所曾投於土地與資本現時的價值。[85]

但是，這種社會財富增殖的物質概念卻使凱蕾與巴斯夏私人財產的新意義發生了矛盾，洛克與亞當‧史密斯之所以能避免此項矛盾是因爲他們有一種概念，認爲一個人是他所生產事物的擁有者，而馬克思之所以也能避免是因爲他有一種共同財產的觀念。照凱蕾與巴斯夏的說法，個人擁有者所有的並非其所生產，而是社會所生產。洛克與亞當‧史密斯的說法卻不是如此，他們認爲個人與個人之間相互交換的事物都是他們每個人先前所生產的，而社會的總產品只是全體個人們產品的總和。

---

[85] 有一點必須注意的是，無論凱蕾、巴斯夏或以前的經濟學者們，皆沒有提出一個都市地租理論。這是到後來應用機會成本理論時才有的。參閱本書第十章，第七節，伍、員警課稅權。

顯然的，凱蕾與巴斯夏是把新近發現的勞工聯合這項原則應用得太過天眞了。如果作正確的觀察，他們已經落入馬克思之手。他們的論證是一種謬誤的、特殊的訴求，爲現時的所有主實際取得的地租、利息與利潤過分的合理化，以對抗新近出現的社會主義者，無政府主義者與共產主義者當前的攻擊，這些人的論證也是根據同樣的社會生產，而不是根據個人生產。[86]

現代的經濟學，從李嘉圖那時候開始，受到了1840年代社會理論的強烈刺激，益發的致力於受侷限的個人與業務團體對社會產品所提供的有限服務之衡量問題，並把這種服務的價值和個人們因此項服務從社會受取得來的現時與延期報償作比較。其揭發1840年代聯合性的錯誤所用的心理工具可見之於某些新觀念與實務，例如：以觀念增殖替代財富增殖、[87] 以會計記錄所顯示單一業務團體未受報償的服務*淨額*增殖[88] 替代所有過去服務無限的增殖總額，以財富因折舊而產生的*週轉*替代財富的積累。[89]

凱蕾與巴斯夏爲挽救他們自己的謬誤起見，用*再生產成*

---

86 別人對凱蕾與巴斯夏的評論散見於博姆-巴維克的《資本與利息》；蓋德與烈斯脫合著的《經濟學說史》；韓奈的《經濟思想史》（1933年修正版）；史考特（Scott, W. A.）的《經濟學之發展》（*The Development of Economics*，1933年）。

87 參閱本書第十章，第一節「韋伯倫」。

88 參閱康芒斯的《資本主義之法律基礎》，第203頁。

89 參閱本章第五節「由流通轉爲重複」。

本來替代李嘉圖的*生產成本*，認爲這是當前的這一代付給過去服務的價格。除非是虛僞的合理化私人財產，他們無法堅持過去社會服務的無限增殖皆已包含在土地與資本設備的現時價值之內。過去的服務業經由折舊、損耗、報廢而消失。取而代之的是重行出現的新服務或舊服務的改善，其基礎不在於財富的增殖而在於觀念的重複與增殖，伴隨的是財富生產大爲增高的效率。因此，我們的議價交易公式可資參考，任何積累起來的財產，其現時價值絕不能超過這財富現時的再生產成本（＄110）。這顯然是因爲任何過去所積累財富的買主，無論這財富在生產的當時所特別花費的勞動成本是大或小，到了*此刻*總可以按照現時的再生產成本，從一個競爭的賣主之手購進與這財富等值的另類選擇（＄110）。這是凱蕾與巴斯夏服務價值（或負機會價值）的基線，這可以衡量與一個另類選擇的生產者相接近所*節省*的勞動。這個生產者之所以能按照現時較低生產成本銷售，並非由於他能利用歷史上社會財富的增多，而是由於他能利用歷史上社會效率的增高。

所以，凱蕾的*再生產*成本拯救了他本人和巴斯夏先前在倫理方面合理化私人財產所犯的錯誤，私人財產並非其擁有者所產事物的擁有權，而是社會所產事物的擁有權。這是他對那些提倡共同擁有權的人們所作答覆，也是對他們使用李嘉圖的*生產成本*這個用詞所作必要更正，他們是用這種生產成本概念來責怪社會所產事物的歸於私人占有。在凱蕾看來，私人擁有者所取得的社會財富絕不會多於現時的再生產成本，而其所給付的也絕不會少於現時的再生產成本。這句話可以同樣應用於地租、利息、利潤與工資。

　　顯而易見的，由於其假設自由的、平等的與敏捷的競爭，所以賣主所索取的價格與買主所給付的價格，其均衡點是在再生產成本。基於這種均衡的假設，後來博姆-巴維克、格林與達文波特晚近所提出的機會成本教條完全相等於凱蕾與巴斯夏的負機會價值教條，前者是站在賣主的立場，而後者則是站在買主的立場，在我們的議價交易公式裡，表面上機會成本是以買主$100與買主$90之間的差額為衡量，而負機會價值則是以賣主$110與賣主$120之間的差額為衡量，但是假如再生產成本為$110，假如自由、平等與敏捷的競爭把價格壓低到再生產成本，那麼，賣主的機會成本必然是以$90與$110之間的差額為衡量，而買主的負機會價值也必然是以$120與$110之間的差額為衡量。在這一筆按照$110締結成功的交易裡，每個人都獲得了利益，不過，此項利得並非苦與樂經濟學者們那種無法衡量的心理利得——這是可予衡量的經濟利得，得之於再生產成本的選擇，而不是得之於次優賣主（$120）所索取或次優買主（$90）所提出的另類選擇價格。

　　然而，倘使把均衡教條所根據的三種假設：自由、平等與敏捷，一概予以排除，則我們必然可以看到我們的公式的確能應用於威逼限度的法律原則。[90]如果我們要想明瞭何以致此的理由，只須把「新古典派」或均衡經濟學者們之中登峰造極的一位代表者，馬歇爾的理論和凱蕾與達文波特的理論對比一下就行了。

---

[90] 參閱本節〔參〕，(六)威逼的限度。

(五) 替代法則

在自由競爭的假設情況之下，機會成本或服務成本與負機會價值或服務價值這兩個概念可以交替使用而毋須注意二者之間的差別，這一點在馬歇爾所謂「偉大的**替代法則**」之中可以見到，他說這通常是「指競爭的行爲而言」。[91] 他講述了替代法則的兩方面，那就是「以*已定的支出*獲得*較大的效果*，或以*較少的支出*獲得*同等的效果*」。我們可以看到前者是採取賣主的立場，也就是達文波特的機會成本。後者是採取買主的立場，也就是凱蕾與巴斯夏的負機會價值。

於是馬歇爾就把這兩種概念認爲相同而隨意使用。他說，一個商人「時時刻刻的比較著可以用來獲得*同等效果*的各種生產因素的效率與供給價格，以期發現一種組合方法，能在和*任何已定的支出*對比之下產生最大的收入；換句話說，這個商人是孜孜不倦的爲**替代法則**而忙碌」。[92]

這便是達文波特的機會成本，在這種成本裡，*支出是永恆不變的*，可變的是收益。

不過，馬歇爾又接下去說：「按照一般通則，實際所用的各種因素供給價格之總和，要比可用來替代的其他一套因素供給價格之總和爲少。若非如此，則生產者照例必須設法用*花費較少的方法來替代*」[93]。

91 參閱馬歇爾的《經濟學原理》（引自1891年的第二版，在1930年的第八版裡也並未有多大的改動），第401-402、414-415、554-559等頁。
92 同前書，第414頁。
93 同前書，第554頁。「……」號中的斜體字是著者添加進去的。

　　這便是凱蕾與巴斯夏的負機會價值或「再生產成本」，在這種成本裡，「收益是永恆不變的」，可變的是支出。

　　如此說來，馬歇爾的「替代法則」並無異於凱蕾的「*再生產*成本」，對照於李嘉圖的「*生產*成本」。布朗（H. G. Brown）[94]也曾指出達文波特的機會成本與凱蕾的負機會價值為同一事物，二者皆與「再生產成本」相等，不過，後述的這種概念是得之於凱蕾，而不是得之於達文波特。

　　我們強調馬歇爾的替代法則所含的這種雙重意義，這似乎是過分的吹毛求疵，不過，假如我們由個人主義的觀點轉到社會的觀點、轉到法院的價值理論，這種理論不得不採取社會的觀點，那麼，這樣的強調便不是過分的吹毛求疵了。馬歇爾所考量的是個人企業者和他的*淨收益*，在這方面是不會有利益衝突的，但法院則把成為原告或被告的這個人，和所有其他的個人們處於同樣境地的慣例作比較。法官或仲裁人所要問的是，在法律的平等待遇之下，每個當事人所會有的*合理*另類選擇是怎樣。[95]這就需要調研當時當地的慣例為何。合理的服務價值是其他*買主*們處於同樣境地，對提供這種服務所給付的數額；而合理的服務成本則是其他*賣主*們處於同樣境地，因提供這種服務所受取的報償。馬歇爾的*自由*競爭問題以及他的均衡邊際效用或獲利性在實務上也許是摧毀性的、強奪性的或差別性的，這面對公平競爭、*均等*機會與合*理*價值等問題得要退避三舍。在這方面，所有當時當地的習俗與機會必須拿來和這

---

94 參閱本書第十章，第七節，伍、員警課稅權。

95 參閱本書第十章，第六節「理想典型」。

位個別原告或被告的情況相比較，這位原告或被告是請求法官
或仲裁人所代表的社會，運用其集體力量協助他執行自己的意
志，以對抗對方當事人或所有其他當事人的意志。

我們堅持馬歇爾所說經濟學者們歸因於競爭的各種明顯關
係，這也似乎是太過明察秋毫，不過，假如我們觀察一下另類
選擇的取捨在所有的事例之中基本上已呈劇烈的變動，這些事
例和均衡理論相反，其競爭並非完全自由、平等與敏捷；再假
如我們更進一步觀察這種機會概念是標示由古典派的積極生產
成本觀念與享樂派的積極苦與樂觀念轉為另類選擇取捨的意願
觀念，那麼，這樣的堅持，也就不是太過明察秋毫了。一個律
師在大多數利益衝突的案件之中其重視的是制度觀念，他所要
問的既不是感受，也不是「基本」。他把每件事物都化作金元
與分幣而加以靜心的研究。他要問：我的這一位訴訟委託人因
對方當事人的此項行動而面臨的次優另類選擇是什麼？凡是受
到的損害絕不可以用感受來估計（除非是按照國內的「背棄婚
約損害賠償法」（1aw of "heart balm"），而必得用作為另類
選擇的金元與分幣來估計，這些金元與分幣就是要使這位訴訟
委託人在財務上能等同他的對方享受機會所必須花費的，社會
是理應把這種機會一律平等地提供給其全體成員。倘若競爭果
真是如同非個人主義者能行得通的假設所推定的一樣永遠完全
自由，那麼，競爭與選擇機會之間不會發生可以衡量得出的差
別。不過，一個律師雖然和經濟學者相比，較為崇信「機會主
義」而不甚講求「基本」，但卻正因如此而更接近各個階級的
民眾日常所經驗的不平等。他所直接處理的是一個人的經驗與
其他個人所享有、管控或扣留不發的社會機會之間的關係，在

這個世界裡根本就沒有按照再生產成本的均衡，因為在這裡不會有完全自由、完全平等或完全敏捷的競爭。所以，我們必須轉向人們所面臨較為現實的另類選擇。這些另類選擇我們稱之為威逼的限度。

(六) 威逼的限度

此刻我們觸及到議價交易的第三個維度，我們稱之為議價能力，而不是再生產成本。我們的公式裡列得很清楚，賣主S絕不能強迫買主B給付多於$120的數額，因為超過了這個界限，則他的競爭者$S_1$就要取代他的地位而成為賣主。買主B也不能強迫賣主S接受少於$90的數額，因為到了這個界限以下，則他的競爭者$B_1$必然要向S購買。在這一筆假設的交易裡，$120與$90這兩個界限可以稱之為「威逼的限度」。在此種情況之下，這就是S與B享有*自由*但不平等機會的界限。

我們所設定的這兩個界限隔離得相當遠，在那些慣常把競爭認為自由、平等與敏捷的人們看來、這似乎極其荒謬，因為這種競爭使成本與價值一併接近於*再生產*成本的均衡點。然而這卻正是「中古時代」*公開市場*markets overt，行會與君主們在採行其管制貿易規則時所面臨的稀少性狀況，這樣的界限始終是議價能力較為薄弱的人們處境的典型，現代規則制定者所企圖加以處理的也就是這一類的界限。因為，在能接近的另類選擇所決定的威逼限度內，究竟價格被定於那一點呢？假如S的議價能力較強，對供給量有限的這種商品握有管控權，而他掌握的資源又極為富饒，致能堅持的時間比買主乃更久，那麼，他就能夠迫令價格上升，達到次強競爭者S_1所提供的自由機會這個界限。反過來講，假如買主B的議價能力較強，他要

買的又比S要賣的需要少，他就能夠迫令價格跌落到S可自由
另類選擇的以$90出售給B₁的界限。賣主S與買主B實際約定的
價格必然是在於$120與$90這兩個威逼限度之間的某一點。這
便是自由競爭與均等機會的差別。

在這裡發生了兩個重要問題，之所以顯得重要是由於現
代經濟學的兩個特徵：協同行動的興起與利潤差價的緊縮。過
去三、四十年之內這些問題開始以數不盡的種種變體來到了法
院，而必須設置一些委員會並賦予法院所不能享有的調查權。
這些問題就是合理或不合理的差別待遇、自由或公平的競爭以
及合理的價格。這種問題可以由我們的議價交易公式予以說
明。

這些問題之中的每一個都與說服及威逼的商談心理學有
關，並且都是要調研威逼的起點與說服的終點究在何處。在我
們的公式裡，假如這個公司S賣給B是按照$100的價格，而賣
給B₁是按照$90的價格，那就要發生一個問題，這較低的價格
是不是合理的服務成本，而從B得來的$10是一種有利於B₁不
利於B的不合理差別待遇。在這兩種情況之下，古典派的生產
成本或凱蕾與巴斯夏的再生產成本都不會發生。再不然，假如
B付給S$110，而付給S的競爭者S₁ $120，則其所發生的問題
就變為這$120是不是合理的服務價值，而$110是有利於S₁不
利於其競爭者S的$10差別待遇。我們可以看到美國最高法院
對差別待遇的經濟和倫理問題，與合理服務價值或成本的問題
在1901年以前始終未能獲得解答，[96] 在經濟上這就是確定威

---

96 參閱本書第十章，第七節，參、稀少性、富饒、穩定化。

逼的合理限度問題。在所有關於勞動、向借款人索取利率以及其他的交易之中，與此類似的問題發生得極多。這種問題的調研也許是以積極生產成本為應行考量的因素之一而表現出來，但其社會問題則是在於合理與不合理的差別待遇。

再不然，我們還可以考量自由與公平的競爭問題，這個問題在我們的公式裡看來，是和合理與不合理差別待遇問題分割不開的。每一問題的變動皆能使另一問題發生變動。這兩個問題可以回溯到幾百年前的*商人法*與普通法，但其在社會上成為極端重要問題則是現代有了大規模的公司與窄狹的利潤差價以後的事。在我們的公式裡，假如賣主S_1為他的商品要價\$120，卻硬說他的競爭者S是不公平的把價格削減為\$110；或假如B_1只能給付\$90，而抱怨他的競爭者B出價\$100，是要拉走他的勞動者或物料供給者，那麼，在任何一種情況之下都提出了自由競爭是不是公平競爭的問題。在賣主的競爭中所提出的問題是，此項服務的合理成本究竟為\$110或\$120，在買主的競爭中所提出的問題是，此項服務對於買主的合理價值究竟為\$100或\$90。無論其為生產成本或零售價格都不會進入這個問題裡來，除非是作為證明，因為當前有關的社會問題是在這筆交易之中，競爭者相互之間所採取的行動是不是公允。

因為我們上文所說的每種情況之下，都有合理價格這個第三問題存在，所以說服與威逼的商談心理學也就由此而產生，享樂派的經濟學者們也許要為之調解，認其為他們苦與樂教條中的一特例。然而這卻是完全不同的兩回事，享樂的概念在這裡是毫無意義的。但這是一種必須以金元為衡量的心理學。在說服與威逼之間必得要畫一條分界線，法院就是努力的要

想用金元與分幣畫出這條線來，這也是一個**合理價值**的問題。在一開始時必須設定一個合理性的準矩，作爲有意願買主與有意願賣主相互同意的價值，這就必須先確定一點，在這一點上才能說每一方都是在說服另一方，因需雙方都沒有威逼其對方。實際上，凡是一個採取社會觀點的法院在這一類的案件之中所要判決的是，每個人從整個社會的產品裡所取得的份額能不能藉由合理的服務成本與合理的服務價值，來合理化有人是否太多，及有人太少。假如一個人取得了較大的份額而不能證明其爲合理，那麼，他就是威逼了對方，而對方也就是受到了威逼。當然，一個人的*開支*必定相等於另一個人的*收益*。這是古典派的陳腐套語。不過，社會問題所要問的是，一個人在社會產品裡所付出的份額和另一個人所受取的份額是不是較大於「合理」。如果每個人所取得的份額皆能證明其爲合理的服務成本與合理的服務價值，則無論這個人的積極成本或積極收益爲多少，其價格總是說服的，而其價值也總是合理的。

我們必須承認，要想確定並衡量說服與威逼之間的這一點極其困難而複雜，並且一部分還要受到感情與感受的影響，不過，主要的則是受制於議價能力的歷史發展。正因其如是，所以這一點更顯得重要，因爲倘使決定的方式稍有不同，則數以十億金元計的社會產品可能隨著法官的意見從一個人或一個階級之手移轉到另一個人或另一個階級之手。實際上，根據這種**合理價值**問題的單次判決，可能決定數以百億計的金元因高昂的貨運與客運費率而歸屬於鐵道公司，或是因低廉的貨運與客運費率而歸屬於幾百萬的民眾。

我們已經使用機會成本與負機會價值這兩個用詞以分清

成本與價值各種不同的意義，不過，這兩個用詞也無非是伴隨著議價交易的商談中，爲人所熟知的事物之專門術語而已。一位薪金收入$5,000的大學教授接到了另一個學院的邀請，出價$9,000，於是他就開始和原先雇用他的這間大學談判，要求提高他$5,000的薪金。到最後他決定仍舊按照$5,000的薪金而留在這間大學裡。他的留下所花費他的是多少呢？這花費了他$4,000，但不是因爲他的成本*開*支增加了$4,000，這是因爲他選擇留下而失去另類選擇收益的$4,000。

　　不過，他爲這間大學服務的價值又是什麼呢？他的服務所值幾何？沒有人回答得出，除非是和他在別處地方所能受取的數額比較一下。這間大學花費了$5,000而獲得一項服務，這項服務在第二個另類選擇買主看來可以值到$9,000。這些話也可以說僅是商談之中的一些「論點」，因爲除了金錢以外還有其他的考量，而這些考量也都是論點。然而「論點」卻是商談心理學的本質。倘使除了金錢以外別無其他論點，則我們只能作金錢上的考量，和一般的議價交易情形相同，而將其作爲服務成本與服務價值的衡量。這位教授的「所值」爲$9,000，因爲他提供給這間大學的服務在別處地方能值到$9,000。這間大學獲得了一筆盈餘，因爲其所給付的數額比此項服務的價值少了$4,000。*就這間大學而言*，$9,000是負機會價值，或是這位教授的服務價值。這位教授對社區或整個社會是否值這麼多，這是另一問題——這是服務*合理*價值的問題。

　　相反的，這位教授對這間大學卻是捐贈了$4,000，因爲他選擇留下而犧牲了另類選擇收益的這個數額。在他看來，$9,000是他的機會成本，或是他提供此項服務所花費的成本。

　　此外還可以舉出別種例證。一個工資勞動者急需一筆現款使用，而他當時所有的僅是他的預期工資$20.00，要到兩星期之後才能領取。他讓渡他的工資給一個收購薪餉的經紀商，這個經紀商付給他$18.00。實際上，他因為在發放工資之前預先支用$18.00而付給經紀商的是$2.00，這就相等於兩個星期的時間付出了11%的利率，或是略等於月利率40%。如果按年利率計算，他付出的利息高達每年240%到280%。

　　由於這例子的震撼以及小額借款人與此類似的經驗，產生了服務*合理*價值的這個問題。因此而擬訂一種稱作統一的「小額貸款法」，根據此種法律創設了特許公司，凡是金額在$300以下的未付餘額，准許收取月息3.5%，或是年息42%，倘若小額貸款超過了這種利率便認為非法。這種法律已經有幾個州採納施行。這是貸放款項的公司為貧困小額借款人服務的*合理*價值標準。這也就是一個有組織的社會對貧困借款人所提供的一種另類選擇，作為社會發言人的立法機關認為這辦法是合理的。

　　然而這種法律所給予人的第一個印象是，這幾個州已經把高利貸的利率合法化了。不過，假如考量一下這類借款人從前所僅有的另類選擇是什麼，他們又不能向商業銀行按照正常法定利率借取款項，那麼，月息3.5%的利率總比從前的另類選擇實質上要輕得多。在上述的這個例證裡，如果按照3.5%的月息計算，則使用$18.00兩個星期所要給付的利息約為32個分幣，而不復再是$2.00。

　　這又是一種特例的負機會價值，或是說，使一個人有機會取消一筆較高另類選擇開支的價值。3.5%的利率在和信用良

好的人們所付給商業銀行的利率相比雖是高昂的重利，但在一個沒有信用而身處困境的人看來，這種利率總比其次劣的另類選擇利率要輕得多。他必然比在他那實際經濟狀況之下的日子要好過些，雖然3.5%的月息是他的極大積極犧牲，然而總比20%或40%月息少多了。[97]

　　在這裡我們毋須更進一步為機會、競爭與價格彼此之間的依賴關係再舉出例證。我們的公式可以普遍應用於所有的事例。這些事例以極其分歧繁複的形態一再浮現，因為這三種因素之中的每一種，在數以十億計的交易裡雖是變化萬千，我們這個公式皆能為之提供線索。我們可以由古典派與享樂派經濟學者們的假設性歷史漸次導向這個公式。

(七) 由魯濱遜轉為運營中的業務團體

　　我們可以從博姆-巴維克所假設的歷史說起，假設魯濱遜是單獨一個人住在一個海島上。這是一種極其適當的方法，可

---

[97] 關於「小額貸款法」可以參閱雷音（Ryan, F. W.）所著《高利貸與高利貸法》（*Usury and Usury Law*，1924年）；金氏（King, W. I.）所著《新澤西州1929年的小額貸款情況》（*The Small Loan Situation in New Jersy in 1929*），由特藍頓市的「新澤西州工業放款業者協會」出版（1929年）；費雪（Fisher, C. O.）的「小額貸款問題：康乃狄格州的經驗」（Small Loans Problem: Connecticut Experience），載於《美國經濟評論》第ⅩⅣ期（1929年），第181頁；哥倫比亞區華盛頓市「美國個人財務公司聯合會」所刊《個人財務新聞》（*Personal Finance News*）；及湯森特（Townsend, Genevieve）所著《消費貸款在威斯康辛州》（*Consumer Loans in Wisconsin*，1932年）。

以把社會在實質消除。魯濱遜必須工作然後才有得吃。吃是效用，選擇兔子以替代魚就是選取效用較高的兔子而以捨棄效用較低的魚作為犧牲。[98]取消魚就是選取兔子的效用成本，二者之間的差額就是盈餘效用。

現在再把這句話改依凱蕾與巴斯夏的說法講一遍。魯濱遜必須取得兔子，因為事實上根本就沒有魚。他可能用陷阱誘捕或徒步追逐的方法取得兔子。他選取了陷阱誘捕的方法，認為這方法比較簡便。他「*節省*」了徒步追逐的勞動。對他而言，這種取消的勞動數額就是陷阱捕兔的較易勞動所具有的負機會價值，而陷阱與追逐二者之間的差額就是純盈餘的「*節省*」勞動。

但是，再假設這個海島上住著兩個人 —— 魯濱遜和禮拜五。每個人都沒有任何另類選擇機會，他們必須互相交往，否則的話就得要依賴自身孤獨的勞動過活。沒有政府執行他們的權利，或保護他們的自由。每個人皆必須憑藉自己的力量，而每個人作為自己產品而持有的事物也就是另一個人所需要的事物。

在想像之中所可能有的兩種威逼，我們可以分別稱之為**強迫**與**威逼**。兩個當事人都要藉助於暴力。較強的一個搶劫較弱的一個。強迫。到後來，不復再施用暴力，較強的一個以暴力的恫嚇持續來掠奪較弱的一個。強制不僅是暴力 —— 這也是

---

98 參閱博姆-巴維克的《資本與利息：經濟學說批評史》（1922年版），第278頁以次；及《資本積極理論》（*The Positive Theory of Capital*，1890年斯馬脫譯本），第三編，論「價值」。

暴力的恫嚇。暴力是一種另類選擇，是一種誘因。被強制的這個人受到兩種另類選擇的提供，而選擇其中比較不太難堪的一種。我們也許要說他沒有選擇，但是他的確有。他選擇不甚痛苦的工作。他避開暴力的較大痛苦，對他而言，就是魯濱遜所提供的服務價值，提供給他較少的奴役痛苦。禮拜五獲得了盈餘，過得比較舒適一些。

　　不過，再假設每個人的體力皆能與對手相匹敵。意即有了兩個魯濱遜。暴力與暴力的恫嚇因均等而無效，每個人都想望或需要另一個人所生產及持有的事物。每個人都有同等的體力把持這些事物而對另一個人扣留不發。這時，每個人必然要向對方提出另一套的另類選擇。此刻的另類選擇不再是暴力的強迫，這是縱然不能獲得自己所需要而為對方扣留不發的事物也得要活下去的稀少性。

　　然而，稀少性的力量還是和強迫的力量相似，也可能不公平。這就是我們的**威逼**。這要看對方當事人的想望與資源而定。因為資源只是滿足相對想望的工具，也因為想望的滿足在經過一段時日之後就要把資源耗盡，所以每個人決定交換比例的力量要看他有無較久的耐力，能否等待對方的屈服而定。一個具有較大資源與較少想望的人能比對方等待得更久些。他有較大的富饒力量，也就有較持久的等待力量，到最後，能把一個較高的價值加在自己的產品上，以便交換對方較多的服務。因此，假如扣留不發的肉體力量相等、再假如別無其他的另類選擇機會，則交換價值是取決於占有物的相對稀少性及其相反的經濟等待力量。不過，在其中的任何一種情況之下，每個人最後締成交換時所提供給對方的服務價值是一個較大的痛苦，

大於他在實際上把這事物給予對方所忍受的痛苦。他所避開的
這個較大痛苦就是提供給對方的服務價值。這就是李嘉圖的比
較成本，也就是凱蕾與巴斯夏的服務價值。

最後，再假設與想望相關的資源也相等；每個人都有同
等的等待力量；稀少性的經濟力量已經因均等而無效，和體力
的強迫因均等而無效一樣。這時，每個人都必須藉助於道德
的力量，我們稱之爲「說服」。每個人都必須把一項服務提供
給對方，而對方也可以自由的予以拒絕，所以，每個人要想
克服對方就必須訴之於對方的自由選擇；他必須依賴「商譽
（善意）」、必預依賴說服；雙方皆已達到法理上的「理想
典型」，達到了「有意願買主與有意願賣主」的「心智的會
合」。

但是，假設魯濱遜和禮拜五的說服能力互不相等。這一個
比另一個更擅長於推銷。這時，仍然有更進一步的不平等，就
是欺詐、虛僞、愚昧、笨拙的不平等。這許多的不平等在想像
之中也可能因均衡而消除，比方說，希臘人遇到了希臘人，或
是猶太人遇到了蘇格蘭人時便是如此。

我們用這種消除方法已經分析了心理學上的四個階段。
第一個階段是人類對大自然力的關係，在這個階段裡效用成本
與負效用價值這兩個用詞似乎是恰當的專門術語。第二個階段
是人對人的關係，在這個階段裡的恰當用詞似乎是機會與負機
會。不過，在這個階段卻需要用到三種不同階段的人類能力：
肉體力量、經濟力量與道德力量。我們把第一種稱之爲強迫，
第二種稱之爲威逼，第三種稱之爲說服。強迫是肉體力量的直
接或恫嚇的壓迫。威逼是經濟力量扣留不發的間接威逼。說服

是道德力量的誘導。

　　每一種力量都可以用假設的均等而陸續的假設予以消除，因為在假設的均等推定其達到平衡時，這些力量都不能自動的表現出來而形成為武力、權力或威逼。

　　不過，要想達到這種理想的均等，我們必須離開這個海島而另行從頭說起。假設在魯濱遜與禮拜五的四周圍繞著較多的民眾，並且還有一個政府統治他們。這時，肉體力量的強迫已經均等了，這並不是由於假設，而是由於政府的統治。禮拜五可能還是魯濱遜的奴隸。這也不是因為魯濱遜在體力、經濟或道德方面較為優越，而是因為這個國家逼迫著禮拜五不得不服從，這個國家同時也免除了魯濱遜對他那可疑的優越力量的依賴，並且排除了第三者對禮拜五所提供的另類選擇機會。無論魯濱遜是說服、威逼或鞭打禮拜五都沒有分別，因為禮拜五是一件物品，而不是一個市民，他們二人之間的關係是命令與服從的管理交易，而不是買與賣的議價交易。

　　不過，我們還可以再假設國家准許禮拜五享有其身體與財產的權利——通過了憲法第十三與第十四條修正案，把禮拜五轉成為一個市民。站在經濟的立場上來說，其所賦予的就是同等的體力，可以把服務和產品扣留不發。在想像之中肉體力量已經因市民權與司法權的一律平等而消除。私人的暴力與私人暴力的恫嚇受到了禁止，只有統治權才能實施形體強迫與恫嚇。在此刻每個人皆必須依靠經濟耐力的威逼，直至對方屈服。

　　然而一個國家卻無法實施經濟威逼的平等。其所能做到的至多也不過是設定這種威逼的最高與最低限度。要想強制實

施經濟的平等，那就必須強制實施想望的平等、痛苦的平等，甚至必須強制實施對事物的價值意見的平等。在想像之中這個國家也許允准資源的均分，如同蘇維埃政府的現行做法一樣，透過共產主義的配給而廢除私人的議價。不過，資源雖是可能使其成為數學上的均等，而以會計的假設貨幣作為衡量，然而在心理上這種資源絕不會均等，因為個人的想望與厭惡各不相同，而這種不同立即使事物的價值有所差別，雖然其假設在數量與品質上是平等。

縱然准許私人有權可以議價，這個國家也無法使說服平等。說服是一個人不用強迫或威逼而克服另一個人的心理力量，每個人都可以用這種方法誘引對方按照有利的交換比例提供其服務。如同想望與厭惡誘發行動的力量有程度之別一樣，說服力引起行動的力量也有強弱之分。實際上構成一個人的個性的，正是他在渴望、厭惡與推銷技能方面的差別。一個國家非但不能使這種差別歸於均等，並且為避免其趨向均等而擴大個性的範圍起見，這個國家還可能特地設定威逼或欺詐的最高及最低限度，假如超出了限度，那就不許用經濟力量來替代個性。倘使一個國家在個性的說服與經濟力量的威逼之間沒有設定這種極限，則私人的聯合組織必然要在商業倫理、行業工會倫理、專業倫理、商務或勞動仲裁等名義之下為之設定。[99]如果法院接受這些規則並付諸實施，則習俗即成為普通法。

因此，我們此刻要把話題轉向法官與仲裁人有關議價交易的心理學。這當然是屬於歷史特質，而不是前面假設的特質。

---

[99] 參閱本書第十章，第七節，柒、個性與集體行動。

由利益對立而起的爭執必須迅速的爲之判決，其目的並非完全
在於伸張正義，而是在於避免無政府與暴力的狀態，以保持交
易的繼續進行。正義是歷史上與邏輯上的一種事後見解。所
以，正如邊沁對布萊克斯東提出抗議時所說，法官們的心理學
是在於遵從優勢的習俗與現時的實際狀況，而不在於追求幸福
與正義。

　　歷史上十七世紀的英國是一場大鬥爭，奏凱於1689年，
其目的在於使法官和國王的統治分開，法官可以站在當時稱之
爲共和的公共立場上自由形成他們的意見，與當時被認爲屬私
人立場的國王及朝臣相抗衡。從那時代起，英美兩國法院所代
表的就和我們所檢驗的經濟學說採取了同一個社會立場。站在
這個立場上，由李嘉圖首開其端，提出了一個經濟問題，那就
是要問，在社會產出之中作爲社會成本以誘導個人們貢獻而歸
於各個人或各個階級的份額是否和各個人或各個階級對總產出
的貢獻成比例；換句話說，就是要問私人財產是不是與私人對
共和所作貢獻成比例。

　　然而社會財富的分配之所以要請求司法爲之裁決，是因
爲個人的交易之中含有先天性的利益衝突。分配是以個人的財
產、自由與個性爲其前提。所以，法院與仲裁人必須漠視個
人所獲得的*淨收益*。在發生了威逼問題時，法院不得不採取比
較方法來斷定這些引起爭執的交易之中所獲得的*總收益*或所負
擔的*總開支*和類似交易之中的慣例是否相似。比較成本與比較
價值的這項原則就是由此而產生，我們在上文已曾分別稱之爲
負機會價值與機會成本。這些用詞表面上看來雖是有點似是而
非，但，當一旦理解其爲社會的而非私人的衡量方法，則此等

用詞也就不足詫異。這也是一種推理方法，既不是從心理經濟學者的個人苦與樂觀念推論，也不是從無政府主義者的倫理與正義觀念推論，而是用社會方法客觀的確定何者爲慣例、何者爲優越、及因此何者爲合理。

如果法院裡的法官們覺得有爲他們的意見提出理由來的必要──在英美兩國或多或少都有這樣的情況，他們的心理學就得要升高到的知性水準，凡是他們本能的、直覺的認爲可以應用於當前事例的公眾福利原則，必須能使其理性化、正義化、社會化。低級法院可以免除對有關社會問題予以思考的必要，因爲這些法院所必須做的，僅在於遵從有案可查的明確先例與前例，再不然，如有疑義還可以向上級法院提出建議。美國的情形更甚於此，所有立法機關與國會訂定的法案，對最高法院都是一些嘗試性的建議，只能使最高法院認定何種行爲與公眾的利益有關。其所以然的理由是因爲縱使法院的職責僅限於判定立法機關的法案是否與憲法相抵觸，但是成文的憲法卻具有高度的彈性，只須變更其中的字詞意義就可能很容易並且實際上也時常變更了憲法。

從法院裡這種起源的、制度性的心理學產生出某些通則、原則或準則，到了最後，再經過高級法律心智的多次錯誤及嘗試，終於使其成爲公式化，認爲足以使先前幾百年來爲迅速平息爭議所作直覺的判決互相一致及調和。所有的這些原則之中有一項最是普遍的適用，公認爲足以調解現行買賣制度之下大多數有關公眾利益與私人利益的爭議，這一項原則就是把自由議價描述爲一個有意願買主與一個有意願賣主的心智會合。再將其與慣例及有主導力的例規作比較，自願性的這個條

件更顯得明確；不過，一般說來，這個條件無非是把現時認為威逼、強迫與非倫理的說服予以合理的消除而已。[100]

試將此種推理方法應用於我們的交易公式，假如賣主S是按照$100的價格賣給買主B，而以同樣的商品按照$90的價格賣給B_1，則我們的論斷必然是不均等的機會、不平等的自由或差別待遇。對社會這種做法可能有，也可能沒有重大關係，要看其是否慣例而定。如果認其為慣例，則給予一個機會均等的意義。

同樣的，假如S按照$100出售而$S_1$按照$120出售，我們的論斷或許是不公平的競爭，其對社會的重要性也要看其是否慣例而定。如果認其為慣例，這也博得公平競爭的經濟稱號。

由這兩個例證我們得到兩個用詞，均等機會與不均等機會。均等機會是合理的服務價值或合理的服務成本；不均等機會是不合理的服務成本或價值。

最後，假如S占B的便宜，強迫他給付$120，因為這是他最好的另類選擇機會，或是假如B占S的便宜，強迫他接受$90，因為這是他最好的另類選擇，我們或許要推斷在這裡有顯著的威逼，不過，其對社會的重要性仍然要看和那些被認為有主導力及慣常交易相比的結果而定。

在我們的議價交易公式裡可以看到三種可變的維度。我們必須注意其中包括來到法院求取合理性判決的各種經濟問題。這些問題就是差別待遇，或均等與不均等機會問題；自由競爭

100 參閱葛露莎對謝爾曼的訟案，檔號105 Wis.263（1900年）；及康芒斯的《資本主義之法律基礎》，第57頁。

或公平競爭問題；以及議價能力平等與不平等問題。

我們又看到任何一筆交易的四個參與者之中，任何一個參與者都可能提出這三種問題之一或全部。我們的這位賣主S也許要控訴B，其理由為差別待遇或扭曲，並且可能要控訴S_1，其理由為不公平競爭；取決於站在什麼觀點，交易的三種任何一種看來最公然的觸犯而定。其餘的三位參與者亦復如是。

除此以外，我們還看到如果對這三種問題之一提出了裁決，則其餘兩種問題的經濟數值也必然隨以變更。對公平競爭的裁決將修正差別待遇與價格，對其他兩種問題的裁決可以依此類推。我們在下文由假設轉到真實歷史時，一筆典型交易的四個參與者之間以及這三種價值維度之間在功能性關係上將顯現出來。[101]

(八) 議價能力 [102]

在協同經濟行動尚未獲得法律支持以前，議價能力始終沒有表現為經濟理論的顯著論題。協同行動的兩種主要方法是共同的與約束的。在共同的形態之下個人授權給一個董事會和一個經理從事於議價，這個議價在法律上足以約束各個股東。個人的議價被取消了。在取締的方式之下所有的參與者，無論其為個人或公司，皆必須服從規則、法律或規定，這些決定了各個人或各個公司議價能力的限度。個別的議價依然存在，但卻受到限制。

---

101 參閱本書第十章，第七節，參、稀少性、富饒、穩定化。

102 這一段是得到允許，由《社會科學百科全書》（*Encyclopedia of the Social Sciences*）轉載得來。

　　個人主義、共產主義與無政府主義的經濟學者們所假設的前提之中，皆未曾包括議價能力這個前提。亞當‧史密斯的經濟理論是以個人自由、平等與財產的合法權利爲基礎，他強烈的反對上述兩種形態的協同行動。爲反對協同行動起見，他設定一種自然神教的、準機械式的競爭，以管控個人們的議價。[103] 他所猛烈抨擊的「公司」是屬於約束的一類[104] —— 限制其會員個別議價的行會。所有的關稅、獎勵金以及政府許予個人或階級享有的重商主義貿易特權皆在批評之列。凡此種種皆增強個人或國內市民協同的議價能力，把所要袒護的個人地位抬高不受國外競爭的威脅。亞當‧史密斯這種個人主義與機械主義的前提主宰所有古典派與心理學派的經濟學者。無政府主義者更趨於極端。共產主義的經濟學者們則是完全予以廢除，他們的前提是把個別議價與協同議價一併消除，而代之以國家的配給，與議價完全背道而馳。

　　在個人主義、無政府主義與共產主義教條流行的期間絕不會產生一種科學理論有關個人與社會之間的中間程序，這就是說，個人協同議價的能力。所有這一類的行動皆被個人主義者與無政府主義者斥爲壟斷式，而被共產主義者斥爲一時姑息。

　　然而到了此刻，1850年代的十年之內，在英美這兩個國

---

103 參閱奈特（Knight F. H.）的「現代資本主義問題的歷史上與理論上爭議」（Historical and Theoretical Issues in the Problem of Modern Capitalism），載於《經濟與商業歷史期刊》（*Jourhal of Economic and Business History*，1928年11月），第121頁。

104 這是在財團資本主義之下的名稱，參閱本書第十一章。

家——不但是亞當密斯、馬克思或普魯東所未能預料，並且
是後來的經濟學者與法院所未之前見——所有的立法機關都承
認一種新的合法權利：除了自由、平等與財產權利以外一種普
遍的結社權利。亞當‧史密斯與反壟斷主義者所要求予以禁止
的公司已經不再禁止。一般的公司法皆使其普遍化，而不再是
由立法機關的特別法案所創設。在同一時期的英美兩國，勞動
組織放棄了合作生產或社會主義的觀念，而採取集體議價的觀
念。

　　上述的這種結合權利已經成爲有志於結合的人們一律平等
的權利，並非由於這種設計會增強他們的議價能力，而是由於
其會增進他們的生產能力，只須准許責任的有限，就可以吸引
資本。工會的存在也獲得了默許，一直到二、三十年之後發覺
這些工會往往藉此取得新的議價能力爲止。差不多是在同一時
期，又發覺這些公司也是因協同行動而取得同樣的議價能力。
於是在十九世紀末葉的美國，我們又有一段時期施行反托拉斯
法，對公司與工會一併適用。

　　在這種法律之下有一段猛烈的追訴時期，但是過了這一
段時期以後，法院終於發現急劇廢除協同行動架構的努力，其
所打擊的竟然是財產與自由的基礎——把別人所必需而非其所
擁有的事物扣留不發的權利。因此之故，在1911年[105]判決詞
中採用了「合理的貿易限制」的字詞，重複顯現十七世紀普通

---

105 新澤西州及其他各地的**標準煤油**公司對美國政府訟案，檔號221 U.
　　S. 1（1911年）；美國政府對**美國菸草**公司訟案，檔號221 U. S. 106
　　（1911年）。

法上與此類似的一項變革。隨著1911年合理性觀念的復活之後，在1920年解散**美國鋼鐵公司**的訟案裡，[106] 又發現這公司的實際行動僅是合理的貿易限制，於是在法律上也認可了議價能力。

在有關維持價格的案件裡，這一種的認可更趨於明確，就發現如果把維持價格的禁令施行到有效的極限，則公司對任何一個前來交易的買主皆不得不交出其商品，這不但是剝奪了公司的自由，並且政府還得要為之訂定價格。[107] 這一點在公用事業方面已辦到，在價格是由法律規定時，也就必須發布命令，強迫服務。不過，在維持價格的案件裡，扣留不發的權利所受限制僅限於合理貿易限度以內。在有關勞工的案件裡，過去也曾有與此類似的發現。對勞工們發出特殊的履行命令，縱使他們已經訂有工作契約，禁止他們扣留他們的服務而不發，是違反美國憲法第十三條修正案所保障的人身自由。[108] 凡是營利的企業，如果訂有交付商品的契約，在沒有類似違反憲法下，就可以強迫其履行。然而，除非是公用事業，假如要強迫

---

106 美國政府對**美國鋼鐵公司**訟案，檔號251 U. S. 417（1920年）。

107 **大西洋與太平洋茶葉公司**（Great Atlantic and Pacific Tea Co.）對**麥乳精公司**（Cream of Wheat Co.）訟案，檔號224 Federal Reports 555（1915年）；美國政府對**科爾蓋特公司**（Colgate and Co.）訟案，檔號250 U.S.300（1919年）；**聯邦貿易委員會**對**櫸子包裝公司**（Beech Nut Packing Co.）訟案，檔號257 U. S.44l（1922年）。

108 這些案件極詳盡的包括在衛特（Witte, E. E.）所著《勞動爭議的管理》（*The Government in Labor Disputes*，1932年）一書中。

其訂立此種契約，這卻不能認為合法。所以，扣留商品與服務而不發的權利既經法律所承認，則按照法院的合理性觀念所認定，但與反托拉斯法相違的合理貿易限制，在法律上已經取得了地位；而與其相等的議價能力或隱形財產在經濟學上也取得了同等的地位。因為，貿易限制是一種議價能力，而合理貿易限制也就是一種合理議價能力。

過去三十年的這一段過渡期可以說是容許合理議價能力程序進入法律與經濟學範圍之內的時期，此項程序的本身在穩定工業、穩定物價、有秩序營銷、穩定就業或生產的名義之下，已經投合了群眾的心意。這一類的穩定計畫投合了一般人對無限制個別議價加以限制的願望。「穩定化」與「有秩序營銷」這些用詞的含義和勞動經濟學從前所謂「在競爭範圍之上議價能力的平等化」的含義相仿。在這方面，其目的就是要阻止相互競爭的雇主與工人們個別議價，來減低工資與增加勞動時數，而不利於那些給付較高工資或工作較少時數的競爭者。實際上，這時為管理交易制定規則及規定的，也就是個別的或集體的議價交易，在「科學管理」這一門新興學科之中，這已經成為一個特殊的主要論題。

這種穩定計畫在商業倫理的名義之下擴展到了商業社會，其目的是要藉助新近獲得認可的議價能力以阻止競爭者的個別議價，藉削減價格來盜取顧客、藉提高工資來盜取勞動。這時，產生了一種信念——這種信念是早年的經濟學者們未曾想到的——認為民眾的購買力與勞動力的供給量俱屬有限。所以「推己及人」（live-and-letlive）的新倫理教條就是說，正當的程序是在有限的購買力或有限的勞動力之中只可取得合

理的份額——個別的議價者不得再施行過去的競爭方法，以低廉價格奪取競爭者的顧客，或是以高昂的工資奪取競爭者的勞工。要想做到這一點，必須先能穩定化，必須先有合理的貿易限制。上文所引述的解散鋼鐵公司與維持價格等案件的裁決爲合理議價能力的理論準備了一條清楚的道路。

　　因此，在美國今日實際上所能行得通的理論不再是往日的個人競爭、個人財產、個人議價的自由、自由競爭的機制這些理論，甚至也不是共產主義禁止議價的理論。這已經是合理議價能力的理論。經濟學者與法院所面臨的理論可以分做四類：差別待遇，或個別議價的機會不均等；公平競爭，而不是自由競爭；合理價格，而不是名目價格或自然競爭價格；以及不同種類的議價能力，例如：勞動者、雇主、農人與資本主所受到的平等或不平等待遇。

　　如果要概括地敘述合理議價能力這個教條在歷史上的發展，那就涉及類比並引證若干案件，來論述其中有關合理性的經濟面貌。不過，我們只須把各種議價能力加以分類而注意其歷史上的發展也就行了。最先以集體的行動趨於後來這種合理議價能力的是一些勞動組織，因爲這些組織首先感覺到工作數量的有限及其相應而至的差別待遇與毀滅性競爭所帶來的困擾。其次是鐵道公司和其他公用事業在這個教條下被法律強迫接受，因爲這些事業的服務供給量顯然是有限的，而其規模龐大的公司形式又足以使其自訂規則進行貨主與旅客的個別議價。再其次是製造工業也進入這種理論的範圍內，在上文所引述的案件之中這個問題達到了最高潮。然後是一種最廣泛的產業，銀行業產業，也在**聯邦儲備條例**的施行之下納入了此項程

序，這個條例授權給八千家銀行從事於協同行動，由十二家**儲備**銀行指導，規定收取的費率與銀行信用發放的數量。再然後是農人，藉由合作意義的擴大，從生產合作擴大爲銷售合作，在鬥爭過程中運用他們自身的集體議價能力，爭取世界購買力較大的份額。最後，聯邦政府頒行了「全國工業復興條例」以及若干有關「農業」的條例，其法典與規章直接受到總統的指引，實際上這是把合理性的這項教條整批的以集體行動全面推廣到製造業者與農耕業者。

在所有這許多事例之中，或多或少可看到一種歷史上的轉移，由過去經濟學者與法院所高度愛好的增加財富生產的協同行動，轉到過去他們所高度厭惡的限制財富生產的協同行動。這就是由生產能力轉到議價能力，議價能力在獲得法律的授權，成爲合理的貿易限制。在公司與工會方面，我們已經注意到這種轉移。在上文所說農民合作的意義由農業科學的改進轉爲議價能力的改進，這方面我們也看到了同樣的過程。**聯邦儲備制度**創始於1913年，其主旨在於「營業與商務的融通」，但是到了1922年又轉爲限制會員銀行在私人交易之中的自由貸放，這種自由貸放在1919-1921年之間表現得極其悲慘。[109]

我們又看到歷史上這樣的轉移發生在議價能力，不但是趨向公司形態的統合、合併與控股公司，並且更多的是趨向限制形態，訂定個人與公司在買、賣、貸放、雇用以及排除競爭之中議價的最高或最低標準。由此觀之，美國對古典派自由貿易

---

109 參閱本書第九章，第八節「世界給付的社會」。

的經濟教條，第一次的破壞是1842年的保護關稅，增強了國內製造業者的議價能力。與此相一致而為時在八十年以後的是移民入境的限制，顯著的增強了已有組織與未經組織的勞工議價能力。

在上述的事例之中政府所採取的是積極行動。但在其他事例之中政府所採取的卻是消極行動——諸如**聯邦儲備制度**、競爭性工業的穩定化政策或農民合作社與工會的集體議價之類——政府的這種消極行動是准許民眾憑藉其議價能力去做一些被認為合理或無關重要的事務，而對那些被認為不合理或有害於公眾的事務則加以積極的制止。在政府許可的消極情況之下，私人協同行動仍能繼續生效的僅是一些經濟制裁，例如：利潤的喪失、擯斥於市場之外、就業的喪失等，這些制裁是專對那些企圖脫離而獨立行動的頑固之徒而發。

對於強迫實施這一類經濟制裁的許可，見於1914年所頒行的**聯邦貿易委員會條例**，這個條例附有但書，規定「應付競爭」不該視為非法。在應付競爭的許可之下，甚至恫嚇要應付競爭，一個競爭者倘使採取獨立行動，很可能在經濟上對他本人更為不利，反不如順從別人所共同遵守的例規與價格之為得計。按照這個但書的規定，凡是較為弱小的競爭者「追隨於其領導人之後」，並非不合理的貿易限制——這位領導人之所以能取得其領導權是由於他的威信，或是由於他的經濟能力足以把價格削減到弱小競爭者僅能維持生活的水準以下。所以，集體議價能力的經濟威逼制裁，縱然不是憑藉公司的形態，而僅是採取穩定化形態，也能增高其效力。

因增強議價能力而附帶發生的其他例規就是個人運用較新

及更爲精確的統計預測方法，和他們的競爭者互相提攜更敏捷的制止或擴大生產。近年來，對高昂保護關稅的抗拒幾乎完全消失，代之而起的是普遍的互相標榜（log-rolling），農民對製造業者的議價能力讓步，以換取農民議價能力的高度保護，由此可知議價能力的原則已獲得廣泛而一致的接受。同樣的，在發現新的土地可供耕作或新的礦產或油井可供開採，並因此而減低了天然資源擁有者議價能力時，天然資源的保存現出一種新穎而有利害關係的補充。

與此類似的其他事例還可能列舉出來。在這些事例之中，協同的議價能力配合經濟威逼的制裁已經升高到卓越的地位，和從前爲人所恐懼的政治力量配合，其實質的強迫比較起來，更加廣泛而普遍，因爲這種議價能力的制裁實際上管控整個國家。實際上，國家已經形成爲議價能力的工具之一，或是藉由這個國家本身直接發佈的法令，或是藉由其所認可的協同行動。正因其使用了這一種政治工具，所以議價能力的鬥爭達到卓越的地位。由自由、平等、利己、私有財產與競爭機制的前提演繹而成的自由貿易與不干涉主義等經濟理論，已經屈服於合理使用議價能力這種切合實際的理論之下，這種議價能力可能是由各個人、各個階級或各個國家平均或不平均地分別享有。

此等協同議價能力的理論是針對著經濟的、法律的與倫理的問題而發，這許多問題皆與不公平的差別待遇、不公平的競爭、不合理的價格，以及對製造業者、農民、勞動者、商人、銀行業者或其他聯合議價能力的不平等待遇有關。由於議價能力取得其新的優勢之後，湧現出這許多的問題，最近引起了高

等法院的空前注意，注意到價格、價值、例規與交易在經濟、
法律與倫理方面的理論。[110]

第七節　李嘉圖與馬爾薩斯

　　在亞當‧史密斯以後，隨著馬爾薩斯與李嘉圖的來臨，
十九世紀的經濟科學就開始意見分歧，其結果產生了今日稀少
性與效率之間的區別。馬爾薩斯和李嘉圖是親密的好友，然而
他們兩個人卻沒有任何相同之處。十九世紀的政治經濟由於他
們的對話與著述而發展，其時正值滑鐵盧戰役之後，普遍的不
景氣、普遍的失業。

　　馬爾薩斯被人稱爲頭腦糊塗，李嘉圖被人稱爲經濟學的最
偉大邏輯家。不過，馬爾薩斯之所以糊塗是因爲他覺得政治經
濟這個論題異常之複雜、異常之矛盾。李嘉圖之所以有邏輯是
因爲他避開繁複性而假設一項極其簡單的單一原則，並由此原
則導出一切事物，然而他的這項原則實際上並不單純，其中含
有物質與擁有權的矛盾。古典派經濟學、共產主義經濟學、工
團主義經濟學、單一稅經濟學都是在邏輯上承襲這種矛盾。這
方法是一個難以解答的謎——怎樣才能把馬爾薩斯的繁複性與
李嘉圖的邏輯很簡單的合併起來，他們每一個人都是新洞見的

---

110 戴威森（John Davidson）的《工資議價理論》（*Bargain Theory of Wages*，1898年）是企圖建構議價能力的理論所作最早而值得注意的努力。其進一步的發展可見於歷史派與制度派經濟學者們的理論中。參閱康芒斯的《資本主義之法律基礎》。

奇才；但是，由於他們慣常所假設的社會哲學有所分歧，所以各人的洞見皆不免有所偏頗。馬爾薩斯是一位福音宣教師、一位人道主義者，目擊當時的貧困與失業狀況而感到痛苦。李嘉圖由於他在**證券交易所**裡的機敏而成為百萬富翁的資本家。馬爾薩斯是一位有神論者，李嘉圖則是一位唯物論者，他們是由相反的角度來觀察同一事物。

他們的歧異是從他們的地租理論開始而擴展到他們的勞動理論、供需理論與失業理論。每個人差不多都是在同一時間發現自己的地租理論，不過，馬爾薩斯發表他的理論是在1815年，而李嘉圖發表他那相反的觀點則是1817年的事，對於李嘉圖的說法，馬爾薩斯於1821年在他的《政治經濟原理》這部書裡予以答覆，李嘉圖在1816年到1823年之間寫給馬爾薩斯的信件可以證明他們二人是在同時討論此一問題。[111]

他們的地租理論可以分別稱為馬爾薩斯的**差別富饒**理論與李嘉圖的**差別稀少性**理論。實際上二者是同一事物。他們兩個人採取了相反的供需觀點——這兩種觀點一直持續到今

---

111 參閱馬爾薩斯所著《論地租的性質與發展及對其管制的原則》（*An Inquiry into the Nature and Progress of Rent and the Principles by Which It Is Regulated*，1815年）；《政治經濟原理及其實際應用》（*Principles of Political Economy Considered with a View to Their Practical Application*，1821年）；《李嘉圖致馬爾薩斯書翰集》（*Letters of David Ricardo to Thomas Robert Malthus*，1810-1823年；博納爾於1887年所刊行）；《李嘉圖全集》（*The Works of David Ricardo*）（馬卡羅和所刊行）。

日依然存在，李嘉圖的理論經過了馬克思與泰勒（Frederick Taylor）工程師之手變成科學管理的效率理論，再經過了亨利喬治之手變成「單一稅」。馬爾薩斯的地租理論經過了心理學派經濟學者們之手變成克拉克所特有的生產力理論。

馬爾薩斯的地租理論是亞當・史密斯與魁奈的理論所激發出來的，據馬爾薩斯說，這兩位學者使地租具有壟斷的特性。[112] 不過，馬爾薩斯所感到興趣的是，維持有利於農業與地產利益的對小麥保護關稅，而李嘉圖所感到興趣的卻是小麥的自由輸入，這樣才能使製造業者得以減低其生產所需的工資成本。

馬爾薩斯把壟斷分做三類：人為的壟斷，例如專利權；大自然的「總」壟斷，例如法國的某些葡萄園；及部分的壟斷，「恰當的適用」於地租。[113]

馬爾薩斯說，土地的稀少性不足以說明原料產品價格高昂的理由。物價高昂的理由以人口原則為之解釋。肥沃的土壤所產出的生活必需品，其數量多於維持這土地上所用人工生活之需；按照他的人口論說來，這些生活必需品具有一種特殊質性，「足以增多需求者的人數，與產出的必需品數量成正比」。

因此，這種肥沃度的質性和人為的壟斷或大自然的總壟

---

112 參閱馬爾薩斯所著《論地租的性質與發展及對其管制的原則》，第3-7、15-16、20等頁。

113 同前書，第8頁。在他的《政治經濟原理》，第110頁以次又復述一遍。

斷有別，因爲後者不能創造其本身的需求，而土壤的肥沃度卻
有此能力。所以，壟斷者所受取的價格通常是因富饒而減低，
因稀少而增高，因爲「需求是在生產的本身以外，及獨立存
在的」。但是，「就嚴格的必需品而論，需求量或需求者的
人數，其存在與增加必得要看必需品的本身是否存在與增加而
定」。食物與其他必需品價格之所以高昂、之所以超出生產成
本的原因「必須求之於這種物品的富饒，而不可求之於這種物
品的稀少性」，並且正因其如是，故而「在本質上和那些由於
人爲的……與大自然的……壟斷而起的高昂價格有別」，後述
的這種高昂價格，其原因必須求之於稀少性，而不可以求之於
富饒。

有了這樣大的差別，馬爾薩斯就發問道：地租難道並非一
種壟斷、並非名目價值、並非僅是移轉，而「恰正相反，這是
上帝賜給人類最難測度的一種土壤質性──足以養活較多於在
這土地上必須工作的人數的一種質性嗎？」[114]

馬爾薩斯認爲還有一個第三特殊質性，這也是由他的人
口論得來的──意即更肥沃土地的「相對稀少性」或「部分壟
斷」。這是起因於人口膨脹，迫使不得不在較爲貧瘠的土地耕
作。

他說：「在肥沃土地富饒的時期……當然不會有人要把
地租付給地主。不過，任何一個國家總必然有肥瘠程度不等、
坐落地點不同的土壤……如果資本積累得很多，超過了大自然
生成最肥沃而坐落最便利的士地所必需運用的數額，則利潤必

---

114 參閱馬爾薩斯所著《論地租的性質與發展》，第12-16頁。

將減低；同時，人口增加超過維生物資增殖的這種**趨勢**，在相當時日以後必然要使工資減低」。其結果，「生產的費用勢必減少，但是產品的價值，也就是勞動的數量，以及其所能支配除穀物以外的其他勞動產品的價值，非但不會減少，反而要增加」。[115]

因此，對於最後施行耕作的這一部分土地，縱然利潤與工資均屬低微，也毋須給付地租。不過，因爲食物的價格，就其在交換之中所能支配勞動的力量而論，已經增高，而這種價格又是由較肥沃土地的耕作者所受取，所以，這些耕作者要不給付地租與地主，或他們就不「僅是農人」，而同時兼爲地主與農人，「像這樣的一種聯合，實際上是常見到的情事」。

然而地主在地租的名義之下所享受的「部分壟斷」既非僅是一種名目（稀少）價值，也並不是如同在總壟斷的情況中由某一組人移轉給另一組人的一種非必要而且有害的價值」。這種部分壟斷是「全國財產的整個價值之中最爲眞實而又基本的一部分，這是大自然法則所加於土地的價值，至於這土地究爲地主、國王或耕作者所擁有，則非所計」。[116]

所以，馬爾薩斯雖是基於稀少性原則，以解釋人爲的壟斷與大自然的總壟斷，然而他對部分壟斷所作解釋，卻是基於差別富饒的這項原則。差別富饒僅能適用於土壤的肥沃度。土壤的肥沃度創造人口，而壟斷則無此種創造能力。他的人口原則

---

115 同前書，第17-18頁。

116 同前書，第18-20頁。

是用來解釋食物的高昂價格，價格之所以高昂是由於趨向較低
邊際耕作的壓力；不過，他用來解釋較優於邊際土地上所納地
租的則是上帝的仁慈。

　　李嘉圖在讀過馬爾薩斯所發表的理論之後，寫信給馬爾薩
斯說：

　　「我認為……地租絕不是財富的創造；這是既已造成的財
富之一部分，也就是必然要為人所享受之一部分，但卻不會因
此而對公眾利益有所損傷，使資本的利潤為之犧牲。……那些
替穀物自由貿易辯護的人們……其所作論證仍能保持其原先所
有的全部效力，因為地租總得要在資本的利潤中扣除」。[117]
後來他又寫了一封信說：「地租必然是財富的移轉，而不是財
富的創造——因為，在其作為地租而給付與地主以前，必然是
構成資本利潤的一部分，其所以給付與地主，只是由於較為貧
瘠的土地已經施行耕作」。[118]

　　馬爾薩斯是用農業報酬遞減這件事實來證明地主的利益
和公眾維護較多人口的利益相同，而李嘉圖在他後來（1817
年）所寫的一封信裡則是使

　　「地主的利益……永遠和消費者及製造業者的利益相

---

[117] 見於前述博納爾所刊《書翰集》，第50頁；及馬卡羅和所刊《全
　　集》，第243頁。

[118] 見於博納爾所刊《書翰集》，第155頁。

反。……所有的各個階級……除了地主以外，必然要因穀物價格的增高而蒙受損害。地主與公眾之間的交易並非和貿易之中的交易相同，貿易之中的交易買主與賣主雙方都可以說是有所利得，地主與公眾之間的交易受到損失的總是這一方，而獲得利益的總是另一方」。[119]

　　於是李嘉圖就著手建構他自己的價值與地租理論，這個理論必須符合他本人和馬爾薩斯之間的歧異。他不得不為「地租」發明一個新的定義。他把土壤可能耗竭的質性與其「原始而不可磨滅」的質性加以區別。*可能耗竭*的質性並不是如馬爾薩斯所想像，天賜給人類的神聖禮物——這種質性必須用在這土地上構築改良物的同一勞動予以恢復。不可磨滅的質性似乎就是法國某些葡萄園所具有的質性，其土壤的肥沃度雖是必須予以恢復，但其陽光、地形以及坐落位置卻是不可磨滅。地租的理論只能應用於這些不可磨滅的質性，馬爾薩斯所認為「部分壟斷」的，正是指這一類的質性而言。二者之間的差別在於馬爾薩斯把地租看做神聖所賦予的肥沃度；而李嘉圖卻認為肥沃度是人造的，其報酬就是利潤與利息。然而李嘉圖的地租卻並不是人造的。

　　因此之故，在李嘉圖看來，馬爾薩斯的價值理論是搞錯了。實際上他的理論是當時所「流行」的一種觀念，認為價值的源頭在於消費者的想望。李嘉圖則是認為價值的源頭在於

---

119 見於馬卡羅赫所刊《全集》第202-203頁。

勞動的努力。這可以說明馬爾薩斯要用能支配勞動與貨幣的力
量來衡量價值的理由；而李嘉圖則是把價值視為產出產品所含
勞動成本的數額。馬爾薩斯的地租是以其所能支配的貨幣或勞
動數額為衡量；而李嘉圖則是以其生產所花費的勞動數額為衡
量。李嘉圖說，當時流行的觀念把價值與財富或財物相混淆
了，並且

　　因此而導致了矛盾，誤以為「由於商品數量的遞減，由於
人類生活必需品、便利品與享樂品的逐漸減少，反足以增加財
富」。但是，假如你「把效用數量增加一倍，……把亞當·史
密斯所謂使用價值的數量增加一倍」，只要其生產所需的勞
動數量並未增加，你「絕不能使價值增高一倍」。然後他又接
下去說：「使一個國家的財富增進可能有兩個途徑：……或是
把歲入的較大部分用於維持具生產性的勞動，這不但可以增多
數量，並且可以增高商品整體的價值；或是不必增添額外的勞
動，而僅是使同一數量的勞動產出更多的產品，這可以增進富
饒，但卻不能增高商品的價值」。[120]

　　在這裡，一方面是「價值」，而另一方面是「效用」、
「使用價值」、「財富」或「財物」，李嘉圖在二者之間所作
區別使某些經濟學者感到困擾，覺得他論述「價值與財物」的

---

[120] 同前書，第116-119頁，論述「價值與財物及其有異的特質」的一
　　章。

這一章似乎混淆不清。但是，馬卡羅赫卻認為這樣的區別是李嘉圖對經濟這門科學偉大的服務，並且照我們的看法這也是普遍被承認的。這的確是實質的區別，這是把財富或財物看做與共和國相對立的私人資產，把價值看做生產的勞動成本，而不是在交換之中能支配勞動的力量。

馬卡羅赫說，「這種區別的發現使那以前隱藏在玄奧難解之中的所有事物大放光明。……洛克與亞當·史密斯所研討的，在於財富的生產，而李嘉圖所研討的，則在於財富的價值與分配」。[121]

李嘉圖在此項分析之中所想要做到的是把價值的意義解釋為使用價值與稀少價值相乘之積。不過，他的稀少價值是大自然對勞動的生產能力所作的抵抗，在價值原本是指消費者的想望而言。他認為亞當·史密斯的「使用價值」其意義相當於效用；也就是國家財富或財物的富饒，因為，假如你把使用價值增加一倍，你就是增加了一倍的必需品與便利品。所以使用價值的豐吝是直接因物質數量的多寡而異，比方說，二百萬個蒲式耳的小麥就是把一百萬個蒲式耳的小麥使用價值增加一倍。使用價值是指必需品與便利品而言，這些物品構成了國家的財富。

然而，照李嘉圖的說法，倘使生產這二百萬個蒲式耳的

---

121 見於馬卡羅赫所刊《全集》的序言，第ⅩⅩⅣ-ⅩⅩⅤ頁。

小麥所花費的勞動數量並未變動，其價值勢必依然如故。果眞如此，則一個蒲式耳的*價值*就得要下跌一半，因爲其生產所需的勞動只得一半；所以，如果和價值並未變動的其他事物相交換，也只能換取一半。使用價值雖是依然如故，但其交換價值卻已下跌一半，或是反過來講，縱令其交換價值依然如故，但其使用價值卻已增加一倍。因此，李嘉圖的「價值」既不是單指使用價值而言，也不是單指交換價值而言。這是以蒲式耳爲衡量的使用價值數量乘以勞動力衡量的每單位交換價值所求得之積。

李嘉圖的交換價值概念與馬爾薩斯相反，這是由於他認爲大自然抗拒人類勞動的這種概念所產生。他的這種觀念是得之於馬爾薩斯本人，但他在邏輯上完成了馬爾薩斯的人口過剩理論，而改變了大自然的哲學，由**富饒**變成**吝嗇**。在這方面，馬爾薩斯顯然是頭腦糊塗，因爲他竟然企圖調解神聖的仁慈與地租。但李嘉圖卻是相當有邏輯，因爲他是一個唯物論者，他證明了稀少性與大自然對人類努力所作的抗拒爲同一事物。

我們可以照李嘉圖的說法，大自然的抗拒力量較大時比大自然的抗拒力量較小時，其所需要的，或是照馬克思的說法，其所「包含」的勞動力量更多。再不然我們也可這樣說，勞動的生產力與大自然的抗拒力呈反向的變動。假如生產力增強了一倍，這就等於大自然的抗拒力減弱了一半。果眞如此，則我們也可以如同李嘉圖一樣很正確的說，交換價值的高低和勞動的生產力量呈*反向*的變動，或是說，交換價值的高低和大自然的抗拒力量呈*直接*的變動。

因此，李嘉圖是把他的價值爲使用價值與其交換價值相

乘之積這個概念，和他的勞動為勞動力數量與大自然抗拒相乘
之積這個概念相平行——或是照他的實際說法，勞動力數量乘
以勞動生產力的反量。所以，總產品——假設為一百萬或二百
萬個蒲式耳的小麥——的「價值」可以說就是其使用值價與其
交換價值相乘之積（消費者的想望與一切供需問題皆可略而不
計），也可以說是勞動者的人數與大自然對勞動者努力所作
的抵抗相乘之積。這種抗拒力的衡量就成予以克服抗拒所需的
「勞動時間」，因為一定數量的勞動力和生產一定數量的產出
所需的時間呈反向變動。

　　李嘉圖所設計的這種價值概念，把消費者的想望和商品的
供給與需求統統撇開了，這顯然不是一種價值概念——這是一
種效率概念，因為效率是使用價值的產出與勞動力的工時投入
之比。[122] 所以，照李嘉圖的說法，效率是稀少性的具體化。
亞當・史密斯與馬爾薩斯是把稀少性具體化為勞動痛苦，這是
在一個富饒的世界裡，因罪行而施予的懲罰，李嘉圖則是將其
具體化為在一個稀少性的世界裡，大自然對勞動力量的抗拒。
這兩種具體化恰正相反。力量愈增則痛苦愈減。假如大自然資
源的稀少是由於人口的壓力而不得不趨向較低的邊際，則克服
大自然抗拒的應該是勞動力量，而不是勞動痛苦。這並不是因
為犯了罪而付給**上帝**的價格，這是因為稀少性而付給大自然的
價格。所以，克服大自然抗拒所必需的勞力數量是商品的「自
然」價格。在水或空氣方面大自然所提出的抗拒極其微末，甚

---

122 參閱本章第四節「投入與產出、開支與收益」。

至根本沒有抗拒，但是在小麥或黃金方面大自然所提出的抗拒卻大得多。這種對勞動力量的相對抗拒，就是李嘉圖的「自然」交換價值。

李嘉圖和亞當·史密斯相近似，而和馬爾薩斯相歧異，他必得要脫離**重商主義**——這種政策的基礎在於貨幣、在於壟斷的人為稀少性與貿易限制。所以，他也像亞當·史密斯一樣，用大自然的稀少性代替人為的稀少性；但，不像亞當·史密斯，他用大自然的抗拒，替代亞當·史密斯的人類罪有應得。照孔德科學的系統譜學，李嘉圖是由科學的神學階段，轉到形上學階段，如果照我們的說法，他是由具體化轉到唯物論。

這是稀少性的兩種具體化。亞當·史密斯以及追隨其後的馬爾薩斯認為自然價格是可能*購買*得到的勞動痛苦數量，而李嘉圖則認為自然價格是*生產*產品所必需的勞動力、數量，二者都不是「人為」的價格。不過，因為價格是*每一單位*的價格，而*價值*是一項產品所有單位價格的總和，所以在李嘉圖看來，「價值的數量」必然是兩個維度的混合——使用價值的數量與每一單位的勞動力量，後者是他的勞動價格，二者相乘之積就是「價值」。

因此，在「生產能力增加一倍」時，其意義相當於使用價值的數量（幸福、財物）增加一倍，但是勞動力量依然如故。這句話也可以改用貨幣來講，假如小麥的數量由一百萬個蒲式耳增多為二百萬個蒲式耳，則世界上這種商品的財富、財物或幸福就是增加了一倍；不過，倘使價格因之而下跌，每一蒲式耳由一個金元跌落到50個分幣，因為勞動的生產力增高了一倍，那麼，「價值的數量」還是和從前相同。這是消費者的財

物或財富增加，而不是生產者的價值增加。

　　不過，由於李嘉圖消除了衡量相對稀少性的貨幣而代之以衡量相對抗拒的勞動力，所以他混淆了稀少性與效率，他把價格具體化為對大自然的交換，而實際上價格卻是對人的交換。

　　然而李嘉圖的此一發現竟能激發馬卡羅赫的熱誠，這也是不足為奇的事。在當時經濟學的神學與形上學階段這種發現的確是具有革命性。他把稀少性具體化為生產上勞力的等值物，足以駁倒馬爾薩斯以及由重商主義傳留下來的謬誤，那是說，把價值具體化為勞動痛苦的反量，且可在交換之中予以支配。

　　這種稀少性觀念和**重商主義**的壟斷結合在一起。李嘉圖在羅德戴爾與馬爾薩斯等輩的著作裡也看到了同樣的觀念。據李嘉圖說，羅德戴爾曾經講過，假如水變得稀少而成為一個人所專有，你就可以增加這個人的財物，因為這時水也有了價值；再假如財富是個人財物的集合，你也就可以用同一方式來增加財富。[123] 這正是重商主義的謬誤，我們在上文已經指出，李嘉圖的答覆是把壟斷的稀少性與大自然的稀少性分清。壟斷是人為的稀少性，而天然資源的稀少性則是大自然的稀少性。在壟斷的情況，個人的壟斷者在同樣供給之下必然索取較高價格因而致富，但是別人則更**趨於貧窮**，因為「所有的人們皆『必

---

123 李嘉圖誤解了羅德戴爾，羅德戴爾是把公共財富作為富饒的等值物，而把私人財富作為稀少性的等值物。參閱羅德戴爾的《論公共財富的性質與起源》（*Inquiry into the Nature and Origin of Putlic Wealth*）（1804年，本書是由1819年的版本引述得來），第7頁註腳及第14頁。

須』放棄他們的一部分占有物，其目的僅在於供給他們自身所需要的水，這種水在從前他們毋須花費就可能取得」。[124] 同樣的，在沒有壟斷而水卻普遍稀少的情況之下，所有的人們日子都很難過，並且在這樣的情況之下，他們也不得不把他們的一部分勞動專供取水之用，而只能生產較少的其他商品。「不但財物有了不同的分配，而且實際上還減損了財富」。[125] 換句話說，水的*價值*在普遍稀少性的情況之下必然*增高*，因為水的取得所需要的勞動較多，不過，社會的*財富必然減低*，因為，生產較少數量的使用價值，其所需要的勞動數量較多。這就是激發馬卡羅赫的熱誠的「光明之流」。

由此我們可以知道別人指謫李嘉圖論述「價值與財物」那一章的混淆不清，實在是起因於兩個根源。第一，李嘉圖把貨幣與稀少性具體化為勞動力量，而不是其實質意義的效率。第二，李嘉圖的效用被解做後來的遞減效用，而實際上李嘉圖與亞當‧史密斯的效用，是意指對象在物質上或技術上的質性而言，這種效用是以物質單位如噸或蒲式耳為其衡量，所以不會因需求的減少或供給的增多而降低每一單位的效用。[126] 把效用作為使用價值解釋的這種意義博姆-巴維克稱之為「物質服務」（*Nutzleistungen*），[127] 實際上就是**財物**或**財富**。其價值也可能減少，不過，減少的原因在於物質的毀壞、磨損，與物

---

[124] 見於馬卡羅赫所刊《全集》，第167頁。

[125] 同前書，第167頁。

[126] 參閱本書第五章，第三節〔壹〕，(一)心理的並行論。

[127] 參閱博姆-巴維克的《資本與利息，經濟學說評論史》，第223頁。

質的「折舊」有別，並且不是主觀的「效用遞減」。

　　然而，即便是物質的「使用價值」，如前所述，也有一種主觀的意義，意即，「人類生活的必需品、便利品與享樂品」。不過，李嘉圖與亞當・史密斯所用的這種意義，我們已經稱之為**文明價值**或**文化價值**，因為這種價值並不因需求或供給而變更，這是因文明而變更——例如：弓箭變為炸藥、馬匹變為汽車。

　　這種作為使用價值意義的效用，邊沁又證明其與「幸福」為同一事物，因為邊沁的幸福也還沒有遞減效用的意義，因供給的增多或需求的減少而遞減。效用數量的增加就是**幸福**數量的增加。因此，亞當・史密斯、邊沁及李嘉圖就效用的意義實為文明價值的一種，隨發明而增加與因報廢而減少。故，效用的增加和財物、財富及幸福的增加等同。這正是李嘉圖的本意，他說，倘使你把效用數量增加一倍，你也就是把財物或財富的數量增加了一倍。這和邊沁把幸福數量增加一倍完全相同。這種意義的效用我們已經分別稱之為使用價值；這也可以稱之為富饒價值，因為這也並不因數量的增多而遞減其每一單位的價值。

　　李嘉圖顯然是把這種文明概念的效用（亞當・史密斯的「使用價值」或「富饒價值」）視為主觀的估價。他和亞當・史密斯都是主張「由生活必需品、便利品與享樂品所構成」的財物皆是主觀的而無法加以衡量。李嘉圖說：「這一套的必需品與便利品絕不容許和另一套互相比較；任何已知的標準皆不能用來衡量使用價值；不同的人所作衡量勢必各不相

同」。[128]

　　然而，李嘉圖卻有一種方法把所有的使用價值化約爲一個共同的衡量。這不是貨幣，貨幣只能用來衡量人爲的稀少性。這是勞動力，勞動力可以用來衡量大自然的稀少性。不過，當引用這種隱喻的衡量單位之時，其實際上所衡量的並非財物或財富而是**價值**。並且，交換價值也變成與大自然交換，這種價值的高低和生產用來交換的數量所需的勞動力呈反向變動。

　　商業上實際應用的方法相較簡便得多，這種方法毋須具體化與隱喻，這是用物質單位與工藝品質來衡量使用價值——例如一個蒲式耳的第一級或第二級小麥。說起來眞奇怪，李嘉圖和所有的物理經濟學者們都是具有常識的人士，而他們竟然不用這種常識的方法對使用價值作客觀的衡量，他們反而依賴於勞動力量或勞動痛苦，甚至還要依賴於貨幣。[129]物質衡量單位近在手邊，且在任何處所皆可能找到。但他們卻試圖令其太過深微奧妙。他們必然也曾受過理性時代形上學的折磨，那是說，在原因與衡量之間的區別都分不清。實際上，勞動力是原因，而使用價值是勞動力的效果。但是，各有各的衡量制度，效果（使用價值、產出）的衡量與原因（勞動力，投入量）的衡量二者之間的比例，實際上並非價值的衡量，而是效率的衡量。差不多要等到一個世紀以後，等到科學管理的來臨，才能把李嘉圖的形上學去除。

---

128 見於馬卡羅赫所刊《全集》，第260頁。
129 參閱本書第九章，第六節「貨幣與價值的交易制度」。

　　不過，在他那個時代與世紀，李嘉圖的洞見卻是嶄新的，他看出了往昔經濟學者們**大自然**富饒價值與馬爾薩斯自然抗拒勞動的稀少價值，二者之間的差別。他改變了價值的意義，這的確是一種革命。這不但改變了勞動與生產力的意義，並且連政治經濟上所有的用詞也都改變了；說得更明確些，這是使一切用詞皆具有雙重意義，而至今不衰。

　　最先改變的是大自然的意義。馬爾薩斯首先在他的人口過剩教條裡予以變更。但是他並沒有能把這個教條貫徹到底，因為在他的地租理論裡還保留著神學上仁慈與富饒教條的痕跡。然而李嘉圖是一個唯物論者、一個悲觀論者，並且又是一個演繹的經濟學者。他把大自然的吝嗇在邏輯上貫徹到底。地租的雙重意義由此而產生，並且一直保持到今日。李嘉圖消除土壤的肥沃度，土壤的肥沃度是馬爾薩斯理論的基本部分。馬爾薩斯發現較具生產性的肥沃度，其每一工時的勞動所產出的產量比邊際的肥沃度多；而李嘉圖則是發現生產性的不肥沃度（non-fertility），其所需的勞動投入比邊際土地少。

　　隨著地租理論的歧異，又產生了第二項主要歧異。這就是在供給、需求與市場的意義上所產生的歧異。李嘉圖於1814年寫信給馬爾薩斯說：「我往往懷疑我們所給予『需求』這個字詞的意義各不相同。假如穀物的價格上升，（你）也許要歸因於較大的需求」。馬爾薩斯的確是如此，因為他是歸因於人口的增加。李嘉圖說：「我卻要（歸因於）較大的競爭」，他的「較大競爭」是指勞動的較大生產力而言。

　　「我認為，假如消費的數量減少，則購買這較小數量所

需要的貨幣雖是多於購買較大數量，我們也不能説這是需求增加。如果有人問，1813和1814兩年，英國對波特酒的需求各多少，而所得到的答覆是，第一年英國進口了5,000桶（pipes，也有譯爲石浦是液量單位，審者按每桶容量在英爲105加侖，在美爲126加侖），第二年進口了4,500桶，難道我們不是同意認爲1813年的需求較大嗎？然而爲進口4,500桶而給付的貨幣數額也許反而大上一倍」。[130]

實際上這就是馬爾薩斯與李嘉圖之間的歧異。這是生產與議價之間的差別。照馬爾薩斯的説法，價值是由議價決定的稀少價值，其終極誘因在於消費者的需求，而其衡量則爲價格。但是，照李嘉圖的説法，由議價決定而以貨幣衡量的稀少價值僅是一種「名目價值」。「實質價值」應爲使用價值的數量，這是以生產並銷售這許多「桶」酒的勞動成本爲其衡量。在李嘉圖看來，因買酒而給付的較高價格，只是一種名目價格，其稀少價值相等於「名目」價值。馬爾薩斯所關心的是價格的本身，這是由需求與供給所決定的，他認爲數量必然是因價格的高低而定。然而李嘉圖所關心的卻是數量及其勞動成本，至於價格的高低則是他所不注意的。在李嘉圖看來，由4,500桶變爲5,000桶的酒（使用價值）就是財富與財物的增加，縱使價格由$2.00下跌到$1.00，也還是一樣。但在馬爾薩斯看來，價格的下跌就是財富的*減少*，因爲生產財富的*誘因*減退了。

---

[130] 見於博納爾所刊《書翰集》，第42頁。

　　這種差別的本身可以化約爲*生產*財富的力量與*引誘*財富生產的力量二者之間的差別。

　　李嘉圖說，「我們同意，有效需求是由兩個要素所組成，購買的力量和意志；不過，我認爲凡是有力量存在的場合難得會缺少意志，因爲積累的渴望必將引起需求，這和引起消費的渴望同樣的有效，只是其所需求的對象有所變更而已。假如你認爲有了資本的增加，人們對於消費與積累還是無差，那麼，你才可以確當的反對大彌爾先生的觀念，意即一個國家的供給永遠不會超過其需求」。[131]

　　李嘉圖所引述的大彌爾把亞當‧史密斯由不會遞減的使用價值得來的觀念加以闡發，認爲創造有效需求的是生產，不是消費，也不是貨幣。[132]

　　李嘉圖說：「我主張把效果歸因於人類的想望與品味更甚於你，我認爲人類的想望與品味是無限的。只須給人類購買的手段，人類的想望永無饜足之時。大彌爾先生的理論便是建立在這個假設之上」。[133]

---

131 同前書，第43-44頁。

132 大彌爾的《爲商業辯護》（*Commerce Defended*，1807年）；並參閱本書第五章「亞當‧史密斯」。

133 見於博納爾所刊《書翰集》，第49頁。

　　但是，在馬爾薩斯看來，想望是有限的。他說，「這是一件毫無疑問的事實，財富產生想望，不過，還有一件更爲重要的事實，想望產生財富」。[134]

　　如此，馬爾薩斯與李嘉圖的歧異就是人口增加以後的想望增加與生產者的生產力增加二者之間的差別，由於想望增加，所以稀少價值得以保持；由於生產力增加，所以一切使用價值得以增進。

　　拿破崙戰爭以後，呈現了廣泛的不景氣、失業與物價下跌，對供給與需求的兩個概念因而發生爭議，引起了馬爾薩斯與李嘉圖之間的討論。馬爾薩斯志在增進國家財富，他所企盼的是實際需求，至於這種需求的起因究在於貨幣的占有，抑或在於勞動力的占有，或在於人口的增加，或在於地租的占有，甚或在於穀物保護關稅增加了購買力，並因此而增加了地主對勞動的需求，皆在所不計。倘使沒有實際需求，則任何事物都不會生產出來，他是把當時的不景氣與失業現象歸因於需求或消費者的購買力普遍的減退。

　　所以，馬爾薩斯並非因*利潤*降低而煩心。他是因物價下跌而擔憂。假如利潤偏高，則相對於現有的需求勢必產出太多的產品。要想維持價格，其所必需的是消費增加，而不是生產增加，後者引起競爭而抑抵價格。因此，他主張增高稅率以促進消費，及興辦公共工程以救濟失業。但是李嘉圖寫信給

---

[134] 見於馬爾薩斯的《政治經濟原理及其實際應用》（1821年），第363頁。

他說：「我所抗議的正是這種……教條，我要提出堅決的反對」。[135]

爲促進消費起見，馬爾薩斯的建議是提高稅率、提高小麥關稅、擴建公共工程、並使富有者增加其財產上的支出，凡此種種皆是「不具生產性的消費」，因爲這些都不是產出商品進入市場而抑低價格。

一百年以後，又經過另一次世界大戰，哈定總統（President Harding）召集「全國失業會議」（National Unemployment Conference），由國務卿胡佛督導。這個會議提出了方案，要在失業期間增建公共工程，以吸收私人雇用的鬆弛」。[136]哈定會議所採納的正是馬爾薩斯的經濟學，和李嘉圖的經濟學相反。馬爾薩斯也許要把這個會議的建議稱之爲「不具生產性的消費」，不過，他的所謂公共工程也和這個會議裡的所謂公共工程相同，都是生產一些不出售的產品。其所以爲，「不具生產性」是由於其所產出的產品絕不會進入市場，且由於減低了私人雇主所受取的價格，所以也就不會增加現有的失業人數。

爲增進國家財富起見，李嘉圖也企盼實際需求，不過，他的需求卻和馬爾薩斯相反，這種需求必須是起因於資本主按照價格的較低水準增加生產，假如按照價格的較低水準而使

---

135 見於博納爾所刊《書翰集》，第186頁。

136 參閱《美國勞動評論月刊》（*United States Monthly Labor Review*），1921年十月號，第129-132頁；及《總統召集的失業會議報告書》（*Report of the President's Conference on Unemployment*），第89-107頁，公文書監督發表，國立印刷局刊行，1921年。

資本主不能獲得利潤，則此項生產增加必將受到阻礙。所以，當時的失業現象，其原因並不在於需求減少所招致的價格低落，而是在於高昂的地租、高昂的稅率與高昂的工資，工資之所以高昂則是由於勞工的頑強。「勞動者的勞動受到了過分的給付，所以他們變成這個國家不具生產性的消費者」。如果把工資降低，「則產出的商品數量絕不會有多大的減少，只是分配的方法不同，歸屬於資本主的較多，歸屬於勞動者的較少而已」。[137]

所以，資本主通常總是把馬爾薩斯與李嘉圖所陳述的這兩種論證提出來作為失業的救濟方法。提高關稅與增加公家的雇用人數是得之於馬爾薩斯，降低稅率與工資是得之於李嘉圖。

由於出發點是同一效率比例的對立條件，所以他們二人將其轉為供給與需求的對立概念，並且由此而轉成國家財富與救濟失業及人口過剩的對立概念。照馬爾薩斯的說法，購買力富饒增加了對生產的需求，且因此而增進了國家的財富。不過，地主和富裕的納稅者常把這種購買力扣留不發。他們要改良他們的產業，增建公眾工程，以創造對勞動的需求，而不致減低價格。

但是，李嘉圖卻認為是生產力創造了對勞動的需求，而資本主之所以缺乏生產的誘因，則是由於高昂的地租、高昂的稅率與高昂的工資。

在馬爾薩斯看來，之所以有普遍生產過剩、低物價與失

---

137 見於博納爾所刊《書翰集》，第189頁。

業的現象，都是因為需求有限。但在李嘉圖看來，需求並無限制，之所以有類似生產過剩的現象是因為在低物價、高工資、高稅率與高地租的情況之下，資本主得不到利潤所致。

馬爾薩斯和其他人是在稀少價值之中發現他們的財富與財物意義，這種價值必須依賴於消費者的需求與想望而定，但是，李嘉圖發現他的財富與財物意義則是在生產者所提供的使用價值總額之中。此項矛盾的關鍵在於供給與需求的兩種不同意義，這兩種意義直到今日依然存在。馬爾薩斯增加需求的意義是*較高的價格*、較高的稅率、較高的關稅、較高的工資，較高的地租，凡此種種皆足以因購買力的增加而促進財富的消費。李嘉圖增加需求的意義則是按照較低價格、較低稅率、較低關稅、較低工資與較低地租，但較高利潤以促進*較大數量*的生產，必須這樣才能誘引資本主雇用勞工。二者之間的矛盾已經達到無可救藥的絕境，一百多年來始終不解。這是國家財富之中較大*份額*歸屬於消費者與較大差額的利潤歸屬於資本主以期挽救失業現象的矛盾。[138]

需求與供給的雙重意義到最後又轉為市場與交換的雙重意義。李嘉圖堅持銷售與交換為生產過程。馬爾薩斯則堅持其為議價過程。如果銷售與交換是生產過程，這就是送達最終消費者手中的勞動過程。如果是議價過程，這就是以低價買進而以高價賣出的所有權過程。但是，馬爾薩斯和李嘉圖兩人皆已消除貨幣而代之以勞動，作為價值的衡量。所以，他們必須有兩

---

138 參閱本書第九章，第七節「利潤差價」。

種意義的「勞動」，霍蘭德（Hollander, J. H.）很恰當的將其分別稱之爲「支配的勞動」與「包含的勞動」。[139]

但是，在霍蘭德的這種劃分背後，還有物質交付的生產過程與議價的稀少性過程意義上的差別。霍蘭德似乎是認爲李嘉圖的使用價值，其意義之中包括著稀少性，[140]不過，這是把後來才有的遞減效用觀念解讀李嘉圖，而實際上在奧國的享樂派經濟學者們以前根本就沒有這種觀念。亞當·史密斯、馬爾薩斯、邊沁與李嘉圖皆未曾把使用價值和遞減效用或稀少性聯繫起來。他們的使用價值是指財物的富饒以及與其物質並行的幸福而言，其衡量爲物質的噸與蒲式耳。若是如此，則亞當·史密斯與馬爾薩斯的「支配勞動」就是他們在議價過程之中予以具體化的稀少性衡量，以其所支配的勞動作爲衡量；而李嘉圖與馬克思的「包含勞動」則是在勞動生產力克服大自然的抗拒之中予以具體化的稀少性衡量。

事實上馬爾薩斯的「支配勞動」概念是沿著亞當·史密斯，不過，亞當·史密斯的「支配勞動」，其意義是基於勞動痛苦的數量，而馬爾薩斯則是將其基於消費者的需求，這可以用所要數量與現有數量二者之間的稀少性比例所構成的兩方面爲之解釋。假如價值是指稀少價值而言，這便是所要數量（需

139 參閱霍蘭德的「李嘉圖價值理論之發展」（The Development of Ricardo's Theory of Value），載在《經濟季刊》，第ⅩⅧ期，第455頁以次。

140 同前，第458-459頁。

求）與現有數量（供給）之間的社會關係，[141]可以說是兩個
數量之間的*比例*。這個比例可能變動，或是變動其需求或是變
動其供給方面。亞當・史密斯和李嘉圖一樣，他是假設需要爲
無限的，所以他認爲稀少性的原因、限制器與衡量皆在於勞動
的痛苦，這種痛苦限制了稀少性的*供給方面*。然而馬爾薩斯卻
斷定需求是受限於需求者的人數，這是現存食物供給量或占有
土地或貨幣所能維護其生存的人數。因此，他所注意的是稀少
性的*需求方面*，他認爲稀少性的原因、限制器與衡量皆在於消
費者的「意志與力量」，這可以增多或減少需求。所以亞當・
史密斯稀少價值的限制器是由於供給方面的變動，而馬爾薩斯
的限制器則是由於需求與供給之間同一稀少性比例需求方面的
變動。

他們每個人都是注意於同一稀少性關係之中其本人所認定
的限制因素。在馬爾薩斯看來，稀少價值的原因是由於消費者
需求供給量增加，而在亞當・史密斯看來，限制供給量的是勞
動痛苦。馬爾薩斯認爲價值的限制器是由於人類的集體意志把
勞動的需求按照適當比例分配於各種職業，而亞當・史密斯則
認爲價值的限制器是由於各個人分別把勞動痛苦自動的分配於
各種職業。馬爾薩斯與亞當・史密斯皆認爲具體化稀少價值的
衡量是用商品或貨幣所能*購買*得到的勞動數量。所以，「支配
勞動」這個議價能力的特例，照亞當・史密斯與馬爾薩斯的說
法，都成爲稀少價值的衡量，不論這種稀少性是起因於亞當・

---

141 參閱本章第九節「孟格爾」。

史密斯生產者的勞動痛苦，抑或是起因於馬爾薩斯消費者的有限需求。

但是，李嘉圖稀少價值的起因並不在於消費者的需求，他認為消費者的需求是無限的。他的起因是在於大自然的抗拒，而這種抗拒與予以克服所必需的勞動數量相等。因此，「包含勞動」乃成為他的「大自然」稀少價值之衡量。不過，包含勞動的數量卻和勞動的生產力呈反向變動。所以，李嘉圖是用勞動的生產力來限制使用價值的數量，及稀少價值的高低與勞動生產力的強弱呈反向變動。勞動生產使用價值，而不願勞動則為稀少價值的起因。這是市場銷售的雙重意義，把稀少性予以雙重的具體化。假如銷售就是議價，則支配勞動成為稀少性的衡量。假如銷售就是生產，則包含勞動便成為效率的衡量。

李嘉圖與後來的馬克思都認為銷售是整個生產過程的一部分，而不是議價過程。銷售在於一種勞動過程，一路上選取原物料、製成新的形態、予以運輸、物質交付給躉售商以換取另一物質交付、而到最後由雜貨店的店員把製成品物質的交付給終極消費者，這個消費者的本身又是另一個勞動者，他回報以自己的商品或服務的物質生產或交付出來。貨幣也是這種物質商品之一，也可以作物質的交付，與別種商品並無差別。

在較為近代的術語裡，把銷售作為運輸解釋的這種意義，就是勞動創造「地點效用」，和勞動創造「形態效用」並無差別。不過，如果照這種意義解釋，則效用就是物質的使用價值。實際上，勞動並不是真正「創造」任何事物，這無非是把大自然所提供的基本物料變更其形態與地點而成為使用價值。所以，銷售與交換都是勞動過程，以提高物料的使用價

值，到最後交付給終極消費者為止。把銷售機制的技術過程作
為使用價值生產過程之一部分看待，我們可以稱之為銷售技術
學以示區別。另外的一種意義則是議價制度。這兩種意義是管
理交易與議價交易的差別。

因為議價並不是交付與交換的物質過程。這是商談價格
與數量的營業過程，到後來這些價格與數量還得要經過勞動過
程作物質的交付。在議價的商業過程裡所交付的並非物質的商
品，而是擁有權的合法要求。所以我們必須把用勞動作物質的
交付和用議價作合法交付分別清楚；銷售與交換的雙重意義就
是說，既可以解釋為交付與交換使用價值的勞動過程，又可以
解釋為商定稀少價值並按照此價值交付其擁有權的議價過程。

銷售與交換的雙重意義就是馬爾薩斯與李嘉圖互相歧異
的根源。現代的經濟學裡，這種雙重意義仍然存在，並且由此
而產生了實際的後果。一個後果是銷售技術學，另一個後果在
銷售上訂定價格與價值。這已經成為使用價值與稀少價值之間
的差別。此種雙重意義貫穿馬克思與普魯東的爭辯之中，使過
去一百年來關於合作銷售的討論也具有雙重意量。按照合作銷
售的專門意義解釋，其目的在於用合作擁有的銷售機構來*排除*
中間商。按照議價的意義解釋，這種合作並沒有排除中間商，
而是和中間商作*集體的議價*。農人們的合作社，目前正在合作
銷售與集體議價之間抉擇的過程之中，和八十年前的勞動合作
社一樣，由社會主義的合作生產與合作銷售志在排除資本主突
變為革命性較弱的與資本主集體議價，以商談工資、時數與條
件。農人們所處的境地不同，因為他們需要倉庫以供儲藏，所
以他們實際上要排除中間商。不過，這兩種過程是可以區分清

楚的。按照李嘉圖與馬克思所用銷售與交換的第一種意義解釋，這兩個用詞是表示財富生產的最後一步，作物質的交付與物質的交換，這是增加使用價值的數額以增加財富的*數量*。按照亞當・史密斯、馬爾薩斯與普魯東所用的第二種意義解釋，銷售便是議價的最初一步，商定價格而變更財富的擁有權。

第八節　馬克思與普魯東

　　我們已經知道李嘉圖所用的字詞，其關鍵在於一種假設，他是假設貨幣購買力的穩定性。所有他的例證都是用貨幣予以陳述，之所以可能這樣做是因為他假設貨幣對每一種特殊商品的購買力始終固定不變，在實質上他已經消除了貨幣。這麼一來，他所完成的不是價值理論，而是效率理論。他的衡量單位實在是一種人力單位，只是按照比喻法用貨幣英鎊來陳述而已。馬克思用工時替代李嘉圖的工日、工月與工年，來完成他也自以為的價值理論，但在實際上卻是一種效率理論。

　　當其時，李嘉圖的勞動價值理論已經在古典派的政治經濟學裡逐漸消失，唯一尚未消失的只是馬卡羅赫於1886年的死後殘喘（past-mortem gasp）。[142] 勞動理論實際上已經在1848年被小彌爾（John Stuart Mill）埋葬了，他不聲不響的用貨幣成本替代勞動成本，而他本人並不太知道自己做的是一件什麼

---

[142] 馬卡羅赫李嘉圖作詮釋是始於1818年，他所著的《原論》（*Principles*）最後一版則是1886年所刊行。

事。[143] 然而，同時在馬克思的手裡這個理論卻又奇特的復活了，他很正確的宣稱他是一個道地的李嘉圖派學者。幸虧有馬克思這麼一位轉化的黑格爾派哲學家，[144] 所以我們才能了解李嘉圖這位純粹商人令人困惑的話語。

在和另一位黑格爾派學者普魯東爭辯時，馬克思完成了他的分析。由於他們二人這一番討論，李嘉圖的勞動理論開始分裂，分裂爲無政府主義與共產主義。在這一番討論以前，甚至在之後的1850年代的十年之間，無政府主義與共產主義被視爲同一事物，皆係「社會主義」。這一番討論的結局，馬克思把普魯東的理論稱之爲「烏托邦的社會主義」，而把自己的理論稱之爲「科學化的社會主義」。然而實際上他們二人的理論統統是烏托邦，都不是科學化。[145] 他們皆是黑格爾派的形上學。

黑格爾派形上學的方法論並非科學化的假設、調研、實

---

143 參閱小彌爾（J.S.Mill）的《政治經濟原理及其應用於社會哲學》（*Principles of Political Economy with Some of Their Application to Social Philosophy*，1848、1897年）。

144 胡克（Hook, Sidney）在他的近著《了解馬克思，革命性的闡釋》（*Towards the Understanding of Karl Marx, a Revolutionary Interpretation*）裡，用現代的實用主義來解釋馬克思。他的立論甚佳，不過，如馬克思的行動是實用主義，他的理論是屬於黑格爾的一派。

145 參閱馬克思與恩格爾的《共產黨宣言》（*The Communist Profesto*，1848年）。

驗、證實，以符合其所觀察的實際變動；這是一種哲學方法，在開端時預先註定一個必須等到未來始能實現的巨大觀念，然後將其分析爲若干細小觀念，這些細小觀念無可避免的趨向那巨大觀念。其辯證通常有兩種方式，一種是普魯東所採取的分析法，另一種是馬克思所採取的原生法。二者是同一宇宙觀念的兩種說法。分析法是命題（正）、反證（反）與綜合（合）的心理過程。原生法是歷史上文明的擺動，由原始共產主義的命題（正）移到十八世紀個人主義的反證（反），然後再回到未來共產主義這個無可避免的綜合（合）。實際上，這就是黑格爾世界精神觀念的逆轉。黑格爾的「精神」，其頂點在於未來的日爾曼世界帝國，而馬克思的唯物論，其頂點則在於未來的世界共產主義。[146]

　　不過，普魯東也和亞當・史密斯及李嘉圖一樣，其出發的觀念是一個人爲自己而生產使用價值，然後再轉向別的個人提議，將其本人所不需的*剩餘*作交換。所以，普魯東是把爲自己生產和跟別人銷售劃分開來，令使用價值與稀少價值相對立和矛盾。因此之故，他的*矛盾經濟學*（contradictions l'économiques）這個用詞成爲他的哲學基礎。普魯東的效用價值就是亞當・史密斯與李嘉圖的物質使用價值，這種價值因富饒而增加，並且是由勞動所生產——普魯東將其描述爲「一切天然或工業產品所具有的一種能力，供人類維持生存之

---

146 關於黑格爾的形上學可以參閱《大英百科全書》，第十四版，「黑格爾哲學」條。關於「左翼」黑格爾哲學可以參閱《社會科學百科全書》，第六卷，第21-22頁，「費兒巴黑」（Feverbach, L. A.）條。

用」。這和邊沁的**幸福**相等。普魯東的交換價值實在就是因富饒而**遞減**的稀少價值，他把這種價值描述為同一產品「在與別的產品交換時交付出來」的一種「能力」。所以這種能力要看議價過程之中兩個使用價值的相對稀少性而定。如此說來，他的使用價值便是命題（正），他的稀少價值便是反證（反），而他的「綜合（合）價值」便是將二者合而為一，他稱之為「組成價值」（constituted value），這是由他所謂的「意見」所決定。不過，他的「意見」實際上就是指我們的商談心理學而言，在*自由*的議價交易中互相商定價格、數量與交付時日。

這種自由議價交易必須免除政府的一切物質威逼、必須免除「財產」的一切經濟威逼。並且，因為財產的本身乃政府所創造，故而倘使一個人要想毀滅財產，他就先得要毀滅政府。照普魯東的說法，「**財產即是搶劫**」，因為這是施用物質強迫以支持經濟威逼。財產的這種威逼必須先行予以消除，然後才能單憑議價者自由及平等的「意見」來協商價格與數量。

因此之故，普魯東與馬克思的歧異實際上就是議價與分派之間的差別。普魯東是要消除政府，以求得自由與平等的議價，而馬克思則是消除議價，以求得完全的分派。

普魯東的自由與平等議價，其實就是英美兩國普通法所企求的「合理價值」概念。他的「組成價值」就是法院的合理價值，因為這是「一個有意願買主和一個有意願賣主」互相同意的估值。不過，普魯東──普通法的歷史性理想非其所悉──必得要將其黑格爾化，使其成為「綜合價值」或「組成價值」，這種價值可以調和使用價值與稀少價值，只須雙方當

事人皆能完全自由就行。[147]

　　但是，要想基於買主與賣主的有意願而使這兩種價值得以調和，普魯東就必須把國家強制執行財產權而搶劫買主與賣主的力量毀滅掉。這種搶劫行為在議價交易之中表現為形形色色的貨幣收益，例如：利息、利潤、地租、資本主所索取的高昂價格以及過分的薪金，凡此種種原本都是參與者的*勞動*所產生。這些都是財產，這些也都是搶劫行為。

　　所以，我們必須了解普魯東把財產作為「搶劫」解釋的意義並非指個人所有的財產而言，這種財產是由這個人自身的勞動得來，或是和別的人自由商談得來，而別人的財產也是別人自身勞動的成果。普魯東並不希望廢除這一類的財產，他認為廢除政府以後，這種財產仍然存在。實際上，**無政府主義**是主張極端固定不移的、可以交換而又屬於*個人*的財產，只須這種財產是以勞動與自由及平等的議價為其基礎就行。俄羅斯的那一位著名的無政府主義者，克魯泡特金（Kropotkin, P.），在愛荷華州（Iowa）的農場與其郡級市集上看到了無政府理想。[148]普魯東亦復如是。在他看來，經濟學者在地租、利潤

---

147 參閱普魯東的《矛盾經濟制度：或貧窮哲學》（*Systeme des contradictions économiques; ou Philosopie de la misère*）（共二卷，1846年，第二版為1850年），第二編，第二章。

148 參閱克魯泡特金所著《田園、農場、工廠、作坊或工業與農業的組合以及腦力工作與體力工作的組合》（*Fields, Farms, Factories, Workshops, or Industry Combined with Agriculture and Brain Work with Maual Work*，1901年，第二版），第75頁以次

（包括利息）與工資之間所作區別毫無意義，和一個愛荷華州的農人看來這種區別的毫無意義完全相同，因為這個農人贍養他的家屬全靠他自身和家屬聯合勞動所生產的使用價值，如果有所*剩餘*，他就把這些剩餘物品在郡級市集的市場上以自由及平等的議價出售。經濟學者們不可能把這個農人的使用價值收益劃分為地租、利潤（利息）與工資，在普魯東和這個農人看來，這種收益只是由於他的組合擁有權、管理與勞動所受取的聯合回報。假如這個農人和其他農人在郡級市集上對他們剩餘物品的交換價值商得了同意，相互之間誰也沒有壓迫誰，那麼，這樣「組成」的交換價值就是普魯東的所謂「綜合價值」。不過，在普通法的語言裡稱之為一個有意願買主與一個有意願賣主的「合理價值」也就是這種「綜合價值」。

其所以然的理由是因為普魯東的理論基礎在於**商人資本主義**與**地主所有主義**，而馬克思的理論基礎則在於雇主資本主義。統治法國的是**商人資本主義**及其商業銀行的業務；統治歐洲其他地區的是地主所有主義與佃農的耕作。後者就是美國「塵土農人」（dirt farmer）與「地主」農人之間的區別，也就是「小事業」與「大事業」之間的區別。普魯東是站在維護塵土農人與小事業的立場上。他的立場是反對商人資本主與銀行業者，認為這些人管控市場，使別人難以接近，並因此而使小事業陷入血汗店鋪的競爭狀態；他的立場也反對地主，認為這班人常向佃戶索取特高的地租。對於這一類情事，普魯東高揭起財產即是搶劫的定義——他並非反對揮汗工作的農人、主人、工人與零售商人所有的小額財產。1849年他在他的報紙《人民》（*Le Peuple*）上說：「我們渴望每個人都該有財

產，我們但願沒有高利貸的財產，因爲高利貸是財產成長與普及的絆腳石」。他的高利貸不僅是指過分的利息而言，並且也是指一切超額的價格、利潤、地租與薪金而言。到了1848年革命期間，他要制定挽救策略並建立他的**人民銀行**，他所建議的卻是自願的合作銷售與合作信用（這就是晚近的「信用聯盟」），甚至還不是合作生產，因爲如果是合作生產，那就得要使個人生產者隸屬於合作生產者之下。[149] 普魯東的無政府主義實際上就是個人財產和自願合作銷售與合作借貸的全世界綜合體。所以，他的命題（正）是因*富饒*而增加的使用價值，他的反證（反）是因*稀少性*而增高的交換價值；他的綜合（合）價值則是議價交易之中平等及自由的*合理價值*。爲了這革命性的建議，他曾經入獄三年，三年之後，普魯東接受了拿破崙三世（Napoleon III）這位政治家，但卻並非自相矛盾，拿破崙三世從監獄裡把他釋放出來，使普魯東的平等與自由成爲他獨裁之下的標語。

　　普魯東是把**商人**與**銀行業者**作爲**資本主**看待，而馬克思則是把**雇主**看做**資本主**。馬克思是著眼於英國的工廠制度，普魯東是著眼於法國的手工業制度。馬克思期望地主所有主義成爲工廠制度。普魯東期望地主所有主義（在法國以外的其他各

---

149 參閱帕爾格瑞夫的《政治經濟辭典》（1823年版）有關「普魯東」的一條；及達納（Dana, Charles A.）的「普魯東及其人民銀行」（Proudhon and His Bank of the People，1850年），載在科恩（Henry Cohen）的《普魯東解決社會問題方法》（*Proudhon's Solution of the Social Problems*，1927年）

國）分裂成為若干小農場擁有權。馬克思在英國所看到的工廠制度裡，雇主把普魯東身任店主的勞動者變為工頭，而把工資勞動者變為一群同質的勞工，[150] 所以，普魯東是要用自願合作社與個人議價把躉售商人及其銀行業者驅除，而馬克思則是要用共同擁有權與政府管理把雇主們逐出工廠，並實施共產主義的分派制度來廢除議價。普魯東在給付小生產者時並不把地租、利息、利潤與工資劃分。這種給付合併在對勞動的報酬之內。馬克思在給付社會化生產者時亦復如是。不但李嘉圖的地租，就連他雇主資本家的利潤、付給銀行業者與投資者的利息一概合併為財產擁有者施行剝削的共同資金，由此而奪取勞動者以其勞力所產出的社會使用價值，這並非由於普魯東所主張的議價過程，而是由於生產過程中的物料擁有權。普魯東是李嘉圖的無政府化；馬克思是李嘉圖的共產化。馬克思把他的社會勞動力比喻為一窩的蜜蜂，而把聯合起來的雇主資本家作為蜂窩的擁有主，用管控政府的手段榨取蜂蜜；普魯東把他那數以百萬計的個人勞動者描繪為財產擁有者的本身，而商人資本主、銀行業者與地主都是在議價過程中，憑藉政府的助力搶劫勞動者的強盜。

　　所以，在講到普魯東生產與交換的反證以及與其相對應使用價值與稀少價值的反證時，馬克思不但否認兩者的反証並且否認有予以綜合之必要。普魯東所建議的是一種自由及平等

---

150 參閱本書下文，第十章，第七節，〔貳〕，「商人、雇主與銀行業者資本主義」。

的議價制度；馬克思所建議的則是強迫分派。前者是無政府主義；後者是共產主義。

他們兩人的歧異具有一部分是在於銷售的雙重意義。照馬克思的想法，銷售的本身是一項生產過程，社會勞動力由此而增添了後來的「地點效用」（使用價值），直到商品交付於終極消費者為止。照普魯東的想法，銷售是指議價能力而言，堅強的與柔弱的議價者各憑其議價能力透過經濟威逼而商定貨幣與商品的相對稀少價值。馬克思認為商品是為交換而生產——和亞當‧史密斯、馬爾薩斯與李嘉圖的看法完全相同，他們都把「具生產性」的勞動與「不具生產性」的勞動劃分開來，具生產性勞動的產品專供交換之用，而不具生產性勞動的產品則專供生產者家庭消費之用。馬克思堅持「具生產性勞動」的這一種意義，使其在現代工廠與運輸制度之下成為普遍化，在這種制度之下沒有任何人把他所生產的事物消費，他們所消費的都是別人的產品，所以在這種制度之下，產出物品並非生產者所擁有。

因此，馬克思堅決主張，根本沒有普魯東所假設的，那些超出家庭消費以上的剩餘產品，普魯東是說把自己的過剩生產作為剩餘品而出售給別人。在此刻，產品已經成為「社會」的使用價值，而不再是個人的使用價值，社會的使用價值之中包括：運輸、躉售、零售以及物質交付給消費者，其所耗用的是社會全體的勞動力，這種勞動力可能經由生產、運輸與物質交

付而把整個世界約束在一起。[151] 生產與交換──後者是按照
物質交付的意義解釋──實際上是生產的同一勞動過程。在想
到交換以前，生產並沒有終了，交換的本身是兩種物質商品兩
次物質交付的勞動過程，其中包括「服務」在內，這種服務只
是增添商品的使用價值而已。

這是由於分工所致。不過，馬克思由分工得到的是共產
主義，而亞當・史密斯得到的卻是個人主義。在這兩種情況之
下都是同樣的意味交換。馬克思說：「在你假設協助生產的
人手不只一個時，你已經假設基於分工而從事生產的整個制
度」，[152] 也就是說，基於物質交付的交換而建立的制度。其
他的個人們實際上就是普魯東追隨於亞當・史密斯之後所建議
的「協作者」（collaborator）。但是，他們並非普魯東或亞
當・史密斯*自願*的協作者，這些協作者的協作在於他們的議價
交易。這種協作是*逼迫*勞動者去配合技術制度，使每個人的
勞動僅能成為在「交換」的名義之下，把增殖的使用價值全
世界相互交付的機械過程中一個可以整除的部分，[153] 因此，
馬克思說，「這些協作者和各種功能、分工及其所指示的交

---

151 對運輸是否常「具生產性」的這個問題，馬克思感到一些困惑。不
過，之所以感到困惑只是由於他沒有晚近提高地點效用（使用價值）
這種觀念的緣故。

152 參閱馬克思的《哲學之貧窮》（*The Poverty of Philosophy*，1847年譯
本），第34頁，這是馬克思為答覆普魯東的「貧窮哲學」而作。

153 韋伯倫把這種觀念作為「機械過程」而予以採納。參閱本書第十章，
第一節。

換，都早已存在。……倒不如在一開始時就假設這種交換價值」。[154]

馬克思建構這種社會分工並因之而消除普魯東的議價，其方法見於他那著名的公式圖解，C-M-C。[155] 在這個圖解裡，他按照黑格爾的方式把**價值的本質**、**價值的形態**與**價值的種類**加以區別。所謂「本質」，就是勞動力量與勞動時數*相乘*。價值的「形態」就是交換價值，具體表現爲無使用價值的貨幣。價值的「種類」就是經由貨幣媒介而交換的各種商品。

在附圖裡，假如作水平線的衡量，則每一種生產的**勞動時數**皆爲10小時。假如作垂直線的衡量，則勞動力量就是勞動效率，與大自然的抗拒呈反向變動。時間與效率相乘之積就是價值的本質。

這種本質在交換過程中取得其「形態」，如果照馬克思交換的意義解釋，就是產品的物質交付而毋須議價。在物質交付之中，同等價值可以交換同等價值，而不問帽子、貨幣與鞋子的數量有多大的差別。貨幣並沒有使用價值——這僅是價值在物質交付的交換過程中所具有的一種「形態」而已。

不過，價值的本質是由資本主與勞動者所分享的，這種分享發生於生產過程之中，而不是發生於市場上議價過程之中。這就是產生「剝削」的所在，因爲資本主們擁有一切設備以及歸於他們的產出物，更在勞動者施工於物料之前。

---

154 參閱馬克思的《哲學之貧窮》，第34-35頁。

155 參閱本書第五章，第三節，附圖五。

由此可知資本主由剝削得來的份額，也就是馬克思的「剩餘價值」，是在兩方面增加的——較大的效率與較久的時間。較大效率可能是得之於新的機械化，或是得之於勞動者的加速工作。這是使勞動力的垂直線延長。不過，較大的數量也可能是由較長的時間得來。這是使水平線延長。二者相乘之積擴大了剩餘價值，而這種價值卻是單獨的歸於資本主，因為勞動者缺乏議價能力，所以僅能獲得維持其最低生存的物資。實際上，這就是李嘉圖的理論按照邏輯所求得的結論，無異於現代的一個問題：誰取得了工業上改進機械化的利益？

所以我們可以看到馬克思所建構的是一個效率公式和一個在勞動者階級與資本主階級之間分享效率利益的方式。勞動力的數額並不僅是實施勞動的數額——這也是屬於資本主擁有的固定資本之中所「包含」的勞動數額。這麼一來，他避免了現代對效率的計算僅以實施勞動為依據所犯的錯誤。他創造了一個效率公式，在他社會勞動力的意義之中，不但包括實施勞動，並且也把包含勞動的「經常費用」包括在內。

如此說來，普魯東與馬克思之間的爭辯也和馬爾薩斯與李嘉圖之間的爭辯一樣，其關鍵在於效率與稀少性的差別，而他們那種相關的使用價值與稀少價值實際上都是由亞當・史密斯勞動力量與勞動痛苦這兩個意義所分別延續下來的。李嘉圖與馬克思是預先把稀少性假設為一項永恆不變的因素而予以消除；馬克思是把消費者的需求列為優勢，而普魯東則是把效率與稀少性作為相互對立的反證。

普魯東通過逼馬克思把他那隱藏的稀少性原則公開，實際上就是強迫他放棄以勞動力作為價值起因的理論。馬克思說

「普魯東所感到的困難只是由於他忘記了*需求*，他忘了一件事物的稀少或富饒必須要看這件事物的是否需要而定。需求既已撇開，他就只好把交換價值與*稀少性*視為同一，而把使用價值與富饒視為同一了」。[156] 他又說，李嘉圖的價值意義之中曾經明白假設稀少性。因此，馬克思說，普魯東已經使交換價值相等於稀少性，使效用（使用價值）相等於富饒，「而他在稀少與交換價值裡面又找不到效用價值，在富饒與效用價值裡面也找不到交換價值，他勢必要感到驚訝了」。他永遠也不會找到這些價值同時並存，「因為他已經排除需求」。普魯東的「富饒」似乎是「一種自動自發的事物。他完全忘了有些人在生產，而時刻不離的注視著需求是這些人的利益所在」。[157]

換句話說，馬克思的「生產者」不但是生產使用價值，並且是生產有限數量的使用價值，所以，預期的需求才能使其具有交換價值。他的使用價值，由於在生產過程之中扣住其供給量，早已成為稀少價值，而物質交付也成為此項過程所包括的一部分。

我們認為這種有限數量的生產就是馬克思社會所「必需」的勞動力量。「必需」這個字詞的意思是說，供應消費者的需求所必需。在這裡，馬克思把他的勞動力量概念解讀為具有相反意義的議價能力，勞動力量的原則在於效率，而議價能力的原則卻在於稀少性。我們所採取的方法與此迥異。我們是

---

156 參閱馬克思的《哲學之貧窮》，第40頁。

157 同前書，第41-42頁。

把每一種力量劃分開來，而在「實質」上把另一種力量消除，然後再基於限制與補充因素的原則把這兩種力量合併起來。所以，在我們看來，工程師的本人是無限制的增加生產，而不問價格的高低，商人則是限制或管制生產，以期維持其價格。二者就是限制與補充因素。[158]

馬克思與普魯東之間的矛盾也就是物資與擁有權之間的矛盾，這一點是近年來由韋伯倫所揭發的，他把工程師與商人分清，工程師是物資與效率的專家，而商人則是擁有權與稀少性的專家。

關鍵在於歷史上使用價值的雙重意義。馬克思在和普魯東爭辯之後二十年，曾經說過，「……假如不是具有效用的對象，任何事物皆不能具有價值。如果這事物是無用的，則其中所含有的勞動也無用；這樣的勞動不能視為勞動，所以也不能創造價值」。[159]

在這裡發生了一個問題：之所以無用是不是因為其物質質性不能供人使用——像已經*腐爛*的蘋果，抑或是因為其生產數量超過了所要數量——*太多的好蘋果*，所以才變為無用的？之所以無用是由於使用價值的折舊嗎？抑或是由於稀少價值的遞減？

前者是普魯東使用價值的意義——後者是他交換價值的意義，誠如我們剛才所說，馬克思甚至還有一個使用價值的雙重

---

158 參閱本書第九章，第九節，參、策略的與例行的交易。

159 參閱馬克思的《資本論》（1867年譯本，蔻爾於1984年所刊行），第一卷，第48頁。

意義。他效法李嘉圖，把每一種意義的稀少價值皆排除於使用價值之外。使用價值是用物質單位為衡量，例如「錶的打數、布的碼數、鐵的噸數」。在這方面，他複述了李嘉圖在價值與財物之間所作的區別，他說：「這是由於把價值與財富（或財物）的觀念混淆不清，所以才會斷言人類生活必需品、便利品與享樂品的遞減或可增加財物」。[160]

這又是普魯東曾經說過的，他說，使用價值是富饒，這增進社會的財富，而交換價值則是稀少性，其提高會增進私人的財富（資產）。

不過，馬克思還有另一種意義的使用價值，其關鍵在於物質的衡量單位，例如：噸與碼。使用價值是「脫離以其有用質性撥歸私用所需勞動數量而獨立。商品的使用價值供作專題研究的物資，這是商業知識之中商品的使用價值」。「交換價值能自動的表現出來，成為與商品的使用價值完全獨立的一種價值」。「使用價值必須經過使用或消費才能實現」。[161]

換言之，使用價值的意義在這裡並不是勞動或技術的產品，而是商品物質衡量的一種屬性，以供進一步的製造或消費之用。不過，果真如此，則使用價值顯然是勞動的產品，也就是工程師得知製造業者與消費者所需的物質有用屬性而後產出的產品。勞動者及其管理人員絕不會製成無用的物品以供後面的生產者在生產的練條之中使用。勞動僅是增高物料有用性（使用價值），無論其為第二個使用者所要求的形態上，時間

---

160 見於馬克思的《哲學之貧窮》，第38-39頁。

161 參閱馬克思的《資本論》，第一卷，第42、45頁。

上或地點上的效用（使用價值）。馬克思在這裡已經背離亞
當・史密斯在評論魁奈時對勞動力量所設定的意義。勞動不
能生產容積（bulk）——這是在一定容積的物料上增加其效用
（使用價值）。

　　然而，馬克思並毋須把物質衡量的使用價值和他的「勞動
力量」劃分開來。其實，勞動所生產的就是以物質衡量的使用
價值。他只需在產出的使用價值數量與投入的工時數量之間建
構一個*比例*就行了。

　　實際上，使用價值是一個技術上的概念，而把技術與使用
價值摒除於政治經濟學範圍之外的也不僅是馬克思一人。所有
十九世紀的經濟學者們都把技術及其產出的使用價值排斥於政
治經濟之外。到後來，韋伯倫才用「技藝的本能」（instinct
of workmanship）這個名稱，將其帶回到經濟學的範圍以內。
我們是在*效率*的觀念之下將其帶回，包括：產出、投入、使用
價值、管理交易、限制及補充因素等在內。

　　我們認為之所以要排除技術的基本理由在於經濟學所據以
建立的心理學與唯物論基礎——而不在於意願。由心理學與唯
物論所得到的觀念是要基於一項簡單原則，例如勞動或想望，
而建立整個經濟學的體系，甚至建立整個的社會哲學；然而事
實上這個主題卻是許多原則的複合體。現代的經濟學大量關注
要調研各種工業與農業的技術。這並不是說，一個經濟學者就
得是一位化學家或物理學家。而只是說，他把科學家與工程師
的*活動*包括進去，作為對生產使用價值或財富的傑出貢獻，而
他在這樣做時，也必須把這些活動在繁複的整體中作適當的安
置。就歷史而論，這些活動的貢獻是累積的。最初是從十八世

紀的物理科學開始；隨後是十九世紀的化學科學；然後是二十
世紀動力生產與動力運輸的驚人發展；而到最後則是人事管理
的心理科學提供了管理交易的基礎。在後述的管理交易這方
面，技術入侵了經濟學的園地，而科學管理的倡導者十分恰當
的批評經濟學者們，認為他們對管理問題的解決毫無貢獻。

　　如上文所述，馬克思曾經說過，使用價值不在政治經濟
的調研範圍以內，而是屬於一種專題研究，對「商品的商業知
識」的研究，他這句話實際上是說明了十九世紀一般經濟學者
的觀點。不過，假如使用價值是管理交易的產出、假如這種交
易有異於議價交易，則使用價值絕不僅是一種商業知識的問題
而已——這是控管大自然的力量與人類的勞動力量以創造使用
價值的工程真實過程。這種過程也許會因商業的、財政的或勞
動的利益而受到阻撓，但是正因其有此種矛盾，所以才需要把
管理交易、技術與使用價值包括在整個主題的複合體中。

　　馬克思說，同樣使用價值可能按照種種不同方式予以利
用。不過，其可能應用的範圍必然要受到其本身特性的限制。
這種限制不僅是品質上的，並且是數量上的。[162]

　　所謂「質性」，馬克思只是指使用價值的種類與等級而
言；他的「數量」，顯然不是說的供給量或需求量，而是說的
技術數量——例如，一輛載貨馬車可不可以用到五個車輪，
抑或只需用到四個車輪就夠了。顯而易見的，在這種情況車輪
的使用價值與其稀少價值之間有相互依賴的關係存在。不過，
這兩種價值總可以分得清。車輪的稀少價值是以貨幣衡量的*價*

---

162 參閱馬克思的《資本論》，第一卷，第44頁。

格；但如改用其中所包含的勞動力數量來加以衡量，這就是有效率或無效率。車輪的這一種使用價值實在就是車輪的文明價值——李嘉圖認為這種價值是主觀的，所以無法衡量，但馬克思卻能加以衡量，將其分為三輪、四輪或五輪，要看在當時的運輸技術階段這種載貨馬車或汽車所需用到的數目而定。這一種概念屬於限制與補充因素的理論範圍以內。[163]

馬克思居然能完成兩項改進，勝過李嘉圖，為現代的效率理論提供了基礎。他排除亞當·史密斯與李嘉圖那種主觀的、無法衡量的使用價值，而代之以客觀的、可能用蒲式耳、碼、噸以及錶或車輪的數字加以衡量的使用價值。他把勞動力量的兩種維度分清：一種是壓力、力量或能量；另一種是勞動運作的時間。他的勞動力單位是單純的、未經訓練的一個工時，所以，在他講到勞動力量或勞動時間時，他是很正確的指同一事物而言。[164] 不過，相對於勞動時間的投入所產出的使用價值卻是效率的衡量。

事實上必然是如此，因為效率與稀少性是相對的兩種限制因素。不過，由於交換價值具有議價與物質交付的雙重意義，所以馬克思想把使用價值排除於經濟學之外自必發生困難。他在上文所引述的話裡說得很對，商品的交換價值（議價）「自動表現出來，成為與使用價值完全獨立的另一事物」。使用價值是「與將其有用質性撥歸私用（由於議價）所需勞動數量相獨立的」。

---

163 參閱本書第九章，第九節，參、策略的與例行的交易。

164 參閱馬克思的《資本論》，第一卷，第45頁。

　　所以，這是極明顯的，馬克思一方面既要追隨李嘉圖，而另一方面又要把金屬貨幣化約爲生產勞動成本，這是混淆了效率與稀少性，二者之間的區別直到後來才爲人更清楚劃分。他備妥發展效率理論所必需的種種概念。但是他卻使「生產力」這個用詞具有雙重的意義，既是使用價值（財富）的生產，這是他認爲屬於技術範圍而予以排斥的，又是價值的生產，這是以勞動數量爲其衡量的，他認爲這才是政治經濟的主題。前者是藉助增加供給量生產使用價值；後者是藉助大自然的抗拒來限制供給量而相反的「生產」稀少價值。我們取消了這種雙重意義，因爲我們是以效率這個用詞來替代生產力，並且如上文所述，我們分清了議價交易與管理及分派交易之間的區別。

　　不過，因爲要把馬克思的專門術語轉爲可應用於效率的用詞起見，我們必須如上文所指出將投入與產出這兩個用詞，和收益與開支這兩個用詞分別清楚。產出與投入是技術學上使用價值與勞動力量的用詞，這是用來衡量效率的。收益與開支是議價的用詞，相當於法律用詞的取得與讓渡，相當於金錢用詞的貨幣收益與貨幣開支，或是與之等同的商品依貨幣價值的收入或其依貨幣價值的支出。這也就是財富與資產之間的差別。

第九節　孟格爾、維塞爾、費雪、費特爾

　　上文的論述似乎是提前講到了心理學派的經濟學者。雖然戈森於1854年、傑文斯於1862年、孟格爾於1871年、瓦爾拉斯於1874年都是各自獨立倡導價值的心理或邊際效用理論，但是我們卻要選取孟格爾在奧國學派創始時期所作的詮釋，因

爲他的心理分析是用客觀的數量用詞加以說明的。¹⁶⁵

孟格爾列舉出四個先決條件，必須先具備這幾個條件然後這件事物才能成爲有效用（nützlichkeit）的經濟財貨，條件如下：

1.必須知悉或預期人類的一種想望（Bedürfniss）；

2.這對象（gütergualitäten）必須具有某項物理質性，符合滿足此種想望；

3.無論正確與否，總必須知曉此適合性；

4.必須能控制這對象，或是能控制其他事物作爲工具，使其能獲得，並用以滿足此種想望（die Verfügung Über dieses Ding）。

這幾個先決條件之中的第一、第三兩項我們已經用「意義」這個字詞予以指稱，因爲這兩項所指示的並非確切的知識，而是一種情感過程，把重要性附屬於供人類用的對象。第二項我們稱之爲使用價值，因爲這是一種物質的屬性，既不因富饒而遞減，亦不因稀少性而遞增，相當於李嘉圖與馬克思的財富或財物。第四項我們稱之爲物質管控或所有權管控的雙重意義，孟格爾認爲前者與技術相同，而後者則與經濟體相同。¹⁶⁶

---

165 參閱孟格爾的《政治經濟原理》（*Grundsätze der Voulkswirthschaftslehre*，1871年）。其第二版（1923年）是他的兒子所刊行，保留著最初的分析，但卻和孟格爾對其批評者所作答覆合併爲一冊。

166 同前書，第一版，第3頁；第二版，第11頁。

到此為止，稀少性概念並沒有在孟格爾的先決條件中出現。他在區別想望（Bedürfnisse）與所要數量（Bedarf）時，[167] 才開始引進這個概念。想望是嚴格的主觀，而所要數量則是客觀；想望僅是感受，帶有不同強度，所要數量是適應環境。所要數量是此時此地對特定的使用價值（güterqualitäten）的所要。所以，這常是特定的人或社會在特定的時間與地點所要的有限數量。孟格爾說，從前的經濟學者們堅持人類想望是無限的，其所以有此項錯誤是由於他們未能把種類、時間與地點分清。各種各類的想望，如果作為一個整體看待，可能是無限的，但在此時此地所要的特種事物總是一個有限的數量。[168]

孟格爾花費很大的篇幅來說明他新構成的「所要數量」這個概念，認為這概念不但是人所熟知，並且還具有客觀數量的意義。想望（Bedürfnisse）的本身純屬強度不等的感受，和客觀的所要數量並無智力上的關涉，所要數量總是某時某地為特定的某個人在當時當地的環境之下的有限數量。所要數量和實際認知的需要（Bedarfe）有關，這種需要並非一個無限數量的需要，而是在某一時刻的一個有限數量，這個數量必得看所要的這種事物或大或小的數量和所要的其他事物或大或小的數量相對的平衡，並參酌當時當地取得所要的一切事物數量所具有的有限力量而定。在特定的一次宴會中，我們不需要無限

---

167 同前書，第一版，第32頁；第二版，第32頁註腳。

168 同前書，第一版，第35頁以次；第二版，第32頁以次；特別是第22頁註腳。

數量的牛排——我們所要的是適可而止的某種對味的牛排，此外還要有幾種其他可口的食物搭配。一個製造業者在此時此地也不要無限數量的生鐵——他所要的只是相當數額以符合輾鋼產品數量，使顧客們可能按照有利價格把這些產品取去。

不過，孟格爾所講的不僅限於個人。他的所要數量是社會所要。他的可用數量是社會使其可用。這兩種數量之間的關係就是他稀少性的「社會關係」。依照數學用詞來說，這就是社會所要數量與社會可用數量之間的稀少性比例。這種比例便是**價格**。社會關係的每一方都可以獨立變動。假如所要數量增多，則價格上升；假如所要數量減少，則價格下降。假如可用數量增多，則價格下降；假如可用數量減少，則價格上升。

當然，這無非是盡人皆知的供需社會關係而已。孟格爾堅持說，這是*唯*一經濟學所關注的社會關係，於是他就用演繹法由這種關係求得其政治經濟的全部理論。他的原創性在於使供需社會關係與個人的主觀感受相連接。

這種事實確屬十分平淡無奇而為人所熟知，不過，孟格爾與戈森、傑文斯或瓦爾拉斯之間的歧異在於他是用這些數量用詞來陳述此一問題，並由此而求得主觀的感受用詞。實際上二者是分割不開的，戈森他們的陳述和孟格爾所說的一樣，也是人所熟知而平淡無奇。但是他們之所以能獲得此種概念則是由於邊沁，在邊沁的想像之中，感受可以分裂為若干單位與若干「堆」的幸福，但是他們卻沒有發現一件事實，那是說，在財貨數量增多時，這些愉悅單位的強度就遞減，或是反過來說，在財貨數量減少時，這些愉悅單位的強度就遞增。所以，他們的出發點是依賴於數量的主觀感受，而孟格爾的出發點則是感

受所依賴的數量。事實上，每一種說法都是感受與數量互相依賴的功能心理學，所不同的是他們站在主觀方面，而孟格爾站在客觀方面。

然而，就連孟格爾的數量也並不是可以直接衡量的。要想加以衡量只可能間接的衡量其效果。數量的效果是他構成經濟學主題的社會關係，意即，一種特定商品的所要數量（Bedarf）與可用數量（Verfügbur）之間的關係。顯然的，這只是**稀少性**或**價格**的關係而已。

此後，孟格爾的經濟學主題就在於**稀少性**，而不在於感受。實際上，由於他用到效用（Nützlichkeit）這個意義模糊的用詞，被人將其詮釋為邊沁意義的愉悅，這麼一來，反把孟格爾的實際貢獻給埋沒了，使人注意到個人主義的想望感受，因所要事物數量增加而遞減其強度，其實他是在發展著遞減或遞增的稀少性這個社會觀念，這是要看社會所要數量與社會可用數量這兩個變數之間的變動關係而定的。因此，他僅是對往昔按貨幣計算的**需求**、**供給**及**價格**公式給予一種特殊卻更為普遍的意義，可以應用於一切財貨，而毋須貨幣的使用。他的所要數量就是**需求**，他的可用數量就是**供給**，他的邊際效用就是**價格**。邊際效用（grenznutzen）是社會所要數量與可用數量之間可變關係變動的效果，在貨幣經濟之中這就是**價格**，也就是**需求**與**供給**之間變動關係所產生的結果。在貨幣經濟裡，例如在孟格爾的商品經濟裡，**需求**與**供給**是無法直接衡量的，可予衡量的只是供需變動的效果。效果的衡量在於**價格**，所以價格是**稀少性**變動關係的衡量，在金錢方面相等於他的邊際效用。

　　實際上，這確是一種偉大而新穎的洞見。這是把心理學由**幸福**轉為**稀少性**。

　　把享樂派感受強度遞減的功能關係和孟格爾所要數量與可用數量之間的關係分別清楚的是維塞爾。他承認他的此項澄清是孟格爾在先前已經發現的，不過，他也是使奧國學派的追隨者誤入歧途，因為他使用了這個意義模糊的用詞——效用（Nützlichkeit）。倘使他和孟格爾使用「遞減稀少性」這個用詞來替代「遞減效用」，而用「價格」這個用詞來替代「邊際效用」（grenznutzen），那麼，這就可以清楚的顯示他是在明確陳述一種嚴格的客觀及可予衡量的**稀少性**理論。

　　維塞爾對孟格爾所作分析的闡釋，其關鍵在於**價值**與**價格**之間的區別，以及他對價值與價格的功能關係所構成的觀念，他把這種關係稱之為**價值悖論**（Paradox of Value）。[169]**價值**概念裡面有兩個可變因素，我們在李嘉圖與馬克思的論述之中已曾見到。不過，照維塞爾的說法，一個因素是想望感受的遞減強度，他稱之為遞減效用。另一個因素是所要事物的遞增數量。隨著可用數量每一次的增加，每個單位的效用持續減少，所以，假如單獨對效用加以考量，這很可能遞減到零，甚至變為負效用——妨害。因此，他採納了變更意義的「效用」，由使用價值變為稀少價值。

　　但是，反過來講，可用數量（效用）亦自有其本身獨立的

---

169 參閱維塞爾的《自然價值》（*Natural Value*，1889年），有1893年的譯本。

變動性。如果把這兩種變數合併起來，而每一單位效用的遞減不及可用數量增高得那麼快，則此增高的數量，其*價值*必然上升。假如每一單位效用遞減的速度大*於*可用數量的增高，則增高數量的*價值*下跌。

這就是「價值悖論」，因為價值是每一單位的效用與單位數相乘之積，其中的每一項都各自獨立的變動。

假如我們此刻回過頭來再談到前曾討論過的效用雙重意義，我們發現每一單位的遞減效用僅是價格的具體化，無非是指遞減的稀少性而言，這也就是增進的富饒，其衡量為遞減的價格。不過，效用的另一意義是物質的使用價值，其每一單位並不富饒而遞減，也不因稀少性而遞增。所以，維塞爾的「價值」實在就是以貨幣為衡量的稀少價值，與以噸或蒲式耳之類為衡量的使用價值二者之間的功能關係。這在各種職業、工業與農業裡已經是共知的價值悖論。

顯而易見的，這種邊際效用可以轉為金元與分幣，而這種使用價值也可以轉為若干蒲式耳的小麥。小麥一次收穫量的價值就是這兩個變數的功能，一個是以價格（邊際效用）為衡量的稀少價值，而另一個是以蒲式耳為衡量的使用價值。倘使毫無收穫，則其*價格*會象徵性的上升，以至於無窮大，但其*價值*卻下跌到零。假如其數量為十億蒲式耳，而價格下跌到$1.00，則一次收穫的*價值*上升到$1,000,000,000。假如一次收穫量為1,500,000,000個蒲式耳，而價格下跌到80¢，則此次收穫的價值仍會升高到$1,200,000,000。最後，再假如收穫量竟然高達2,500,000,000個蒲式耳，而價格下跌到40¢，則此次收穫的價值下跌為$1,000,000,000。

　　這確是一種悖論，不過，自從兩個世紀以前古格里‧金
（Gregory King）的時代開始，[170] 這已經成為人所熟知的
事實。維塞爾本人也曾指出，這就是和使普魯東求得價值的
反證[171] 同樣悖論。不過，普魯東認為這是黑格爾派的命題
（正）、反證（反）與綜合（合），而維塞爾則認為這是效用
與數量之間的功能關係，然而實際上這卻是價格與數量之間的
功能關係，由這種關係更進一步又成為稀少價值與使用價值之
間的功能關係，其互相依賴的變數是**價值**。

　　這兩個因素的可變性還可換一種方式來描述，本書的附圖
三已加以說明，[172] 那些追隨戈森與傑文斯而不追隨孟格爾與
維塞爾的人士都是採用這種方式。

　　表示效用的這條曲線是從想像之中毫無供給的一點開
始──比方說，在乾旱沙漠裡的水──如果逐漸增加其單位
數，則其效用勢必逐漸減低。在無一滴水的情況，實際上每一
單位確有無限大的效用，因為這是收關生死的問題。但是，水
的*使用價值*其富饒增進一次則每一單位的*效用*也就遞減一次。
邊際效用是在於某一點。到了這一點，水的總量價值等於邊際
效用與水的數量*相乘*之積。

　　顯然的，這僅是用文字把**稀少性**與**富饒**的淺顯意義作成一
個公式。富饒的一次增進等於稀少性的一次減退。如果就價值

170　參閱帕爾格瑞夫的《政治經濟辭典》，「古格里‧金」條。

171　參閱維塞爾的前述著作，第55、237頁維塞爾說，「交換價值的二律
　　　相悖」。

172　見於本書第五章，第三節，附圖三。

而論，則使用價值的一次增高便等於每一單位稀少價值的一次減低，而使用價值的富饒減低一次也等於每一單位稀少價值增進一次，在這裡，效用這個用詞顯出了稀少價值與使用價值的雙重意義。稀少價值可以衡量為價格，使用價值可以衡量為加侖，而價值可以衡量為按每加侖價格計算的加侖數。

到此，我們可以明瞭邊際效用或價格與商品數量或使用價值相乘之積，其意義相當於價值，李嘉圖和馬克思是把價值描述為大自然的每小時抗拒乘之以勞動時數。用貨幣衡量的稀少性，其所表示的價值是商品數量乘以價格。用遞減效用表示的價值是商品數量乘以邊際效用，而用勞動力量表示的價值則是大自然的抗拒乘以人工時數，不過，最後所說的這種價值是效率。前述的兩種價值則是稀少性。

近年來，對維塞爾**價值悖論**加以討論的就是費雪與費特爾之間有關價格定義的爭辯。[173] 費雪劃分價格與價值之間的區別，其所用的是維塞爾原來的公式，所不同的是他用「價格」替代邊際效用，並用財富替代使用價值。他把價格依交易的意義來使用，表示商定的每單位價值，而「價值」則是「以價格乘數量所求得的一既定數量財富（我們該稱之為資產）」。他說：「價值的這一種定義實是應用於財富（資產）的加總，而不是應用於一個單位，這和經濟學的通例稍有出入；但卻是嚴

---

173 參閱費雪所著《資本與收益的性質》（*The Nature of Capital and Income*），第11-16、45-47頁；費特爾所寫的「價格的定義」（The Definition of Price），載在《美國經濟評論》，第II期（1912年），第783-813頁。

格遵守商人與實際統計者的習慣用法」。在評論過經濟學者們所提出的各種主觀的與客觀的意義之後，費雪又接下去說：

「較為可取的辦法似乎是使我們價值與價格的定義盡量和商業上的習慣用法相符合，這種習慣用法是本能的、始終一貫的把『價格』這個用詞應用於單位，而把價值應用於加總」。[174]

於是他求得了三個數值——數量、價格與財富價值，相當於維塞爾的數量、邊際效用與價值，並相當於我們的使用價值、稀少價值與價值。

費特爾站在心理學的立場評論費雪說：

「……在這裡，『價值』又轉變了一項用途，而此項用途原先已經派由別個用詞所填充。無論其為財貨價格的單位或數量的單位，總歸是任意設定的，在說明價格時必得要明示或暗示的把這種單位指示出來；例如以分幣計算的價格、依純金塊的盎斯數、每一個蒲式耳，每一車所裝的數量、每一噸的穀物、棉花或鐵等等。反過來說，加總的這個用詞卻是一種任意的數字，假如有人高興，或將其作為一個單位看待也未嘗不可。比方說，一個蒲式耳的小麥只是許多顆粒的小麥加總在一起而已。因此之故，價格的這個字詞可以毫不含糊的用來指示

---

174 費特爾在「價格的定義」一文中所引述，見於前述刊物第797頁。

常用的單位或單位的加總，這種創新並無益處。就另一方面來說，如果令價值這個用詞脫離其不可或缺的主觀性用途，則專門術語所受的損失太大，因爲如此一來要想了解近年有關價值的討論，勢必絕無希望了」。[175]

　　費特爾的評語，其關鍵在於「任意」、「加總」與「常用」這些字詞的*慣常*意義，這是和*個人主義*的意義相反的。實際上，衡量單位確是「任意」設定的，例如：噸、公尺、碼、金元等皆是。一個國家所用的單位和別個國家不同。但當一個*國家*是任意設定時，或當一種例規是「常用」時，我們就稱之爲習俗、普通法或成文法。事實上，所有的制度都是常用的，甚至都是任意設定的，正因其如是，所以邊沁將其排斥於經濟理論之外，及費特爾也將其排斥於「近年有關價值的討論」之外。不過，這些制度之所以爲任意、爲常用並非按照個人主義的意義解釋，而是按照集體的意義解釋，法院將用其來裁決利益衝突，所以沒有一個商人或工人能繼續營業或領取工資，假如他「任意的」立下其意志反對這些集體的、合法的單位，而企圖按照他本人主觀的衡量單位經營他的事業或獲得給付。一個經濟學者可能把這些制度稱之爲任意，只要是他忘記習俗與法律，並把他自身和這一類在交易之中主宰著個人們的習慣用法相隔離就行了。在經濟學看來，「常用」這個字詞是指習俗、普通法與成文法而言。

---

[175] 同前，第708頁。

　　維塞爾的「價值悖論」足供費特爾作心理學的解釋之用，這是一種專門術語，其中「價值」這個用詞具有「主觀性用法」，並且在實際上對「了解近年有關價值的討論」確有重大的貢獻。維塞爾的「遞減效用」是主觀的、他的「邊際效用」是主觀的、他的在功能上依賴數量的效用是主觀的，其結果連他的「價值」也是主觀的。困難的是，凡此種種皆無法加以衡量，且在法律上也不能強制執行，如同費雪「數量、價格與價值」的數值那樣。這些都不能符合法律上可以強制執行的衡量單位，所有的交易全靠這種衡量才能達到準確與保障。在「邊際效用」成為價格時，大多數人都覺得這是他們特殊交易中供需結果的衡量，這種衡量在經濟理論上就是稀少性原則。在某一數量的財貨生產出來或扣住時，一般人皆認為有如此數量的社會有用事物或經濟學者的使用價值已經增加或扣住。如果有一千噸的生鐵按照每噸$20出售，則一般人總是說這個數量的*價值*為$20,000。這是交易的、慣常的與普通法上的看法。

　　毫無疑義的，經濟理論在歷史上必須經過享樂主義的心理學階段然後才能脫離李嘉圖與馬克思的唯物論。這一次討論會使用價值與效用的意義有了革命性的改變，並且更能了解人類對大自然的依賴。不過，再仔細回頭觀察一下，我們看到這是一種「萬物有靈說」的階段，每一門科學皆得要經過的階段。數量與力量都已經具體化了，所以也都無法加以衡量。煉金術在拉瓦耶摒除精靈及測計數量之後成為化學。占星學在牛頓的運行定律替代精靈想法之後成為天文學。同樣的，在費特爾的主觀效用或邊際效用成為價格、費雪的價值成為資產，可以用

金元、蒲式耳、品質的規格化予以衡量，並由習俗與法律予以
強制執行時，經濟學裡的具體化也成爲經濟科學。

第十節　由絕對論轉爲相對論

　　經濟學這門科學裡在最初時就有稀少性與效率這兩種變動
的比例。二者可加以區別，但卻不能分隔，所以，必須用別種
比例來衡量二者的變動不居關係。稀少性概念是由亞當·史密
斯與馬爾薩斯傳留下來的，效率概念是由李嘉圖與馬克思傳留
下來的。二者之間的相對性則是由新古典派學者馬歇爾用演繹
法所闡發。

　　古典派、共產黨與奧國派的學者們對不證自明的公理所
採取的處理方法總是把這些比例的相反條件消除其中之一，推
定此一維度因另一維度的變動而作等比例的變動，這樣一來，
成爲絕對的而不是相對的概念架構，就好比是物理這門科學裡
對空間與時間的「歐幾里得」概念，而不是「非歐幾里得」概
念。

　　亞當·史密斯與李嘉圖把消費者（買主）「想望」的可變
性消除，推定這些想望隨著物資與服務的供給量作同等的擴大
或緊縮，而這些物資與服務也就是消費者自身充任生產者（賣
主）時所提供。所以，在他們的概念架構中具有決定性的變數
就是亞當·史密斯的勞動痛苦，也就是李嘉圖與馬克思的勞動
力量。

　　奧國學派（孟格爾、維塞爾）把生產者（賣主）的勞動
痛苦與勞動力量一併消除，而假設一種愉悅的經濟，相當於亞

當‧史密斯所假設的富饒。不過，在他們看來，這種愉悅是和消費者（買主）遞減的想望強度並駕齊驅，所以，在他們的架構裡想望是具有決定性的變數。

但是，馬歇爾卻把這兩個學派予以調合，他引進了兩個相反的變動數量之間的變動比例這種相對概念——就是消費者（買主）所要的數量與生產者（賣主）所供給的數量——二者都是各自獨立的變動著。

然而，這些學派還另有一種共同的公理，以致從亞當‧史密斯開始到馬歇爾為止，所有的理論皆成為絕對論，而不是相對論。這就是由*有形財產*這個通俗概念得來的一種假設，認為凡是有價值的事物皆為人所擁有，因此，*擁有權*是一項恆常因素，隨著所擁有物資的數量而同步變動。其結果，擁有權也像物理科學裡的空間或時間一樣，成了一種絕對的「體制」或體系，不能自主變更。在他們看來，擁有權對物資的關係之中具有決定性的變數就是物資的可變數量。照這樣把擁有權消除掉可以見之於他們所默示（奧國學派）或明示（古典學派）的等同假設，他們都假設生產即是銷售，而消費即是購買。每一件生產出來的事物都是出售的，每一件消費掉的事物都是買來的。這種等同的假設隱藏在他們「交換」這個字詞的雙重意義之內。倘使這個字詞是指買進與賣出而言，這就是指擁有權讓渡與取得的合法過程。倘使這個字詞是指物資或服務的交付與收受而言，這就是指在大自然力量上增加其「地點效用」的生產過程。所以，假如擁有權（合法管控）的轉移，其本身高度的可變，雖是獨立，卻不能與物資（或服務）的交換相分離，那就必須另行建構一種相對的概念，我們稱之為交易，這種交

易要受集體行動的工作規則的管理，不論其有無物資的交換，皆足以轉移*擁有權*。

此外，另有一種獨立的變數，貨幣與信用，這是單獨由合法管控的架構所產生，在古典學派與享樂學派的理論裡也將其消除了，這些理論假設價格的穩定，使貨幣與信用價格的一切變動皆與勞動痛苦、勞動力量或苦與樂的變動相等。貨幣變成一種絕對的體制，當產品的生產、交換與消費發生變動時，其本身不變。

站在相對論的立場上，可以把稀少性與效率視為可變的社會「力量」，在人類實有的交易之中產生決定的作用。稀少性原本是克服別人的力量，而效率則是克服大自然的力量。二者雖都是力量，但在每一筆交易裡，其力量的*程度*卻各不相同，而衡量這種*程度*之差別的就是上文所述各種不同的*比例*。如果將其化約為最單純的元素，這就是議價交易裡收益對開支的稀少性比例，以及管理交易裡產出對投入的效率比例。所以，在經濟學上要用到兩種衡量系統，一種是衡量物資、服務、勞動、貨幣、債務等等的*數量*，另一種是衡量這些數量之間的比例所需力量的*程度*。在衡量社會「力量」的*程度*之中，我們發現**合理價值**這個問題。

科恩由一個較為廣泛的哲學觀點把上述相對性教條稱之為「兩極性原則」（principle of polarity），[176]他把此項原則應

---

176 參閱科恩的（Cohen, Morris R.）《理性與大自然》（*Reason and Nature*，1931年）。

用於若干種科學與哲學，尤其是應用於各種「社會哲學」。一般來說，這就是「相反的範疇」，例如：個別性與普遍性、唯名論與唯實論、個人主義與社會主義、世界主義與國家主義等等，必須予以並列，但絕不等同。這些都不是「*互不相容的另類選擇*」，而在用於具體事例時，僅應*側重的程度*互有差別，及其本身僅係*價值*上的差異，而並非「*真實的矛盾*」，只是在「傳統的哲學論爭」之中往往假想其為矛盾而已。我們認為此項兩極性的原則是一種相對性的原則，這可以排斥往昔所用的方法，那是把一切作為假設、公理、或「理所當然」的事物這些因素予以消除，及在合理價值的概念裡求取經濟的具體事例，在這種架構之中所有的事物皆各以其本身的力量及彼此相對的持續變動。

　　我們已經說過，上文所略述的經濟科學史和物理學上由**歐幾里得**幾何學轉為**非歐幾里得**幾何學的歷史頗有一些相似之處。不過，二者之間也有若干重大的差別，假如說「**歐幾里得與非歐幾里得**的經濟學」必然要令人發生誤會。賴欣巴哈曾經指出**非歐幾里得**物理學所關心的在於宇宙萬物之間「顯微鏡」的與「肉眼可見」的關係，這些關係足以影響到空間與時間的基本概念。但是，經濟學所關心的則在於人類普通的、日常的經驗，而人類卻是生活在一個「中等維度」的世界裡，處於物理學上兩個極端的中途。[177] 我們所作的類比，其能應用於經

---

177 賴欣巴哈所作通俗區別見於其所著《原子與宇宙》（*Atom and Cosmos*，1933年譯本）。

濟科學的僅限於由我們的絕對觀點轉到相對觀點這方面。在經濟學裡慣常用的空間與時間觀念並不需藉助於顯微鏡或望遠鏡。

我們並不是說早年各個學派的經濟學者在他們的架構裡沒有基本的*變動*。實際上，他們所企圖解釋的正是發現美洲以後由貨幣、工業、經濟與政治革命所帶來的變動。他們的絕對論在於他們的經濟學整個體系之中把許多互相衝突的、同時併發的或連續發生的變動僅歸因於其中之一。

此外，還有一種變數，在想像之中這是客觀的，只須建構出適當的衡量單位即可予以衡量，取代主觀的，個人主義的，不能衡量的、及絕對的，我們就其最抽象的形態歸納為**未來性**原則，這和**稀少性**與**效率**原則在思想上可能分得開，但是在事實上卻分不開。

時間這個概念在經濟科學裡和在物理科學裡各不相同，這已經由古典派與共產派理論之中的*過去時間*轉移到享樂派理論之中的*現在時間*，直到成為等待、冒險、目的與計畫的*未來時間*。這些都是**未來性**的問題，這是另一種的經濟「力量」，這在物理科學裡看不到的，然而在所有的多樣化合理價值裡面卻能予以近似性的衡量。由*後天性*（posteriority）轉為*未來性*並不會產生矛盾。這是科恩所謂「兩極性」的另一實例，或是說，這是各個學派經濟哲學所側重在程度上的差別。

經典名著文庫 107

制度經濟學（上）
Institutional Economics

作　　　者 —— 約翰·羅傑斯·康芒斯（John Rogers Commons）
譯　　　者 —— 趙秋巖
審　　　定 —— 李華夏
發 行 人 —— 楊榮川
總 經 理 —— 楊士清
總 編 輯 —— 楊秀麗
文 庫 策 劃 —— 楊榮川
主　　　編 —— 侯家嵐
責 任 編 輯 —— 侯家嵐
特 約 編 輯 —— 張碧娟
封 面 設 計 —— 姚孝慈
著 者 繪 像 —— 莊河源
出 版 者 —— 五南圖書出版股份有限公司
　　　　　　　地　　址 —— 臺北市大安區 106 和平東路二段 339 號 4 樓
　　　　　　　電　　話 —— 02-27055066（代表號）
　　　　　　　傳　　真 —— 02-27066100
　　　　　　　劃撥帳號 —— 01068953
　　　　　　　戶　　名 —— 五南圖書出版股份有限公司
　　　　　　　網　　址 —— https://www.wunan.com.tw
　　　　　　　電子郵件 —— wunan@wunan.com.tw
法 律 顧 問 —— 林勝安律師事務所　林勝安律師
出 版 日 期 —— 2021 年 10 月初版一刷
定　　　價 —— 620 元（如有缺頁、破損、倒裝請寄回更換）

國家圖書館出版品預行編目資料

制度經濟學 / 約翰·羅傑斯·康芒斯（John Rogers
　Commons）著；趙秋巖譯 . -- 初版 . -- 臺北市：五南圖書
　出版股份有限公司, 2021.10
　　面；公分
　譯自：Institutional Economics
　ISBN 978-626-317-153-4（上冊：平裝）. --
　ISBN 978-626-317-154-1（下冊：平裝）

　1. 經濟學　2. 制度學派

550.1878　　　　　　　　　　　　　　　　110014254